作者简介

胡　勇　　1972年出生于河南省舞阳县一农家。成年后从事小学教学工作若干年，通过自修获河南师范大学文学学士学位。1998年随初兴的考研热潮进入武汉大学政治与行政学院攻读政治学理论专业硕士研究生，获法学硕士学位。2002年又回到武汉大学政治与公共管理学院，直到2005年读完政治学理论博士研究生，获法学博士学位，随即留校留系工作至今。初入学门，有学语之作如《民主在理念与实践中的困境及其启示》、《多数暴政思想论析》、《复兴古典政治学与回归公民教育》10余篇，被人大复印资料转载数篇，译作数篇。现拟研究方向为政治学原理与西方政治理论。

阿列克西·德·托克维尔

武汉大学学术丛书

Wuhan University Academic Library

一种中道自由主义：托克维尔政治思想研究

胡勇 著

武汉大学出版社
WUHAN UNIVERSITY PRESS

图书在版编目(CIP)数据

一种中道自由主义:托克维尔政治思想研究/胡勇著.—武汉:武汉大学出版社,2007.9
武汉大学学术丛书
ISBN 978-7-307-05991-7

Ⅰ.一… Ⅱ.胡… Ⅲ.托克维尔,A.(1805～1859)—自由主义—思想评论 Ⅳ.D091.4

中国版本图书馆CIP数据核字(2007)第167831号

责任编辑:王雅红 石廷修　　责任校对:程小宜　　版式设计:支 笛

出版发行:**武汉大学出版社** (430072 武昌 珞珈山)
(电子邮件:wdp4@whu.edu.cn 网址:www.wdp.com.cn)
印刷:武汉中远印务有限公司
开本:720×980 1/16 印张:28.375 字数:401千字 插页:3
版次:2007年9月第1版 2007年9月第1次印刷
ISBN 978-7-307-05991-7/D·776 定价:51.00元

摘　要

托克维尔在西方现代政治思潮中的身份界定问题，无论是在一百多年来的西方还是在当代中国，都是一个莫衷一是、各执一词的问题。有人认为他是一位自由主义者，有人认为他是一位保守主义者，有人认为他是一位共和主义者，甚至还有人否定他的自由主义身份，有人认为他是一位左翼的社会主义的同情者，还有人认为他是一位右翼的古典自由主义的捍卫者。鉴于国内外研究现状，本书将托克维尔政治思想的类型学研究作为研究目标。经过综合的考察与论证后，将其称之为中道自由主义。此种界定首先认可了托克维尔的自由主义身份，然后确定了他在整个自由主义思想传统中的特殊性——他是一位具有平衡性与开放性特征的自由主义思想家。本书在界定托克维尔的政治思想类型时，侧重于一种思想类型的界定，并适当兼顾一种历史类型的界定。本书通过四个途径的考察来完成这项任务。这四个途径为：主流学者的研究成果，托克维尔的自我声称，其思想中的基本观点与研究方法，其思想的阶级属性。根据这种研究思路，我们将本书的主体部分分为七章，对托克维尔的中道自由主义政治思想进行论证。

我们要想对已经充满丰硕成果和遍布各个学术领域的托克维尔政治思想研究进行开拓性研究，就必须把自己的研究建立在以往的研究成果与研究教训之上。第一章从线与点两个角度介绍托克维尔在中西方政治生活与学术研究中的地位、影响及托克维尔政治思想的研究概况、研究成果和研究偏差。首先，在线的方面，本章回顾了西方托克维尔政治思想的影响与研究的兴衰过程及当代中国托克维尔政治思想研究的缘起与现状。其次，在点的方面，本章概述了托克维尔政治思想研究中的几个重要课题，即托克维尔的政治思想渊源问题，托克维尔在西方政治思潮中的定位问题，托克维尔的政治科学的性质与特征问题，及托克维尔与其他政治思想家的比较研究问题。本章行文寓评于述，从上述代表性研究成果的交集中得出托克维尔是一位自由主义者的结论，从它们的非交集中得出托克维尔是一位具有许多独特思想个性的政治思想家的结论。通过这两个方面的结合，我们把托克维尔称之为中道自由主义者。

知人必先论世。第二章从自由主义思想转型、近代社会政治实践转型的角度探讨托克维尔的中道自由主义政治思想得以形成的理智氛围与历史特征。本章首先回顾了19世纪初传统自由主义意识形态化所导致的封闭、保守，甚至堕落，呼唤思想家对自由主义原则进行更新、修正与完善，然后概括了19世纪初作为转型时代的一系列特征所给予托克维尔的多重思想选择问题，最后描述了托克维尔具有贵族传统与自由主义风格的家庭与身世给予托克维尔的多重身份定位问题。托克维尔的兼具平衡性与开放性的中道自由主义就是在这样复杂与多样的思想、历史与家庭氛围中得以形塑的。

特定的自由观念是自由主义者观察政治世界的原点。第三章概括了托克维尔的中道自由主义的核心——中道自由观的具体内涵，作为以下各章研究的前提与出发点。自由是托克维尔的政治辞典中的最高价值范畴；托克维尔的自由观是一种有机的自由观，它包括个人自由、政治自由、自我实现的自由及精神自由等含义；托克维尔的自由观是一种平衡、灵活的自由观，首先它包含多重维度：个人与公共维度、封建与现代维度、世俗与英雄维度、普世与民族维度、制度与民情维度及理性与激情维度；其次它还和其他政治观念，如民主、秩序、福利、必然性等之间存在着灵活、有机的辩证关系。托克维尔的自由观念的中道性就体现在它的有机性、多维性与辩证性之中。

在提倡知行合一的托克维尔看来，他的自由主义首先是一种实践中的理论。第四章概括了托克维尔研究现代、政治现象的理论预设与研究路径，论证了他对民主、革命、阶级等几种现代政治现象的观察与评价。托克维尔的政治研究假设与路径是多元的、开放的，他对它们的运用凸显出了一位兼具政治哲学家与政治科学家双重身份的学术角色。托克维尔的民主观念，具有社会状态与政治形式的双重含义，他对民主持双重态度：一方面它是正义的，另一方面它自身隐藏着专制的萌芽。托克维尔考察了大革命与一般的现代革命的起源、特征，比较了两种分别代表成功与失败的革命模式：英国革命与法国革命。他在侵犯权利、法治与秩序的意义上反对革命，同时他又在建立个人自由、废除封建特权、实现法律平等、打破专制统治的意义上赞赏革命。托克维尔分析了现代各阶级的起源、历史角色及其分化与组合，提出一种适度的阶级竞争与阶级合作相结合的阶级结构模式。托克维尔的民主观、革命观与阶级观体现了他的中道自由主义的特质。

在考察过托克维尔对现代政治现象的分析后，第五章考察了他对现代政治理论的解构。托克维尔反对政治生活中的唯理主义，认为政治行动来自于理性与非理性的混合，而在这个过分脱魅的时代，他更乐意倡导非理性。托克维尔反对历史决定性，认为历史发展是必然性与偶然性的统一，但在个体弱化的民主时代，他更愿意提倡意志自由论。托克维尔分析了社会主义的起源、性质与特征；他认为社会主义与资本主义具有内在的共同机理；他既反对社会主义对个体的监护，也反对古典自由主义的不干涉原则，但他也不排除社会主义因素在未来社会中存在的可能性。他在个人与社会、政府关系是否有利于维持自由的基础上排斥作为社会主义替代物的公共慈善，但随着政治经济形势的变迁，他又在同一基础上主张公共慈善观念，甚至主张政府职能向经济领域的扩张，彰显出了一位转型期具有灵活性与开放性的自由主义者形象。托克维尔具有明确的政治学学科意识；他承认政治学具有强大的社会政治改造功能，他的政治学的核心观念是民情，表明了他对历史决定论与唯理主义的双重反对；托克维尔主张弥合政治生活与政治研究中多重的对立范畴，如事实与价值、政治与道德、政治研究与政治教育、政治科学与政治艺术、理论家与政治家等；托克维尔的政治科学是一种古典政治学传统与现代政治分析的混合物。托克维尔的中道自由主义体现在他对政治理论领域内貌似对立的各种政治观念、政治范畴之间的相互联系、相互转化的全面性、灵活性之认识上。

托克维尔对现代政治实践与政治理论的分析是为了避免一个自由主义者的梦魇——专制主义。第六章考察了托克维尔对现代专制主义起源的分析及他对现代专制主义诸版本的描述。在托克维尔对专制主义起源的论证中，他既注意到了专制的制度机制，又注意到了专制的文化机制；他既回顾了专制的传统根源，又预见了专制的全新根源——集权；他关注了专制的政治与经济起源，但更强调专制的社会与文化起源。在托克维尔对专制主义诸版本的描述中，他既注意到了硬专制——政治专制，又注意到了软专制——精神专制；他既描述了传统的专制——个人专制与多数的政府专制，又预见了未来的新专制——监护性专制。托克维尔对现代专制主义的论证彰显出了一位跨越过去、现在与未来，既有继承、又有创新，具有开放的政治思维与发展的政治眼光的中道自由主义者形象。

托克维尔对自由的期望同其对专制的恐惧构成了其自由主义思想的两极。第七章作为对以上各章的逻辑结论，分析了托克维尔所开辟的反对专制的新战场，以及他所提出的反对专制的一系列新疗方。托克维尔既没有忽视传统自由主义者反对专制的法律与制度设计原则，又从心理与文化形塑的角度找到了反对专制的新疗方。这些疗方包括：公共道德的培养，政治教育的灌输，公民宗教的陶冶与政治体制的参与等。托克维尔提倡一种私利与公益、个性与公共性相结合的温和的公共道德；他既反对古典共和国对公民行为的强制与愚昧，又不苟同于传统自由主义的制度自给论，主张通过政治教育塑造公共道德；他在主张政教分离的同时，又提倡政教精神上的统一，同样，他在希望宗教通过一种文化氛围的塑造约束民主的专制倾向之时，又害怕于宗教的精神专制；他注意到了政治体制在制度设计方面维持自由的功能，但他更感兴趣的是它们的政治教育或文化形塑功能。在如何反对专制、维持自由方面，托克维尔既接受了传统自由主义的建议，又在大众民主时代开出了新的疗方。

总之，托克维尔的中道自由主义政治思想体现在他对政治实践中的对立事物和对政治理论中的对立观念的偏好和调和上，体现在其思想的灵活性与流动性之中，以及体现在其理论与政治立场的中立性、超然性之中，但最终这种中立性也损害了其思想的政治行动与政治改造能力。

本书希望能够通过对托克维尔的中道自由主义政治思想的研究，把托克维尔从意识形态纷争的泥淖中解救出来，还其本来面目；在各种政治思潮中，为托克维尔寻找一个合适的座椅与地位；在民主化进程已经启动的当代中国，为国人提供一个尽可能接近真实的托克维尔思想肖像，避免国人因报国心切而对他产生误读与滥用。如是足矣！

Abstract

Both in the Western for over one hundred years, and in contemporary China, there is no final conclusion of how to define Tocqueville ' s identity in the currents of modern Western political thought. Some consider him as a liberal, some regard him as a conservative, still, some regard him as a republican, and in the extreme, others deny him as a liberal. He is called as a sympathizer of socialism in the Left wing, all the same, he is looked upon as a defender for the classic liberalism in the Right wing. On the basis of the research status quo at home and in foreign countries, this book takes the typologic research of Tocqueville ' s political thought as its research goalo After synthesizing others' investigations and demonstrations, I should call his political thought as liberal moderatism. First, this identity recognizes his status as a liberal, then defines his uniqueness in the tradition of liberal thought——he is a liberal thinker with the personality of balance and openness. In defining his type of political thought, this book lays its emphasis on the type of his thought, and gives attention to the type of history. It makes use of four ways of investigation to finish this task. They include: the research achievements of the mainstream scholars, Tocqueville's self-claim, his fundamental standpoints and research approaches, the class property of his thought. In the light of this consideration, I divide seven chapters with the main body of the book, and go on to demonstrate Tocqueville's political thought of liberal moderatism.

To make a little progress in the research of Tocqueville's political thought which is full of plentiful achievements and is permeated by innumerable learning-fields, we must base our research work on the past research fruits and lessons. At the two angles of "string" and "dot", Chapter 1 presents Tocqueville's status and influence in Chinese political life and learning-research and in the Western's, and then presents the surveys, achievements and deviations in the research about Tocqueville's political thought. First, in the aspect of the "string", it reviews the course of rise and fall in the influence and in the research about Tocqueville's political thought in the Western, and the research origin and situation about his thought in contemporary China. Secondly, in the aspect of the "dot", this chapter outlines some important research problem about him, namely the source of Tocqueville's political thought, Tocqueville's identity in Western currents of political thought, the nature and the traits of his political science, and the comparative research of Tocqueville with other thinkers. This chapter hides remarks in relating, and according to the above problems gives a conclusion: from the joint of the above representative achievements, Tocqueville can be looked upon as a liberal, from the non-joint of them, we can find that he has nameless unique individualities of thinking, and plus the joint and the non-joint, we can call Tocqueville as a liberal moderatist.

To know a man, you must understand his own world. Chapter 2 inquires into the intellectual atmosphere and the historical traits in the making of Tocqueville's political thought of liberal moderatism. First, it looks back to the closing, conservativeness and degrading of the traditional liberalism that is due to its ideologizing in the beginning of 19th century, so that some thinkers were called for the reviving, amending and perfecting of the liberal principles. Then, it summarizes the problem of Tocqueville's multi-choice in thinking which was brought about by a series of traits of the beginning of the 19th century as a transitory time. Finally, it describes the problem of Tocqueville's multi-identity that originated from his family with the tradition of nobility and the style of liberalism. Tocqueville's liberal moderatism with balance and openness was shaped in these complicated and diversified atmospheres.

A certain notion of freedom is the beginning-point with which a liberal observes the political world. Chapter 3 outlines the special connotations in the notion of moderate freedom that constitutes the essential core of Tocqueville's liberal moderatism, and makes it as the premise and the starting-point of the research of the following chapters. Freedom is the supreme category of value in Tocqueville's political dictionary; Tocqueville's notion is a kind of organic one, and its meanings include: personal freedom, political freedom, freedom of self-realization and intellectual freedom etc.; it is a kind of balancing, flexible notion of freedom, firstly because it includes multi-dimensions: individual and public dimensions, feudal and modern dimensions, secular and heroic dimensions, universal and national dimensions, institution and mores dimensions, and reason and passion dimensions, secondly because it has flexible, organic relations of dialectics with other political notions such as democracy, order, well-being and inevitability. The moderateness of Tocqueville's notion of freedom is embodied in its organics, multi-dimension and dialectics.

According to Tocqueville who advocated the integration of thinking and action, his liberalism first is a theory in practice. Chapter 4 summarizes his theory premises and research methods by means of which he studied modern political phenomena, and demonstrates his observations and evaluations on some modern political phenomena. Tocqueville's hypotheses and approaches in political analyses are plural, opening, and his using of them highlights a learning-role with the dual traits of a political philosopher and a political scientist. Tocqueville's notion of democracy has the dual meanings with a social condition and a political form; Tocqueville has the dual attitudes towards the democracy: on the one hand, it is just, on the other hand, the germ of despotism is hidden in its body. Tocqueville investigated the origins, the traits of French Revolution and modern revolutions in general, compared two patterns of revolution, namely English revolution and French revolution, which respectively represents the revolution of success or one of failure; he opposed the revolution on the basis of its infringing upon right, rule of law and order, but at the same time, he admired the revolution providing that it found personal freedom, abolish feudal privileges, realize equality of law and smash reigns of despotism. Tocqueville analyzed the origins, the historical roles, and their divisions and combinations of modern classes, and presented a pattern of class formation with the mild combination of class competition and class cooperation. Tocqueville's views on democracy, revolution and class embody the nature of his liberal moderatist.

After the preceding chapters' reviewing Tocqueville's analyses about modern political phenomena, Chapter 5 investigates his de-construction on modern political theories. Tocqueville fought against the absolutistic rationalism in political life, thought that political action is originated from the mixture of reason and irrationality, but in this over-disenchanting time, he was more inclined to advocate irrationality. Tocqueville fought against historical determinism, thought that historical development is brought about by the combination of inevitability and chance, but in this democratic time which was distinguished by weakening of individual, he was more willing to advocate the argument of will of freedom. Tocqueville analyzed the source, the nature and the traits of socialist; he thought that socialism and capitalism have the same mechanism of inherence; not only did he fight against the tutelage towards individual of socialism, but opposed the principle of laissez-faire of classic liberalism, but he did not rejected the possibility of the socialist elements exiting in the future society. He rejected the public charity as a substitute for socialism on the basis of the relation between individual and society, government grounding that it is beneficial to sustain freedom, but along with the changes of political and economical situation, he began to maintain the notion of public charity, and he went so far as to advocate the expansion of governmental function into the economical field that makes clear a liberal image with a character of flexibility and openness in transitory times. Tocqueville has a distinct realization of the political science as a subject; he admitted the strong function of social and political transformation in it, mores is the core idea of his political science, and all these show his dual oppositions to historical determinism and absolutistic rationalism; Tocqueville maintained mutual linking of varied opposing categories such as fact and value, politics and moral, political science and political art, and theorist and statesman in political life and in political research; Tocqueville's political science is a kind of mixture of the classic tradition of political science with the modern political analysis. Tocqueville's liberal moderatism is incarnated by his comprehensive and flexible knowledge of the political concepts and the political categories of all kinds that seem mutual opposing but in fact are mutual linking and mutual transforming in the field of political theory.

Tocqueville analyzed modern political practices and modern political theories in order to avoid a liberal's nightmare——the despotism. Chapter 6 investigates Tocqueville's analyses about the origins of modern despotism and his descriptions of all the versions of it. In his demonstrations about the origins of despotism, Tocqueville not only paid attention to the institutional workings of despotism, but recognized its cultural working; he not only reviewed the old source of despotism, but foretold the new source of it; he not only traced the political and economical origins of despotism, but paid more attention to the social and cultural origins of it. In his descriptions of all the versions of despotism, he not only paid attention to the hard despotism——the political one, but the soft despotism——the intellectual one; he not only described the traditional despotisms——the despotism of sole person and the governmental despotism of majority, but prophesied a new despotism in the future——the tutelary despotism. Tocqueville's demonstrations of modern despotisms highlight an image of liberal moderatism who strides between the past, the present and the future, has a character stemming from both inheritance and innovation, and has both open thinking of politics and developmental insight of politics.

Tocqueville's wish for freedom and his terror of despotism form the two poles of his liberal thought. As a logical conclusion of all the above chapters, Chapter 7 analyses the new battlefield against despotism explored by Tocqueville, and a series of new remedies prescribed by Tocquevile. Not only did Tocqueville not ignore the designing principles of law and institution against despotism offered by the traditional liberal, but found some new measures against it in respect of the moulding of mentality and culture. These measures include: fostering of public moral, instilling with political education, cultivating of civil religion and participating with political institutes etc. Tocqueville advocated a moderate public moral combining self-interest and public interest, and including individuality and community; he not only opposed the force and deceit aimed for the citizens' action in classic republics, but did not agree with the opinion of self-support of institution offered by the traditional liberal, and maintained the role of political education in moulding public moral; when suggesting the separation of government and religion, he advocated the integration of politics and religion in spirit, and in the same manner, when wishing that the religion can restrain the despotic tendency rooted in democracy by means of a cultural atmosphere, he feared the intellectual despotism perhaps brought about by the religion; he not only paid attention to the function of maintaining freedom of political institutes by means of institution design, but was more interested in their function of maintaining freedom by means of political education or cultural moulding. In respect of how to fight against the despotism and to maintain the freedom, Tocqueville not only inherited the legacy offered by the traditional liberal, but prescribed the new recipe in the times of mass democracy.

In brief, Tocqueville's political thought of liberal moderatism is embodied in his fondness of and reconcilement with opposing things in political practice and opposing notions in political theory, in the flexibility and fluidity of his political thought, and in his neutrality and detachment of political theory and political position, but in the end, this neutrality injures the capacity for political action and political transformation of his thought.

This book wishes, by means of the study of Tocquevill's liberal moderatism, to rescue him from the pit of ideological quarrel, and to restore his original appearance; in the gallery full of all kinds of currents of political thought to find a suitable chair and a proper status for him; and to offer a intellectual portrait of Tocqueville which is as close to the case as possible for our fellowmen in order to avoid misunderstanding and misusing brought about by them due to their excessive passion in requital for their homeland, in contemporary China whose course of democratizing has been started. That will do!

目　录

导　论 …………………………………………………………… 1

第一章　多重面孔的托克维尔
　　——托克维尔研究概述与评价 ……………………………… 14
　第一节　托克维尔的政治思想研究与影响简史 ………… 16
　第二节　当代中国托克维尔政治思想研究概述 ………… 30
　第三节　托克维尔政治思想研究中的主要问题 ………… 36
　本章小结 …………………………………………………… 82

第二章　时代夹缝中的托克维尔 …………………………… 85
　第一节　何谓传统自由主义 ……………………………… 86
　第二节　传统自由主义的形成过程 ……………………… 87
　第三节　传统自由主义的偏差 …………………………… 90
　第四节　变革的新时代 …………………………………… 105
　第五节　转型时代中的托克维尔 ………………………… 113
　本章小结 …………………………………………………… 131

第三章 托克维尔的中道自由观 …… 133
第一节 自由的规范地位 …… 134
第二节 自由的内涵 …… 137
第三节 自由的多维性 …… 144
第四节 自由的辩证法 …… 157
本章小结 …… 166

第四章 托克维尔对自由与现代政治现象之关系的考察 …… 168
第一节 多元的政治研究前提与路径 …… 169
第二节 现代政治的本质：民主 …… 181
第三节 现代政治的动力：革命 …… 188
第四节 现代政治的结构：阶级 …… 198
本章小结 …… 210

第五章 托克维尔对自由与现代政治理论之关系的反思 …… 213
第一节 政治中的理性与非理性 …… 215
第二节 历史中的必然性与偶然性 …… 222
第三节 社会主义与公共慈善 …… 230
第四节 政治科学与自由 …… 252
本章小结 …… 266

第六章 托克维尔对自由之失落的担忧 …… 270
第一节 现代专制主义的起源 …… 272
第二节 现代专制主义的谱系 …… 292
本章小结 …… 316

第七章 托克维尔对自由之维持的希望 …… 318
第一节 反对专制主义的新战场 …… 319
第二节 自由的公共道德 …… 323
第三节 自由的政治教育 …… 331
第四节 自由的公民宗教 …… 342

第五节　自由的政治体制…………………………………………… 356
本章小结………………………………………………………………… 375

结语　中道自由主义的基色与限度 …………………………… 379

参考文献 ………………………………………………………………… 389

附录1　《托克维尔全集目录》目录 ……………………………… 417

附录2　托克维尔生平与著作年表 ……………………………… 420

后记…………………………………………………………………… 428

导 论

阿列克西·夏里·亨利·莫里斯·克勒雷尔·德·托克维尔（Alexis Charles Henri Maurice Clerel de Tocqueville），出生于一个可以追溯到16世纪征服者威廉时代的诺曼贵族世家。① 其母亲的祖父马尔泽布（Malesherbes）是旧制度时代颇有政绩的大臣，革命期间曾作为律师在国民公会中为路易十六辩护。而托克维尔成年后却拒绝继承本家族的贵族头衔（Comte），并且娶了一位英国中产阶级女子玛丽·摩特莉（Mary Mottley）为妻。托克维尔的父亲埃尔韦·德·托克维尔（Hervé de Tocqueville）为忠诚的王党分子，在复辟期间做过几任地方省长。其母亲对路易家族有着真挚深厚的眷恋之情。托克维尔的五个直系家族成员在大革命中被送上断头台，其父母仅仅因为罗伯斯庇尔的倒台而幸免于难。革命给他们留下了永远的难以磨灭的伤痕：父亲一夜之间头发皆白，母亲再也没有完全从精神错乱与忧郁中恢复过来。但托克维尔一生都在宣称，他忠

① André Jardin, Tocqueville. A Biography, Translated from the French by Lydia Davis with Robert Hemenway. New York: Farrar Straus Giroux, 1988, p.3.

于启蒙运动与大革命原则，贵族政治被民主政治取代是历史的必然，民主是人类进步的必经之路。托克维尔虽然认为民主是历史的必然，体现了上帝的旨意，符合人类正义，但他却并不全心全意地拥抱民主，而是主张以贵族政治的某些形式因素限制民主的极端趋势，以捍卫他珍爱的终极政治价值——自由。他声称，民主与自由两种政治价值相比，自由才是他的最爱。他无视贡斯当在名噪一时、影响深远的《论古代人的自由与现代人的自由》演说中提出的基本论点——个人独立是现代自由的真正内涵，认为个人主义的自由主义先天不足，必须将盛行于古典时代、残留于贵族时代的参与式自由①纳入自由体系之中，才能使自由在现代社会安全无虞。托克维尔秉承贵族的政治义务与责任（Noblesse Oblige）传统，认为行动与反思、立功与立言相比，前者更为重要，写作只是为自己的政治事业服务。然而他在政坛上却举步维艰，无所建树，真正为人所称道、流传于世的是他的著作，而不是他的政绩。

托尔维克就是这样一个复杂性、多面性的政治人。由于受其身世、所处时代及时代的思想氛围的影响，在托克维尔的生活、个性、思想中，体现了多重矛盾：古典与现代、贵族政治与平民政治、自由与保守、理性与情感、现实主义与浪漫主义、思想与行动的对立统一；在其一生的政治思考与政治创作中，也体现了其政治理论与政治主张随时代的社会政治形势和理智文化氛围而不断调整、发展与变化的过程，其总体思想体系体现出了开放性、灵活性的特征。托克维尔思想的深刻性和魅力就体现在其思想的复杂性、矛盾性与流动性之中。但其思想的这种总体特色也造成了对其进行全面的、公正的、整合的阐释的难度。

托克维尔政治思想研究中争议最大的一个问题是其政治思想的基本属性，具体而言，就是根据其政治思想的基本特征来判断其政治思想大致属于现代何种类型的政治思潮的问题。这一问题是托克维尔政治思想研究中关注最多、争议最大的一个问题，这个问题的

① 这种自由往往被我们当代人称为集体自由或政治自由，甚至某些自由主义思想家否认其为真正的自由观念。

解决也是托克维尔政治思想研究中其他问题得以解决的关键。因此，本书尝试将此问题的解决作为研究目标。这实际上是一个类型学研究的问题。本书以他人对托克维尔的类型学研究为基础，主要侧重于托克维尔的政治思想的理论类型研究，即在属于自由主义传统的整个思想共性中，寻找他同各自由主义流派与思想家不同的思想个性。当然，在进行界定之时，我们不能脱离他的思想个性得以形成的历史环境与理智氛围。但是其自由主义思想的特异性、过渡性、流变性决定了对其进行历史定型的困难。鉴于此，本书以思想类型为研究重点，适当兼顾历史类型研究。本书所要达到的目的是，通过对托克维尔的自由主义政治思想进行类型学研究，一方面表明托克维尔的确是一位自由主义思想家，另一方面表明托克维尔的自由主义思想的独特性、原创性，并同时揭示他在丰富与完善自由主义理论方面的贡献及他在自由主义思想史、政治学说史中的地位与作用。本书的研究意义为，我们可以借助托克维尔式自由主义，认识到自由主义流派与主张的丰富性与多样性，从而克服对自由主义作为一个整体的片面化、脸谱化的认识；我们可以重新审视一向被人们所忽视的托克维尔在西方政治思想史、自由主义思想史及政治学学科发展史中的过渡性地位；我们还可以根据托克维尔对西方政治变迁的回应来明确其理论在当代政治发展中的适用性，特别是能够针对当代中国民主化背景下而产生的对其理论属性的界定和对其理论中国化的尝试努力，作出客观公正的回应，以纠正人们对他的误读与滥用。

一、研究方法的确定

工欲善其事，必先利其器。在确定托克维尔的政治思想的基本属性之前，首先要确定对该问题的研究方法。学术界对该问题的研究存在着两种片面倾向：类型化与非类型化。类型化方法将托克维尔置于某一特定的政治意识形态或政治思想传统之中，将其政治思想归类于某一思想类型，从而揭示出其思想的根本属性。比如，托克维尔分别被人们称为自由主义者、保守主义者、社群主义者或共和主义者。这种方法的主要缺陷是，由于要努力地把握其思想中同某一思想类型相同或相通的因素，而忽视对其思想的全面的甚至是基本的把握，造成对其思想片面化、简单化的理解。比较新近的研究方法是非类型化。这种研究方法拒绝将托克维尔置于某一特定的意识形态之中，将其思想视为一种个案，着眼于研究其政治思想的特殊性，及同所有意识形态类型相异的因素。比如将托克维尔视为一位奇怪的自由主义者，一位特别的自由主义者，一位难以捉摸的自由主义者，甚至直接沿用托克维尔的自我称谓："一个新型的自由主义者"。即便研究者采用了"自由主义者"这一称谓，但他们都拒绝承认这一称谓意味着他和现代自由主义之间存在着实质的相关性。这种方法的优点是有利于全面、深刻地把握托克维尔政治思想的原创性、特殊性，使托克维尔成为一位鲜活的、丰富的、独特的思想存在。但它的缺陷是，由于放弃类型化的努力，抓住了全面性而忽视了重点性，勾勒了其思想的"肌肉"却树不起其思想的"骨骼"，使托克维尔的思想整体成为一堆难以把握的混沌的碎片。本书采用两种方法的结合，一方面确定其政治思想属于何种类型的政治思潮（如果直接把他的政治思想称为某种"意识形态"类型不符合其本意也不符合其思想的特征的话），另一方面把握其政治思想在这一思潮或传统中的特殊地位和贡献，即其思想的原创性，努力对其思想研究做到个性研究与共性研究的相结合。

在托克维尔政治思想中还存在着思想史解读与政治史解读两种角度。思想史解读着重探讨托克维尔对以往政治理论的继承、发展、改造和贡献，有利于揭示其政治思想的实体，即其政治思想的一贯性特征、总体性构成与基本实质，但不能解释其政治理论与政治主张的变动性甚至其具体政治结论中大量的自相矛盾之处。政治史解读从托克维尔所处的特定时代或特定政治情境甚至其特定人生经历中探讨其政治思想形成的线索，有利于辨明其思想发展的原因、过程与趋向，有助于化解内在于托克维尔的政治思想中的变动性与矛盾性的成因，但难以对其勾勒出一幅完整一致的思想肖像。托克维尔的双重身份——思想家和政治家决定了其政治思想一方面是对以往的政治思想的继承与改进，另一方面是对其面临的具体社会政治问题的反应、对策。托克维尔的政治思想是理论性与现实性、原则性与灵活性、整合性与开放性的显著结合。所以本书研究采取思想史解读与政治史解读和整合分析与形成分析相结合的方法，不但要知其然，还要知其所以然。

在当代，由于托克维尔的一些非正式文本包括笔记、书信、残稿、删节稿的被发掘与出版，出现了一种试图通过对托克维尔的非正式文本研究而推翻以往根据对其正式文本的研究所得出的结论的倾向。本书研究则采用正式文本与非正式文本研究相结合的方法。具体做法是：首先把握两种文本中所共同揭示出的托克维尔政治思想中的一致性因素；当根据两种文本得出相反结论时，关于基本的、原则性的政治结论以正式文本为首选；但由于其特殊身份有所隐讳不能公开声称的①政治主张以非正式文本为首选；而正式文本没有探讨过的、由于行文问题被略去的、② 正式文本语焉不详的政治观点以非正式文本为依据。

在这里，我们着重点明的和本书研究有关的主要研究方法是：类型化与非类型化的折中，思想史解读与政治史解读（或整合分析与形成分析）相结合，正式文本研究与非正式文本研究并采。

二、托克维尔政治思想基本属性的界定

在确定其政治思想的基本属性时，我们采取四种途径：托克维尔的自我声称，其理论的阶级分析，其理论的基本观点与方法，主流学者的认定。全书通过四种途径的考察，将托克维尔的政治思想的基本属性界定为"中道自由主义"（Liberal Moderatism）。该界定承认了其政治思想所处的思想传统——自由主义。这里的自由主义传统指的是起源于对君主专制主义的反抗而又成为维护资本主义民

---

① 托克维尔作为一名国会议员，他的选民以资产阶级成员为主体，出于赢得选票的策略考虑，他不可能始终直言不讳地表明自己的政治好恶，这是近代西方实行选举政治以来任何一个政治家都懂得和必须遵循的基本常识。

② 我们要明白的一点是，不同于当代已经经历过学科分化时代的学者的期待，托克维尔的读者不是学术共同体，而是公众知名人士，所以他特别注重作品的修辞表达技巧。

主的工具的自由主义。这里所称的自由主义是一种宽泛的界定，它不考虑由于时代、国别、思想传统不同而产生的自由主义的具体流派，而将其视为一些基本原则的构成。该界定又努力把握其政治思想在自由主义传统中的特殊性。它不是一种早期的激进的原教旨自由主义，也不属于后来沦为特定阶级、党派工具的意识形态化的自由主义。它在自由主义传统中的特殊表现为平衡的、调和的和灵活的、开放的两大基本特征。据此，我们把托克维尔式的自由主义称为中道自由主义。这里的中道（moderatist）意味着双重含义：1. 在自由主义思想阵营中，托克维尔能够对政治世界中各种对立的政治现象与政治问题进行全面平衡的把握①，能够避免各种具体的自由主义流派在社会政治分析中的片面化与偏执性思考，体现了自由主义在现实政治研究与理论主张中的平衡的、中庸的、调和的倾向；2. 托克维尔的自由主义政治思考不以某个单一的、特定的理论原点为前提，不以构建封闭的、严密的理论大厦为目标，而是根据现代社会政治生活的转型与思想文化氛围的变迁而对自己的理论与政策进行不断的反思、调整与修正，体现了其自由主义政治思想灵活的、开放的特征。总之，托克维尔的自由主义政治思想是平衡性与开放性的结合。平衡性与开放性是其中道自由主义政治思想的基本特征。这种对托克维尔政治思想的界定认为，托克维尔具有一种基本整合的、大致可以把握的自由政治观念，其一生的理论与实践生活以这种基本的自由政治观念为中轴，根据时代与思潮的变迁，或不停地做出或多或少的调整，或有时或多或少地偏离这条中轴；但其政治思想与政治生活的这些调整与偏离却保持在一定幅度

① 我们称之为对立极式的政治思维法，表现在托克维尔身上，就是他明确地意识到了政治生活中存在着一系列相互对立的观念，政治决断不但意味着对每对对立观念中的一极做出抉择，毅然地舍弃另一极，还意味着对这些对立观念进行调和与平衡，这确实是一种宛如走钢丝绳般的政治思维方式，很容易在理论与实践政治中陷入左右为难、首鼠两端、难以自圆其说的境地，这些对立极表现为：自由与平等、个性与公共性、贵族制与民主制、革命与停滞、自由与专制、制度与道德、利益与荣誉等，或明或暗地充斥于托克维尔的作品中。

内，并没有完全摆脱这种自由政治理念对它们的支配与影响。见图1。

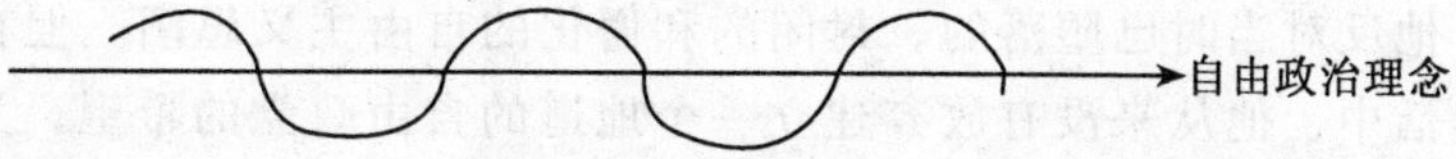

图1 中道自由主义的含义

我们对其政治思想的“中道”特征的界定，不完全等同于中国文化传统中的“中庸”一词的含义，中庸即“不偏不倚谓之中，无过与不及谓之庸”。中庸是中国传统学者在思维方法与人生实践中的理想趋同准则。托克维尔的中道自由观却并无绝对的调和与致中之意，更无教条主义与亦步亦趋的含义，而是兼具灵活与开放的思维特征。从其思想类型的界定的角度而言，“中道的”一词和其他反类型化研究者对其思想界定所采用的“特别的”、“奇怪的”、“不可捉摸的”这些词相比，它是限定的、确定性的，有着明确的含义，而后者则是修饰的、形容的，没有可以把握的实在内容。现在我们根据上述的四条途径，先简要地谈一下对托克维尔的政治思想作为一种中道自由主义的界定依据。

托克维尔是如何界定自己的理智形象与政治身份呢？托克维尔反复声称，自由为众善之首，人类自由是他最珍爱的事物；他又声称他只是一个自由主义者，别的什么都不是。考虑到自由主义在他所处时代已形成较一致的思想传统，“自由主义”一词已具有非常明确的含义，他不可能漠视自由主义这一已形成的思想传统的特定内涵。他又说，他将会被别人认为是一位新型自由主义者。托克维尔所谓的“新型”的含义是什么呢？他认为自己能够在过去与现在之间很好地保持平衡。他把《论美国的民主》的写作目的界定为：一方面是缓和民主的激进拥护者的热情与幻想，另一方面是缓和民主的顽固反抗者的悲观与顽抗。他的角色属于调停者。在谈到《旧制度与大革命》的写作时，他认为自己对要涉及的人或制度、法律、运动没有爱也没有恨；他没有传统，也没有党派，他要保持一种独立的政治与理论角色。可见，他试图使自己的自由主义摆脱党派偏见，成为一种作为普遍道德原则的自由主义。在政治生活中，他极力保持以其自由理念为基础的身份的独立；在理论生活中，他反对当时已堕落的、封闭的和僵化的自由主义思潮。但在政治生活中，他从来没有放弃建立一个地道的自由政党的希望；为了实现他独有的自由理念，他时而默许世袭君主制，时而拥抱立宪君主制，时而赞成共和制。在理论生活中，他时而主张民主是一种人力不可抗拒的天意运动，时而号召人们发挥人类特有的自由意志；他时而强调个人独立是一种正当的自由，时而强调共同的联合是自由的要件；他时而认为革命是自由的敌人，时而认为自由需要骚动（包括革命）的激情。可见，托克维尔是一位自由主义者，但是，是一位兼具原则性与灵活性、调停性与独立性、中立性与价值性的中道自由主义者。

我们可以从阶级与意识形态之关系的角度界定托克维尔政治思想的基本属性。按照拉斯基的观点，自由主义是维护资产阶级利益的学说。那么，托克维尔的自由主义能不能被认定为资产阶级政治学说呢？托克维尔虽然从来不反对资本主义民主政治，而且从理性上接受了它，其学说的客观效果也有助于维护资本主义民主政治。但他从来不认为资产阶级是合格的统治者，而且还认为资产阶级的本质属性与内在志向会导致专制主义。因此，从阶级分析的角度而言，他的政治思想主观上与客观上都维护了资本主义民主政治，主观上反对了资产阶级政治统治，客观上巩固了资产阶级政治统治。他虽然反对资产阶级对国家政权的垄断，但同样也反对无产阶级的暴力革命；他虽然反对无产阶级革命与社会主义运动，但也真切地同情工人的处境，谴责工人的异化状态，欣赏社会主义骚动所产生的人类伟大行动（虽然他也意识到这种伟大行动的实现也同时意味着人类伟大与自由的终结）。他既反对资产阶级对政治与经济生活的垄断，又试图在现存秩序中改造社会与政治生活。他不同意他所处时代及以前的自由主义者对资产阶级民主秩序和资产阶级统治合法性的无保留的接受与赞美，也不赞成当时的社会主义者对现存社会与政治法则的彻底否定及建设一个全新的理想社会的愿望；他既有保留地接受了现存秩序，又从不放弃力图改造现存秩序的愿望；他既不认同于更不跻身于当时的任一阶级群体，也不致力与投身于当时的任何一种政治与社会运动。他以一个各个阶级、各种运动的调停者的面目出现，但又不是一个当代学术人眼中的价值中立者，而是扮演着具有古典政治风格的“立法者”的角色，在政治调停中引导人民走向自由的生活。因此，他的自由主义是一种兼具调和性与立场性的中道自由主义，但不是所谓价值多元主义的自由主义。

托克维尔的理论观点与研究方法怎样彰显出其政治思想的基本属性呢？托克维尔的基本政治理论也体现了其自由主义思想的平衡的、开放的特征。在认识论上，他既没有否认理性的功能，也认识到了非理性（激情）的效果；他既承认人类的理性认识能力，但又认为这种能力是有限的；但在过度理性化的脱魅（disenchanting）世界中，他更欣赏非理性改造世界的能量。在历史观方面，他既反对历史决定论，又接受了历史的有限规律性；但又认为在一个民情弱化的时代，作为一个理论人必须唤醒人类的自由意志，在必然性的框架中缔造自由、创造历史。他既没有完全否定个人独立为自由之一面，又认为它必须以政治的公共参与来完善；他既倡导个人创新精神，也欣赏公共精神、团结意识；但在一个社会原子化、个人疏离化的现代社会中，他更强调自由的公共与集体维度。他既接受了平等正义所带来的不可避免的思想平庸，也渴望对精神生活的贵族式的无私追求；但在平庸的民主时代，他希望立法者能够拔高人类的精神生活。他既重视传统的制度分析，也更强调制度背后的文化认同；但在民主作为一种生活方式的社会氛围中，他更关注政治文化的灌输与培育。他既关注了权力的分立与制衡，又探讨了道德的软约束；但在一个传统道德崩溃、政治无神论蔓延的时代，他更热衷于从事公共道德建设。他既坚持政教分离的原则，又倡导政教精神互补的原则；他又认为宗教必须顺应民主原则才能幸存，民主需要宗教才能保持自由，宗教必须为民主时代的自由事业服务。他既描述了硬专制主义，也预言了软专制主义；他既担心个人专制，也害怕多数专制；在不同的政治形势中，不同形态的暴政占据了他的思想视野的中心：时而是个人（或军事）专制，时而是制度与文化两个方面的多数暴政，时而是人民主权与行政集权相结合的理性化专制。

从上述一系列托克维尔的基本政治理论的两面性的比较中，我们可以看出，他既拥护传统自由主义的政治原则，接受了传统自由主义的政治关注，但又力图矫正传统自由主义政治原则与关注的偏颇之处；他既以一个自由主义者的身份全面、平衡地把握住了政治世界的对立之物，又根据时代的社会政治形势，提出了自由主义在当时要着重把握的理论关注对象和理论研究任务，凸显出一位中道自由主义者的形象。在政治研究方法论上，他既接受了自由主义关于社会与国家之界限的原则，又在研究中突破了两者的界限，认为社会、政治、文化诸因素是一个统一的整体，采用了综合的大政治研究法；在其一生的理论探索中，随着具体政治形势的变迁和他对政治现象认识的深化，他从对接受市民社会优先性到承认政治社会的独立性，最终形成市民社会与政治社会相互作用、相互统一的观点。对于自由主义颂扬的原则与体制，如不干涉原则、个人主义原则、结社原则、新闻自由原则、权力制衡原则、联邦体制、政党体制等，他还认识到了它们的内在限度；并且和传统自由主义的“革命型”单相政治思维不同的是，他认为旧的政治形式与精神含有可以完善新的政治形式与精神的因素，新的政治形式与精神也有其内在缺陷与毁灭倾向。因此，他采用了一种辩证的政治思维法，尽管这种方法是朴素的、不自觉的。传统自由主义者一般都拥有一种固定的理论预设或前提，将自己的理论大厦建立于纯粹的演绎推理之上。托克维尔既采用了演绎法（如对人性的假设，对上帝理性的认同），也采用了建立于历史分析与国别比较之上的归纳方法，是演绎与归纳的结合。他采用了多元的政治研究前提与路径，但它们只是作为他的现实政治分析工具而非一种终极性信仰；他在娴熟地、非教条般地运用它们的同时也明确地意识到了它们的限度。因此，根据托克维尔的政治研究方法论来判断，他也是一位中道自由主义者。

我们从学者的研究成果中也可归纳出其作为一位中道自由主义

者的观点。从下文所要介绍的研究成果中可以看出，学者们往往对其政治思想的基本倾向及其从属流派有着截然不同的阐释，如自由主义 VS 非自由主义，保守主义 VS 自由主义，个人主义 VS 公共精神，启蒙之子 VS 启蒙反对者，贵族分子 VS 民主分子，等等。如果我们承认其政治思想的平衡性与开放性相统一的属性的话，这些对立的观点其实只是夸大了托克维尔政治思想中互补的两极中的一极，或者是拾慧了他在特定情景中的具体政治观点甚至政策主张，对托克维尔的一系列截然不同的认识也就不攻自破了。在学者对托克维尔政治思想基本属性的认定中，可以说主流学者都把他称为一位自由主义者。即使将其称为保守主义者的，也认为其属于自由保守主义；将其称为共和主义者的，也认为其属于自由共和主义。① 可以说，大部分学者对托克维尔政治思想类型认定的交集就是自由主义。如果再对不属于自由主义者的非交集部分或衍生部分加以综合、全面考察的话，托克维尔就可以被认定为是一位中道自由主义者。见图 2。

综上所述，本书的基本立意或研究主题就是，把托克维尔的政治思想的基本属性界定为一种中道自由主义，并对这种中道自由主义在哲学基础、基本理论观点、方法论及现实政治主张上的体现及其限度进行分析，以尝试从一种新的视角开拓对托克维尔政治思想的研究。

三、以往研究的不足与本书的创新

现在谈一下以往研究的不足与偏差之处和本书试图达成的创新之处。在下文对托克维尔研究文献的介绍与评论中，我们将会分析这些研究的不足与偏差之处，现在对这些不足与偏差加以简要概括。(1) 以特定的意识形态前提拣取托克维尔政治思想中的为我所用之处，将托克维尔作为意识形态斗争的工具与符号；(2) 在特定的学术思潮与氛围中解读托克维尔，将托克维尔的思想作为自己的特定学术偏好与标准的传声筒；(3) 即使在对托克维尔的专

① 参见本书第一章第三节中的“托克维尔在意识形态谱系中的位置”。

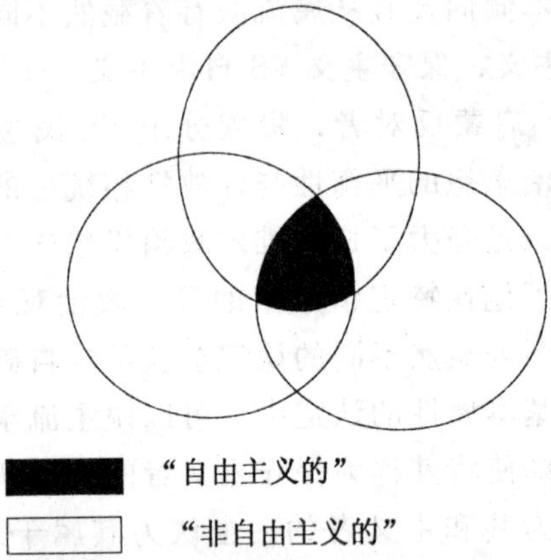

图 2 主流学者研究成果的综合

门研究中，学者们也走向了类型化与反类型化两种极端。总之，这些研究的总体缺陷是：或者将托克维尔的思想简单化、片面化、定型化，或者将其复杂化、模糊化、离散化，不能全面、公正地把握托克维尔政治思想中的基本因素、总体特色及其政治思想的开放性、灵活性并由此而导致的他在自由主义发展史中的特殊地位。

针对以上研究的不足之处，本书在写作中力图做到以下尝试性的创新。(1) 在古典与现代相结合，近代与当代相结合，贵族政治、自由政治、民主政治与阶级政治相结合的学术倾向与政治氛围中试图全面、公正地描绘出一位立体化的、统一性的并具有几分矛盾性的托克维尔的思想肖像，将托克维尔从政治家的意识形态泥淖中与学者的学术折射透镜中解救出来。(2) 通过探讨托克维尔的中道自由主义在自由本体论、政治哲学原理、基本政治理论、政治学方法论及社会政策上的表现，在不回避其学说由于刻意强调平衡性而必然导致的其学说的矛盾性、由于其学说的开放性而导致其政治观点的流变性的前提下，尽量消弭人们关于托克维尔政治思想的种种对立观点。(3) 本书不但要阐明托克维尔政治思想本身，还要从托克维尔的政治理论与方法论、他所处的特定时代与思想氛围、时代与学术变迁等角度探讨人们对托克维尔进行误读的原因。总之，本书既试图从新的角度提出对托克维尔的政治思想类型的一种界定，又力图消除作者所认为的简单化和复杂化的两种托克维尔政治思想研究的倾向，做到有破有立。

第一章

多重面孔的托克维尔

——托克维尔研究概述与评价

自从托克维尔的《论美国的民主》（1835）发表以来，其著作中的语句就被人们广泛地引用。引用者或者是为了引申出自己的论点，或者是为自己的观点增加论证的力量。一百多年来，托克维尔已演变为一个“大众思想家”，其名字在报刊、杂志、领导演讲及谈话甚至企业名录中频频出现。① 在一片耀眼的光晕中，其思想的真正本色与底蕴却被人们所忽视、所误读。正如詹姆斯·W. 西瑟所言：“托克维尔只是一个在茶余饭后被谈及的美国政治科学的哲

① 比如，从比尔·克林顿到帕特·布坎南，他们最喜欢引用的托克维尔的话是：“我在宽阔的海港与丰富的河流中寻找美国的伟大与才华——它不在那里……它也不在她的肥沃的田野和无边的丛林中……也不在她的丰富的矿藏和庞大的世界商业中……也不在她的民主的议会和无与伦比的宪法中。直到我走进美国的教堂中，看到充满正义激情的教士们，我才领悟到她的才华与力量的秘密。美国伟大，因为她虔诚。而如果美国不再虔诚，她也就不再伟大。”Cf. John J. Pitney jr, “The Tocqueville Fraud”. The Weekly Standard. Nov. 13, 1995. 但这样充满诗情画意、令人鼓舞的语句却根本没有出现在《论美国的民主》及托克维尔的其他作品中。艾森豪威尔与里根也都错把上述语句当作托克维尔所言。

学家，他被礼貌地当作一种陪衬来修饰某种观点，或让他人对某一精彩的观点加深印象。"① 终其一生，托克维尔都在同王党分子、法国七月王朝中的自由主义者、激进共和主义者、保守主义者、英国功利主义者以及社会主义者作斗争。而在他去世后的学术界，其思想却被贴上了各种简单化、类型化、片面化的意识形态标签。有人将其称为霍布斯、洛克、贡斯当等自由主义者的同路人，有人将其视为是柏克一路的或夏多布里昂式的保守主义者，有人将其和马基雅弗利、卢梭以及阿伦特置于共和主义传统中，有些社会主义者（主要是社会民主主义者）也将其作为自己观点的同情者，甚至有人将其称为贵族之流的君主主义者。② 对于托克维尔学说中的各种具体观点也是众说纷纭，各执一词。比如，有人认为他是一位真正的个人主义者，有人认为他是一位根深蒂固的反个人主义者；有人认为他是资产阶级民主政治的拥护者，有人认为他是资产阶级政治生活的批判者，充其量只是资产阶级政治的三心二意的接受者；有人认为他是一位当代多元主义民主理论的先驱，有人却认为其思想的实质和当代多元主义民主理论迥然不同；有人认为他是一位历史终结论者，有人却认为他是一位反历史终结论者。诸如此类，不胜枚举。关于托克维尔的政治思想研究，正所谓"剪不断，理还乱"。但是，在托克维尔研究中，有一点往往被大家所忽略：托克维尔并不单纯是书斋中的一位浮士德式的学者，他给自己确定的人生角色首先是一位政治家（起码在其生命的鼎盛时期是这样），自己的政治学说与主张首先是要解决他所认为的现代民主政治所面临的紧迫问题，其中一些观点只能说是政策性的。所以，要正确理解托克维尔的政治思想，就要全面地把握其政治思想的基本信条，就要深刻地理解其所处时代的基本政治问题，而不能对其作品断章取义，望文生义。

对托克维尔政治思想的研究，大致经历了一个由单纯的赞美或

---

① ［美］詹姆斯·W. 西瑟著、竺乾威译：《自由民主与政治学》，上海人民出版社 1998 年版，第 31 页。

② Xavier de La Fournière, Alexis de Tocqueville: un monarchiste indépendant. [S. l.]: Librairie Académique Perrin, 1981.

批判到严肃地研究，由将其类型化到特殊化，研究兴趣由热到冷再到热的曲折过程。为了开拓对托克维尔进行研究的新路向，寻求对其学说进行解读的新视点，必须对托克维尔政治思想的研究与成果作简单回顾、概括以及评价。

第一节 托克维尔的政治思想研究与影响简史

现在，阿列克西·德·托克维尔已经成为法兰西与美利坚政治文化中被广泛接受的思想偶像，对他的观点进行招魂可以为一些很重要的政治场合增加分量和权威。在美国的最高法院判决、总统竞选、和从帕特·布坎南到试图复兴美国左派的进步党的政治光谱中，都可以听到托克维尔的语句回响其中。

尽管对托克维尔的著作有着各种各样的评价与运用，美国学者还是对他的思想一致给予了很高的推崇。学者们利用各种纪念会或学术研讨会来追念他。例如，仅在1985年就至少举行了四场庆祝《论美国的民主》（第一卷）出版150周年的重要学术会议。就在5年之后的1990年，在耶鲁大学又举行了庆祝《论美国的民主》（第二卷）出版150周年的学术会议。托克维尔纪念会议作为一种学术活动超出了纯粹纪念活动的范围，体现在了各种专著、论文、报纸甚至是可视媒体中。托克维尔的学术精神被制度化地体现在一个重要的国际组织：托克维尔学会（The Tocqueville Society / La Societé Tocqueville）中。该学会建立于1976年，其宗旨是鼓励对其他社会的制度与思想的比较研究有兴趣的欧洲与美国学者之间的智识上的合作。该学会出版了双语年刊《托克维尔评论》（The Tocqueville Review/La Revue Tocqueville）。

托克维尔在法国政治文化中的回响同样强烈。20世纪80年代，托克维尔的影响达到了一种神化的高度。已故的密特朗总统和法国政府探讨了托克维尔有关监狱改革的观点；诺曼底的托克维尔城堡成为欧洲政治家的朝圣之地；托克维尔被涉及关于分权、立法与行政权力的宪法限制等讨论中。在法国大革命200周年纪念活动中，托克维尔的声名达到了新的高度。他的《旧制度与大革命》成为法国历史文献学重新定位的一种出发点。《托克维尔全集》包括出版物、信件、笔记和谈话，获得了法国民族文化遗产的地位。他的全部作品的出版由国家资助的一个国家学术委员会进行指导。正如一位法国学者所言："整个法国已成为托克维尔的。"①在当代，尽管托克维尔在西方（包括东欧）甚至在一些发展中国家都享受到了无限的学术尊荣，但对其学术思想的评论与研究却经历了一个复杂曲折的"之"字形过程。由于托克维尔是一位具有古典风格的思想家，他的学术生涯体现了一种古典传统——行动与反思的结合。也由于其学说被称为"行动中的理论"②，具有强烈的实践倾向，于是，其思想遭遇就成为一种衡量社会政治生活中思想与制度变迁与公共政策、个人行动之重新定位的指数。总体而言，托克维尔政治思想的研究与影响经历了三个阶段：1. 声名的确立与鼎盛期：从《论美国的民主》（一）的发表到其去世后的 19 世纪 60 年代；2. 声望的衰落与湮没期：从 19 世纪 70 年代到 20 世纪 30 年代；3. 声望与研究的复兴期：从 20 世纪 40 年代到当前。

一、托克维尔声名鹊起与鼎盛之期

托克维尔的学术声名开始于他的《论美国的民主》（一）的出版。③ 一夜之间，作家被宣布为一位重要的思想家，或许是自孟德

① J. C. Casanova, "Tocqueville dans ses œuvres". L' Espress. 1987, Feb. 20-26, p. 102.

② Saguiv A. Hadari, Theory in Practice: Tocqueville's New Science of Politics. Stanford, Calif.: Stanford University Press, 1989, p. 4.

③ 该书书名为 De La démocratie en Amérique/Democracy in America，在汉语界一般被译为《论美国的民主》或《美国的民主》。但托克维尔在该书中只是将美国作为一种历史背景，特别是在下卷中他广泛地进行了美、英、法大西洋两岸三地之间的比较，以构建他的全球范围内的一般的"民主"理想类型，所以该书书名较恰当的翻译应为《民主在美国》，这样更符合托克维尔的写作旨趣。学者甘阳在《自由主义：贵族的还是平民的？》一文中也提出了同样的译法；美国学者谢尔登 · S. W. 沃林注意到：托克维尔在研究中对美国独一无二的实证特征的突破表现在他把该书标题命名为 Démocratie en Amérique (Democracy in America)，而不是 Démocratie Américane (American democracy), cf. Sheldon S Wolin, Tocqueville between Two Worlds: The Making of a Political and Theoretical Life. Princeton, N. J.: Princeton University Press, 2001, p. 126.

斯鸠以来最重要的政治思想家。尽管英国与美国的知识界、政界都对此书表现出了极大的兴趣，但托克维尔的写作宗旨是，通过描述美国制度，以展示在何种程度上欧洲特别是法国可以正确地使用民主。该书即刻受到了法国思想家与政治家的关注与评论。几乎毫无例外，这样的评论都充满着热情与赞赏，很少有批评的声音。圣伯夫的观点最具有代表性，“A. 德·托克维尔的著作，如果完整地阅读，将为现代政治中所有伟大政治问题的研究提供材料。”“它是一本自孟德斯鸠所树立的无可比拟的丰碑以来，在这样一个很少有光彩的实质性贡献的领域中的最天才的作品之一。”① 当时法国的各个政治派别，正统派、共和派、社会主义者、无政府主义者都从托克维尔的民主观念体系中找到了有利于自己的论点。可以这样说，早期的法国评论者对《论美国的民主》表现出的是热情，而不是理解。他们以托克维尔的思想为基础来表述自己的见解，而不是严肃、深入地评价托克维尔的观察与理论。这是很自然的，因为托克维尔为自己同胞所写下的正是当时深深激荡着整个法兰西民族的问题。

托克维尔的民主理论在他的精神上的“第二故乡”英国也受到了极大的关注。早在1934年，英国经济学家纳索·西尼尔在看到《论美国的民主》抄本时就认为：“在我看来，它是这个时代最著名的作品之一。”②或许最著名的评论者是英国的自由主义领袖约翰·S. 密尔。他认为：“在我们眼中，托克维尔的观点正确地表达了人类现在所处的位置。”③ 他还认为，由于没有党派偏见，《论美国的民主》为当时的自由主义者与保守主义者都提供了证明自己观点的材料；在他的作品中没有出现一丝倾向于贵族制或民主制的偏见。对于普遍不被人看好的《论美国的民主》(二)，他是这样评价

① Sainte-Beuve, “Tocqueville”. Le temps. 1835, April 7.

② Quoted in Alexis de Tocqueville, Democracy in America. Beijing: China Social Sciences Publishing House, 1945, Introduction: p. xxix.

③ J. S. Mill, “M. de Tocqueville on Democracy in America”. London and Westminster Review. 1835, 30, p. 85.

的:“它将会给予我们时代的政治推理以一种崭新的面目。”①他也认为，托克维尔的思想在法国作家中最像孟德斯鸠。作为对密尔评论的回应，托克维尔认为:“在所有评论者中，你或许是惟一最透彻地了解我的人。”②《论美国的民主》(二)在英国受到了如同在法国一样的冷遇与不利的评论，是密尔给予了《论美国的民主》(二)高度的赞扬:“像它自身所表明的，它是曾经所写过的现代社会中的民主的第一本哲学著作;它的基本信条在将来的推理中不可能被推翻，虽然某种程度上会被修正;而它的精神，它处理主题的一般模式，使它构成政治科学(science of politics)中一个新时代的开端。”③这是那个时代对托克维尔的政治学说最高的评价。并且密尔也承认:“我从研究托克维尔著作中也得到了巨大好处，这就是中央集权的根本问题。”④托克维尔的观点是:人民管理社会集体事业可以保护民主政治不堕落为专制政治。托克维尔的观点使他对貌似中古时代遗留物的反中央集权的地方主义观点的不利评价作出了修正。但是许多学者认为，托克维尔对密尔政治思想的影响远比密尔所承认的重要得多。

正如托克维尔的政治思想在法国所受到的遭遇一样，他的学说成为当时英国政治斗争中各党派加以利用的旗帜。无论是自由主义者，还是保守主义者，都从《论美国的民主》的语句中寻找对自己的经济、社会、政治观点与改革的支持。托克维尔对多数暴政的恐惧，他对这种现象在美国运作的观察，被保守主义者用来作为反对对现行英国社会结构进行修正的武器。而他对民主可以改善所有人生活条件的可能性所持的乐观态度，给予了自由主义者推动变革

① J. S. Mill, “M. de Tocqueville on Democracy in America”, p. 85.

② Quoted in Alexis de Tocqueville, Democracy in America, Introduction: p. xxxi.

③ J. S. Mill, “M. de Tocqueville on Democracy in America”. Edinburgh Review. 1840, 72. Reprinted in 2 Dissertations and Discussions. Boston: Spencer, 1868, p. 79.

④ [英]约翰·穆勒著、吴良健、吴衡康译:《约翰·穆勒自传》,商务印书馆1987年版,第115页。

的事实与道义方面的理由。托克维尔的政治思想在他的“第二祖国”比在他的祖国更深深地影响了知识分子与社会大众。

托克维尔的政治思想在美国引起热烈的反响是理所当然的。美国知识界认为，《论美国的民主》的公正性、准确度使它成为在外国人关于美国问题的写作中的一件无与伦比的事件。西奥多夫·福斯特认为：“它的特点被认为是富于哲理性，完全免于政党、民族或政府形式的偏见。”① 爱德华·艾威特把托克维尔称为“一位原创性的思想家，一位敏锐的观察者，一位雄辩的作家”，并且认为《论美国的民主》是迄今为止人们所写的关于美国民主最好的哲学著作。② 对于《论美国的民主》的第二版，美国的知识界没有给予太多的类似于欧洲知识界的责难。针对一般欧洲人在其旅行日志中对美国人及其制度刻薄的挖苦与嘲弄，美国人对托克维尔的感激之情溢于言表：“通过我们的谨慎判断，它是已经发表的关于我们共和国的最富有原创性、全面性与深刻性的论文。”③

《论美国的民主》发表后，托克维尔又出版了他称之为“历史本身与历史哲学相结合”④ 的《旧制度与大革命》(1856)。《论美国的民主》的英文译者亨利·里夫认为，在这本书中，他“又看见到希腊雕塑的痕迹与真面目”⑤，并将《旧制度与大革命》与《论法的精神》置于同等地位。人们认为，在《旧制度与大革命》中，托克维尔为大革命的起源提供了一种全新的阐释，他为历史研

① T. Foster, Introduction to reprint of J. S. Mill: Review of Democracy in America. New York: T. Foster, 1836, p. 62.

② Quoted in Alexis de Tocqueville, Democracy in America, Introduction: p. xliv.

③ Quoted in Alexis de Tocqueville, Democracy in America, Introduction: p. xlvi.

④ Alexis de Tocqueville, Selected Letters on Politics and Society, ed. by Roger Boesche, Trans. by James Toupin and Roger Boesche. Berkeley: University of California Press, 1985, p. 256.

⑤ 转引自［法］托克维尔著、冯棠译:《旧制度与大革命》,商务印书馆 1992 年版,第 6 页。

究本身开创了新的方向。但批评者也认为，托克维尔仅为法国指出了她的症状，而没有提供疗法。圣伯夫的抨击较为深刻："他在了解事物之前就已开始思考，这意味着有时他的思想是空洞的。"①意指托克维尔在未经详尽考察之前，就已轻率地得出研究结论。这也是常常见到的对托克维尔政治学方法论的一种诟病。

自从托克维尔的《论美国的民主》与《旧制度与大革命》出版以来，托克维尔的思想受到了多样性的阐释。这种阐释的多样性或源自于时代的变迁，或源自于阐释者本人的不同的意识形态前提，甚至也根植于不同的文化土壤。在法国，托克维尔的同胞从来没有完全采纳过他的最富于原创性的思想之一——民主作为一种生活方式。可以说，他一直都被人们所认可，但很少被人们作为行动所遵循的向导。19世纪中叶的英国处于选举法改革的激烈争议时期，当时领先的知识分子大部分是自由主义者，托克维尔成为他们的导师和预言家。同时，对于保守主义者而言，托克维尔揭示了英国制度的恶兆。但是随着改革的顺利进展，甚至保守主义者也将托克维尔作为民主所面临的可能危险的公正阐释者。当时的美国作为一个新兴民族，对来自外国的批评非常敏感。所以同其他外国评论者相比，由于托克维尔的准确公正的观察、友好温和的性情，使得《论美国的民主》成为在美国最受人喜爱的流行文学作品，甚至被采纳为公立学校的教科书。所以，美国人将托克维尔称之为："前不见古人，后不见来者。"②

托克维尔死于1859年4月，年仅53岁。在其一生中，他扮演着一个孤独的反对派的角色。19世纪60年代，自由主义原则在法国的胜利消弭了托克维尔与空论派之间表面上的分歧。他死后，其个人声望的沉浮追随着自由主义党派发展的轨迹。由于19世纪60年代自由政党的组成，他的声望开始开花结果。他被尊奉为自由主义已故的领袖，被置于自由主义的先贤祠中。在某种程度上，他甚

① Quoted in Françoise Mélonio, Tocqueville and the French, Trans. by Beth G. Raps. Charlottesville: University Press of Virginia, 1998, pp. 100-101.

② Quoted in Alexis de Tocqueville, Democracy in America, Introduction: p. lvii.

至被视为法国近代苦难命运的化身。托克维尔的第一位重要研究者拉布莱对托克维尔作了一段充满激情的悼词：

"当一位天才的人，一位爱国作家离开这个世界时，他的作品具有了死亡所带来的宁静与神圣。时代的睿智不再把他的思想作为倔强的幻想而置之不理：他成为我们祈求的权威，我们需要他的支持。活着，我们几乎听不到他的声音；死了，安静围绕着他——整个民族，年轻的一代想要听到他从坟墓中传出的声音……他的思想属于我们，他的光荣是我们的遗产。"①

二、托克维尔被遗忘乃至湮没时期

19 世纪 70 年代以后，托克维尔在大洋两岸开始被人们漠视、遗忘。在法国，托克维尔的一代人通过缓慢的政治变革逐渐实现了政体的巩固。对于年轻的法国一代而言，托克维尔的政治理想已变得不合时宜，不再富有魅力。而且托克维尔的作品似乎看起来立足于特定时代，不像是一种探讨普遍政治原理的超越时空的政治哲学。80 年代后，法国舆论开始关注美国政治的消极方面，如院外游说集团、帝国主义与托管制度，而不再对美国自治政府的价值感兴趣。由于现代大学的重组，托克维尔的政治学的科学性也似乎显得过时了。学科间的严格划分比对学科间共同意义的寻求变得更为重要；学科专家开始取代像托克维尔这样的公共评论人。19 世纪末，政治学的研究对象也发生了变迁，人们将研究焦点集中于议会与社会问题，通过自觉地远离道德哲学来定位政治学的学科性质，而将自由问题仅仅作为哲学与信仰问题。所以，对于那些对细节具有浓厚兴趣的自然主义者而言，托克维尔成为了一个陌路人。托克维尔被人们批评为："只观察他鼻子下面的社会，就像荷马的诸神从奥林匹斯的山顶上追踪凡人的骚动与斗争。简而言之，作为一位哲学家——几乎不关注改善或改变社会。"他的作品是一种"值得欣赏的艺术品。"② 人们认为，他作为一位作家的天才胜过了他的

① Quoted in Françoise Mélonio, Tocqueville and the French, p. 113.

② Françoise Mélonio, Tocqueville and the French, p. 169.

作品的科学性。

甚至在70年代，托克维尔的作品仅仅成了偶尔被研究和引用的文本。在英国，宪法学家戴西悲叹，他不能让学生们对一部作为他那一代人重要的教育源泉的著作发生兴趣。在世纪之交的法国，《论美国的民主》已经脱销，也退出了人们的头脑。只是在1925年，安东莞·雷德莱出版了第一本详尽透彻的托克维尔传记，但它的标题却带有一种讽刺的意味：《A. 德·托克维尔如是说》(Comme Disait M. de Tocqueville)。

当然，在该时期也偶尔出现了一些赞美的声音。19世纪末的政治学家布赖斯勋爵作为又一位美洲旅行者，以托克维尔的著作为指导，避免了许多早期旅行者的过失与疏忽。布赖斯把《论美国的民主》称作是“已经上升到经典地位的政治哲学论文之一”。他继续称赞道：“一个人越读托克维尔，就会越欣赏他的敏锐，他的分析的精美，推理的优雅与精确，风格的明澈；首先是他对真理的热爱，他的观点的崇高。”但他也指出了托克维尔作品中的方法论缺陷：“他的观察能力，即使是敏捷与活跃的，但并没有引导而是跟随了他的推理过程。”①他把《论美国的民主》界定为“与其说是一种政治研究，不如说是一部教育之作”②。显然，布赖斯处在世纪之交的政治学的科学主义化氛围中，否定了托克维尔政治学说的科学性。稍后的一位美国政治学家伍德罗·威尔逊将托克维尔与布赖斯进行对比，认为两者在不同时代对美国民主的展示方式都是无与伦比的。但他发现，在哲学洞察力方面，托克维尔比布赖斯更高明，因为同托克维尔相比，“布赖斯的任务是说明，而非判断”③。在该时期，托克维尔的影响在研究大革命的法国历史学家中幸免于难。泰纳在《当代法国的起源》(1876)中认为，法国的

---

① J. Bryce, “The predictions of Hamilton and Tocqueville”. 5 Johns Hopkins University Studies in Historical and Political Science, No. 9. Baltimore: Johns Hopkins. 1887, pp. 22-23.

② J. Bryce, “The predictions of Hamilton and Tocqueville”, p. 27.

③ R. R. Wilson, “Foreign authers in America ”. Bookman. 1901, 12, p. 589.

中央集权制不是直接来自大革命，而是来自君主制。他承认："这个重要真理由德·托克维尔先生以过人的洞察力所确立。"① 在保尔·雅纳的《法国大革命的哲学》(1875) 中，他认为，托克维尔首先意识到革命为新形式的专政铺平了道路，向现代各民族预示了"恺撒专制"的危险。雅纳正确地把握了托克维尔的平衡的革命观："托克维尔在某种意义上为革命辩护，在另一种意义上批判革命。"在世纪之交，托克维尔被誉为"我们时代最伟大的历史学家"。②

总体而言，从19世纪80年代到20世纪30年代的社会科学界，很少有专门研究托克维尔的传记与论文出现，人们只是将他置于19世纪早期法国的普通作家的行列中。他的作品仅仅被作为一种古典作品，而他本人也被定性为像塔尔德与勒庞一样的业余社会学家。

三、托克维尔的复兴与神化时期

20世纪30年代，托克维尔的命运出现了转机。在大洋两岸举行了《论美国的民主》发行100周年纪念会议，建立了法兰西—美利坚委员会（the France-Amerique Committee）和阿列克西·德·托克维尔委员会（the Alexis de Tocqueville Committee）。托克维尔的一尊胸像被以法兰西的名义送给美国总统富兰克林·罗斯福。另两尊胸像在1936年8月揭幕。一尊放置于托克维尔城堡；另一尊置于谢尔布里的海港入口，宛如矗立于纽约港口的自由女神像一样，以一副令人熟悉的面容欢迎远道而来的美国旅行者。但是，在此段时间，人们更看重的是他的名字而不是他的思想。他的著作被认为是产生于不稳定的民主时代，以夸张的政治修辞写作的、几乎没有可读性的遗物。

---

① 转引自托克维尔著、冯棠译:《旧制度与大革命》,商务印书馆1992年版,第14页。

② 转引自托克维尔著、冯棠译:《旧制度与大革命》,商务印书馆1992年版,第22~23页。

经历了两次世界大战，人们重新发现："世界需要托克维尔，特别是民主需要他。"① 某种特别意义的平等在法西斯的统治下得到了实现，而这正是托克维尔预先警告过的专制主义下的一种平等。大众社会、福利国家、官僚政治、对苏联社会主义模式的幻灭等一系列政治现象使托克维尔的思想有了新的相关性。早在20世纪30年代，具有自由主义倾向的社会主义者拉斯基就认为："不知道托克维尔就不理解自由主义……它意味着对自由的激情。"② 毫不奇怪，托克维尔在欧洲的复兴首先发生在饱受极权主义蹂躏的国家，如意大利。在法国，由一位德国马克思主义专家 J. P. 马耶尔发起了编纂《托克维尔全集》的事业，并且得到了法国政府的鼓励与资助。《论美国的民主》被称为"一本新的民主圣经"，托克维尔被尊称为"自由的侠客"。③

但是，正如处于第一个阶段中的托克维尔一样，托克维尔在这个阶段中又一次成为政治势力与意识形态斗争中的一种符号。欧洲大陆特别是法国知识界对苏联弥赛亚式意识形态的幻灭使人们重新拾起了托克维尔；托克维尔的预言④使冷战中两大集团的对立具有了某种历史的必然性。在一场公共哲学的冷战中，托克维尔成为与马克思齐名的各自阵营中的英雄。

在西方，人们在托克维尔的政治思想中发现了一种强调多元主义并与极权主义相对立的政治哲学。在对导致极权主义的建构理性

---

① Alexis de Tocqueville, Democracy in America, Introduction: p. liii.

② H. J. Laski, "Alexis de Tocqueville and Democracy". F. C. Hearnshaw [ed.], The Social and Political Ideas of Some Representative Thinkers of the Victorian Age. London: Harrap, 1935, p. 100.

③ Françoise Mélonio, Tocqueville and French, pp. 189-190.

④ 托克维尔的一个被人们反复引用的预言：俄国与美国两个国家"终有一天要各主世界一半的命运"，一个通过"剑"，另一个是通过"犁"来达到彼此的目的。由于托克维尔朴素高超的预言能力，他甚至被当代的未来学家作为未来学的先驱。但由于其对民主时代的忧虑与前瞻，有时也获得了"民主的贾桑德拉"这样一种不雅的称号。参见托克维尔著、董果良译《论美国的民主》，商务印书馆 1988 年版，第 481 页。

主义的批判和对英国风格的经验主义的赞美中，托克维尔被哈耶克进行了重新诠释。在1947年举行的以复兴自由主义为目标、导致成立了朝圣山学社的一次会议中，哈耶克曾建议将该学社命名为阿克顿——托克维尔学会（Acton- Tocqueville Society），但最终没有被接受。哈耶克的著作《通往奴役之路》的书名据说就借自托克维尔在1848年发表的反对社会主义的演说。哈耶克从寄生于笛卡尔主义与卢梭主义的大陆理智传统中，仅仅把康德、贡斯当、首先是托克维尔拯救出来。哈耶克从托克维尔身上发现了两种价值。首先，托克维尔谴责可能会通过社会主义导致极权主义的建构主义与社会规律理念；其次，托克维尔同柏克一样，捍卫家庭、市镇、群体等形成社会整合的中间团体。但是，对哈耶克而言，自由仅仅意味着消极的、个体的自由，不能混同于政治参与或民族独立。而托克维尔则明显地受到了民族激情、政治责任感、共同体意识的束缚。由于哈耶克对自由的现代理念的认同，使他更像是贡斯当，而不是托克维尔的继承人。

雷蒙·阿隆对托克维尔在法国的复兴功不可没。从1979年到1983年，阿隆负责托克维尔作品的出版，在托克维尔学会的建立中起到了重要作用，并且直到去世一直担任这个组织的法国分支的会长。由于阿隆在战后法国为复兴托克维尔作出了极大的努力，也由于他灵活地运用了托克维尔的概念证实了某些自由政治理念，1979年他被托克维尔基金会授予第一个托克维尔奖金。到1983年他去世时，已经被尊称为“二十世纪的托克维尔”。阿隆认为，20世纪30年代的社会符合马克思的观点，而60年代的社会印证了托克维尔的观点。托克维尔的贡献是，提供了一种对现代社会进行理解的非马克思主义社会学，支持和马克思列宁主义的革命主义相对立的自由主义价值，而且他还树立了一个原则：没有一种理论能够穷尽社会现实的复杂性。阿隆强调，托克维尔敏锐地预示到了现代社会将会被物质福利与财富追求所统治。他也肯定，托克维尔正确地认识到这种现象会导致更大的经济活动，从而会扩大致力于维护现状的中间社会群体，而不会导致两极化与革命。因此，马克思主义夸大了阶级冲突的强度；而托克维尔则理解到，现代攫取欲与商业精神会削弱传统的阶级对立。总之，“托克维尔的未来观会使人们对马克思主义的资本主义必然会导致不稳定与革命的预言产生怀疑”①。阿隆将托克维尔作为一位具有孟德斯鸠传统的社会理论家，认为他确立了政治原因的独立性，避免了马克思主义对经济因素的夸张所导致的简约论危险。此外，阿隆还认为，他的前辈很早就指出了现代社会中自由主义者面临的最重要的问题是在自由民主和专制民主之间的选择。②

在托克维尔研究复兴中，人们不再把研究重点置于托克维尔思想中的个别片段，如天主教的影响，地方制度的重要性，或英国传统的意义。自由主义者和保守主义者也不再在《论美国的民主》的字里行间寻找支持自己的观点。相反，研究重点被置于将托克维尔作为一位道德与政治哲学家，一位社会学家，一位民主未来倾向与可能性的预言家。

最近，在托克维尔学术研究中又出现了一种全新的倾向。由于可以获得的越来越多的托克维尔文本的出现，也由于西方社会中出现了一系列可以归之于“后现代”术语之下的新问题，托克维尔研究开始从历史与传统研究转向理论与哲学研究。这种转向的表现之一就是，人们最终放弃将托克维尔的预言观作为一种研究方向。过去，人们认为，他的理论是一种第六感官或本能的产物而没有健全的哲学或理论基础，而最阻碍托克维尔研究的现象莫过于试图在托克维尔身上寻找一位政治预言家而不是政治哲学家。最近，这种研究变迁和托克维尔未出版的信件联系在一起，在许多情况下动摇了人们已经接受的对托克维尔的标准阐释。当代学者越来越少地强调孟德斯鸠和密尔对托克维尔的影响以试图把他置于自由主义经典

---

① Stuart L. Campbell. “The Tocquevillian Liberalism and Political Sociology of Raymond Aron”. Historian. 1991, 153: 2.

② 塔尔蒙的《极权主义民主的起源》一书从其扉页中就可明显看出，他的灵感很大程度上来自托克维尔的启发，他提出的两种民主类型——他的著作的主题：自由主义民主与极权主义民主，其实就是托克维尔早已关注过的现代社会中的自由之下的平等与专制之下的平等两种现代人的生存状态。参见［以］J. F. 塔尔蒙著，孙传钊译《极权主义民主的起源》，吉林人民出版社 2004 年版。

传统之中的努力，越来越多的论文把托克维尔作为一位帕斯卡尔式或卢梭式的思想家。当代作者把《论美国的民主》作为一种新的《反思录》而不是一种《论合众国法的精神》来阅读，托克维尔的自由主义也被认为是一种奇怪的（罗杰·博彻）或难以捉摸的（彼德·A. 劳勒）的自由主义，非常不同于古典自由主义。当在政治与哲学理论中开始出现一种后现代忧思时，托克维尔研究者发现，托克维尔具有一种和当前研究热点特别相关的原创性的"哲学"。在一些学者如让·博德里亚、罗伯特·尼斯比特或吉利思·里波夫特斯基等人的眼中，托克维尔甚至是最早反对"大叙事"的作家之一。

最近几年，西方对市民社会理论、社会资本理论及历史终结论等领域的研究兴趣又为托克维尔的学术形象增添了新的色彩。被称为新托克维尔主义者的政治社会学家西摩尔·马丁·李普赛特从托克维尔的著作中得出的结论是：自愿性社团扮演的重要角色是使民主成为可能。威廉·A. 高尔特认为，相信公民从政治协会的积极参与中撤退仍能保持市民社会的强大是错误的；而托克维尔是正确的，因为托克维尔注意到，公共领域的衰败很可能会产生出高度私人化的个人主义，从而削弱民间领域。从托克维尔这里，高尔特得出的结论是：政治集权与行政侵权会削弱市民社会，而参与制民主政治收缩的同时，市民社会会得以扩张的观念也是误导的。① 保罗·F. 怀特利与罗伯特·D. 帕特南把从托克维尔那里获得的灵感用于社会资本研究。帕特南的《使民主运转起来》被人们誉为"二十世纪的《论美国的民主》"。有些历史终结论者认为，早在一百多年前，托克维尔就宣布了历史将终结于民主，并对这种终结给人类理智与灵魂带来的毁灭进行了反思。当然，也有学者认为，这是对托克维尔的误读。相反，托克维尔强调人类的自由意志，反对一切决定论特别是戈宾诺的种族决定论，宣传人类的政治命运系于

---

① Quoted in Anonymous, "Tocqueville in the 21st Century". Wilson Quarterly. 2000, 24:2.

自我责任感，是和马克思相对立的反历史终结论者。①

20世纪90年代初，由于政治局势的变迁，在东欧也掀起了托克维尔热潮。例如，在东欧许多国家（南斯拉夫于1991年，捷克斯洛伐克、保加利亚、罗马尼亚于1992年）举行了大量关于托克维尔的学术会议。② 像在西欧一样，东欧学者在托克维尔身上发现了一位民主的批判者与捍卫者的形象，认为他的优点是没有使用精神分析的、语义学的或马克思主义的术语。但是，同样是在东欧，托克维尔又经受了最大的考验。在当代东欧，他是以一部反马克思主义圣经的作者的面目出现的，人们以曾经阅读马克思的习惯一样阅读他。人们在他的作品中寻找答案、方法甚至诀窍，全然忘记了托克维尔的深邃见解之一就是：书应该被写或读而不应该被服从或追随，应该从中寻找的是启发而不是教条，是灵感而不是方案。

纵观托克维尔一百多年来在西方的遭遇，其声望的兴衰成为观察西方社会与政治变迁的晴雨表，他很大程度上被作为一种政治符号（在当代则被作为马克思主义的竞争者或替代者），为各种政治派别服务。只是随着冷战的终结，使得对托克维尔的公正研究有了可能，虽然仍然避免不了被特定的意识形态透镜所过滤的危险。虽然托克维尔被一直认为是“自由”的捍卫者，但正如自由本身是政治观念体系中最难界定的词汇一样，托克维尔式“自由”到底意味着什么，至今仍莫衷一是，更毋庸说托克维尔政治思想的其他方面的含义。人们在阅读托克维尔文本时，明显地感受到他的政治思想中的模糊、断裂、矛盾之处。但当人们接触到一百多年来的托克维尔研究文献时，他们更会深陷于这些浩渺的文献中而难以自拔。他们会发现，在这里到处是对立的阐释、相互的诘难，托克维尔被慷慨地赐予各种不同的甚至是对立的学术与政治头衔。托克维

---

① Peter Augustine Lawler, The Restless Mind: Alexis de Tocqueville on the Origin and Perpetuation of Human Liberty. Lanham, Md.: Rowman & Littlefield, 1993, p. 159.

② Eduardo Nolla (eds), Liberty, Equality, Democracy. New York and London: New York University Press. 1992, Introduction: p. xviii.

尔的政治思想成了一团橡皮泥，被思想的玩客们任意捏弄。

第二节　当代中国托克维尔政治思想研究概述

托克维尔作为一位已经具有世界影响的鲜明思想个性的思想家，在当代中国学术界所受到的待遇似乎是不公正的。相对于人们耳熟能详的马基雅弗利、霍布斯、洛克这些和当代世界与中国具有更少相关性的思想家而言，托克维尔之于中国真正是姗姗来迟了。

一、托克维尔在当代中国思想界之遭遇

《论美国的民主》① 在内地首次出版于1988年，所知的最早的中文版本是1966年在香港出版的《美国的民主》，② 可惜是一种节译本。20世纪60年代的中国没有探讨托克维尔思想的学术与政治氛围。80年代的内地版《论美国的民主》出版后，似乎在当时各种西方思潮风行的学术界没有引起多大的反响。人们一直认为，他充其量只不过是类似于霍布斯、洛克、孟德斯鸠这些思想家并在这些人的光环荫蔽之下已经成为历史孑遗的一个普通的自由主义思想家而已。《旧制度与大革命》③ 出版于1992年。就连该书的审订者张芝联也认为，该书在一百多年后才有中文译本，“似乎委屈了这部经典著作”。④ 托克维尔的两部最重要的政治与历史著作《论美国的民主》与《旧制度与大革命》在中国的出版，并没有引起学术界的瞩目。80年代及以前编纂的西方政治思想史几乎没有提到过托克维尔。直到90年代，托克维尔的名字才开始进入西方政治思想史教材之中，并出现零零散散关于托克维尔的研究论文。托克维尔的体现了其政治哲学、历史哲学与政治立场被西方历史专业视

---

① ［法］托克维尔著、董果良译：《论美国的民主》，商务印书馆1988年版。

② ［法］托克维尔著、秦修明译：《美国的民主》，今日世界出版社1966年版。

③ ［法］托克维尔著、冯棠译：《旧制度与大革命》，商务印书馆1992年版。

④ ［法］托克维尔著、冯棠译：《旧制度与大革命》，商务印书馆1992年版，序言：I。

为经典读本的《回忆录：1848 年革命》也刚刚由商务印书馆出版。①

为什么托克维尔在中国姗姗来迟并受到了如此冷遇呢？最重要的应该是历史与文化背景的原因。托克维尔著作的现实关注是西方世界从贵族社会到民主社会，从自由政治到民主政治的过渡问题，是从资产阶级革命到革命后社会、政治与文化的重建问题。由于中国历史的特殊性：中国很久以来就已不存在一种健全的制度化的贵族社会与政治；也由于中国革命的特殊性：中国既没有经历过彻底的资产阶级革命，也没有建立过典型的资产阶级社会与政治形态，托克维尔不能引起自近代以来直到当代中国学者与政治家的共鸣。另一个原因是意识形态与社会形态方面的。中国当代学者对霍布斯、洛克等自由主义者产生兴趣，是因为他们的思想是作为马克思主义的一种对立面出现的，马克思主义意味着对自由主义的批判与超越。正如中世纪的神学家要研究古典时代异教徒的作品一样，剖析与批判自由主义也是马克思主义理论家的任务之一。而托克维尔既没有形成体系化的自由主义理论，也难称得上是自由主义的代表人物，而且马克思偶尔一次提到托克维尔时，只是将其视为一个资产阶级政客（还带有鄙夷的意味），充其量只不过是 1848 年政治家众生相中的一个微不足道的议会活动家。② 在改革开放之前的中国社会主义社会中，理论家与政治家在大部分时间内关注的社会基本问题不是平等与不平等、革命与反革命的问题，而是平等与更平等、革命与更革命的问题。对于托克维尔这样立场模糊、难以界定的思想家而言，没有什么可以用来批判或利用的价值。20 世纪 80 年代以来，由于社会科学研究特别是政治学研究的复兴，学者们的嘴边经常挂着一串串西方学者的名字与词汇。但托克维尔的著作既没有恢宏庞大的体系，又缺乏晦涩、抽象的学术词汇，自然对学者们没有吸引力。而且对于 80 年代以来受到西方行为主义影响的中国政治学界而言，托克维尔的作品显然不是“科学精神”的产儿，

---

① ［法］托克维尔著、董果良译：《托克维尔回忆录》，商务印书馆 2004 年版。

② 《马克思恩格斯选集》第 1 卷，人民出版社 1972 年版，第 673 页。

在研究方法上没有效法性。

20 世纪 90 年代中国学者开始对托克维尔发生兴趣，也是由社会政治形势与思想学术氛围的变迁所决定的。中国政治体制改革的民主化诉求，对机会平等的强调，[①] 社会流动性的加速及个人独立意识的出现，这些问题似乎都可以从托克维尔的著作中找到相应的论述。思想学术领域出现了理论指导多元化的倾向，最突出的一种表现就是自由主义思潮的兴起及其作为一部分学者的隐含或明确的研究前提或假设。社会政治生活与思想文化的变迁使得托克维尔的以欧美民主化为背景的自由主义主张成为学者们较佳的思想表述符号。

二、托克维尔思想在中国的研究概况

由于托克维尔研究在中国起步较晚，研究成果寥寥无几，乏善可陈；特色之作屈指可数。许多论文都是对托克维尔思想的简单介绍，对其理论意义的阐明或现实运用方面的论文还比较少，而且对托克维尔的误读之处颇多（其中一个重要原因就是托克维尔的文本在中国流传不多）。关于对托克维尔政治思想的基本定性问题，一般都认为他是一位遭遇了民主的自由主义者，他关注的主题是如何在民主时代实现自由主义理想，简而言之，他是一位自由民主政体的捍卫者。[②] 很少有学者关注到他的政治学说、政治主张与个人信念的内在张力、矛盾性与复杂性。关于托克维尔政治思想各个具体方面的研究包括托克维尔的平等观、宗教思想、革命观、多数暴政思想、地方分权学说及法律思想等。但是这些研究成果都不是很

---

① 主要表现为社会主义市场经济的逐步建立。从某种意义上说，改革开放以前的中国社会不是一个机会平等的社会，因为事实上存在着对社会流动的严格限制，对政治出身、城乡身份的刻意强调。

② 王小章：《托克维尔论民主、自由与宗教》，浙江大学学报（人文社会科学版），2002 年第 4 期；文礼朋：《19 世纪上半叶的法国自由主义者》，湖南师范大学社会科学报，2000 年第 3 期；葛洪义：《民主政治下的法律与自由》，《法制与社会发展》，2000 年第 1 期；李洪图：《孤独的自由——论托克维尔的自由主义思想》，华东师范大学学报（哲学社会科学版），1997 年第 6 期。

深入，还带有一些片面性，甚至曲解之处。比如，有人对托克维尔的法律思想进行了研究，但却忽视了托克维尔法律思想中非常精彩的对习惯法与成文法的比较以及两者与自由、专制关系的研究；①有人认为，托克维尔的价值判断标准是资产阶级自由主义，"他苦心孤诣著书立说是为了维护资产阶级制度"，② 这显然是简单化地理解了托克维尔的政治价值观；还有人片面地从制度的角度理解托克维尔的"多数暴政"学说，并且认为它是"一种经验主义理论"，③ 这显然忽视了"多数暴政"理论的更丰富的内涵和该理论的规范价值。关于托克维尔的思想渊源和与其他思想家的比较研究，有人认为，他是达尔多元主义理论的先驱，④ 却忽视了托克维尔由于提倡公共精神与公共利益而表现出的同当代多元主义的不同理论预设；有人认为，他继承了贡斯当对民主政治可能转化为专制政治的忧虑，形成了"多数暴政"理论；⑤ 有人认为，他的历史与革命观继承了以梯也尔、基佑为代表的奥尔良派的自由主义历学传统；⑥ 有人认为，托克维尔继承了孟德斯鸠的社会制约权力的思想（这是当代中国托克维尔研究中的一种主流观点）；⑦ 甚至还有人认为，托克维尔和柏克属同一种路向的古典自由主义者（这种观点

---

① 葛洪义：《民主政治下的法律与自由》。关于托克维尔在这方面的研究，见 Alexis de Tocqueville, Journey to American, Trans. by George Lawrence, Ed. by J. P. Mayer. London: Faber and Faber, 1959, pp. 277-301.

② 詹兆平：《试论托克维尔的历史观》，《史林》，1997 年第 3 期。

③ 张屹峰：《论托克维尔的"多数暴政"理论》，雁北师范学院学报，2001 年第 4 期。

④ 顾昕：《以社会制约权力：托克维尔、达尔的理论与公民社会》，刘军宁、王焱、贺卫方编《市场逻辑与国家观念》，三联书店 1995 年版.

⑤ 文礼明：《19 世纪上半叶的法国自由主义者》，《湖南师范大学社会科学报》，2000 年第 3 期。

⑥ 刘北成："托克维尔关于法国大革命起因的解释"，北京师范大学学报（人文社会科学版），2001 年第 2 期。

⑦ 张新光：《社会如何制约权力》，《学术论坛》，2003 年第 5 期。

已被当代西方托克维尔研究者的主流所抛弃)。① 在这个方面的研究中，研究者都忽视了作为托克维尔政治思想重要源头的帕斯卡尔与卢梭，也没有进行一些往往被人们所忽视的如托克维尔同一些思想大师马基雅弗利、尼采、阿伦特等之间关系的比较研究。

在中国的托克维尔研究中，特别值得提出的几篇精彩之作是：张芝联为商务印书馆出版的《旧制度与大革命》所写的序言，内容简约，但恰当地概括了托克维尔的思想特点，正确地把握住了托克维尔的方法论；台湾学者江宜桦的《托克维尔论自由、平等与民主政治》,② 全面地把握住了托克维尔的自由主义理念，紧随了西方托克维尔研究现状；甘阳的《自由主义：贵族的还是平民的》,③ 深刻地理解了托克维尔思想的独特性，由于对托克维尔非中文文本的阅读，关注到了托克维尔被国人所忽视的一个思想侧面：对社会生活"过度私人化"的担忧，但出于当代意识形态斗争的需要，不恰当地把托克维尔思想中的贵族——民主两分法对立起来。

由于当代中国自由主义思潮的兴起及其激起的相应的反潮流，托克维尔也被不幸地置于自由主义与保守主义两大对立思潮斗争的语境中，经历了其在西方曾经的类似遭遇，因意识形态斗争的需要而被曲解。如刘军宁将托克维尔归类于柏克、斯密、孟德斯鸠、贡斯当、布克哈特乃至20世纪的哈耶克、波普尔等古典自由主义传统之中，认为托克维尔"是个始终如一的保守的自由派，而非民主派"④。在刘军宁看来，托克维尔批评启蒙思想家的理性主义，厌恶卢梭的政治与道德学说，反对大众民主或过度民主化。甘阳在上文中的观点同刘军宁针锋相对。他认为，当代有些学者以自由主

① 刘军宁:《当民主妨碍自由的时候》,见《共和·民主·宪政——自由主义思想研究》,上海三联书店1998年版,第85~93页。

② 江宜桦:《托克维尔论自由、平等与民主政治》,贺照田主编《东亚现代性的曲折与展开》,吉林人民出版社2001年版。

③ 甘阳:《自由主义:贵族的还是平民的》,《读书》,1999年第1期。

④ 刘军宁:《当民主妨碍自由的时候》，见《共和·民主·宪政——自由主义思想研究》，上海三联书店1998年版，第88页。

义之名否定民主与平等，夸大“多数暴政”的危险，这实际上是一种“老板的自由加知识人的自由”，① 并将这种思想倾向称之为中国知识界的“集体道德败坏症”。他认为这是一种“时代”错乱症；而托克维尔早在近代就提出了扬弃贵族自由主义（即不平等的自由主义），走向民主自由主义的问题。在他的行文中可以看出，托克维尔与柏克相对立，而与卢梭接近并同情大革命。关于托克维尔在不同的甚至对立的意识形态中的符号功能，随着中国思想界的进一步活跃与开放还会继续被强化。

总之，当代中国关于托克维尔的政治思想研究可以大致分为以下几个领域或角度：西方政治思想史或自由主义思想史研究中对托克维尔的介绍性评述；关于托克维尔本人政治思想的全面研究；对托克维尔政治思想中的某个侧面、因素的专项研究；托克维尔与其他思想家之间的继承与比较关系研究；托克维尔对某些社会政治理论的影响和在社会政治现实中应用的研究。总体而言，这些研究的缺憾是，和西方托克维尔研究存在着较大的隔膜，不能了解西方的研究现状与吸收西方的研究成果；由于托克维尔文本的缺乏，对托克维尔的思想与个性了解比较单一和片面；最重要的是由于缺乏以托克维尔的政治理论对中国社会政治进程进行观照的努力，限制了对托克维尔进行研究的动力。一个沉溺于物质福利的民族，对理论研究的暂时冷漠是自然的。这也是托克维尔政治思想所关注的现代社会的必然征兆。但托克维尔对这种思想的暂时荒芜并没有完全丧失信心。我们也应该持这种态度。②

---

① 甘阳:《自由主义:贵族的还是平民的》,《读书》,1999 年第 1 期。

② 本书完成于 2005 年初,在这次定稿之时笔者已经注意到在本节所描述的托克维尔政治思想的当代中国研究概况已有了极大的改观,相关论文数量与深度有了极大的提高,并且出版了两本关于托克维尔研究论文集,包括中国学者的研究论文,这些论文的研究水平已同西方处于同一平台之上,还有西方学者价值极高的代表性研究成果。这两本论文集为:刘小枫,陈少明主编 :《回想托克维尔》,华夏出版社 2006 年版;崇明编:《托克维尔:民主的政治科学》,上海三联书店 2006 年版。因此,该节的一些评介也显得有点过时了。

第三节　托克维尔政治思想研究中的主要问题

自从托克维尔研究于20世纪40年代复兴以来，托克维尔逐渐地被人们作为一位历史学家、社会学家、政治科学家、哲学家和社会与政治理论家。托克维尔研究甚至也延伸到了文学艺术领域。① 结果是，没有一门学科能够声称独一无二地拥有托克维尔；托克维尔的天才也在这样一些标签中得到了广泛的认可。随着知识界流行思潮的变迁，托克维尔也被人们从各种理论视角进行阐释。如勒纳认为，托克维尔几乎是单独一个人塑造了"一种异化理论，一种大众文化理论"。②李普赛特将托克维尔视为一位多元主义者。③托克维尔又被称为"一致理论的历史先驱"。④但是，随着一致/多元理论的衰败和冲突理论的兴起，人们又将托克维尔作为当代冲突理论的一位重要先驱，并且意识到他和马克思一样"开始构建冲突原则和决定冲突的组织条件"。⑤比较/历史研究特别是现代化研究的繁荣又使得托克维尔的思想有了新的相关性。例如，本狄克斯把托克维

① 如特迪·布鲁尼斯在《阿列克西·德·托克维尔：社会美学》一书中以托克维尔关于艺术与社会背景之关系的论述来研究：为什么在一种环境中会产生艺术而在另一种环境中不会产生艺术，为什么一个国家的艺术不同于另一个国家的艺术，为什么在两种根本没有联系的文化之间会发现在文化上的惊人相似性？cf. TeddyBrunius. Alexis de Tocqueville: the Sociological Aethetician. Uppsala: Svensk Distribution, 1960.

② M. Lerner, "Introduction: Tocqueville and America". J. P. Mayer and M. Lerner (eds.), Democracy in American, by Alexis de Tocqueville (a. Lavorence, trans.). New York: Harper & Row, 1966, p. xl.

③ [美] 西摩·马丁·李普赛特著，张绍宗译《政治人：政治的社会基础》，上海人民出版社1997年版，第3页。

④ I. L. Horowitz, "Consensus, Conflict and Co-operation". N. J. Demerath and R. A. Petrson(eds.), System, and Conflict: A Reader on Contemporary Sociological Theory and the Debate over Functionalism. New York: Free Press, 1967, p. 269.

⑤ R. Collins and M. Makowsky, The Discovery of Society. New York: Random House, 1978, p. 528.

尔和韦伯的观点结合起来研究西欧的“大转折”。①关于托克维尔思想的研究领域与研究角度不胜枚举,研究文献浩如烟海。从政治理论研究的角度着眼,我们把引起人们持久关注的、较能揭示其政治思想本质性的一些研究分为几个问题,简要地加以介绍和评论,以便把我们随后对托克维尔的思想界定与表述建立在这些研究的基础之上。

一、托克维尔政治思想的渊源

确定托克维尔政治思想的来源问题是一件很棘手的事情。托克维尔曾说:“我每天都要同三个人:帕斯卡尔、孟德斯鸠与卢梭相处一会。”② 然而,托克维尔几乎没有提供什么细节表明这些人的作品如何塑造了他的政治思维与观察。③ 况且,托克维尔也认为:“一个全新的社会,要有一门新的政治科学。”④ 过去不能解释现在,未来处于黑暗之中。面对这样新颖的社会条件,他甚至想烧掉自己的“书”。但是,只有理解了“旧的政治科学”——托克维尔的智识前辈的思想,才能更加透彻地理解以往的政治学的不足之处,以及托克维尔面对新的历史环境所建议的新的政治科学的特征。而且,对托克维尔的思想源头的不同理解常常会导致对托克维尔本人政治思想的不同定性。

对托克维尔的思想前辈的理解,大致经历了三个阶段。第一个阶段强调托克维尔与孟德斯鸠的关系,比较他们之间的相似与差异。詹姆斯·西瑟和让-克劳德·兰伯提等人仍然持有这种观点。但是在大多数情况下,孟德斯鸠已不再被认为对托克维尔具有思想

---

① R. Bendix, Nation-buildmg and Citizenship: Studies of Our Changing Social Order. Berkely: California University Press, 1977, pp. 37-126.

② Alexis de Tocqueville, Oeuvres complètes d'Alexis de Tocqueville, Edited by J. P. Mayer and François Furet. Bagneux: Gallimard, 1951-1964, Ⅷ: 418.

③ 他确实在自己的笔记、通信、草稿而不是在自己的正式出版的著作中更多地提供了一些细节。例如,在《论美国的民主》中,孟德斯鸠仅被提到三次,帕斯卡尔被提到三次,而卢梭根本没有被提及。

④ [法]托克维尔著、董果良译:《论美国的民主》,商务印书馆 1988 年版,第 8 页。

风格上的影响。第二个阶段的观点在学术圈中或许更普遍，把卢梭作为理解托克维尔的关键。约翰·克瑞坦斯基、威廉·亨尼斯和阿兰·布鲁姆都倡导卢梭与托克维尔之间的重要关联。第三个阶段的学术研究从帕斯卡尔或亚里士多德的角度理解托克维尔的政治思想。奥古斯丁·劳勒使帕斯卡尔对托克维尔政治思想的影响正式浮出水面，而史蒂芬·萨尔科文、罗伯特·伊登和詹姆斯·西瑟则把托克维尔置于“亚里士多德式”的或“古代自由主义”的传统之中。

托克维尔的当代人喜欢在托克维尔与孟德斯鸠之间进行比较。根据《论美国的民主》的第一位英文翻译者亨利·里夫的观点，《论美国的民主》是“自孟德斯鸠以来出现的关于国家科学的最重要的论文”。① 约翰·密尔认为：“作者的头脑，除了有点阴郁之外，在人们看来，在法国作家中最像孟德斯鸠。”② 托克维尔的政治上的、某种程度上也是精神上的导师皮埃尔·保罗·鲁瓦埃-科拉尔也作出了类似的判断：“要我找到一部可以同它相比的作品，你得追溯到亚里士多德的《政治学》和（孟德斯鸠的）《论法的精神》。”③ 这些早期的评价无疑具有溢美的成分，但在那个时代至少表明了托克维尔与孟德斯鸠在政治判断与方法理念上的相似：两者都被认为是代议制政府的偏爱者；两者都被认为属于一个准确、忠实地记录事实的学派。随着当代托克维尔研究的复兴，雷蒙·阿隆将托克维尔称为“孟德斯鸠的得意门生”。④ 阿隆认为，人们可以通过孟德斯鸠来理解托克维尔的中心问题。托克维尔的中心问题

---

① Quoted in S. Drescher, Tocqueville and Enqland. Cambridge: Harvard University Press, 1964, p. 54.

② J. S. Mill, “M. de Tocqueville on Democracy in America”. Edinburgh Review. 1840, p. 94.

③ Quoted in Alexis de Tocqueville, Democracy in Anerica, Ed. and Trans. by Harvey C. Mansfield and Delba Winthrop. Chicago: Chicago University Press, 2000, Introduction: p. xxxiii.

④ ［法］雷蒙·阿隆著，葛智强等译：《社会学主要思潮》，华夏出版社 2000 年版，第 152 页。

是，进一步阐述孟德斯鸠提出的许多问题中的一个问题：即如何在幅员辽阔、地位平等的国家中而不是在地位平等的小共和国或在地位不平等的现代大君主国中保障自由。因此，托克维尔的思想是对孟德斯鸠的英国君主政体理论的发展。托克维尔对自由概念的制度化理解，是孟德斯鸠意义上的；对政体生存原因的分析也采取了孟德斯鸠的方法；他将孟德斯鸠关于现代民主的私利原则发展成为现代民主的道德原则：正确理解的个人利益原则。阿隆是在同马克思对立的意义上理解托克维尔的：托克维尔反对用空洞的概括来预见历史；他反对历史规律的不可避免性。在这个意义方面，"托克维尔属于孟德斯鸠学派"①。稍后的让·克劳德·兰伯提认为："托克维尔虽然对民主'原则'的界定不同于孟德斯鸠，但他对孟德斯鸠的思想保留着深刻的信仰。"② 托克维尔与孟德斯鸠都相信社会形式与政府形式之间存在着可以理解的相互联系，而没有接受社会组织自身就可以完全决定政府模式的观点；两个思想家都追求共同的目标，即界定自由的条件。托克维尔不但借用了孟德斯鸠的比较方法与自由精神，他还通过发展出"社会状态"（état social /social state）概念完善了比较方法。西瑟针对蔑视价值判断、片面追求科学方法的当代政治学，将托克维尔归入从亚里士多德到孟德斯鸠的传统政治学之中，并主张用传统政治学来重建当代政治学，以发挥政治学对自由民主政体的捍卫功能。相信托克维尔的政治思想具有孟德斯鸠源头的人一般都认为，在孟德斯鸠的对"中间团体"寄予的厚望与托克维尔的对自愿性团体的强调之间存在着相似点；两个思想家都称赞个人自由与谴责专制主义；他们的分析模式是相似的，都采取了比较的、历史的和社会学的方法。

强调托克维尔对卢梭思想的继承性是一种较晚近的主张，这种主张反映了知识界理论关注的一种转向。约翰·C. 克瑞坦斯基认

---

① ［法］雷蒙·阿隆著，葛智强等译：《社会学主要思潮》，华夏出版社 2000 年版，第 175 页。

② Jean-Claude Lamberti, Tocqueville and the Two Democracies, Trans. by Arthur Goldhammer. Cambridge, Mass.: Harvard University Press, 1989, p. 18.

为，平等之爱是托克维尔著作中的中心问题，正是卢梭使托克维尔看到平等之爱根植于人性之中，并看到它在政治生活中的中心性。因此，克瑞坦斯基的观点可以概括为："托克维尔试图通过扩展卢梭对人性的阐释来重写孟德斯鸠的政治科学。"① 他对阿隆等人的观点进行了批判：阿隆试图把托克维尔置于孟德斯鸠这样的古典政治思想家传统中的努力，几乎没有触及托克维尔思想的实质内容，因为他不能解释为什么托克维尔是一位民主思想家，而古典哲学家却反对民主。他也对马林·泽特鲍姆的观点进行了反驳：泽特鲍姆把托克维尔作为麦迪逊式的宪政哲学家，②但他没有注意到美国独一无二的形势使得它的典范性对于欧洲民主显得大为可疑，而托克维尔则希望传授给现代政治家的新政治科学具有更普遍的意义。根据克瑞坦斯基的观点，托克维尔的"天意"民主观表明了西方历史是进步的，上帝的愿望是公正的。托克维尔对平等具有比一般学者所认为的更为积极的评价。因此，在托克维尔的眼中，自由同民主秩序比同前民主秩序更相容。托克维尔很少承认古典政治哲学的存在，因为他们缺少一种包容所有人类个体并无视其特定地位的一般的人类思想。因此，就这个意义而言，托克维尔是一位处于由卢梭发动的现代传统中的一位思想家。在三个人（帕斯卡尔、孟德斯鸠与卢梭）中，卢梭对托克维尔的影响最大。当然，托克维尔并不是惟一发现卢梭是一般的人类理念的伟大预言家的人，康德也承认："卢梭摆正了我的位置。这种盲目的偏见也消失了，我学会了尊重人性。"③ 康德以此发展出了比卢梭在《社会契约论》中的"公意"更激进的绝对律令，并且转向了没有为政治关注保留位置

---

① John C. Koritansky, Alexis de Tocqueville and the New Science of Politics: An Interpretation of Democracy in America. Durham, N. C.: Carolina Academic Press, 1986, p. 4.

② Marlin Zetterbaum, Tocqueville and the Problem of Democracy. Stanford: Stanford University Press, 1967.

③ Quoted in Marlin Zetterbaum, Alexis de Tocqueville and the New Science of Politics, p. 12.

的伦理哲学。康德的绝对律令使得政治成为一件可疑的事情，而卢梭依旧赞同柏拉图“高贵的谎言”的必要性。从这个意义上说，“托克维尔同康德相比，是卢梭更直接和接近的学生，由于他采取了一位政治思想家的姿态。”“在这方面托克维尔甚至是接近原初的卢梭传统的惟一思想家。”①利奥·斯特劳斯的高足阿兰·布鲁姆发现了托克维尔对卢梭的一个重要原则的陈述:“没有一个自由社会没有它的民情……社会的民情是由女性创造的。因此,凡是影响妇女的地位、习惯和思想的一切东西,在我看来都具有重大的政治作用。”②托克维尔认为,性政治是重要的,在现代民主中具有决定的重要性。在缺乏贵族权威与习性的情况下,家庭是惟一可以超越自私的个人、男人可以有力依附的惟一单元。而相信女人是道德善与恶之因也是卢梭的主题。卢梭认为,看到一个社会的女人,你就能理解这个社会的男人;女人通过魅力的使用文明化男人。因此,托克维尔“在《论美国的民主》中关于女人、婚姻和家庭的章节是对这些在《爱弥儿》中进行理论探讨的事物的一个评注”。“卢梭关于家庭的性教育的方向在现代民主实践的背景中被托克维尔令人赞赏地表达出来。”③或许对托克维尔政治思想的卢梭维度最激进的探讨是由威廉·亨尼斯进行的。亨尼斯是从对托克维尔的孟德斯鸠式理解的批判开始的。虽然托克维尔想要完成孟德斯鸠已经取得的成就，但由于他们处于基本不同的社会中，所以导致了他们所要把握的知识对象的不同。孟德斯鸠希望中庸精神能够统治立法者，而托克维尔认为,要缓和民主不可避免的平庸,必须教育民主,在不可避免的平庸中创造出强烈的精神敏感性;孟德斯鸠认为,专制统治的原则是恐惧,而托克维尔认为人们需要“对未来保持可使人们提高警惕和进

① Marlin Zetterbaum, Alexis de Tocqueville and the New Science of Politics, p. 13.

② ［法］托克维尔著,董果良译:《论美国的民主》,商务印书馆 1988 年版,第 738 页。

③ Allan Bloom, “The Relation of the Sexes: Rousseauan Reflections on the Crisis of Our Times”. Peter Augustine Lawler [eds.], Tocqueville's Political Science: Classic Essays. New York: Garland Pub, 1992, p. 238.

行战斗的有益的担心（Crainte Salutaire / Salutary Fear），而不要抱有可以使人们丧失信心和毅力的畏缩无能的畏惧”。①在民主时代需要“有益的恐惧”，以对抗导致灵魂堕落的平庸精神。因此，仅“就主题的分析顺序与形式而言，孟德斯鸠是托克维尔的导师，当涉及实质问题：人类自由时，托克维尔真正的老师是卢梭”。②托克维尔与卢梭的一致性表现在他们观察的政治问题的一致性：平等条件下人的未来。卢梭在理论上预料到了平等人的社会，而托克维尔则遇到了完全发展的这种社会。因此，时代的个人面临着两种选择——公民或资产阶级；托克维尔与卢梭要解决的问题是一致的：如何给予人们兄弟般的纽带，或更新这种纽带。亨尼斯得出的结论是：托克维尔政治学的出发点是“孤独是不好的”③。“孟德斯鸠不能提供理解托克维尔的关键……托克维尔的实际老师……是卢梭。……自由与平等之间的紧张不是他的作品的中心问题。托克维尔的实际问题是自由与团结、个性与社会性的问题。”④这些对托克维尔的卢梭式阐释源于晚近对资产阶级个人主义的批判、对于非政治的自由主义的反思和对于西方政治生活“终结”的有意抵制。

从17世纪与笛卡尔的理性主义相对立的存在主义的先驱之一帕斯卡尔的角度分析托克维尔的政治思想，是一种试图在人性论哲学的高度上理解托克维尔，并给予其学说以更普遍意义的努力。安德烈·雅尔丹认为，《论美国的民主》（二）出现了一些新特征：范围更广，结论更普遍，充满更深刻的激情分析，对人类状况给予了更大的关注，原因之一就是他阅读了帕斯卡尔与卢梭的著作。通

---

① ［法］托克维尔著，董果良译：《论美国的民主》，商务印书馆1988年版，第881页。

② Wilhelm Hennis, “Tocqueville’s Perspective: In Search of the New Science of Politics”. Peter Augustine Lawler [eds.], Tocqueville’s Political Science: Classic Essays, p. 69.

③ Wilhelm Hennis, “Tocqueville’s Perspective: In Search of the New Science of Politics”, p. 75.

④ Wilhelm Hennis, “Tocqueville’s Perspective: In Search of the New Science of Politics”, p. 60.

过对他们两人的阅读，“托克维尔更深刻地反思了人和人类社会的性质。”① 但是雅尔丹并没有指出两人对托克维尔政治分析的影响。弗朗索瓦斯·梅洛尼奥也在托克维尔的《论美国的民主》（二）中找到了帕斯卡尔的影响。他认为，只有同古代的寻求各民族人性一致性的古典道德哲学家联系起来，托克维尔的论述才能得到理解。托克维尔保留了17世纪道德哲学家对人类脆弱性的失望感和对人类未来的一种幻灭感。像帕斯卡尔一样，托克维尔的论述充满了修辞形象。旧约对帕斯卡尔而言预示着新约，而美国对托克维尔而言预示了法兰西的未来；就像上帝对于帕斯卡尔而言是隐蔽的，对托克维尔而言，民主的天意扩张是模糊不清的。但是托克维尔不去寻求上帝之城或谈论拯救，他仅仅寻求改善人类之城。因此，“托克维尔是（帕斯卡尔的）一个没有信仰的和世俗的信徒。”② 总之，在帕斯卡尔与托克维尔之间信条不同，但态度和詹森主义式的思维方式相同。帕斯卡尔对托克维尔的政治影响在劳勒这里得到了充分的论述。劳勒通过使用帕斯卡尔，把托克维尔的自由主义同古代的和现代哲学家的自由主义区别开来。柏拉图和亚里士多德的古代自由主义者立足于理论生活的优先性，由于托克维尔共享了帕斯卡尔对理论人的批判，所以他的自由主义不同于古代自由主义；由于托克维尔从帕斯卡尔那里了解到了人的存在的复杂性、偶然性，而认为现代哲学家们的自由主义是厌恶人类的，因为他们简化了、必然化了人类的存在。劳勒的目的是揭示托克维尔对人类基本问题的理解并不比孟德斯鸠、卢梭低下，托克维尔的主要的无可否认的精神遗产来自帕斯卡尔，而卢梭的思想对托克维尔而言是帕斯卡尔的派生物。劳勒认为，对于托克维尔和帕斯卡尔而言，人的真正伟大在于思想或地道的自我反思；帕斯卡尔认为人的真正的状态位于绝对的有知与无知之间，即一种总是存在缺陷与不足的中项，托克维尔从帕斯卡尔那里观察到由于人性的缺陷所导致的我们的自然状态是

---

① André Jardin, Tocqueville: A Biography, Translated from the French by Lydia Davis with Robert Hemenway. New York: Farrar Straus Giroux, 1988, p. 269.

② Françoise Mélonio, Tocqueville and The French, p. 75.

悲伤；托克维尔从帕斯卡尔关于人的定义：人既不是天使也不是野兽而是两者的混合，得出人的伟大就产生于这种状态的结论；托克维尔以帕斯卡尔的心理分析为基础，认为人类既不疯狂也不狂热，他们是自然与历史、伟大与渺小、真理与错误的混合物；托克维尔从帕斯卡尔的观点：人是一种偶然的和不幸的存在，得出类似于卢梭的观点——进步伴随着对人对自身状态的自我意识，所以，悲伤伴随着启蒙而增长。因此，“对于托克维尔而言，人类自由必然是真理与错误的混合物，它是人类生活的理性、激情与本能的混合物”①。所以，托克维尔认为，社会主义者试图通过一劳永逸地消除人的偶然与不幸的存在来获得自由的努力，只会带来新的不幸。但是托克维尔不同于帕斯卡尔的关键之处在于，帕斯卡尔寻找解决人类不幸的办法是投身于上帝，而托克维尔推荐的方法是投身于政治生活，在骄傲的信仰中暂时忘却或转移人类的悲伤和不幸。劳勒的研究可以说是开辟了研究托克维尔的一种新视角，但他在论述过程中片面地引用或肢解托克维尔的语句，断章取义，以印证帕斯卡尔对托克维尔的影响，其观点并不十分令人信服。

从古典政治学的角度理解托克维尔的学者，除了上文提到的西瑟，还有罗伯特·伊登和史蒂芬·萨尔科文等人。伊登主张，托克维尔所谓的“新政治科学”根基于他把古典政治哲学家——从柏拉图到亚里士多德——的古代自由主义应用到现代环境之中。伊登是从利奥·斯特劳斯的一个注解开始其论证的。斯特劳斯在论述古典政治哲学家的自我定位时认为“政治哲学家是优秀的仲裁人……参见德·托克维尔《论美国的民主》：我和任何党派的观点不是不同，只是努力比他们看得更长远些。”（J' ai entrepris de voir, non pas autrement, mais plus loin que les parties/I have tried to see, not differently but further than any party. ）②因此，对于斯特劳斯而言，

① Peter Augustine Lawler, “The Human Condition: Tocqueville' s Debt to Rousseau and Pascal”. Eduardo Nolla (eds), Liberty, Equality, Democray, p. 6.

② Quoted in Robert Eden, “Tocqueville and the Problem of Natural Right”. Peter Augustine Lawler[eds.], Tocqueville' s Political Science: Classic Essays, p. 3.

《论美国的民主》是理解古代问题与方法的入口。同样，古代政治哲学研究必然会有助于理解托克维尔的问题与方法。在伊登的眼中，托克维尔不仅仅是一位中立者，他还是善与正义的提供者，他不怕招致辱骂与制造敌人，他否认享有超越党派的中立位置，他的观点是公开的，有党派的。托克维尔曾说过："我肯定不会嘲弄政治信仰；我不会认为它们自身是无关紧要的，仅仅是人们手中的工具……我不会试图分开不可分之物。"① 因此，伊登认为，托克维尔为自己所定的位置是："托克维尔采取超越党派自身的党派观点，以超越当代的争吵而进行观察。""当托克维尔说他自己是'一个新型的自由主义者'或认为一个新世界需要一种新的政治科学时，无论他的政治科学或自由主义都不是现代的。"② 伊登对托克维尔作为一位古代自由主义者的理解只是提供了一种尝试性的开端，而萨尔科文则提供了对托克维尔作为一位亚里士多德主义者的一贯和清晰的理解。他把托克维尔的政治科学称为亚里士多德式的，或古典的，因为它不是"根基于对古代哲学或政治哲学的目的论的方法论颇有信心的排斥"③。根据古典的或目的论的观点，政治生活是人类善必不可少的但不是最重要的组成部分，它自身不是目的。古代的与现代的自由主义都意识到了政治生活的从属性，但现代自由主义却忽视了政治生活是人类善不可或缺的组成部分。因此，托克维尔的政治科学位于非政治的、反目的论的现代自由主义与政治上激进化的古典共和主义之间；托克维尔的"古代自由主义"是对作为人类善的"研究或理论生活的投入"，这种理论投入不废除而仅仅中和和控制政治献身。④ 从萨尔科文的观点中我们可以得出结论：托克维尔的政治生活观位于现代自由主义与古典共和主义之间，对两者采取了一种折衷、调和的态度。但萨尔科文也

---

① Alexis de Tocqueville, Selected Letters on Politics and Society, p. 81.

② Alexis de Tocqueville, Selected Letters on Politics and Society, pp. 6-7.

③ Stephen Salkever, Finding the Mean: Theory and Practice in Aristotelian Political Philosophy. Princeton: Princeton University Press, 1990, p. 245.

④ Stephen Salkever, Finding the Mean: Theory and Practice in Aristotelian Political Philosophy, p. 146.

责备由于托克维尔把美德认同于与众不同的公共活动而扭曲了他的自由主义。

除了前文提到的对于托克维尔的孟德斯鸠式解读的批评外，片面地强调以卢梭、帕斯卡尔或亚里士多德来诠释托克维尔都是不充分的。亨尼斯认为，在托克维尔的作品中没有一处和卢梭的教导相矛盾。这种主张显然降低了托克维尔对政治科学的原创性贡献，并且暗示了托克维尔是卢梭的不折不扣的信徒。如果过分地将托克维尔认同于卢梭，会忽视托克维尔对"公意"概念的明确谴责。① 还应该注意的是，卢梭将个人牺牲于公民，私人生活从属于公共生活，而托克维尔则关注在保存公民时如何尊重个体，力图在个人生活与公民生活之间保持一种平衡；卢梭在《社会契约论》中所梦想的理想社会倒像是托克维尔的一种恶梦。而且托克维尔的共和主义也不同于卢梭的共和主义。卢梭把政治共和体作为一个未分化的整体，并且坚持公民应遵守公意，反对可能会损害公意表达的中间性团体；托克维尔则强调位于个体与国家之间的政治团体为共和政体带来的利益。关于对托克维尔的帕斯卡尔或亚里士多德倾向的理解，也存在着一些问题。托克维尔显然不同意帕斯卡尔为了避免哲学家的傲慢和无神论的绝望所作的回答。所有事情并不像帕斯卡尔所认为的都归于上帝，托克维尔转向政治生活而不是宗教启示以传达人类条件的复杂性。关于托克维尔政治思想的亚里士多德源头，也很少有直接证据表明确实存在着这种影响。

对托克维尔政治思想来源进行的探讨，确实在一定程度上有助于我们对托克维尔复杂的政治思想的梳理，但也反映了特定时期政治生活与政治思潮风向的变迁，同时也折射出了各种政治意识形态与政治理论流派自己的独特视角。这个问题涉及了如何对托克维尔的政治身份（自由主义者、保守主义者、共和主义者或社群主义者）进行定位的问题，同时也涉及了托克维尔政治学的性质（现代的或古典的、科学的或非科学的）问题，和我们下面所要概括

① [法]托克维尔著，董果良译：《论美国的民主》，商务印书馆1988年版，第288页。

的问题紧密地联系到了一起。

二、托克维尔在意识形态谱系中的位置

托克维尔在意识形态谱系中的位置是一个众说纷纭的问题。有人根据他对个性的珍视和对政府暴政的厌恶，把他称为一位古典自由主义者；有人声称：他毕生的政治生活与理论研究目标是调和自由与平等的冲突，而将其称为当代资本主义社会的主流意识形态——自由民主主义的第一位政治思想家；有人根据他对理性主义政治、革命的厌恶，和对传统、经验、道德、民族的依恋，而把他称为保守主义者；有人根据他对个人主义的反对，对公共美德优于私人美德的强调，而认为他是一种非自由主义者，起码是一位不纯洁的自由主义者；有人根据他对公民政治参与之独特价值的强调和对爱国主义、公共精神的鼓吹，而将其称为共和主义者；① 有人根据他对政治共同体的关注和对公共利益的提倡，而将其称为社群主义者；② 还有人认为他的观点庞杂、零散，不具备系统性与整合性，因此很难归于某种特定的意识形态之中，索性拒绝将其类型化，或至多也是缩小对其类型化的范围。现在我们选取几种学术界流行的或曾经流行过的对托克维尔的政治思想进行定位的几种观点，加以评述。

1. 作为古典自由主义者的托克维尔

在《论美国的民主》刚刚发表时，当时的自由主义者通常认为，托克维尔只是为自由主义者关注的老问题——密尔称之为“政府中的重大问题”：如何“阻止最强者成为惟一的权力”，提供了一种新的优先的理论地位。同情托克维尔思想的评论者密尔在托克维尔身上发现了和自己相同的精神：“统治阶级具有扫除所有能够抵制自己的障碍的本能与激情，政治科学的目的就是压制这种本

---

① ［美］詹姆斯·W. 西瑟著，竺乾威译：《自由民主与政治学》，上海人民出版社 1998 年版，第 20 页。

② Anonymous, “Polity forum: Alexis de Tocqueville”. Polity. 1992, iss. 22.

能与激情的倾向。"① 由多数至上主义所产生的问题只不过是和以前相同的持久的政治问题（即政府专制）中的一个变种。这个政治问题就是：如果权力"变得安全，它必须被配以矫正物和抵消品"②。在密尔对《论美国的民主》（一）所作的评价中，密尔把托克维尔的宪政主义理解为对权力制约的首要关注。似乎有许多证据可以支持他的观点。托克维尔主张："无限权威是一个坏而危险的东西。在我看来不管任何人，都无力行使无限权威。"③ 他对麦迪逊式政治机制的表扬显得非常慷慨。他对美国宪制机器运作的反思非常深刻，同自由主义对权力划分的传统关注相一致。根据密尔的观点，《论美国的民主》（一）基本上是一种对美国机构及其实际运作的描述。密尔基本上是以制度术语来理解托克维尔的，因此，根据密尔的评述，托克维尔的自由主义只不过是面临着新形势的老自由主义，以当代的意识形态标签判断，是和联邦党人一样的古典自由主义者。密尔的归类产生的主要问题是，将托克维尔理解为一个老式自由主义者，降低了托克维尔声称的自己的政治科学的新颖性；将托克维尔对制度的关注仅仅理解为对权力的限制，忽视了托克维尔的独特观点，即制度的政治教育功能；将托克维尔所担心的现代专制仅仅理解为政府专制，漠视了托克维尔对现代专制的新趋势——社会与精神专制的深刻独特的揭示。

20 世纪的哈耶克在别人问到他对社会主义的看法时，他认为这是一种"新的奴役"，并且补充道："正是托克维尔采用的这个说法，在我为自己的一本新书确定书名（即《通往奴役之路》——本书作者注）的时候给了我很大的启示。"④ 由此看来，哈耶克是在同社会主义意识形态相对立的意义上来理解托克维尔的

① John Stuart Mill, Collected Works (vol. 8). Toronto: Toronto University Press, Routledge and Kegan Paul, 1977, p. 200.

② John Stuart Mill, Collected Works (vol. 8), pp. 64, 203.

③ [法] 托克维尔著，董果良译：《论美国的民主》，商务印书馆 1988 年版，第 289 页。

④ [英] F. A. 冯·哈耶克著，邓正来译：《个人主义与经济秩序》，三联书店 2003 年版，第 49 页。

政治思想的。他认为，在托克维尔的思想中表现出了对导致极权主义的建构主义的谴责；托克维尔和柏克一样，都捍卫个人与国家之间的中间团体。他把17、18世纪的一些思想家如洛克、苏格兰道德哲学家、老辉格党人和他们的后人麦考利、柏克称之为古典自由主义者，仅仅给予法国的孟德斯鸠、贡斯当和托克维尔同上述英国人一样的尊敬。哈耶克煞费苦心地为托克维尔对自由主义核心价值——个人主义的批评进行正名。他认为，托克维尔批判的个人主义同斯密主张的个人主义截然不同。托克维尔反对的个人主义是对那种"认为个人乃是一种以孤立的自足的个人的存在为预设的观点"；而真正的个人主义者认为："我们惟有通过理解那些指向其他人并受其预期行为所指导的个人行动，才能达到对社会现象的理解。"① 其实，托克维尔批判的个人主义既包括有道德伦理也包括有认识论的含义。哈耶克通过赋予个人主义以认识论、方法论的含义，剥夺了托克维尔对资产阶级伦理道德进行批判的权力，把托克维尔拉入英美自由主义的传统之中。哈耶克面临的主要问题是：他将自己认同于古典自由主义，而他认为自由仅具有消极的含义，这显然歪曲了托克维尔的自由观（我们将在下文中展示对托克维尔自由观的详细论证，以展示其同哈耶克的自由观是大相径庭的）。梅洛尼奥对学术界的这种归类的批评是很深刻的："那些追随托克维尔的人声称，自由开始于政治自由终结的地方，和他们相反，托克维尔并不相信私人领域的保存是自由社会的惟一标准。"② 哈耶克把托克维尔所预言的新的"奴役"形式——一种监护性专制主义理解为对极权主义或福利国家的批判。但托克维尔的预言主要是一种政治推理或演绎形式，而不是一种已经呈现的政治现实。而且我们最好将托克维尔所讲的新专制主义理解为一种心灵状态，它能够侵蚀作为体面的民主的核心：自由精神。因此，灵魂不是哈耶克政治经济学的"主张"，而是托克维尔政治科学的核心。随着对托

① ［英］F.A. 冯·哈耶克著，邓正来译：《个人主义与经济秩序》，三联书店2003年版，第11~12页。

② Françoise Mélonio, Tocqueville and the French, p. 206.

克维尔研究的深化，将托克维尔认同于一位古典自由主义者的观点已不再为人信服。

2. 作为保守主义者的托克维尔

将托克维尔归结为一位保守主义者更是对其复杂丰富的政治观念的一种简单化、甚至是一种歪曲的处理。德卢径直将托克维尔称为保守主义者，并且把他同柏克、奥克肖特归于同一类思想家。因为他们三人都认为，社会是一种积累经验的智慧容器；都尊重面对反复发生的挑战与问题而经受时间考验的价值、传统与制度；都认为个人只有共享了共同的传统与价值，才能获得清晰的自我认同，没有共同价值，我们的生活就会缺乏意义。①

布鲁斯·弗罗内将托克维尔定位于同柏克一样的保守主义者，用来对抗现代性的两种倾向：政治作为追求世俗天堂的工具；卓越的标准与目标的丧失。因此，当代保守主义者应在一个因追求物质享受而丧失美德的社会中寻找和保卫美德，恢复优良生活。何谓保守主义者的优良生活？就是："人通过对他所知所爱的人们的深情服务而完成自己的本性。保守主义者以一个朋友的态度，关注促进与珍视善之物而不是清除他所认为的不悦之物，而接受他的生活与社会。"②弗罗内认为，保守主义的政治哲学是连贯一致的，保守主义的优良生活观可以用一种整合的形式加以阐释。托克维尔和柏克关于上帝主权论、人性、理性的范围与限度及有德生活的要求等观点就体现了这种一致；他们的观点可以在一个腐败的时代恢复人们对美德的理解与渴望。弗罗内把两个人思想的共同点概括为：（1）两人都努力在自己所处的既定环境限度内促进保守主义的优秀生活；（2）两人都寻找在一个特定社会内保存、促进优良生活的制度、实践与信仰，而不是鼓吹任何特殊的乌托邦蓝图；（3）两人都认为，一个充满爱的有德的共同体要求我们，只要有可能，就接

① Steven M. Dejue, Political Thinking, Political Theory, and Civil Society. New York: Longman, 2002, p. 249.

② Bruce Frohnen, Virtue and the Promise of Conservatism: The Legacy of Burke and Tocqueville. Lawrence, Kan.: University Press of Kansas, 1993, p. 3.

受并和平地改造造物主赋予我们的制度；（4）两人都相信，只有公民们服务于他们所热爱并相信其善的现存秩序，保守主义的优良生活才能保持，人性才能实现。① 弗罗内认为，保守主义运动中的不同思想家如麦克·奥克肖特、欧文·克里斯托尔和拉塞尔·柯克都支持由柏克首先完整地阐述并由托克维尔完整地适用于民主社会的目标。这些思想家都共享对保守主义人性观和优良生活的依恋。弗罗内认为，要当代人接受保守主义很困难，由于作为一个社会，我们选择了平等主义的唯物主义而不是美德。柏克作为议会与帝国腐败的反对派，托克维尔作为独裁者路易·拿破仑的敌对者，既发现某些可以反对现存实践的因素，又同时能够支持现存社会。弗罗内为当代保守主义者提出的任务是："重新获得保卫现存事物的能力而又同时不失去对美德的忠诚。"② 弗罗内显然认为，托克维尔位于一种完整一致的保守主义的传统中，并且和柏克一起，是这个传统的先驱与领军人物之一，为这种整合性的保守主义奠定了基本理论基础。

拉塞尔·柯克对托克维尔作为一位保守主义者界定得更为具体一些，将其和麦考利（Macaulay）、库珀（Cooper）一起称为自由保守主义者（Liberal Conservatives）。柯克认为他们都浸透着柏克的精神，他们在19世纪中期的独特目标是保守自由。他们在精神平庸的时代预见了全权国家——对个人自由的严峻危害——的倾向；他们都努力将那些经柏克有力证明的幸存的古代价值同社会不可避免的趋向相调和；他们都接受了柏克的原则：个人与地方自由，政府范围的限度和睿智的改革。③ 柯克认为，托克维尔是柏克的学生，由于托克维尔的高超概括能力，"在某些方面，学生托克

① Bruce Frohnen, Virtue and the Promise of Conservatism: The Legacy of Burke and Tocqueville, pp. 10-11.

② Bruce Frohnen, Virtue and the Promise of Conservatism: The Legacy of Burke and Tocqueville, p. 13.

③ Russell Kirk, The Conservative Mind: From Burk to Eliot. South Bend. Indiana: Qateway Editions, Lted, 1978, pp. 161-162.

维尔优于他的教师柏克。"① 柯克注意到的托克维尔的保守主义特征是：在一个大众民主崛起、唯物主义流行和福利国家萌生的年代，托克维尔表现出了对财产制度的捍卫，对多样性和个性的珍爱，对贵族价值的留恋，对道德教育的强调，和对抽象的"人民"崇拜的不信任。柯克只是片面强调了托克维尔政治思想中对立极中的一极，并将其特定时刻的观点视为其基本主张。

莱考夫的观点同柯克相近，也许更为温和，他把托克维尔界定为自由保守主义者。他认为，托克维尔很难被界定为一位自由主义者或一位保守主义者。在这方面，他像柏克，两个人都可以被恰当地理解为"自由保守主义者"，跨越了自由主义与保守主义两个阵营。在一系列特殊问题上，他们非常相像，包括：支持殖民地自由和殖民主义；反对平等但并不必然赞成贵族制度；拥护财产权但不是教条般地支持不干涉主义；反对对理性主义的过度依赖；提倡宗教作为社会制度的基础；尊重作为有益纽带的传统意见；要求保卫自由的多元主义；担心平庸；恐惧多数暴政；承认历史之为神的策略或无言的上帝意志。因此，"托克维尔比其他任何人更像柏克。"②"柏克和托克维尔作为现代自由保守主义的先驱，"③他们的思考预示着 20 世纪前半叶晚期自由主义与保守主义的和解。这种和解表现在中—右政党的突出地位以及如阿隆和奥克肖特这样的思想家中。看来，莱考夫对托克维尔的理解比柯克更为全面、持中，注意到了托克维尔政治思维中的对立极现象，恰好把握住了托克维尔政治理念的调和性与平衡性。

由于当代保守主义者所维护的主张已不再是德·梅斯特、夏多布里昂和托利党人所钟爱的价值，而是将早期的古典自由主义者作为自己的思想源泉。④ 所以将托克维尔认同于保守主义其实和第一

---

① Russell Kirk, The Conservative Mind: From Burk to Eliot, p. 178.

② Sanford Lakoff, "Tocqueville, Burke, and the Origins of Liberal Conservative". Review of Politics. 1998, 160:3.

③ Sanford Lakoff, "Tocqueville, Burke, and the Origins of Liberal Conservative".

④ 如哈耶克拥护古典自由主义，虽然他从不承认自己是一个保守主义者，但学术界一般还是把他称为当代的保守主义者。

种观点：作为古典自由主义者的托克维尔无甚差别，甚至可以说是同一套大致相同的政治主张的不同变种，同样犯了简单化、类型化的错误。他们无视托克维尔政治哲学的根本基础不同于保守主义（特别是柏克的保守主义）甚至同保守主义原则针锋相对。① 他们只是在托克维尔的零碎思想中拾收了某些保守主义形式或因素。他们对托克维尔的定位可以用一句话概括：只见树木，不见森林。

3. 作为自由民主主义者的托克维尔

正是福山在《历史的终结》中宣称，历史与思想形态已不再进化，世界将终结于自由民主。虽然自由民主主义不被认为是一种如保守主义、自由主义、社会主义之类的传统的界限分明的意识形态，但它已被多数西方学者有意无意地接受，成为为当代资本主义社会政治辩护的强大的、一般化的主流和正统意识形态。将托克维尔定位于一位自由民主主义者，或自由民主主义的一位先驱，使托克维尔成为西方政治的象征，是一种温和、宽泛而又得到各派学者较大认可的主张。

将托克维尔作为自由民主主义者或正统自由主义思想家的主要依据是，他的主要关注是自由与平等的冲突，他的成就是将自由观念整合于民主社会之中。阿隆认为，托克维尔虽然是孟德斯鸠的信徒，但他将孟德斯鸠的关注发展为："既然自由不能以不平等为基础，那么它就应当以地位平等的民主现实为基础。"② 托克维尔维护孟德斯鸠式的权力受到制约的法治原则；他承认现代民主社会的道德原则是"自利"；他既厌恶激进共和主义者和社会主义者，也谴责保守主义者。因此，"托克维尔是一个自由主义者，""他的政治抱负，即社会民主化和自由的政治机构的强化这两者的有机结合。"③ 在这里，阿隆虽然没有明确指出托克维尔是一位自由主义者，但他将托克维尔置于和社会主义意识形态的主流——马克思主

---

① 托克维尔在其正式出版物中多次公开表明对柏克狭隘僵化头脑的厌恶。

② ［法］雷蒙·阿隆著，葛智强等译：《社会学主要思潮》，华夏出版社 2000 年版，第 150 页。

③ ［法］雷蒙·阿隆著，葛智强等译：《社会学主要思潮》，华夏出版社 2000 年版，第 156、174 页。

义相对立的自由主义的主流意识形态之中，实际上托克维尔在他的眼中就是一位自由民主主义者。

兰伯提也是以阿隆的观点理解托克维尔的。他认为，托克维尔想把自己界定为一位“新型自由主义者”，但这只是意味着：他的原则是旧的，他面对的形势是新的。他的作品可以被看作是一种把自由主义建立在一种新基础之上的努力，而避开过时的贵族形式和新兴的民主对自由的歪曲。“他把孟德斯鸠的观点转入民主背景之中，同时回到了孟德斯鸠的方法与政治原则。”① 按照兰伯提的观点，托克维尔只不过是一位遭遇了民主的老自由主义者，他的贡献是把自由主义原则引入民主时代。兰伯提认为，托克维尔意识到了世界的前景将会是“民主的自由还是民主的暴政”②。因此，民主有两种对立的类型：一种是自由民主，美国风格的；一种是遗传自法国大革命和卢梭的谬论、雅各宾的神话和共和思想腐败的民主，它的根源可以追溯到旧制度的君主制。兰伯提是在同卢梭对立的意义上理解托克维尔的：托克维尔对卢梭式的人民主权观持否定态度，他认为：“公道就为每个国家的权利划定了界限。”兰伯提把托克维尔的下列句子作为对卢梭的批判：“人民……不必害怕授予代表他们的多数以全权。然而，这是奴隶的语言。”③托克维尔在对瑞士民主的批判中表明他反对纯粹民主制和民主德行论，提倡现代代议民主制。“他努力不去相信诞生于让-雅克·卢梭的理论关于

---

① Jean-Claude Lamberti, Tocqueville and the Democracies, Trans. by Arthur Goldhammer. Cambridge, Mass.: Harvard University Press, 1989, p. 239.

② [法] 托克维尔著，董果良译：《论美国的民主》，商务印书馆 1988 年版，第 2 页。

③ [法] 托克维尔著，董果良译：《论美国的民主》，商务印书馆 1988 年版，第 288 页。该完整句子为：“有些人曾经大胆声称，人民只在与其本身有关的问题上绝对不该越过公道与理性的界限，而且也不必害怕授予代表他们的多数以全权。然而，这是奴隶的语言。”中文版对该句的翻译存在问题，导致了前后两个分句语义上明显的矛盾。该句正确翻译为：“有些人毫无畏惧地声称，人民在只和自己有关的事情上绝对不会跨越正义与理性的界限，而且人民不该害怕给予代表他们的多数以全权。但这是一种奴隶的语言。”cf. Alexis de Tocqueville, De la démocratie en Amérique. Paris: Librairie Philosophique J. Vrin, 1990, p. 196.

民主美德和山地民族精神的神话。"① 兰伯提认为：托克维尔意识到，在未来，自由只有同民主结盟才能幸存；而托克维尔经常反思的问题是："可以做出什么事情以使社会民主状态走向自由民主而不是民主专政。"② 在兰伯提的行文中，人们看到的是与提倡专制民主的卢梭相对立的提倡自由民主的托克维尔。但他忽视了托克维尔所探讨的主题是同卢梭一致的——平等，要解答的问题是和卢梭相重合的——个性与公共性的协调，解决措施是和卢梭有共同之处的——参与式政治、公共道德、宗教教化。

詹姆斯·西瑟明确提出：托克维尔是"自由民主政体的第一个哲学家"。③ 西瑟指出，宪政即限政，意味着没有专断权力的存在；共和意味着权威来自人民，因而导致对民众及其领袖权力缺乏制约。因此，在18世纪以前，宪政与共和两个原则不但不同，还经常发生冲突；自由民主的两个组成部分互不相干，截然分明。西瑟认为，如何修正共和政体以适应立宪政体这个问题是由联邦党人解答的；在这一点上：为什么和如何对自由主义加以调节，以使它适应共和政体，托克维尔超越了联邦党人。虽然托克维尔与建国之父们一起在政治思想领域中"发现"了自由民主政体，但他是第一个系统地论述了这一政体并深入地研究了其社会、法律、道德与文化的思想家。"他毫不犹豫地选择自由民主政体作为他偏爱的摩登时代的政体。"所以他是关于自由民主政体的第一位政治思想家。由于他对当代西方主流意识形态的贡献，"托克维尔是我们时代、政体、甚至是我们国家的一位政治思想家。"④

但是，将托克维尔认同于当代西方主流意识形态——自由民主

① Jean-Claude Lamberti, "The Ways of Conceiving the Republic". Interpreting Tocqueville's Democray in American, Edited by Ken Masugi. Savage, Md. : Rowman & Littlefield Publishers, 1991, p. 20.

② Jean-Claude Lamberti, "The Ways of Conceiving the Republic", p. 13.

③ [美] 詹姆斯·W. 西瑟著，竺乾威译：《自由民主与政治学》，上海人民出版社1998年版，第18页。

④ [美] 詹姆斯·W. 西瑟著，竺乾威译：《自由民主与政治学》，上海人民出版社1998年版，第34、31页。

主义的辩护士也面临着一些问题。人们在这里只需指出，托克维尔对自由民主政体的认识与态度并不完全等同于当代自由民主思想家。对自由民主政体的主体阶级——中产阶级，托克维尔认为它是一个视野狭隘、趣味低下、沉溺于物质享乐的阶级，为了物质福利可以放弃人格独立与精神探索，甚至会向专制统治者匍匐下拜；同样对于自由民主政体的流行道德风尚，托克维尔也认为它是庸俗、利己的，降低了人的道德素质，同样内含有专制主义的因素。而这些判断和态度主要是托克维尔对当代人自诩的自由民主政体样板——美国进行观察后得出的。

4. 作为非自由主义者的托克维尔

将托克维尔定位为一位非自由主义者，或认为其思想中含有非自由主义的因素（甚或毒素），这是一种试图从新的角度理解托克维尔政治思想独特性的一种努力。我们曾经介绍过亨尼斯的观点：托克维尔关注的问题不是自由与平等的协调，因而孟德斯鸠不能提供理解托克维尔的关键；托克维尔关注的问题同卢梭相同，即自由与团结、个性与社会性。亨尼斯也认为，托克维尔反对私人与公共之间的断裂；他的关注是努力阻止个人与公民的分离；托克维尔和卢梭对资产阶级自由主义关于政府程序的观点（即如何保障个人自由）都不感兴趣，他们共享关于政治问题的彻底的教育与塑造的观点；托克维尔认为，政治学的真正目标不是利益达成，而是促进人的互动，而这种互动只能以激情、情感，而不是以利益为基础；托克维尔的自由观同卢梭一致，自由是一种独立之事，是人在小事情上的自力更生，同免于悲伤、负担或环境毫无关系。“很难发现，托克维尔在何处具有典型的自由主义目的。”他的惟一目标是挑战人类心灵的虚弱，而这种虚弱是由平等时代灵魂的堕落导致的。“精确地说，托克维尔是位于柏拉图与卢梭传统中的一位政治科学家——一位道德历史学家，或如果你乐意，是一位民主时代人类灵魂有序或无序状态的分析家。”① 因此，“托克维尔与卢梭一样

① Wilhelm Hennis，“Tocqueville's Perspective”. Peter Augustine Lawler [eds.]，Tocqueville's Political Science：Classic Essays，p. 81.

都不是自由主义者。就他们的程度而言，只是一种特别类型的自由主义者。”① 亨尼斯把托克维尔置于柏拉图与卢梭的传统之中，从而发现托克维尔所关注的政治问题是公共事物而不是个人独立，是精神拔高而不是利益追求，是政治教育而不是制度设计，而把托克维尔称为是一位非自由主义者，或至少不是一位典型的自由主义者。

班菲尔德从托克维尔的政治思想中发现了一些非自由主义因素，但并没有全盘否定他的自由主义者身份。在班菲尔德的推理中，我们发现托克维尔的观点是：平等的社会条件会产生个人主义；个人主义首先会攻击公共生活的美德，最终会毁掉所有其他的美德；公共美德不同于私人美德，前者重于后者；商业活动令人厌恶，因为它带来渺小愿望与粗俗享受，使人们远离男子气美德、伟大行动、英雄行为与利他主义牺牲；为了把个人转变为公民，为了获得一位公民的技能与习惯，必须对其进行思想与情感灌输。反对个人主义，强调公共美德，重视思想灌输，贬低商业活动，这都是正统自由主义者所不愿为的。班菲尔德发现，托克维尔对自由概念也有着矛盾的观点：一方面他认为自由就是支配自我，免于专制，具有消极的个人自由的味道；另一方面他又认为自由“是一个领域，在其中我们不得不手挽手”。② 表现出了积极的集体自由的意味。为了对抗多数主权，维护自由，班菲尔德认为托克维尔相信两种对抗性力量：宗教与爱国主义。统治者的行为必须表现出他们相信宗教；民族骄傲虽然是荒唐的，但却是法国人民最伟大的情感，而教士应致力于灌输爱国主义；战争可以激起爱国主义与男子气美德。托克维尔认为，如果缺乏激发优良事业与英雄行为的男子气美德，一个民族就不得不堕落入奴役状态。班菲尔德认为：“这使人想起罗伯斯庇尔，他的政治生活观……被一种在低下的个人利益与

---

① Wilhelm Hennis, “Tocqueville's Perspective”, p. 71.

② Quoted in Edward C. Banfield, “The Illiberal Tocqueville ”. Ken Masugi, Interpreting Tocqueville's Democracy in America. Savage, Md. : Rowman & Littlefield Publishers, 1991, p. 244.

崇高的美德之间的两分法所支配。对此，公民资格预示了对公共利益优于所有私人利益的选择，政治家的第一责任是塑造与保存公共道德。”①班菲尔德对他所认为的托克维尔的非自由主义倾向给予了近乎毁灭性的批判：“正是他（指托克维尔本人）的圣洁的祖母而不是令人厌恶的赚钱者的价值观支持了纳粹政权，被苏维埃政权所利用，并且点燃了大部分第三世界的地方性狂热。”②班菲尔德对他所认为的托克维尔的非自由主义倾向做出了针锋相对的回应：正是在商业社会，自由得到了持续的扩展并和秩序与正义结合起来；今天的社会发展证明了个人主义与唯物主义不会毁坏个人与社会美德，快乐的追求与自由的维护相互包容；托克维尔要求某一权威教育和引导人们达到真正的公共美德，而联邦党人通过制度设计就可自动使人们远离危及社会的行为。

对托克维尔的非自由主义定位同对他的保守主义定位一样，都是只抓住和夸张了他的政治思想中的非本质成分，或者其政治思想中相互平衡的对立极中的其中一极。这种定位往往以当代的社会政治发展来印证、批驳托克维尔在一个特定时代、针对特定政治问题的观点。托克维尔的政治思想的非体系化形式、现实性、流变性甚至是对策性特征使得这种定位似乎显得有几分可信度。

5. 作为一种特别的自由主义者的托克维尔

这种定位也是一种试图把握托克维尔政治思想特殊性的努力，但它极力避免上述定位的片面性，力图彰显托克维尔政治思想复杂的、难以捉摸的性质。和上述几种定位不同，这种定位是一种避免将托克维尔类型化的努力。

试图界定托克维尔政治思想独特性的较早努力是由拉斯基作出的。拉斯基首先概括了托克维尔思想中貌似冲突的因素，托克维尔对对立观念的把握：他既看到了缺乏理想与慷慨行为的资产阶级的危险性，也提到了大众政治的危险性；他反对个人主义，但对社会主义也持怀疑态度；他认为平等是“天意所为”，但又认为没有自由的

① Edward C. Banfield, “The Illiberal Tocqueville”, p. 251.

② Edward C. Banfield, “The Illiberal Tocqueville”, p. 253.

平等难以忍受；他反对独裁专制政府，但又对人民参加政府管理的制度表示不安；他摈弃无政府主义与政治革命，但更讨厌不关心政治的人。拉斯基对托克维尔的政治立场也作出了相互矛盾的界定，这显然来自他对托克维尔思想复杂性的认识："托克维尔决不是一个自由主义者，也很难把他看成一个真正的自由主义者……他的信念并不是贵族的信念……他不是社会主义者。"①那么托克维尔的政治立场到底是什么呢？"热爱自由的信念是贯穿在他的一生活动中的一条红线。"② 托克维尔所热爱的自由，显然不同于一般自由主义者所理解的自由。从拉斯基的行文中我们可以看出：这种自由是一种精神、人格自由，是一种能够形成丰富的精神生活、又能鼓励知识文化创新的社会氛围。这是拉斯基对托克维尔式自由主义的独特性所进行的一种不完全的概括。

卡伦·S. 卡亨将19世纪的托克维尔、密尔与布克哈特的自由主义概括为一种特殊类型的自由主义——贵族自由主义。这种对托克维尔的自由主义的定位显然也带有类型化的嫌疑，但这是一种更具体、范围更小的类型化，抓住了托克维尔自由主义思想中的一个独特侧面。卡亨认为，把三人的自由主义思想概括为贵族自由主义，有助于界定19世纪比较朦胧的自由主义思想，并有助于对一般自由主义的理解。卡亨阐述了将三者归结在一起的理由：虽然他们是三个民族文化传统的代表，都受到了不同文化传统的影响，但是他们都共享对19世纪欧洲形势的基本理解与基础理念；尽管他们具有多样化的文化背景，但他们都拥有一种共同的政治语言——现代人文主义的语言。什么是贵族自由主义呢？"它是来自于单词aristos（最好者、精华）的希腊与人文主义词源学中的贵族制（aristocracy）在这里的应用。他们对大众与中产阶级的共同厌恶，他们对平庸的恐惧与蔑视，在他们价值观中个性与多样性的优先地位

---

①［法］托克维尔著，董果良译：《论美国的民主·拉斯基的导言》，商务印书馆1988年版，第952页。

②［法］托克维尔著，董果良译：《论美国的民主·拉斯基的导言》，商务印书馆1988年版，第953页。

说服我，这是合适的标签。”① 贵族自由主义来自现代人文主义的政治议程，它有两种根源：古典作品通过文艺复兴传播到18世纪的人文主义；启蒙运动与法国大革命发展出的以教育代替美德，以历史主义代替历史循环论的理念。正是常常对立的市民人文主义与启蒙运动、法国大革命两种传统，积极自由与消极自由两种理念的混合为贵族自由主义者对现代生活的批判提供了基础和语言。贵族自由主义者面临的时代是：19世纪处于统治地位的商业精神与中产阶级已经出现，在资产阶级与下层阶级之间的未来大搏斗也出现了最初的不祥预兆；集权化国家继续扩张，成为一个阶级或一种思想施加统治的工具，并且危及了布克哈特、密尔和托克维尔的主要价值——自由、个性和多样化。因此，贵族自由主义者的问题是，在一个充满敌意的当代世界和一个更有敌意的未来中怎样使他们的价值永久化。“尽管他们的悲伤程度和保守自己理想的方法不同，但都对作为完成自己任务的工具的不同形式的教育抱有共同的信念。”② 卡亨的研究把握住了托克维尔作为一位自由主义者其思想中的一些特殊性、个性化的观念：对贵族意识的追怀，对崇高精神与伟大气质的向往。

布鲁斯·詹姆斯·史密斯将托克维尔同联邦党人、密尔等所谓老自由主义者进行了对比，以彰显托克维尔对自己的定位——“一位新型自由主义者”而不是一位遭遇了新环境的老自由主义者。托克维尔在自由的形式与实质，利益，理性和情感三种范畴在自由政治中的不同地位，个人与权威，商业与自由，宗教与自由等方面和老自由主义者有着不同的认识。在托克维尔看来，乡镇来自上帝，是自然的产物，而更复杂的政治制度是理性的产物；乡镇制度不仅教会公民如何使用自由，还教会公民如何享用自由；老自由

① Alan S. Kahan, Aristocratic Liberalism: The Social and Political Thought of Jacob Burckhardt, John Stuart Mill, Alexis de Tocqueville. New York: Oxford University Press, 1992, p. 5.

② Alan S. Kahan, Aristocratic Liberalism: The Social and Political Thought of Jacob Burckhardt, John Stuart Mill, Alexis de Tocqueville, p. 5.

主义者不能欣赏乡镇在自由政治中的地位，不能理解乡镇制度是自由国家的力量，反而敌对乡镇特权，认为在市镇中，多数暴政的分量最大。托克维尔对陪审制度的赞美，不是因为它对官员权力的限制，而是因为它有能力灌输对法律的热爱，并防止了公共精神的衰朽。① 因此，同托克维尔相比，老自由主义者错把"自由的形式"——宪法所规定的限制政府权力的制度设计，当作"自由的精神"。在老自由主义者看来，市民社会是具有私心与理性的个人的互动，于是他们发现了用"利益"解决政治问题的办法；他们都把情感视为扩大自由范围的限度，起码认为情感由于太虚弱和不确定而不能成为人类活动可以信赖的刺激。托克维尔认为："我们的头脑不会服从机械的法则。"② 市民社会是意见、情感、习惯与理性互动、调停的母体。托克维尔认识到了利益政治原则的困难：它倾向于把人类理性的应用限制到狭隘的人类活动领域；政治生活中的忠诚被利益的不连贯性与易变性削弱。针对老自由主义者对利益与简单化的偏爱，史密斯认为，托克维尔"恢复了情感在人类自由中的适当地位"。③ 老自由主义者认为，保持自由是人们的真正利益。但是，对利益的追求会模糊自由的真正价值，给予人类自由以一种工具性的外表。相反，托克维尔认为，自由本身就具有魅力，与"自由的物质利益无关"。④ 他的注意力集中于自由之爱，他常常以情感的语言将自由作为一种品味与爱好而谈到自由。他认为，自由之爱在某种程度上是本能的，天真的，甚至带有某种创造性与急躁，也带有某种慷慨与自我投入。托克维尔的"自由之爱"与老自由主义者的利益政治与理性政治相对立。老自由主义者认为，自由的实现首先要排除外部的障碍与权威特别是宗教；托克维尔认为，自由与宗教具有很大的亲和性，两者都以人类理想的完善

---

① Bruce James Smith, "A Liberal of a New Kind". Ken Masugi, Interpreting Tocqueville's Democracy in America, p. 68.

② Quoted in Bruce James Smith, , "A Liberal of A New Kind", p. 71.

③ Bruce James Smith, "A Liberal of A New Kind", p. 76.

④ [法] 托克维尔著，冯棠译：《旧制度与大革命》，商务印书馆 1992 年版，第 203 页。

为目标，自由之爱与天堂之爱都属于灵魂的超物质利益的爱好。因此，两者相互支持。老自由主义者对自我的整合性抱有信心，认为每一个自我都有一种独立行动的能力；托克维尔认为，老自由主义者的错误就在于强化了平等时代个人的孤独感：在独立判断的骄傲背后，是一个孤独的个体的虚弱。老自由主义者所赞扬的并且作为自由主义社会政策的目标是社会的流动性与中产阶级的扩张；托克维尔认为，正是这两种相互关联的现象导致了作为新的专制主义之萌芽的个人主义。老自由主义者在私人利益与公共繁荣之间看到了一种密切联系，并盛赞商业精神导致了公共安宁；托克维尔虽然认为商业活动与政治自由在某些方面是天然的联盟，但法国中产阶级政治使他相信，商业精神也许会窒息公共精神，最终扼杀个人的利益追求。老自由主义者认为政治自由是一种特殊的教育学。比如对密尔来说，地方制度所提供的最重要的教育后果只是知识的传播；而托克维尔感兴趣的是它们可以改变理性与情感的特点，以创造出对待自由的明智的、反思的与持久的品味。老自由主义者将政治参与视为知识的传授，而托克维尔将其视为情感的培养。总之，“托克维尔的确是一位新型自由主义者；托克维尔的自由主义不仅是对平等所产生的新颖的政治形势的回应，也是对老自由主义（它以自由的名义使预示着集权与专制的民主灵魂中的危险倾向合法化）的一种深刻批判。”① 但我们在欣赏史密斯对托克维尔同老自由主义者的精辟而深刻的对比时，也不要忘记托克维尔所继承的老自由主义者的政治观念与政治偏好。

史密斯从一个角度将托克维尔同古典自由主义者进行对比，以凸显托克维尔政治思想的独特性与新颖性；而罗杰·博彻则全方位探讨了托克维尔政治思想各个侧面的独特性，把托克维尔称为一位“奇怪的自由主义者”。博彻认为，很难对托克维尔加以类型化以确定他在意识形态谱系中的位置。首先，“托克维尔跨越了政治类

① Bruce James Smith, “A Liberal of a New Kind”, p. 89

型，因此拥有着在所有类型中都可以发现的思想。"① 其次，由于托克维尔把他的政治理论与观点编织进了其信件、私人笔记和历史分析著作中，我们很难指出哪一种作品包含着他的确定的政治主张；最后，托克维尔在当代最重要的政治思想类型形成之前写作，通过我们时代的棱镜折射他的作品必然会歪曲他的思想。对托克维尔难以类型化的重要的原因是："托克维尔提供了矛盾与不确定性，而这正是政治世界一直提供的东西。"② 博彻认为，如果有必要，他愿把托克维尔分类为一个自由主义者，尽管这样的标签对于理解他几乎没有什么帮助。托克维尔的自由主义倾向表现在什么方面呢？如他担心政治权力的集中；他根据自由主义传统有力地捍卫个人相对于国家的权利；他支持财产权；他对孟德斯鸠所赞赏的捍卫个体的立法与司法体系具有共鸣感；他提倡有限与立宪政府；他主张如言论自由、陪审制度和结社权等传统的自由主义权利。然而，托克维尔又是这样一种自由主义者：出生与品味是一位贵族，政治信仰是一位民主主义者，并且对自由主义时代有着深深的幻灭感。正因为如此，很难把他界定为一位传统意义上的自由主义者。他是一位自由主义者，但他对人们之间传统的甚至是父权的纽带的崩溃感到担忧；他是一位自由主义者，但他不像洛克反而更像卢梭，支持个人通过参与甚至合作从政治共同体内部获得个性；他是一位自由主义者，但像夏多布里昂、巴尔扎克之类的保守分子一样，对中产阶级工商业有着深深的厌恶；他是一位自由主义者，但像将近十年后的马克思一样，反对新的工业世界所产生的悲伤，特别是劳动分工的摧残性后果；他是一位自由主义者，但厌恶自利基础之上的政治，偏爱罗马式的公民美德和军事荣耀；他是一位自由主义者，但他把对财富的专注看作是一种卑微的活动，并且偶尔渴望能够带来政治伟大的骚动，表明了他对古代法国贵族、法国大革命甚至是拿破仑的欣赏；他是一位自由主义者，但他像保守主义思

① Roger Boesche, The Strange Liberalism of Tocqueville. Ithaca, N. Y.: Cornell University Press, 1987, p. 10.

② Roger Boesche, The Strange Liberalism of Tocqueville, p. 264.

想家一样，主张宗教能够产生自律与自控的功能；他是一位自由主义者，但他不像自由主义的麦迪逊而更像保守主义的柏克，对法律的有效性不太有信心，而更相信习惯、传统与民情；他是一位自由主义者，但他担心，或许正是自由主义伦理会构成一种新的、危险的专制的基础。上述这些特征构成了一位奇怪的自由主义者。博彻的结论是："现实中我们可以随意地把托克维尔称为一位自由主义者，但是我们必须看见他的思想中的一种奇怪的混合，贡斯当的'自由主义'，夏多布里昂的'保守主义'和卢梭的激进的、民主的思想。"①

博彻的研究在把握托克维尔政治思想的复杂性、独特性与矛盾性方面做得非常成功。由于对托克维尔研究的深化，也由于其所留下的书信、笔记、写作片段日益被人们发掘出来，拒绝对托克维尔的思想进行意识形态定位已成为当代专门研究托克维尔的学者的一种流行观点。但是研究某一位政治思想家的两种角度——定型化与非定型化之间存在着永远的对立。定型化有助于我们把握某位思想家的本质特征，但往往会对其思想得出简单化、脸谱化的结论；非定型化有助于我们理解某位思想家的独特性与深刻性，但又会分解思想家的完整统一形象，使他的思想处于零散混沌的状态之中，不利于后人对其思想全面、正确、清晰地把握。

三、托克维尔政治科学的性质与特征

在这一部分，我们主要介绍学者对托克维尔政治学研究方法的评价：它是科学的还是非科学的；学者对托克维尔政治学的学科性质的界定：它是传统的还是现代的，是现代的还是反现代的。这两方面：托克维尔政治学的研究方法与学科性质，应该是相互联系的两个方面。托克维尔对特定研究规范与方法的应用，影响了其政治思想在现当代政治学学科传统中的定位问题。

对于托克维尔的研究方法的科学性，学者一般都没有给予太大的认可。即使承认其方法的规范性、科学性的人也不认为其方法在

---

① Roger Boesche, The Strange Liberalism of Tocqueville, p. 266.

当代政治学研究中具有可效法的典范地位。研究者对其研究方法的争论表现为两种针锋相对的意见：其一，托克维尔的作品由于预设了一个前提，因而是非科学的，实证基础不足，或立足于不充分的研究方法；其二，托克维尔的著作是科学的、归纳的，以充足的材料为基础，立足于认真的研究。

布赖斯承认，《论美国的民主》是一篇已上升到经典地位的政治哲学论文，但他批判托克维尔的研究方法不符合科学的研究程序：他的智慧"被一个预设的前提或演绎路径所推动，他的观察能力尽管活跃和敏捷，却没有引导而是跟随了他的推理过程"。在资料运用方面，"他引用的事实只是他的结果的证据而不是来源"。在材料选择方面，托克维尔"被和他的预设前提一致的那些事实所感动，而容易忽视那些和他的前提不一致的东西"。总之，布赖斯对托克维尔的研究方法的批判可以概括为：不是根据材料得出结论，而是根据结论选择材料。这当然不符合现代社会科学的研究程序。但是，即使是布赖斯也承认，托克维尔"是真诚的，从来不会隐藏或有意逃避他感到和他的理论相对立的事实"。① 从布赖斯对托克维尔的研究方法的评论中，我们可以看出，布赖斯承认托克维尔的严肃公正的态度，却不大恭维他的研究方法与步骤。皮尔逊是终生研究托克维尔的领先学者。他认为托克维尔的方法是哲学的、非科学的，"自身是脆弱的"。托克维尔太依赖于概括与抽象，很少依赖必要的系统的实证基础。"从推理到推理的过程"有时"走得太远，以至事实和现实的所有联系"被丢到后面，以理性过程开端的事物"终止于最纯粹的荒谬"。简言之，"托克维尔的方法的缺点……正是它的非科学品质"②。在资料选择方面，"由于受到已获得的思想的支配"（美国是一块普遍平等的土地），托克维

---

① J. Bryce, "The Predictions of Hamilton and de Tocqueville". Herbert B. Adams(ed.), John Hopkins University in Historical and Political Science (vol. 5). Baltimore: John Hopkins University Press, 1887, pp. 23-25.

② G. W. Pierson, Tocqueville and Beaumont in America. New York: Oxford, 1938, pp. 760-761.

尔和博蒙“用他们在美国观察到的事实证明他们从法国带来的关于美国的信仰”。一旦托克维尔作出一个解释，“他往往收集仅仅适合他的理论的事实”①。拉斯基也附和了皮尔逊的观点，认为“托克维尔从观察到得出结论所走过的道路，只有一小段是建立在科学方法上的”②。蔡特林主张：“托克维尔主要是作为历史哲学家，很少作为一位方法论上严格的或实证的历史学家或社会科学家而写作。”“对于和他的主导概念（一个已经平等的美国会变得更平等）不一致的现象或者忽视或者作为例外”，“这样托克维尔欺骗了他自己。”③ 人们普遍认为托克维尔是社会研究方法——调查法的先驱。但梅洛尼奥认为，托克维尔的调查法不是没有先例，社会调查开始于18世纪，在19世纪前半叶进入它的黄金时代，其首要目标集中于社会疾病。他与博蒙合作的关于监狱改革的报告处于这种潮流之中，但是为了获得公众认可和学术奖励，“《民主》几乎没有保留这种调查法的方法论风格。托克维尔总是偏爱叙述与描述的阐释性风格，并强调推理的清晰和概括方法”。“它的作者几乎是独一无二地宣布了可普遍应用的道德判断”，避免得罪时代的偏好。④ 关于托克维尔应用得得心应手的比较方法，学者的评价也不是很高。斯梅尔塞认为，托克维尔虽然采用了比较研究，但他没有发展出系统的比较理论；他的思想组织是严密的，但他的著作是不规范的。他所运用的大量档案资料相对于他的广博课题还是有限的；他的许多比较是以旅游者的印象为基础，可靠性有限。他的比较方法具有“印象主义本质”。⑤ 因此，在接受他的资料时，必须采取适当的保留态度。批评者大都承认托克维尔著作的性质是哲学的而非

---

① G. W. Pierson, Tocqueville and Beaumont in America, pp. 164, 759.

② ［法］托克维尔著，董果良译：《论美国的民主·拉斯基的导言》，商务印书馆1988年版，第955页。

③ I. M. Zeitlin, Liberty, Equality, and Revolution in Alexis de Tocqueville. Boston: Little, Brown, 1971, pp. 56-57.

④ Françoise Mélonio, Tocqueville and the French, p. 20.

⑤ ［美］尼尔·J. 斯梅尔塞著，王宏图、张平平译：《社会科学的比较方法》，社会科学文献出版社1992年版，第30页。

科学的，他的推理过程不符合从事实到结论的研究规范，他对资料的选择具有高度的主观性，他的方法论没有创新性。

相反，在对《论美国的民主》（二）所作的评论中，约翰·密尔（其本人是一部关于科学方法的著作《逻辑学体系》的作者）把托克维尔的方法称作是“应用到社会与政府的真正的培根和牛顿的方法”。托克维尔的方法论表现为演绎与归纳的结合，和对比较方法的老练使用。他盛赞《论美国的民主》为“政治的科学研究中的一个新时代的开端”①。埃伯茨和威顿表扬了托克维尔的“通过严格的对美国与欧洲社会的观察、概括和抽象而进行的理论创造”和“对一种深刻的、以理论为基础和以实证为支持的分析模式”的发展。② 特别是里克特作出了和上述批评者针锋相对的评价：“托克维尔往往使自己沉入到特别的事实中进行概括。”③ 托克维尔的解释“不依赖来自普遍法则的推理”④，而且托克维尔是一个“19世纪很少受到欺骗的政治思想家”⑤。菲里普·布兰德里认为：“托克维尔的智力标准和研究方法比他的大部分当代人都要严格。”这表现在：完整地出现在脚注中的索引和引用表明了他对原始资料的广泛研究；他使用了广泛多样的出版资源；他的旅行范围（曾深入到当时荒无人迹的美国西部荒原）表明了他不满足于二手信息；在和有名望的人会见后，他会写下摘要以备将来参考；他从其他人那里获得文献之外的关于制度的更详细的情况，他深入到曼

---

① J. S. Mill, “Tocqueville on Democray in Americon (1840)”. Himmelfarb (ed.), Essays on Politics and Culture. Garden City, N. Y.: Doubleday, 1962, pp. 232-277.

② P. R. Eberts and R. A. Witton, Great Political Thinkers: Plato to the Present. New York: Holt, Kineharl & Winston, 1969, pp. 1089-1081.

③ M. Richter, “Tocqueville's Contributions to the Theory of Revolution”. C. J. Friedrich (ed.), Revolution (Nomos VⅢ). New York: Atherton, 1967, p. 77.

④ M. Richter, “Comparative Political Analysis in Montesquieu and Tocqueville”. Comparative Politics. 1969, iss. 1, p. 153.

⑤ M. Richter, “Tocqueville on Algeria”. Review of Politics. 1963, iss. 25, p. 362.

彻斯特的贫民窟、爱尔兰偏远的乡间和美国各监狱内部进行观察；他还参加了英国的科学进步协会的统计学分支于1835年在都柏林召开的年会。总之，“托克维尔坚持了比他的许多后来者还要远为学术性的标准，更不用说那些一个世纪前正在写作美国的政治、经济、社会制度的人。”① 史蒂芬·弗朗茨认为，托克维尔的美国之行的计划虽然不够完美，因为他的大部分会见都是同拥有官职的人进行的，但他也没有避开普通公民；他对美国资料的收集比以前的任何作家都要深入。托克维尔以当代社会科学的流行术语解释他的论证方法：“决没有硬要事实迁就观点，而是让观点以事实为证据。”② 托克维尔使自己沉入到出版文献、正式会见、非正式观察中收集资料；只要有可能，他就收集原始文献。和许多同时代的政治作家相比，他避免了“形而上学的抽象”，而采取了实证方法。像一位优秀的科学家一样，他把自己的会谈和印象做了详细的笔记。总之，托克维尔的研究方法是“对于一个生活在至少在现代社会科学出现前的一个世纪的年轻人而言，一桩不太坏的遗产”。托克维尔的研究态度与研究方法为我们提供的经验是：“他提醒研究者要保持客观性，寻求大范围的多种证据，选择现存的实证证据而不是其他形式，仔细记下笔记，运用允许重复的方法，尊重资料的一致性，核对相互对立的不同资料的证据。”③ 弗朗茨不但认为托克维尔的研究方法符合当代方法论原则，而且还具有可效法性。最近，学者们还关注了托克维尔关于他的时代的一些主要社会问题的著作，这些问题有监狱改革、贫困、遗弃儿童、殖民政策等，他使用并完善了社会调查者在19世纪20年代刚刚形成的研究方法。比如：他和博蒙在撰写关于美国的监狱体系的考察报告时，第一次在监狱研究中使用了在30年代早期刚刚形成的访问技术，使用了

① Quoted in Alexis de Tocqueville, Democraly in America, Introduction: p. XIV.

② ［法］托克维尔著，董果良译：《论美国的民主》，商务印书馆1988年版，第17页。

③ Stephen Frantzich, "Teaching throngh Tocqueville". PS. Political Science & Politics. 1999, 32:2.

无数的统计手段，其中包括：关于贫困与犯罪行为，一般教育状态与犯罪数字，监狱死亡率，犯罪水平，监狱饮食，监狱劳动收入等方面的数据。他们的监狱研究成为当时欧洲各国学者开展此类研究的典范。①

正如托克维尔把自己的著作看作是科学、历史、哲学的混合一样，② 在他的著作中我们可以找到各种学科独特的研究方法、思维方式与表达风格的混合。在当代学者看来，由于这些学科在当代的分化与分割，导致了这些学科的研究方法往往是相互对立的。托克维尔处于一个由古典的社会科学研究方法向学院式的研究方法的过渡时期，而且他的读者群是社会精英和知名人士而非学科专业人士，方法论的严格要求并不是他的首要关注。在他的著作中既有当代学术研究规范的萌芽，同时，也出现一些违反当代学术规范的方法论错误。而托克维尔也正是不拘一格地采用了各种研究方法：规范的与实证的，推理的与归纳的，描述的与评价的，才使得他的学术研究体现了其追求行动与反思相统一的人生价值。他的研究一方面避免了科学原教旨主义的偏激；另一方面摆脱了以前科学研究方法的谬误与空玄，体现了一种平衡的、灵活的研究方式与风格。

由于对托克维尔的政治学的科学性评价各异，导致了托克维尔在现代社会科学中地位的不稳定性。就消极的评价而言，有人否认他是一位社会科学家；有人认为他是一位原始的或业余的社会科学家；还有人认为他只是一位极富天才的关于社会与政治问题的政论家。最近的学术界一般把他定位为一位具有古典风格的、前现代化的、反对当代学术分工与科学主义倾向的政治学家。由于政治学界对自身学术发展偏差的反思，和20世纪前后的评价相反，学者对他的政治学日益给予积极的评价。现在我们介绍对托克维尔政治学的性质认识的几种观点。

---

① Michael Drolet, Tocqueville's Interest in the Social: Or How Statistics Informed His "New Science of Politics". History of European Ideas, 31:4, 2005.

② Alexis de Tocqueville, Memoir, Letters, and Remains of Alexis de Tocqueville (vol. 2), No Trans. Boston: Ticknor & Fields, 1862, p. 252.

1. 一种古典的或传统的政治学。托克维尔的政治学常常被看作是西方传统政治思想经典的组成部分。当代许多怀有科学沙文主义的政治学家对这种传统的政治学往往抱有成见。他们的所谓创新就是政治科学与政治哲学、事实与价值的分离。甚至对行为主义狭隘性进行批判的后行为主义者也认为，他们必须变得“非科学”才能表达人类基本问题。这样，“托克维尔的政治著作在‘传统’政治学的复兴中占据了特殊的位置。他有时被称为是这种传统的最后一个伟大典范”①。政治学学科发展可分为两个阶段：传统政治学时期，起源于古希腊的柏拉图或亚里士多德，一直到20世纪初；现代政治学即“当代政治分析”或“行为科学”时期，起源于20世纪30年代的梅利亚姆和拉斯维尔，并在60年代占据了统治地位。关于托克维尔的传统政治学特征，当代学者们给出了各种界定。西瑟认为：“亚里士多德、孟德斯鸠和托克维尔的著作最好地体现了一种传统的方法。”② 他们都认为，政治学的研究重点应是政治上最重要的政府形式；政治学应是全面的社会调查形式，它把社会学、狭义的政治制度研究、宗教和其他社会科学构成一个整体。同亚里士多德、孟德斯鸠不同的是，托克维尔保留了一个作为自由民主政体的立法者的顾问角色，他的分析更具有直言不讳的党派性。温斯罗普认为，托克维尔的传统政治学既是“现实主义”的，也是“理想主义”的。它是现实主义的（这一点满足了以追求实证为目的的当代政治学家的骄傲），因为它承认普遍的人类条件和特定形态下人类所完成的活动的限度。但它也是理想主义的，因为它向往人类的优秀与伟大，不惧怕作出价值判断和提供改进措施。③ 亨尼斯认为托克维尔的古典政治学具有以下特征：（1）托克维尔的政治学不仅是描述的、阐释的，还是评价的。传统政治学是

---

① Peter Augustine Lawler, “Introduction: Tocqueville and Political Science”. Peter Augustine Lawler, Tocqueville's Political Science: Classic Essays, p. xvi.

② ［美］詹姆斯·W. 西瑟著，竺乾威译：《自由民主与政治学》，上海人民出版社1998年版，第47页。

③ Delba Winthrop, “Tocqueville's Old Regime: Political History”. Peter Augustine Lawler, Tocqueville's Political Science: Classic Essays, p. 335.

对人类生活的各种形式或“制度”（regime）的全面调查与比较，它判断制度毁灭或保存的原因。但制度比较的目的不仅是为了保持它的稳定性，还是为了判断它的品质。（2）托克维尔的政治学是理论与实践的混合物。托克维尔是为了帮助法国，为了正确行动而不是为了知识自身的缘故而寻求科学知识。因此，“托克维尔的政治学正处在政治学作为一种实践—哲学的传统之中”①。（3）托克维尔的政治学的阅读对象不像当代科学研究一样指向学术共同体，他为负责法国命运的人而写作。托克维尔的政治学的听众是“立法者”，包括：政府官员、宗教领袖、作家、记者、律师、教授和其他舆论领袖。总之，他采用了自柏拉图的《法律篇》以来的一种政治学研究的古典学术方法。上述学者把托克维尔的政治学认定为一种古典的或传统的政治学，以对抗当代科学主义思潮在政治学研究中的肆虐。持这种观点的人和那些执着于托克维尔研究方法的科学性与非科学性的人不属于同一种理论路向。第一种人反对政治学对学科戒律、方法论、事实与价值二元论的过分强调；第二种人则无论认为托克维尔的方法是科学的还是非科学的，都致力于维护政治学作为一门社会科学的纯洁性、专业性与学院化。

2. 一种政治教育学。在西方的特定学术语境中，教育意味着灌输、诱导。对于学者而言，学术研究致力于教育自然会损坏它的科学性。学者们的习惯性观念是：“从一种科学降格为一种公民教育”，“只会导致政治学科的堕落”。② 布赖斯尽管认可了《论美国的民主》中的反思与告诫的广泛适用性，但他还是认为，托克维尔首先是为自己的同胞而写作。因此，“对法国的持续关注比这本书的政治哲学还要走得更远。这就限制了它的目标与范围。《论美国的民主》与其说是一种政治研究，不如说是一部教育之作。它警告法国需要调整她的政治制度，以适应她的社会条件，首先是改

① Wilhelm Hennis, “Tocqueville’s Perspective”. Peter Auqustine Lawler, Tocqueville’s Political Science, p. 62.

② ［美］詹姆斯·W. 西瑟著，竺乾威译：《自由民主与政治学》，上海人民出版社 1998 年版，第 30 页。

善她的政治风气，以便为她的民族生活创造出一种宗教与道德基础。"① 正是由于奥托·沃斯勒，我们才拥有了证明托克维尔政治学的非科学性的彻底尝试。他认为，不管是谁，如果要在托克维尔的著作中找寻学术目的与内容，都会走上错误的道路。托克维尔是"一个为法国、为政治教育、因而为了他的同胞更好的未来而写作的法国人。他的目标是一种政治效果，而不是为了知识的缘故而追求知识。他不对科学只对实际政治效用与成功感兴趣……作为一位充满激情的法国人，他既不是作为历史学家也不是作为社会学家，而是作为政治教育家或忠告者而写作"。② 将托克维尔的政治学称为政治教育之作，其意图就是从由马克斯·韦伯所开创的现代学术规范之一——学术与政治、学者与政治家、课堂与论坛、政治科学与政治教育、政治训导相分离的角度来否认托克维尔政治科学的科学性。

3. 一件政治艺术品。布赖斯针对《论美国的民主》说："它仅仅被记住的是，尽管由于它的科学形式事实上被作为一种科学品，它真正是一件艺术品……"③ 布赖斯这番话的意图当然是为了贬低托克维尔政治学的科学性。拉里·西登托普认为，托克维尔作为一位政治学家，既不属于近代，也不属于当代。托克维尔呼吁自由的神圣价值，欣赏贵族的优雅，蔑视商业主义的平庸。所以，就他的思想实质方面而言，他是前专业、前资产阶级的政治学家。托克维尔在现代政治思想传统中的位置也是独特的。首先，同更早的现代伟大哲学家如霍布斯、洛克、卢梭相比，他没有把自己的论证建立在关于人性的明确的假设之上，并根据该假设进行演绎。其次，同19世纪较晚的理论家如马克思、涂尔干、韦伯相比，他没有将一种关于社会的新科学树立为自己的目标，也没有把科学方法论的论述引入自己的作品。他的作品是鲜活的、坦白的，充满了高度的情

① James Bryce, "The Prediction of Hamilton and Tocqueville". Studies in History and Jurisprudence (vol. 1). Oxford: Oxford University Press, 1901, p. 325.

② Otto Vossler, Alexis de Tocqueville, Freiheit and Gleichheit. Frankfurt a. M.: Klostermann, 1973, pp. 65-83.

③ James Bryce, "The Prediction of Hamilton and Tocqueville", p. 325.

感和丰富的形象，并以塑造读者的意图作为自己的关注。“的确，当和自成‘风格的’思想家放在一起时，托克维尔看起来更像一位艺术家。”①西登托普将托克维尔称为一位艺术家，并不是贬低托克维尔的政治学的科学性，而是用他来对抗近代乃至当代强调体系化、规范化、中立化与学术化的庸俗的学术传统。谢尔登·沃林对托克维尔的政治学的非现当代特征表述得更为激进。他认识到，托克维尔为自己设定的知识角色部分是教育者部分是调停者，他的目的是寻找“民主本身的形象”②(the image of democray itself)，以便于人们对他的理论产生认同并接受它，这影响了托克维尔政治学的表达风格。沃林把托克维尔的政治思想表述方式称为“视觉政治”(visuol politics)。③现代人对理论的理解受到了霍布斯理想的影响：一种理论应该是相互连接和逻辑一致的整体，在其中概念的清晰是基本的。概念相互联系构成理论的建筑材料，理论的建造依靠概念的严格性。因此，概念的清晰是现代理论的建构特征的伴随物。但是，托克维尔一反从近代开始的这种理论传统。他常常认为自己是在“描绘”(paint)一种“普遍条件”；不去论证或阐明自己的思想，他常常在一块广阔的画布上将思想作为形象，以视觉的、美学的而不是逻辑的、强制性的效果展现它们。因此，“托克维尔的理论，相比而言，是全景样式的，而不是建筑样式的”④。沃林指出的托克维尔有意选择的反现代传统的概念使用或思想表达方式，冲淡了许多学者所纠缠于托克维尔著作的诸多指责，如概念混乱、逻辑链条不清晰、忽视学术研究的科学形式、主观判断多于严密论证等。

4. 一种公共哲学。贝拉等人在托克维尔的社会科学观的影响下考察了托克维尔称之为“心灵的习性”(habits of heart)在当代

---

① Larry Siedentop, Tocqueville. Oxford [England]: Oxford University Press, 1994, p. vi.

② [法]托克维尔著，董果良译：《论美国的民主》，商务印书馆 1988 年版，第 16 页。

③ Sheldon S. Wolin, Tocqueville between Two Worlds: The Making of A Political and Theoretical Life. Princeton, N. J.: Princeton University Press, 2001, p. 163.

④ Sheldon S. Wolin, Tocqueville between Two Worlds: The Making of A Political and Theoretical Life, p. 96.

美国的表现——个人主义问题。“托克维尔的作品早已被专业社会科学的技术成就宣布为过时货，他本人也不过是一个出色的‘人本主义业余爱好者’而已。”① 贝拉却把托克维尔的社会科学称为一种公共哲学，祭起托克维尔的精神以反对当代追求自然科学化的、缺乏公共精神的、狭隘的专业社会科学。他认为，托克维尔的政治学作为一种公共哲学，体现了以下特征：（1）它超越了当代存在于自然科学与人文科学之间的人为分界；（2）它提出了关于好的人、好的社会的假设，有意识地为特定的哲学立场负起责任；（3）它把社会的传统理想与抱负和当前的社会政治现实协调起来；（4）它不是价值无涉的，反对在事实分析与道德判断之间作出区别；（5）最后，它作为一种公共哲学，既力图使精英层——科学家与专家、也力图使公众参与到它的对话中。以托克维尔的政治学为范例，贝拉得出的教谕是：社会科学家的角色和公民的角色并不冲突；学科之间不是需要排斥，而是需要综合；社会科学家必须关心宏观社会。总之“一个真正的‘专业社会科学家’决不能仅仅是一个专家，他也会部分地将社会科学视为公共哲学”②。

综合以上对托克维尔政治学性质与特征的研究，我们可以发现：由于学术界学术规范的变迁，由于研究者以自己的理论偏好为前提，对托克维尔的政治学作出了有选择性的或积极或消极的评价。在科学主义盛行时期，有人从托克维尔的著作中挖掘出一些非现当代学术规范的因素，极力贬低托克维尔在方法论上的优越性；有人从托克维尔的著作中寻找一些现代社会科学研究的萌芽来认可其作为现代社会科学先驱的地位。在学术界专业化呼求与反专业化激烈纷争时期，有人将托克维尔作为一个漠视学科分工、实现学科综合的社会政治研究中的原教旨主义者，以反对现代社会科学研究中的极端分工与分割；有人把托克维尔树立为一块靶子，以批驳前现代学术研究的谬误及其对学术研究的误导。

---

① ［美］贝拉等著，翟宏彪等译：《心灵的习性——美国人生活中的个人主义和公共责任》，三联书店 1991 年版，第 447 页。

② ［美］贝拉等著，翟宏彪等译：《心灵的习性——美国人生活中的个人主义和公共责任》，三联书店 1991 年版，第 450 页。

四、托克维尔与其他思想家的比较研究

密尔认为，托克维尔是研究现代民主的第一位政治哲学家。由于其敏锐的洞察力，也由于其采用了自柏拉图以来的古典主义研究方法——大政治研究法（把政治、经济、文化诸社会现象视为一种不分轩轾、相互作用的混合体），在他的著作中讨论了在现当代资本主义民主社会的政治、经济、文化领域中已经或将要出现的几乎一切现象的萌芽。他的理论在当时及后世许多思想家那里产生了强烈的共鸣，被有意无意地加以复述、强调、发展。自从托克维尔研究复兴以来，托克维尔与其他政治思想家之间的比较研究成为一个硕果累累的热门研究领域。许多学者在托克维尔和同他的思想主张、政治关注、个性情趣截然不同的思想家之间发现了一些有趣的、重要的关联性。现在，我们选取几个比较思想研究的例子，以窥学者们在这个领域中的研究成果之一斑，作为我们开展此类研究的一种有益借鉴。

1. 托克维尔与马基雅弗利

粗看起来，两个思想家之间没有什么相关性。马基雅弗利成为只讲目的不讲手段的政治原则的代名词，托克维尔则认为政治领域与道德领域密不可分。托克维尔也对马基雅弗利充满了鄙视，认为马基雅弗利的《君主论》是一部“肤浅”之作。① 约瑟夫·阿留利斯则在两者之间发现了一些相似的观点。两人都称赞自由政体，因为在自由政体中，没有人比别人更有权力；权力是政治的真正目标，所以政体建立者的正确任务是教会他的成员如何行使自由。马基雅弗利关于君主国与贵族国的比较和托克维尔关于行政集权与分权的评价使他们都相信：“是权力的分散而不是集中使一个政体更强大。”② 马基雅弗利认为每个城邦都存在着两个性格不同的群体，

---

① Alexis de. Tocqueville Selected Letters on Politics and Society, Ed. by Roger Boesche, Trans. by James Toupin and Roger Boesche. Berkeley : University of California Press, 1985, p. 110.

② Joseph Alulis, “The People and the Great: Tocqueville and Machiavelli on the Art of Being Free”. Eduardo Nolla (eds), Liberty, Equality, Democracy, p. 39.

一个具有统治愿望，另一个具有不被统治的愿望；自由的艺术就是保持两种性格的团体之间的力量平衡。托克维尔认为，在所有自由国家都有两大党派，一个想限制人民权力，一个想无限地扩张它；区别一个自由社会的标志就是，能够承认两大党派之间保持平衡的必要性并找到这样做的措施。阿留利斯也发现了两者关于自由本体论的不同观点。马基雅弗利的自由观是："人的自由在于拥有不被统治的主权意志；他通过自己的行动即残暴的手段拥有这种主权。"①托克维尔认为这种观点包含着专制萌芽，他的自由观是：人类的主权高于国家或民族的主权，"自由就是服从人类所采纳的法律"，"对神的法则的服从"。②因此，托克维尔与马基雅弗利关于自由观的本质区别在于：目的因（上帝）的有无。

2. 托克维尔与密尔

托克维尔与约翰·密尔属于知识上的盟友，两人的思想之间具有内在的不可分割的联系。③ 上文我们提到了卡亨在《贵族自由主义》一书中对布克哈特、密尔、托克维尔三人在时代问题、政治

---

① Joseph Alulis, "The People and the Great: Tocqueville and Machiavelli on the Art of Being Free", p. 50.

② Joseph Alulis, "The People and the Great: Tocqueville and Machiavelli on the Art of Being Free", p. 51.

③ 两个人的出身有着很大的不同，但却成为跨越大洋的精神挚友。托克维尔是诺曼贵族的后代，密尔是苏格兰鞋匠的孙子。这也似乎预示着两个人友谊的不稳定。据密尔最后一个妻子哈里特·泰勒（Harriet Taylor）所言：托克维尔是"上流阶级的一个突出样本，在道德上软弱，在智力上狭隘，胆怯，无限自私和饶舌"。（Quoted from Dennis Smith, Capitalist democray on trial: the transatlantic debate from Tocqueville to the present, p. 18.）从托克维尔的书信集中我们可以看到，两个人在19世纪30年代晚期与40年代早期经常通信，随后，两个学者之间的这种联系中断了，直到50年代晚期才短暂地得到了恢复。两人之间这段交往中断的原因不排除由于出身不同所导致的生活品味与思想视角的冲突，但主要表现为政治理念上的冲突。当英法两国的外交关系发生龃龉时，托克维尔极力为法国政府的行为进行辩护，而密尔则认为这只不过是一种虚伪的民族自尊心。这也表现出托克维尔的自由主义似乎不那么纯洁，带有民族主义的毒素，成为后世学者否认其自由主义身份的罪证之一。我们在下文第三章第三节讲到"自由的多维性"，将对其思想中的这种断裂想象进行分析。

解决措施等方面的相同点的概括。丹尼思·史密斯归纳了托克维尔与密尔在生活经历、政治观念等方面的异同。两人的相同之处在于：两人都对现实政治有着浓厚的参与兴趣；他们属于同一政治代(Political Generation)，都深深地关注着民主政治中的个人角色和民主维护文明生活的潜力；两人都不是自己阶级的代表，都因某种观念而同哺育自己的社会群体相决裂；① 两人使用或探讨了归纳与推理相结合的研究方法；密尔共享了托克维尔对地方公共精神的关注。他们两人的不同之处表现在：密尔不同意托克维尔的观点：平等的激情、政府的短视与骚动是美国特有的，它们也曾在18世纪非民主的法国与英国盛行；密尔认为托克维尔混淆了"民主的后果"与"文明的后果"，美国生活的动力是商业活动而不是平等的产物；密尔认为多数的至上性不是社会平等的产物，而是人口规模的产物，这种现象也在资产阶级的、阶级分立的英国存在。总之，两人的不同点表现在：托克维尔把商业资本主义、多数暴政和个体的疏离作为民主平等的表现，多数意见能被律师职业所制衡，个人疏离能被大众地方政府参与所缓和；密尔把中产阶级观念的专制、个性的压抑看作是商业精神而不是平等倾向的表现，中产阶级观念可以被有知有闲阶级和农村人口所制衡。②

3. 托克维尔与黑格尔

托克维尔对民主时代的历史学家有着根深蒂固的厌恶，因为他们通过强调历史的必然性而限制了人类自由选择的可能性。黑格尔也应该属于他们中的一员。凯瑟琳·H. 朱克特比较了两人之间的异同。黑格尔与托克维尔不仅都认为，历史不可避免地走向民主，基督教代表着这种发展的一个关键步骤，而且也都认为君主立宪是现代国家的可欲形式；两个人都强调现代自由主义国家中多元主义的重要性。但是两个人之间的相似只是表面的。黑格尔把官僚制作

① Dennis Smith, Capitalist Democray on Trial: The Transatlantic Debate from Tocqueville to the Present. London; New York: Routledge, 1990, p. 18.

② Dennis Smith, Capitalist Democray on Trial: The Transatlantic Debate from Tocqueville to the Present, pp. 28-29.

为合理性的体现，托克维尔则认为行政集权会窒息相伴自由的创新精神；但是，两人的根本不同在于对理性在政治中的角色的评价。① 黑格尔认为，历史过程是可以理解的；托克维尔认为，西方世界的平等化是“天意”所为，决定历史进程超出了人类智慧的限度，黑格尔的“历史中的理性”是一种有害的教诲。② 托克维尔担忧对历史普遍法则的追求会削弱个人对控制自己命运的能力的信仰，从而削弱政治自由的条件。

4. 托克维尔与马克思

通常，托克维尔被称为是资本主义民主的辩护人，而马克思被称作是共产主义的预言家。两人的生活经历、理论基础与政治主张大相径庭。在上文中我们涉及了雷蒙·阿隆从对现代社会根本政治问题的不同理解的角度对两人进行的比较。惠特尼·波普比较了马克思与托克维尔在社会政治理论与政治主张上的一系列不同之处。马克思认为生产力导致了历史发展，托克维尔却没有把经济因素看作是社会与历史发展的首要原因；马克思认为经济是社会权力的最终来源，托克维尔区分了四种权力：社会的、经济的、政治的和文化的，必须根据变动的环境分析它们的相对重要性；马克思认为，生产关系是构成阶级的一个基本因素，同一阶级的个人拥有相同的生产关系，托克维尔把阶级看作是一个群体，群体中的个人将自己看作或被别人看作是属于一起的，为同一心理认同群体，不同的阶级会拥有相似的生产关系；马克思认为阶级冲突将会导致旧制度的颠覆与新社会的诞生，托克维尔承认了阶级冲突的存在但认为它具有温和的性质；马克思预言了无产阶级的统治、阶级冲突的消失及共产主义的到来，托克维尔则害怕任何一种权力的集中，相信冲突内在于社会生活，国家不可能被超越；马克思支持有利于工人

① Catherine H. Zuckert, “Political Sociology Versus Speculative Philosophy”. Ken Masugi, Interpreting Tocqueville's Democray in American, p. 148.

② Catherine H. Zuckert, “Political Sociology Versus Speculative Philosophy”, p. 148.

与穷人的激进改革，托克维尔则要求把不平等保持在合理范围内。① 因此，“从现代的、自由主义的、民主社会的出发点来看，托克维尔应为他不能成为被剥削者和穷人的有力斗士和不能对自己的一些价值更真诚而受到批评。”② 最后，波普认为，托克维尔毕竟还是在一个不完善的世界中受责任伦理引导而努力实现自己的价值观的讲原则的一位政治家。李普赛特比较了马克思与托克维尔在冲突——一致理论方面的观点。马克思把冲突作为政治学的主要旨趣；托克维尔则第一次阐明了民主政治中冲突与共识的平衡。两人的表面一致性表现在都强调社会单元的相关性与社会单元之间冲突的必要性。马克思将冲突与共识视为非此即彼，在剥削社会中不可能达成共识，只有在共产主义社会中才能实现共识。托克维尔强调社会生活中那些同时维护政治分歧与共识的群体，一方面他担心社会冲突的消失会导致权力的集中，另一方面他也担心共识的损害会导致专制。他并不急于分开社会冲突与共识的根源，也没有设想未来的和谐社会。③ 在对马克思与托克维尔的比较中，强调两人的相似之处的研究不多。其实，马克思与托克维尔的政治活动期相差不远，都面临西方工业社会的一些共同的问题与危机。在他们之间还是存在着一些共同的政治关注。比如，两者都对资产阶级充满了鄙夷之情，进行了辛辣的批判；两者都反对资产阶级社会的个人主义伦理；两者都对工业发展、劳动分工所带来的工人的异化深表同情与不安。也许两者的不同之处还表现在：对于现代社会政治问题，托克维尔表现出更多的无奈、悲观甚至容许，而马克思则毕生致力于解决这些社会政治问题，并为解决这些问题找到了一种现实的依靠力量——工人阶级。托克维尔以古希腊神话中的贾桑德拉的面目出现，而马克思则以普罗米修斯自许。

---

① Whitney Pope, Alexis de Tocqueville: His Social and Political Theory, in Collaboration with Lucetta Pope. Beverly Hills, Calif.: Sage Pub, 1986, pp. 80-101.

② Whitney Pope, Alexis de Tocqueville: His Social and Political Theory, p. 101.

③ ［美］西摩·马丁·李普赛特著，张绍宗译:《政治人:政治的社会基础》，上海人民出版社 1997 年版，第 3 ~6 页。

5. 托克维尔与尼采

尼采与托克维尔看起来似乎是两个个性、思想截然不同的思想家。比如，托克维尔采纳了立足于基督教原则的道德伦理，尼采则挑战欧洲包括托克维尔个人所珍视的几乎所有的政治与伦理原则；托克维尔既是宗教人也是政治人，而尼采则两者都不是；托克维尔被称视为19世纪自由主义社会最伟大的捍卫者之一，而尼采则被视为那个世纪怒气冲冲的思想偶像（包括自由主义）的破除者；托克维尔的论证方法主要是历史的和社会学式的，而尼采的路径则是心理学的和哲学的。但罗杰·博彻却在两者身上发现了共同的对于欧洲未来的恐惧。（1）两个思想家都预料欧洲会在未来的享乐主义与虚无主义中停滞。（2）托克维尔认为对物质享受的执着之爱会产生焦虑与怀疑；尼采则认为怀疑自身会推动人们走向琐屑的物质享受。①（3）托克维尔与尼采对于新的令人窒息的中产阶级商业世界共享了一种贵族式的轻蔑与精神的幻灭。②（4）尼采为推迟欧洲停滞的骚动、斗争、激情而欢呼；托克维尔也称赞战争会唤醒一个沉睡的社会。（5）尼采预言的新奴隶制，即：所有人都是奴隶，不存在主人，同托克维尔预言的新专制主义：温柔的专制非常相似。（6）尼采与托克维尔都害怕人们的无能感会产生新式奴役；但尼采认为这种无能感来自试图驯服人们的基督教、自由主义和社会主义等奴隶道德，托克维尔则认为它来自疏离、财富迷恋和政治无能。③ 因此，两者的最大区别在于：尼采是民主政治的毫不含糊的敌视者，而托克维尔则是民主政治的冷静拥护者。

6. 托克维尔与阿伦特

关于这个问题的研究者一般都把焦点集中于两人对现代专制主

---

① Roger Boesche, "Hedonism and Nihilism: The Prediction of Tocqueville and Nietzsche". Peter Augustine Lawler [eds.], Tocqueville's Political Science: Classic Essays, p. 37.

② Roger Boesche, "Hedonism and Nihilism: The Prediction of Tocqueville and Nietzsche", p. 46.

③ Roger Boesche, "Hedonism and Nihilism: The Prediction of Tocqueville and Nietzsche", pp. 51, 52,53.

义的论述上。玛吉·劳埃德比较了两人的共同之处。两人都认为现代性产生的问题是：疏离与孤立的个人由于暴露给毫无约束的物质满足之乐而摆脱了政治责任；两人都认为，这种现象的结果是软的或硬的专制主义，因此，现代性政治的中心议题是自由-暴政；两人都认为捍卫自由的基础是“结社的艺术”。① 劳埃德认为：“阿伦特，像托克维尔一样，是‘一种新型自由主义者’，反对个人唯物主义、进步的不可避免性和无约束的多数权力等自由主义原则，赞同隐私权、言论与结社自由，和致力于法治及通过结社的政治参与的一种政治分权体系。”② 如果说劳埃德强调了托克维尔与阿伦特的相同之处，博彻则分别强调了两人的异同。博彻的论证前提是：阿伦特版的现代专制主义是以极权主义面目出现的，托克维尔版的现代专制主义具有温柔的（软）专制主义之特征。两人的不同之处表现在：（1）阿伦特认为领导原则是极权主义的必要条件；而在托克维尔的软专制主义中，专制者的面目是模糊的。（2）阿伦特认为极权主义领袖的依托之物是一种被意识形态所武装的政党；而托克维尔则认为小党（仅仅追逐物质利益的、党派利益的党）强化了新专制主义的停滞特征，大党（追求原则政治而非利益政治的党）则是希望所在。（3）阿伦特把恐惧看作是极权主义的本质，托克维尔则认为新专制主义的特征是温柔与愉悦。③ 两人的相同之处表现在：（1）两人都诊断专制主义的前提条件是现代社会中个人的疏离与无力；（2）两人都责备由于贵族团体和阶级的崩溃而被资产阶级带入世界的私人攫取性伦理导致了疏离与无力的发展；（3）两个人都坚称，疏离与无力的个人很容易被官僚制

① Margie Lloyd, “In Tocqueville's Shadow: Hannah Arendt's Liberal Republicanism”. The Review of Politics. 2001, 57:1, p. 37.

② Margie Lloyd, “In Tocqueville's Shadow: Hannah Arendt's Liberal Republicanism”, p. 36.

③ Roger Boesche, “Tocqueville and Arendt on the Novelty of Modern Tyranny”. Peter Lawler Augustine and Joseph Alulis[eds.],Tocqueville's Defense of Human Liberty: Current Essays. New York: Garland Pub, 1993, pp. 159-162.

所组织、控制和管理，从而变成毫无思想的轻信的个体；① (4) 也许两个人的最大相似之处是，都把自己的渺小希望寄托于个人与国家之间的中间团体——真正的民主群体，它们通过对官僚统治的制约和提供公共讨论的论坛而结束个人的疏离与无力。② 对托克维尔与阿伦特的相关性进行探讨的学者主要集中于两人思想中的三个因素：问题——现代专制主义；原因——个人主义；解决——结社。

人们一致认为，托克维尔是现代民主的预言家。我们也可以认为，托克维尔是现代民主诸理论的预言家。他既是现代民主生活的预言家，也是现代民主理论的预言家。在他的思想中可以找到现代甚至后现代几乎所有社会政治理论的萌芽。他的思想是当代人可以加以挖掘、提炼、运用的斑斓多彩的思想矿藏。尽管纯度不高，但这种低纯度却提高了对托克维尔进行学术探索的挑战性。奥尔特加喜欢的一句话是，所有新的哲学都是借助以往已经坍塌的哲学结构中的砖块与板材而产生的。在当代，据说由于哲学建构能力的衰败，哲学家都需要成为思想的"窃贼"。托克维尔自然成为一种可贵的"偷窃"目标。阐明学者对托克维尔政治思想的"窃取"，也许更有助于彰显托克维尔的原创性。

本章小结

本章通过对托克维尔政治思想的遭遇的回顾，通过对托克维尔政治思想研究中的重要问题的介绍与评价，试图把本书的研究建立在以往研究成果的基础上，把握以往研究者在理论观点与方法论上的可取之处与不足之处，能够对托克维尔的政治思想研究作出进一步的发展。

---

① Roger Boesche, "Tocqueville and Arendt on the Novelty of Modern Tyranny", pp. 164-169.

② Roger Boesche, "Tocqueville and Arendt on the Novelty of Modern Tyranny", p. 171.

托克维尔是一位知行合一的思想家，他所要解决的是现代西方民主化过程中的一系列实际社会政治问题，他对现代诸政治理论的考察也是着眼于它们对社会政治生活的实际影响，他的理论是行动中的理论。因此，随着西方学术规范与范式的演变和实际社会政治生活的变迁，托克维尔的思想研究与影响在西方经历了兴盛期、衰败期与复兴期三个大起大落的阶段。

在当代中国，由于历史与文化背景的原因，在众多自由主义思想家中，托克维尔颇受冷遇。只是到了20世纪90年代，由于民主化诉求、市场经济的建立、理论的多元化等原因，托克维尔开始受到学者的关注。但托克维尔一开始就被置于对立意识形态的纷争中而遭到曲解，并且关于其政治思想的研究成果数量不多，深度不够。

引起人们持久关注，较能揭示托克维尔政治思想本质的研究问题大致包括：

1. 托克维尔政治思想的来源问题。在四个主要来源：孟德斯鸠、卢梭、帕斯卡尔和亚里士多德中，过分强调某一人对他的影响都是片面的；托克维尔吸收了这些人的写作风格、研究方法、研究对象与思维方式乃至理论情趣与人生理想，形成了自己独特的、富于个性的思想形象。

2. 关于托克维尔在意识形态谱系中的位置问题，大致有以下几种观点：早期界定的古典自由主义者、保守主义者；主流学者界定的自由民主主义者；非主流学术界界定的非自由主义者及较新近的特别的自由主义者。这些界定都没有否认托克维尔政治思想中的属于一般自由主义思想的一些因素，但都夸大了其政治思想中的一些个性因素，有意忽视了相对应地作为其思想对立极中另一极的一些个性因素。这些研究者一方面都注意到了托克维尔政治思想中所包含的一般自由主义因素；另一方面都夸大了托克维尔政治思想中相互对立与相互转化的成对观念中的一个观念，而有意无意地抹煞另一个观念，从而不能把握托克维尔式自由主义的个性或精神实质：平衡性与开放性。这些界定在方法上走了定型化或反定型化的极端。对托克维尔政治思想属性的研究应将两种方法结合起来进行，对其作为自由主义思想的共性与平衡、灵活的个性进行综合考察。

3. 对于托克维尔政治科学的性质与特征的界定问题，存在着大相径庭的认识。有人认为他的政治学是现代政治学，有人认为是传统政治学；有人认为他的政治学研究方法是科学的，有人认为是非科学的。阐释者由于受到学术界学术规范变迁的影响，受到自身理论偏好的影响，而作出了对立的、片面的评价。托克维尔的政治学及其方法论处于政治学学科从传统向现代过渡的背景中，既含有当代政治学家尤其是行为主义政治学者偏爱的科学因素，也含有反行为主义政治学者所倡导的价值性因素。托克维尔的政治科学的总体特色是“科学其外，价值其中”。

4. 托克维尔与其他思想家的比较研究问题。由于托克维尔的研究领域几乎涉及了现当代资本主义民主社会中一切已经出现和将要出现的政治、经济、文化等现象或萌芽，他的理论和许多现当代的甚至和他思想风格迥异的思想家的关注之间都存在着大量的相关性。因此，将托克维尔与其他现当代政治思想家如马基雅弗利、约翰·密尔、黑格尔、马克思、尼采、阿伦特等人进行比较研究就成为了学者乐于从事的活动。总之，托克维尔不仅是现代民主实践的预言家，还是现代民主理论的预言家。

第二章
时代夹缝中的托克维尔

托克维尔是一位很难定型的政治思想家。他促进个体权利并致力于个人自由最大化，反对国家对个人自治的蚕食。他相信个人拥有足够的智慧，可以成为自己利益的最佳判断者，并且能够塑造自己的未来。在这方面，他属于他那个时代自由主义者中的一员。但他反对将个人追求定义为狭隘的自我利益，并且反对许多自由主义者的反宗教倾向。他接受了大革命的自由、平等、博爱原则，但他却不接受激进分子对宗教的攻击和对国家和政治权力无限可能性的信仰。他为民主制的文化堕落感到遗憾，但却试图说服保守分子反抗现代性与重建旧秩序的无用性。托克维尔在给他的朋友斯托费尔的一封信中写道："我决心不同这些秩序的朋友搅和在一起，他们只要能高枕无忧，便对自由与正义毫不介意。"而他，在对自由保留毫不含糊的忠诚的同时，也希望"表现出对正义的尊重，对秩序与法律的真诚之爱，对道德与宗教审慎的爱慕，以至于我不得不相信，我会被认为是**一个新型自由主义者**"①。托克维尔的这句话为

① Alexis de Tocqueville, Memoir, Letter, and Remains, 1:381.

我们理解他的政治思想提供了重要的线索。托克维尔的自由主义的中道性体现在他对自由主义基本信条的接受，对自由主义陈腐而片面的教条的鄙弃和对自由主义原则在新时代的拓展。因此，要理解托克维尔，就必须理解自由主义的形成过程及其所处时代自由主义的流行原则，必须阐明与托克维尔的“新型自由主义”相对应的“旧自由主义”的思想面貌。托克维尔认为，一个人只有把握与经历“真实的时代精神”①，才能理解时代之产物。因此，如果我们在重构托克维尔政治思想的努力中认同托克维尔自己的研究方法，我们就必须重建他的时代精神，以展示托克维尔对这个骚动的世纪的反应，来自于时代的忧虑与愿望，及内在于其政治思想中的希望与恐惧。

第一节　何谓传统自由主义

我们在这里所指的“旧”自由主义，是指中世纪末在西方特定历史氛围中逐渐形成的，流行于19世纪初期的欧洲大陆、英国、美国等地的自由主义思潮，也被称为传统自由主义。② 20世纪的西方学者出于对极权主义政治实践的理论根源的反思，把传统自由主义人为地割裂为英美经验论自由主义与欧陆唯理论自由主义，将英美自由主义奉为自由主义的正统，并将过度推崇理性的法国启蒙运动中的许多思想家逐出自由主义的门墙。英美自由主义与欧陆自由主义共享自由主义的基本信条，将它们都视为自由主义思潮自不待言，而将法国启蒙思想排除于自由主义思潮之外是片面的。18世

① ［法］托克维尔著，冯棠译：《旧制度与大革命》，商务印书馆1992年版，第30页。

② 《现代西方政治思想》一书中以19世纪末为时界，将自由主义划分为两种历史类型：传统自由主义与新自由主义。参见徐大同，马德普编《现代西方政治思想》，人民出版社2003年版，第9页。为了研究需要，我们对传统自由主义的考察截至托克维尔所处时代为止。在本书中有时会出现古典自由主义一词。我们把该词和传统自由主义一词的用法区别为，前者侧重于一种观念形态的自由主义，后者侧重于一种历史形态的自由主义。

纪初，英国自由主义思想大规模输入法国。伏尔泰于18世纪20年代访问过英国，孟德斯鸠于30年代来到英国。洛克与牛顿——新的自由主义与新的科学——成为法国知识分子的理想。启蒙运动中的法国思想家把英国的政治形式作为自己的典范，以至于法国知识分子都被称为亲英派（Anglophiles）。尽管由于英、法两国的历史机遇、政治传统的不同，使自由主义在两国呈现出了不同的面貌，“但我们仍然不能说那些杰出的法国启蒙思想家就不是自由主义者。”① 而且在19世纪自由主义的发展过程中，两种自由主义类型的特色趋向消失：英国自由主义趋向具有民族色彩的理性主义形式，法国自由主义趋向历史性观点与个性化的运用。更何况“自由主义作为一套理念而初步处理社会与政治问题，始于启蒙运动”②。我们考虑到托克维尔被称为具有高度概括能力的典范，而他又对两岸三地的自由主义思想家的著作非常熟悉，所以，我们这里所考察的“旧”自由主义是指萌芽于中世纪末，流行于19世纪初，包括欧陆自由主义（含启蒙思想）与英美自由主义在内的一般的自由主义思潮。这种自由主义思潮在19世纪初已显示出了不适应时代需要的陈旧之处。托克维尔的自由主义政治思想正是基于对传统自由主义偏差的反思而有意识地对自由主义原则进行的矫正与创新。而传统自由主义的偏差正是来自于其形成过程中所面临的独特的社会、政治与文化问题，对传统自由主义的简单历史回顾有助于我们对其偏差的理解，还可以使我们认识到，正是由于近代社会、政治与文化条件的变迁，才使得传统自由主义原则中的一些进步性倾向蜕变为落后因素。

第二节 传统自由主义的形成过程

尽管在古希腊与古罗马特别是在斯多噶主义的学说中可以找到

---

① 顾肃：《自由主义基本理念》，中央编译出版社2003年版，第264页。

② ［英］约翰·麦克里兰著，彭淮栋译：《西方政治思想史》，海南出版社2003年版，第468页。

构成自由主义观念的一些成分，但自由主义作为一种具有明确可辨轨迹的政治思潮与政治传统，则产生于中世纪末的社会、经济与观念变迁所导致的政治生活中的诉求中。因此，自由主义属于近代的政治学说、近代的意识形态。

在自由主义出现之前的中世纪，判断个人与群体的生活价值的标准来自于其自身之外。这些标准主要表现为：个人与社会生活的安排应有利于来世的拯救；个体的价值体现于共同体（阶级、教会、行会与地区）之中。因此，个人的独立性应受到压制，人们不应拥有追求自我利益、现世幸福的必然权利。城市商业与生产的发展产生了中产阶级，从而需要一种新的政治哲学，将个人从宗教、阶级、社团或政府的束缚中解放出来，给予个人的财富创造活动以合法性。

中产阶级的兴起是现代自由主义发展的第一个阶段。17世纪末，西欧中产阶级已经成为具有相当影响力与自我意识的群体，认识到了维护自我利益的必要性。1688年的光荣革命确立了体现中产阶级利益的议会主权原则，确立了信仰自由这一自由主义的基本教义。在这一时期，霍布斯确立了自由主义学说的基本前提——个人主义原则，洛克则全面地论证了后来被称为自由主义的一些主要观点，如自然权利、社会契约、权力分立及宗教宽容等。

启蒙思想家继承了英国自由主义的基本原则，以理性与进步观念为武器，致力于大规模的社会改革。在经济领域，他们倡导以自利与利他精神相和谐为基础的自由放任原则；在宗教生活中，他们要求消灭宗教狂热与不宽容学说；在政治方面，他们希望借助于开明的专制君主来实现其改革工程。启蒙运动中的思想家并不把自己看作是特定国家或地区的人，“而是把自己看作是人类的成员”，①致力于普遍适用的社会政治公理的发现与应用，使自由主义信念得以传播到整个欧洲。

美国革命的重要性不在于它缔造了一个独立的国家，而是以欧

① ［美］斯塔夫里阿诺斯著，吴象婴、梁赤民译：《全球通史——1500年以后的世界》，上海社会科学院出版社1999年版，第339页。

洲的自由主义原则为指导，在北美这块白板（Tabula Rasa）上创造了一个系统体现自由主义原则的现代国家。美国革命在潘恩、杰弗逊和联邦党人的指导下，废除了贵族特权，在政治生活中确立了权利平等原则，树立了信仰自由原则，建立了具有可操作性的立宪制度。在18世纪，专制君主的利益同中产阶级相吻合，因此国王与商界联合起来，共同对抗传统组织与传统特权。但美国革命出现了解决政治问题的另一种契机。美国革命刺激了人民的民主精神。一方面为了保护有产阶级的利益，另一方面为了制约绝对民主制的危险，中产阶级放弃了开明专制原则，确立了立宪主义原则。同样，在法国，人们发现，国王作为特权体系的代表已无法成为中产阶级实现其经济利益的有效政治工具。

深受美国革命精神影响的法国大革命的目标是摧毁一切特权（包括贵族与教会）体系，实现普遍的平等权利。但是由于资产阶级无法控制由其引发的低层阶级的力量，革命的失败导致法国自由主义者在宪政原则中寻求庇护。革命后的空论派既反对贵族制也反对民主制，开始抛弃抽象的自然权利说，以历史观念消除普世观念中的革命毒素，论证中产阶级统治的历史必然性，建立以代议制、君主立宪制作为政治形式的能力统治，以对抗君主的绝对权力与逐渐崛起的工人阶级的社会经济诉求。在英国，边沁论证了以追求幸福最大化为基本信条的功利主义原则，以清除社会契约原则的革命性影响。可以说，在19世纪初，传统自由主义开始试图在新的经济社会与政治形势中对其基本原则、论证方法与政治主张进行重新定位。托克维尔就生活在这样一种理智氛围之中。

传统自由主义起源于信仰笃厚、等级严密、社会与政治生活封闭的中世纪。它的主要目标就是促进个体的解放，实现财富的积聚；它的敌人先后是教会与封建贵族、专制君主与下层民众；它采用的政治形式先后为绝对专制主义与代议立宪主义；它的理论形式主要表现为自然权利论，功利主义学说。正如个人的性格缺陷得之于他成长过程中的不良意图与不利影响，传统自由主义的形成过程决定了其理论的一系列偏颇与亟待改进之处。

第三节 传统自由主义的偏差

理解托克维尔所处时代的自由主义思想状况，对于理解托克维尔的自由主义思想的中道性、平衡性是很有必要的。但是，我们不打算对一般的传统自由主义及其各个流派的理论基础、论证过程及政治主张进行系统全面的考察，而只是分析传统自由主义在托克维尔所处时代已显露出来的片面的、僵化的、不符合时代精神的观念。这样既是为了节省篇幅，也是为了凸显托克维尔的自由主义政治思想同传统自由主义相比在自由主义传统中的中道性。我们在这里列出的传统自由主义的一些片面观念都是相互联系、不可分割的，只是为了表述的方便而把它们分为几个要点。当然，传统自由主义的整体在这些观念上并非铁板一块，每一个自由主义者也并非认同于这些观念的全部，其中的一些非主流的、形成中的、断裂性的观点为托克维尔进一步发展与完善自由主义学说提供了重要的灵感与启迪。我们在这里也顺便指出这些非主流观点，以显出托克维尔的中道自由主义政治思想并非空穴来风，而有其产生的理智萌芽与素材。

一、对人的理性的盲目乐观

理性主义既是传统自由主义者认识与改造世界的一种方法论，更是他们对认识与改造世界的可能性所抱的一种信念和信仰（即一种世界观）。作为一种方法论，它认为政治与社会知识可以建立在科学的质疑与探索和逻辑的推理与论证的基础上，反对诉诸不可论证的人的本能、直觉、激情等非理性体验。作为一种信仰，它认为借助理性可以达到对世界的完全认识与彻底改造，理性的运用推动了社会的进步，愚昧与迷信将从世上消失。

奥克肖特认为，近代理性主义“是一种强大的，有生命力的思维方式，它从与当代欧洲的思想构成中许多别的强有力的东西的亲缘关系中获得支持，影响了不止一种而是所有政治信仰的观念，超越了一切党派界线”。① 也就是说，理性主义并不限于某些国家的某些政治流派，它几乎成为欧洲近代政治思维的最主要样式。霍布斯的政治哲学以机械唯物主义为基础，认为社会与政治可以从自然科学的角度进行阐释，将政治学变为一种政治力学。他将社会比作一架钟表，认为通过“分解-组合法”，可以从社会的组成部分认识社会整体。“霍布斯逻辑严密，甚至极近几何学。”② 他的公理是：人是理性的利己主义者；据此公理可以推导出的一系列定理是：自然法，社会契约及绝对主权。洛克也以人类拥有理性而自豪。他相信人的理性不需上帝的协助就可自行推理出自己的权利与义务，依靠人的自然理性就可达到社会的和谐。孟德斯鸠坚称，人类世界可以用物理与道德因果关系来解释。“法是由事物的性质产生出来的必然关系。在这个意义上，一切存在物都有它们的法。”③“这些规律是确定不移的关系。”④ 从这些论述中可以推导出，人类社会与政治原理可以等同于自然界之原理，社会与政治之理像自然之理一样是可以理性认知的。边沁也是一个彻底的理性主义者。他把功利主义视为“道德算术”，通过严密精确的计算可以得出幸福与痛苦的量，以指导政治决策。无论是社会契约论者，还是功利主义者，“两者都强调‘理性’行为之必要”。⑤ 启蒙运动以“理性时代”著称；启蒙思想家更是将理性主义激进化为一种意识形态。启蒙运动的共识是，理性可以控制欲望与激情，以达到道德上的可欲目标。受到 17 世纪的牛顿与笛卡尔的影响，数学真理被认为是

① ［英］迈克尔·欧克肖特著，张汝伦译《政治中的理性主义》，上海译文出版社 2003 年版，第 1 页。

② ［英］约翰·麦克里兰著，彭淮栋译：《西方政治思想史》，海南出版社 2003 年版，第 259 页。

③ ［法］孟德斯鸠著，张雁深译：《论法的精神》，商务印书馆 1997 年版，第 2 页。

④ ［法］孟德斯鸠著，张雁深译：《论法的精神》，商务印书馆 1997 年版，第 2 页。

⑤ ［英］约翰·麦克里兰著，彭淮栋译：《西方政治思想史》，海南出版社 2003 年版，第 471 页。

最理想的真理，人人都想成为社会科学界中的牛顿。斯塔尔夫人的乐观预言是："我们在某一天没有理由达不到这样一种程度，即根据统计知识及在每个国家都能搜集到的实证事实建立起一个包括所有政治问题的解决方案的图表。"① 虽然启蒙运动相信理性可以从根本上改善人类生活，但又认为由于环境因素，大部分人都无知且非理性，有待启蒙与教育。法国大革命传递的信息是：一切人类，不分国制，都有权利生活在理性构建的制度之中，诞生于法国的以理性为精神的政治制度必将输出到整个世界。不幸的是，欢呼理性时代来临的理性之子——孔多塞却瘐死在理性王国的监狱之中。在启蒙思想对理性的弘扬中，卢梭是一个例外。大部分启蒙思想家认为文明通过理性与科学导致了人的良善，作为浪漫主义之父的卢梭则认为，文明是人性堕落的源头；他主张用简朴的情感和道德的直觉来反对冷冰冰的、精于算计的理性。托克维尔在其自由观中对情感的张扬，对激情的渴望，明显受到了卢梭的影响。

传统自由主义者的理性原则实际上都是通过建立一个先验的第一原理，即普遍适用的、颠扑不破的人性原则，以此为出发点通过抽象的演绎构建系统的理论大厦。他们的思想与方法实际上缺乏现代社会科学的真正内涵。传统自由主义强调理性的方法与信仰，实质上是资产阶级希望以理性为旗号，批驳教会与封建制度的蒙昧主义，限制专制君主的无常意志，建立有利于资本主义发展的形式上可计算、可预料的经济与政治秩序。

二、对个人独立精神的过分强调

对个人独立的界定与保护是自由主义之基本要义，但过分强调个体精神，忽视公共精神使传统自由主义者沦为纯粹的个人主义者。传统自由主义者的理性主义是一种个人理性主义。传统自由主义视野中的个人是能够在达到目标的不同手段之间进行前后一致

① 转引自［法］乔治·索雷尔著，吕文江译《进步的幻象》，人民出版社2003年版，第203页。

的、理性选择的行动者；它相信个人作为一个理性行动者的观念。这种信念存在于自然权利论者和功利主义者之中，也存在于启蒙思想家之中。霍布斯把自私的、理性的个人作为他的基本理论预设。个人是先于社会的、非社会的抽象存在；国家与社会并不像在古典政治学家那里和个人的本质和而为一，而是个人的自我保存欲望在彼此重合的自私的基础上通过人为契约而创造出来的非自然之物。正如麦克弗森所言："个人主义作为一种基本的理论立场，其起源至少可以追溯到霍布斯。尽管霍布斯的结论很难说是自由主义的，但他的基本预设却是高度个人主义的。"① 洛克自由主义学说的理论前提也是抽象的、非社会的个人；由于自然状态的不便，人们才订立契约，设立政府，所以政府的目的仅仅在于保护个人利益。"人的自然自由，就是不受人间任何上级权力的约束……处在社会中的人的自由，就是除经人们同意在国家内所建立的立法权外，不受任何立法权的支配。"② 在洛克的学说中，个人是第一位的，国家是第二位的；个人是本源，国家是派生物；个人是目的，国家是手段。自然权利论者的"个人"只是一种理论构建的不言自明的前提，而以亚当·斯密为代表的经济自由主义者以私利与公利天然相和谐的基本观念为个人独立与自给的存在的正当性提供了有力的论证。启蒙运动中的个人主义倾向可以概括为：（1）一切人（不只是先知者与特权者）都拥有理性；（2）所以各种自利之间存在着理性的和谐，为个人利益而奋斗是正当的；（3）国家必须确保个人自由与财产权利。人们通常认为，边沁的功利主义会导出集体主义的结论。但边沁认为，只有指称具体事物的词才是有意义的，不指称具体事物的词，如权利、原则、普遍繁荣都是人为之物；快乐本质上是个人性质的东西，因为国家与共同体无所谓快乐，也无所谓痛苦。因此，边沁的"'最大可能的幸福'也被理解为'最大

① 转引自李强著:《自由主义》,中国社会科学出版社 1998 年版,第 47 页。

② ［英］洛克著,叶启芳、瞿菊农译:《政府论——论政府的真正起源、范围和目的》下篇,商务印书馆 1964 年版,第 16 页。

可能数量的具体个人的最大可能的幸福'"。① 所以，社会现实归根结底还是具体的个人的快乐与痛苦。卢梭是一个具有矛盾个性的思想家。一方面人们认为其政治学说中藏有极权主义的锋刃，另一方面他又具有浪漫主义的个人主义者之名。在《社会契约论》中确实可以找到个人独立、个人自由的脉络。"可是，除了这个公共人格之外，我们还得考虑构成公共人格的那些私人，他们的生命和自由是天然地独立于公共人格之外的。" "可是主权者这方面，却决不能给臣民加以任何一种对于集体是毫无用处的约束。"② 因此，卢梭学说的前提仍然是独立的个人。但具有共和情结的卢梭也认为，完全理性的个人不可能实现社会的整合，只有根深蒂固的情感才能把人类凝聚为共同体。卢梭对共同体意识、公共精神的强调，成为托克维尔对传统自由主义的个人主义倾向进行批判的一种理论来源。

正如霍布豪斯对传统自由主义的反思："早期的自由主义者必须反对教会和国家的极权统治。……自由主义的理论答称……最古老的'机构'是个人……政治社会是比较人为的安排。"③ 传统自由主义把个人理解为一个基本自给的、具有充分理性的行动者，其目的是要确保私人创业活动的主动性与积极性，保护私有财产，以促进商业与工业的迅速扩张。但是，人们对极端个人主义的批判是：由于自由主义诉诸个人理性，强调个人独立思考与怀疑的价值，最终会削弱社会整合有序所必需的共同信仰与价值观。这也是托克维尔对极端个人主义的忧虑之所在。

三、对物质福利的执着与沉迷

对个人独立的捍卫是为资产阶级的牟利活动提供动力与活力，

---

① [挪威] G. 希尔贝克 N. 伊耶著，童世骏等译：《西方哲学史——从古希腊到二十世纪》，上海译文出版社 2004 年版，第 348 页。

② [法] 卢梭著，何兆武译：《社会契约论》，商务印书馆 1997 年版，第 41 ~ 42 页。

③ [英] 霍布豪斯著，朱曾汶译：《自由主义》，商务印书馆 1996 年版，第 26 页。

资产阶级对物质福利的追求成为个人独立的逻辑延伸；为个人的财富追求提供合法性、为个人的财产权提供法权保护就成为传统自由主义的应有之义。霍布斯认为，人的最基本的权利在于自我保存；主权者的最根本任务是保护人民的安全。这里的安全不只是生命安全，“而且也包括每个人通过合法的劳动，在不危害国家的条件下可以获得的生活上的一切其他的满足”①。也许洛克把自由主义对物质福利、对财产权利的关注表达得更为明确。他虽然把“生命、自由、财产”列举为自然权利，但他把财产权当作是最典型的、最重要的权利，也是他惟一进行过详细探讨的权利。财产是设立政府的主要原因；“政治社会的首要目的是保护财产”②。“人们联合成为国家和置身于政府之下的重大的和主要的目的，是保护他们的财富。”③ 在此处，洛克的观点同古代与中世纪关于政治生活目的论的观点相对立。这种观点认为，国家的任务首先是伦理的，使善的生活成为可能，使人在共同体中的伦理——政治上的自我实现成为可能。可以这样说，洛克使现代政治的气质从英雄主义彻底转变为世俗主义。边沁的功利主义以其宣扬对感官快乐的追求而被人所诟病。他也认为：“私有财产权利是提供保障，因而提供快乐的。”④ 就连以反对资产阶级自私自利的个人主义而著称的卢梭也认为：“财产权的确是所有公民权中最神圣的权利，它在某些方面，甚至比自由还重要。”⑤

自由主义提倡个人对物质福利的追求，对个人财产权的法律保

---

① ［英］霍布斯著，黎思复、黎延弼译：《利维坦》，商务印书馆 1985 年版，第 170～171 页。

② ［英］洛克著，叶启芳、瞿菊农译：《政府论》下篇，商务印书馆 1964 年版，第 52 页。

③ ［英］洛克著，叶启芳、瞿菊农译：《政府论》下篇，商务印书馆 1964 年版，第 77 页。

④ ［挪威］G. 希尔贝克 N. 伊耶著，童世骏等译：《西方哲学史》，上海译文出版社 2004 年版，第 349 页。

⑤ ［法］卢梭著，王运成译：《论政治经济学》，商务印书馆 1962 年版，第 25 页。

护来自他们的一种理论预设与共同信仰：公私利益可以相互调和与促进。“现代自由主义思想家（包括洛克、休谟、麦迪逊和密尔）伟大的任务，是促进一种主张：在利益的平衡下，一个人可以没有古典共和美德而拥有共和制度。”① 经济学家曼德维尔在《蜜蜂的寓言》一书中提出的著名悖论是：私人的罪恶产生公共利益。而亚当·斯密更进了一步，认为自私的行为如不危害他人就不应该被称为“罪恶”。斯密的论证过程是：每个人“通常既不打算促进公共的利益，也不知道自己是在什么程度上促进公共利益。……他所盘算的也只是他自己的利益。……他受着一只看不见的手的指导，去尽力达到一个并非他本意想要达到的目的。……他追求自己的利益，往往能使他比在真正出于本意的情况下更有效地促进社会的利益。”② 这样，在自由主义者的教诲下，资产阶级心安理得地放弃追求个人完善与公共福利的信念，坦然地享受起温暖舒适的私人生活。“对更高的善的追求，对这种追求所必需的自我克制，被抛弃在对安宁与片刻的娱悦的追求之中。”③ 人们通常对功利主义者的批评是：“功利主义通过把所有的行动与价值都降到私利的水平，显示出它精神方面的贫乏，因而抑制、削弱了精神生活。……留给人的只有渺小自私的印象。”④ 这种批评也适用于所有传统自由主义者的信条。托克维尔对物质主义的鄙视，对精神探索的偏爱，就来自有意识地对传统自由主义这种信条的反思。

四、以自然权利论或功利主义为理论框架的普世主义倾向

理性主义方法论要求在进行推理时，要排除不符合逻辑、无法加以论证的特殊与个别之物，务必得出普遍适用的、可以加以验证

---

① Roger Boesche, The Strange Liberalism of Alexis de Tocqueville, p. 194.

② ［英］亚当·斯密著，郭大力，王亚南译：《国民财富的性质与原因研究》上卷，商务印书馆 1983 年版，第 14 页。

③ Bruce Frohnen, Virtue and the Promise of Conservatism: The Legacy of Burke and Tocqueville, p. 6.

④ ［意］圭多·德·拉吉罗著，杨军译：《欧洲自由主义史》，吉林人民出版社 2001 年版，第 100 页。

的普遍结论。因此，传统自由主义者的理性主义方法论必然会产生普世主义的理论倾向。自然权利论的前提是处于自然状态中的没有任何国别性、历史性的抽象的个人；这些人都有着不变的、固定的、到处相同的人性；他们通过几条简单明确的、普遍适用的自然法则，借助完全符合自然法则的逻辑思维，以契约的形式自愿建立起理性的政治生活，以确保世上所有人都享有的自然权利。这种政治推理过程必然会得出普世主义的理论体系。乔治·索雷尔对这种学说的批评是："人们并没有发现任何东西容许人们假设这类社会是由社会契约开始的。相反，我们发现巫术处处发挥着很大的作用……关于中世纪的研究已经表明，我们的观念、习俗以及制度都极大依赖于古老的教会政府；社会契约的想法没有考虑这种传统。"① 功利主义将可观察的、实证的"求乐避苦"原则作为判断一切个人与政治行为的尺度，反对以抽象的天赋人权判断人类行为的价值。但功利原则的实现仍然要避开一切不可理解、不可计算、非常态、非功利范畴的、偶然的激情、本能、非理性等因素。功利主义的雄心就是建立一个人类共通的道德体系，以便某一天世人会接受最大幸福原则为普遍真理。有人认为，边沁是自由主义发展史中最坚定的国际主义者之一。②边沁认为，他必须拒绝爱国主义之虚名，"如果为了成为我自己国家的朋友，我必须成为人类的敌人的话"③。启蒙思想家是自由主义的普世主义倾向的彻底体现者。他们以人类的立场，从全球而不是从本国或西方的角度来思考与行动，试图发现与牛顿的自然科学定理相当的、具有普遍适用性的社会与政治通则，并将其传播到全世界，最终实现全人类的解放。作为现代自由主义宪章的《人权宣言》涉及的是人的权利，而不是公民的权利，是一种普遍的人权而非公民的特权。所以孔多塞断

---

① ［法］乔治·索雷尔著，吕文江译：《进步的幻象》，上海人民出版社 2003 年版，第 140 页。

② 李强著：《自由主义》，中国社会科学出版社 1998 年版，第 96 页。

③ 转引自［意］圭多·德·拉吉罗著，杨军译：《欧洲自由主义史》，吉林人民出版社 2001 年版，第 99 页。

言："法国的宪法和法律所据以结合的那些原则，何以要比指导美国人的那些原则更纯洁、更确切、更深刻。"①

传统自由主义者之所以具有普世主义倾向，其潜在意识就是他们认为不但个人之间、个人与共同体之间的利益是和谐的，国家之间的根本利益最终也会达到完美的和谐，而这一切就系于对人类理性的发展与完善的信仰。

孟德斯鸠是传统自由主义者中的一个折衷人物。他提出了一个有关法律的双重命题：一个是自然权利命题，认为不同的法律是同一个自然法则的不同表述；另一个是社会学命题，认为法律的这些不同形式取决于特定的社会与自然环境。这样，孟德斯鸠避免了两种倾向：由对自然权利的否定所导致的相对主义倾向；由对产生于普遍的自然权利的法律的强调而产生的普世主义倾向。大革命后，为了消解由自然权利论所产生的革命精神，空论派以历史因素来阐释自由主义原则。这些传统自由主义思想中的非主流、非普世的因素与动向为托克维尔提供了思想素材，体现在了他对民情、国民性及民族荣誉的思考中。

五、对政治形式的迷恋和对政治精神的忽视

马克斯·韦伯认为，现代法律是一种形式主义的法律，它不考虑特定的对象、环境，具有普遍适用性。因此，传统自由主义者的普世情结与形式主义偏好密不可分。这种对形式主义法律与制度的信仰来自两种不言自明的原因：一方面可以克服贵族的先赋特权与国王的专断权力，另一方面可以以形式公平的面孔压制低层阶级的愿望与呼声。传统自由主义者对政治形式的执着使他们无视政治制度运作的深层的、内在的动因，漠视支撑政治形式的政治精神——时代的道德、文化与舆论的变迁。

后期传统自由主义者大多属于宪政自由主义者。他们以君主立宪制来限制君主的专断权力，以构建自由放任的有限政府；以代议

① ［法］孔多塞著，何兆武、何冰译：《人类精神进步史表纲要》，三联书店 1998 年版，第 151 页。

制限制人民的参政诉求，以确保资产阶级的排他性统治。这样就可以保障自由的市场经济制度和所谓“神圣”的财产权，满足资产阶级对物质福利的追求。孟德斯鸠的分权学说来自一个先验的前提：人性的脆弱导致权力的绝对腐化。只有采用以英格兰宪法为蓝本的权力分立制衡的政治形式，自由才能存在。孟德斯鸠的缺陷在于：“强调宪法机器的纯外在方面，而忽视了使其得以运行和充满活力的内在力量。”① 哲学自由主义者康德认为，公民社会的基础在于法律形式的完善。在一个法治社会，“一个人即使不是一个道德良好的人，也会被强制而成为一个良好的公民的”②。因此，只要有健全的法制，并不需要人人都成为天使，一群魔鬼也可以维持自由的社会。联邦党人是典型的形式自由主义崇拜者。他们从人性恶的抽象前提出发，认为防止集权与专制的办法是“野心必须用野心来对抗”，③ 在政府内部建立制衡机制。为了维持自由的政府，为了防止政府内部的多数暴政，“我们深知，无论道德或宗教的动机都不能作为适当控制的依据”④。亚里士多德的物性论认为，物质只有被外在于它的某一力量持续地推动才能保持运作。而联邦党人的宪政自由主义是一种机械论的政治自由主义理念，它的潜台词是：“自由的政治体制一旦被投入运转并适当地加以平衡，几乎能够独自保持运作。”⑤ 人们常常批判卢梭的政治理论只关心政治权力的合法性问题，而不关心对权力的限制问题，忽视了自由主义的制度建设；他还强调以共同体的道德建设、宗教教化来塑造自由的政府。这种传统自由主义中的非正统因素成为托克维尔的理论构建

---

① ［意］圭多·德·拉吉罗著，杨军译：《欧洲自由主义史》，吉林人民出版社2001年版，第54页。

② 转引自启良等著：《西方自由主义传统——西方反自由主义至新自由主义学说追索》，广东人民出版社2003年版，第210页。

③ ［美］汉密尔顿等著，程逢如等译：《联邦党人文集》，商务印书馆1997年版，第264页。

④ ［美］汉密尔顿等著，程逢如等译：《联邦党人文集》，商务印书馆1997年版，第48页。

⑤ Roger Boesche, The Strange Liberalism of Alexis de Tocqueville, p. 229.

的灵感之源。大革命的基佐相信："立宪与代议君主制为法国提供了绝好的机会，它获得了终止革命所必需的妥协，又可以团结由革命所产生的敌人。这样也可以同时做到保持真正的、不可逆转的革命成就。"① 因此，他建议把政府建立于法制国家（pays légal）的基础之上。而这意味着，法国的2600万人口中在复辟时期只有14万人拥有选举权，在七月王朝中也只上升为24.1万人。这种宪政国家实际上成为上层中产阶级所统治的政府。和基佐同时代的托克维尔敏感于工业化与经济危机所带来的阶级与思想新动向，警告法制国家将会被上扬的革命风暴所摧毁，并以真实国家（pays réel）概念来对抗僵化的、漠视时代精神的法制国家概念。② 传统自由主义对政治形式的偏好和对政治精神的漠视使得"那些条件差，在个人自由竞争的情况下无法发达的人，几乎不可能牺牲自己以保卫这一制度。"③ 传统自由主义的这种偏爱，实质上表明了它只是为资产阶级经济与政治独占性服务的排它性意识形态。它盲目地将人民排斥于政治生活之外，无视低层阶级与工人阶级的崛起为自由主义理论转型所带来的挑战与契机，从而使自由主义理论与实践在19世纪中叶面临被抛弃与颠覆的危机。

六、以资产阶级独占性为特征的排它性意识形态

以上我们所探讨过的传统自由主义的一些片面信条：唯理主义、个人主义、物质主义、普世主义与形式主义表明了传统自由主义的内在志向：在革命时期反对贵族与君主，在革命后对抗低层阶级以维护资产阶级的财产权与统治权。传统自由主义本质上是一种维护资产阶级一己私利的排它性意识形态。传统自由主义的排它性特征，随着社会政治经济形势的变迁和其斗争目标的转换经历了一

① Melvin Richer, "Tocqueville and Guizot on Democracy: From a Type of Society to a Political Regime". History of European Ideas. 2004, 29:2, p. 71.

② André Jardin, Tocqueville: A Biography, Translated from the French by Lydia Davis with Robert Hemenway. New York: Farrar Straus Giroux, 1988, p. 402.

③ ［美］弗里德里希·沃特金斯著，黄辉、杨健译：《西方政治传统——现代自由主义发展研究》，吉林人民出版社2001年版，第107页。

个从不明显到昭然若揭的程度。

当代相当多的研究者看到了自由主义与资本主义社会秩序、资产阶级利益之间的关联性。自然权利论意味着有产阶级财产的神圣性；社会契约论是资本主义市场秩序的真实写照；快乐原则是对资产阶级粗鄙的发财冲动的美化。在自由主义诞生之初，人们把它视为一种广泛普遍的历史意识，不仅体现着自由的愿望，也体现着平等的诉求。自由对于人们来说是一种能够扩展到所有领域的权利，一种所有人作为人普遍具有的基本权利。作为自由主义纲领的体现的《人权宣言》第一条即为："人们生来并且始终是自由的，在权利上是平等的；社会的差别只可以基于共同的利益。"① 自由主义被视为理性启蒙、人类解放的学说，资产阶级被视为普遍阶级、理性阶级。但是，就自由主义的"生存原则来说，它是新兴资产阶级取得政治统治地位所凭借的思想武器。"② 18世纪末，随着资本主义秩序的稳定，资产阶级既得利益的确立，资产阶级演变成为缺乏公共精神、执着于财富竞逐、走向封闭的工业社会"新贵族"。③与此同时，以两次革命为界，传统自由主义的狭隘的阶级本性也逐渐暴露出来。法国大革命导致了自由主义对平等原则信仰的丧失，中产阶级的解放学说成为控制工人阶级的压迫学说；自由主义使有产者摆脱了锁链，又将无产者变成了奴隶。以1848年革命为转折点，随着无产阶级作为独立阶级的意识的觉醒，传统自由主义最终成为镇压无产阶级、压制社会公正的思想工具，面临着破产的厄运。正如拉斯基所言："作为一种学说，它实际上是中产阶级为自己赢得太阳底下的位置所付出努力的一个副产品。当中产阶级得到自己的解放的时候，它就像它的前辈们一样完全忘记了起初关于社

① 转引自［意］圭多·德·拉吉罗著，杨军译：《欧洲自由主义史》，吉林人民出版社2001年版，第62页。

② ［英］拉斯基著，张振成、王亦兵译：《思想的阐释》，贵州人民出版社2001年版，第40页。

③ 托克维尔本人就已经预见到了一种新的贵族——"现代实业贵族"的出现，它是有史以来"最严酷的贵族"，并将导致新的永久性不平等。参见［法］托克维尔著，董果良译：《论美国的民主》，商务印书馆1988年版，第697页。

会公正的要求。”① 但拉斯基也承认，针对格林、托克维尔或霍布豪斯等人更为慷慨的自由主义思想而言，这不是一种公平的评价。当资产阶级成为统治阶级后，为了维护自己的特权，即使是以摧毁自由主义精神为代价也在所不惜。

法国复辟时期的空论派中坚人物基佐的观点代表着传统自由主义对资产阶级狭隘的阶级私利的赤裸裸的辩护。他认为，以前几个世纪的欧洲历史进程的特点是土地贵族的衰落，第三等级（当然包括资产阶级）的崛起。这种运动首先在大革命，最后是在七月王朝期间掌权的中产阶级中达到了顶点。第三等级“是法国文明的最积极最起决定性作用的因素，毕竟可以这样说，它决定了法国文明的方向和它的性质”②。以中产阶级为主体的第三等级在法国得到了最完善的发展；欧洲历史将终结于中产阶级的统治；中产阶级是惟一拥有统治能力和最值得进行统治的阶级。在七月王朝中，这种信仰在雷米萨的格言中达到了顶点：“我们是资产阶级的政府。”③ 基佐的格言则是：“当敛财以富足（enrichissez-vous）。”托克维尔反对传统自由主义的堕落，反对资产阶级对政权的垄断、将公共领域作为交易所的资产阶级政府，反对政治生活的非政治化与庸俗化。他指出：“我不相信为了中产阶级利益组织政府的可能性；即使我相信这种可能性，我也应该反对它。”④ 托克维尔的预言：资产阶级为了物质福利可以放弃自由信念，而甘心委身于独裁者，不幸成为现实。不同于只代表资产阶级一己私利的“旧”自由主义者，托克维尔是一位“真正”的自由主义者。

---

① ［英］拉斯基著，张振成、王亦兵译：《思想的阐释》，贵州人民出版社 2001 年版，第 254 页。

② ［法］基佐著，沅芷、伊信译：《法国文明史——自罗马帝国败落起》第四卷，商务印书馆 1998 年版，第 2 页。

③ Quoted in Melvin Richer, “Tocqueville and Guizot on Democracy: From a Type of Society to a Political Regime”. History of European Ideas. 2004, 29:2, p. 74.

④ Quoted in Melvin Richer, “Tocqueville and Guizot on Democracy: From a Type of Society to a Political Regime”, p. 73.

七、对民主的不友好乃至敌视态度

传统自由主义的阶级独占性使得它承认形式主义的权利平等，认可社会经济生活中的实质不平等。当人民的平等要求由政治领域进入社会经济领域时，自由主义对民主——人民统治的象征的敌对态度便暴露无遗。以大革命为界，革命前的自由主义只是为财产权的神圣性、贫富分化的不可避免性而辩护，革命后便沦为彻底的以反民主为名义的反对人民、多数人、穷人的经济与政治要求的学说。可以说，传统自由主义的反民主性是它的资产阶级独占性的逻辑延伸。

早期的自由主义者如霍布斯、洛克关注的是个人权利、财产权、契约自由，他们并未清醒地意识到自由主义原则与民主原则之间潜在的可能冲突。美国革命后的联邦党人则意识到了这种危险。他们认为，控制与消弭党争是宪政设计的重要目标，党争主要来自于因财产占有的不同所导致的不同的利益集团与党派。“当党争包括大多数人在内时，民众政府的机构能使他们把公益和其他公民的权利当作占统治地位的感情或利益而作出牺牲。因此，我们所要探究的重大题目就是，保护公益和私人权利免遭这种党争的威胁，同时保持民众政府的精神和形式。”① 联邦党人对党争的反对实质上就是防止穷人在政府中占据统治地位而剥夺富人的财产。在这里，反对人民的绝对统治意味着保护资产阶级的财产权。启蒙思想家以理性、进步的使者自居，但是他们只是把理性传播的希望寄托在开明君主身上，因为他们认为：“劝服一个显要推动启蒙运动，总比劝服一大群教育程度较差的人更容易。”② 启蒙思想家伏尔泰、狄德罗、爱尔维修、霍尔巴赫等人都认为：贫富差别是不可避免的；财产的权利几乎是绝对的。伏尔泰写道：“在我们这个并不幸福的

---

① ［美］汉密尔顿等著，程逢如等译：《联邦党人文集》，商务印书馆 1997 年版，第 48 页。

② ［美］弗里德里希·沃特金斯著，黄辉、杨健译：《西方政治传统——现代自由主义发展研究》，吉林人民出版社 2001 年版，第 93 页。

世界中，生活在社会里的人们不可能不被分为贫富两个阶级。”“人类不可避免地会被分为两个各有许多分支的类别：压迫者和被压迫者。”① 并且他认为，贫富的分化、财产的不平等有利于社会的生存和文明的发展。启蒙思想家致力于整个国家乃至整个人类的解放，但他们的实际想像力只是局限于有产者的自由上。启蒙思想家还没有看到现代意义上的民主，他们和古人一样，把民主视为暴民统治；既然贵族已丧失了统治资格，他们自然将希望寄托在开明君主身上。在传统自由主义者的反民主倾向中，卢梭是一个特例。他反对被传统自由主义者奉为圭臬的代议制，认为它是“选举制贵族统治”，而赞扬以城邦制度为理想的公民直接参政的民主政治。但正是卢梭的这种选择使得人们对他的自由主义身份产生了怀疑。“自由是卢梭思想的名义目标，但实际上他所重视的，他甚至牺牲自由以力求的是平等。”② 卢梭的思想对托克维尔关于自由与平等关系之命题的产生与思考的影响是显而易见的，但托克维尔采纳的既不完全是卢梭的全民全能主权的政治思想，也不完全是主流传统自由主义者的权力分割限制的政治设计，而是综合了两方面的政治主张，走出了自己的独特路子。

大革命后的传统自由主义者对民主表现出了公开的敌意。贡斯当等传统自由主义者认为，民主只不过是一种新的专制主义，它在1793年导致了无政府、暴政与大屠杀；他们以卢梭为靶子，明确反对“人民主权”。正如人们所指明的：“《宪法论》的作者贡斯当是以个人自由的名义反对民主，而《美国的民主》的作者是为了捍卫个人自由而接受民主。”③ 托克维尔的政敌基佐在1837年写道：“民主是战争的呼声；它是多数下层人反对少数上层人的旗帜。这个旗帜有时是为了最合理的权利而举起，有时却是为了最残

① 转引自［意］圭多·德·拉吉罗著，杨军译：《欧洲自由主义史》，吉林人民出版社2001年版，第211页，第217页。

② ［英］罗素著，马元德译：《西方哲学史》，商务印书馆1976年版，商务印书馆1988年版，第237页。

③ ［意］萨尔沃·马斯泰罗内著，黄华光译：《欧洲民主史——从孟德斯鸠到凯尔森》，社会科学文献出版社1998年版，第91页。

酷、最邪恶的激情而举起。"① "多数，或者是靠它从来没有的能力，或者是靠它不拥有的无误性，仅仅以数目上的力量，并不拥有合法的主权。"② 拉斯基一针见血地指出："19 世纪早期对于民主的恐惧主要是害怕它的扩展将会摧毁有产阶级的安全。"③ 正是在传统自由主义者这一片反民主的叫嚣声中，托克维尔冷静地指出，民主是一种正义，是历史的必然，体现了上帝的旨意，盲目地反对民主既是无用的也是无益的，作为自由主义者，必须在新的社会条件下接受民主和引导民主。

自由主义最初是作为特权的敌人而出现的具有普世形式的资产阶级意识形态。它追求的目标是以个性的张扬反对共同体意识的束缚，以普遍的理性反对地方性的信条，以怀疑精神反对来世论，以商业精神反对禁欲主义，以形式的平等反对实质的不平等，以可预期的力量反对专断任意的权力。当社会经济结构发生变化时，当自由主义破坏旧秩序的目标完成时，当一个阶级的自由主义成为所有阶级的信条时，当以民主化的形式表现出的民众与无产阶级的觉醒冲击既定的自由主义政治秩序时，传统自由主义的信条便经受了严峻的考验。时代的变迁呼吁传统自由主义原则的重新修正与改进。

第四节　变革的新时代

如果我们说托克维尔生活在变革的时代似乎没有多大意义，因为整部西方近代史就是一部变革的历史。现代性的基本特征就是流动不居性。但是，我们可以这样说，托克维尔所生活的 19 世纪初期的西方人已经清醒地意识到了在理智传统、价值信仰与社会政治制度方面发生的全面的、不可避免的转型，并对这种转型作出了强

---

① 转引自［英］约翰·邓恩编，林猛等译：《民主的历程》，吉林人民出版社 1999 年版，第 149 页。

② Melvin Richer, "Tocqueville and Guizot on Democracy: From a Type of Society to a Political Regime", p. 71.

③ ［英］拉斯基著，张振成、王亦兵译：《思想的阐释》，贵州人民出版社 2001 年版，第 251 页。

烈的主动的反应：或悲叹、或雀跃、或激愤、或逃避、或顺应、或对抗。我们要理解新时代对自由主义思想的挑战，理解托克维尔的自由主义对时代挑战的回应，就必须理解这个时代在社会、政治、文化领域出现的一系列新的趋向与动态。

一、从等级社会到大众社会

中世纪以等级制为其本质建构特征。三个等级即教士、贵族(包括贵族内部的各个等级)、农奴之间构成了一种凝固的、差序的社会结构。一方面，每个等级都有自己特有的利益追求、道德规范乃至生活情趣，构成一个个相对独立的社会与文化亚群体。另一方面，各个等级之间又不是完全分离的与无机的，而是存在着权利与义务、效忠与服从、信仰与体悯等由传统、情感、习惯等形成的社会纽带。因此，等级制社会结构的总体特征是既分离又整合的。在这种等级结构中，农奴由于“欲望与能力的有限，又不必担心他们不能选择的当前与未来，他们享受着一种单调的快乐。”但特权阶级对快乐的追求也并不是永无止境的，他们过着“奢侈而不舒服”的生活，“他们的生活是辉煌的、炫耀的，但不舒适”①。这样，每个等级都各守本位，各尽其责。

中世纪秩序的崩溃与现代社会的来临意味着这种传统等级社会结构的解体。资本主义生产的发展消除了各个等级之间的藩篱，加速了社会各阶级间的流动性与开放性；商品生活的繁荣刺激了人们的物质欲望，提高了普通人的生活期望；等级观念与情感的消弭使得所有人日益采用同一价值观或生活标准进行思维与推理。托克维尔描述道：“社会中不再有等级，不再有阶级划分，不再有固定地位；人民由彼此几乎完全相同、完全平等的个人组成。”② 马克思

① Alexis de Tocqueville, Memoir on Pauperism, Trans. by Seymour Drescher, with An Introduction by Gertrude Himmelfarb. West Sussex: Hartington Fine Arts Ltd., 1997, p. 21.

② [法] 托克维尔著，冯棠译：《旧制度与大革命》，商务印书馆 1992 年版，第 197 页。

也意识到，由于资本主义的扩张，“一种世界的文学”日益代替了“许多民族的和地方的文学”。① 这样，分立而整合的等级社会结构被均质而松散的大众社会结构所代替。在大众社会中，个人是自由的、独立的，不再受到信仰、阶级、共同体的束缚，处于原子化状态，但同时又是面目相似的、无力的，受着现代商品拜物教的强大支配。在这里，只有个体而没有个性。因此，大众社会被视为“专制主义的土壤”，“极权主义的卵袋”。② 传统自由主义对个人主义的崇拜强化了大众社会的特征，而托克维尔则被认为是最早从社会学的角度对大众社会进行批判并预测了其专制主义后果的人。③

二、从多元权力结构到一元权力中心

多元的等级社会结构必然会带来多元的权力结构。中世纪的几种政治实体——教会、君主、贵族及城市市民之间并不存在着必然的、法定的服从隶属关系，每一种实体都拥有相对的自治权，政治生活中奉行“我的附庸的附庸不是我的附庸”的原则。罗素认为：“中世纪世界与古代世界相比之一，是具有不同形式的二元对立的特征的。有僧侣与世俗人的二元对立，拉丁与条顿的二元对立，天国与地上王国的二元对立，灵魂与肉体的二元对立等等。”④ 这种多元的政治结构虽然意味着某种程度的混乱、分裂与无序，但其中也蕴含着产生新的生活方式、孕育新的社会与政治秩序、催生新的思想与观念的机遇。

① 马克思、恩格斯著，中共中央马恩列斯著作编译局译：《共产党宣言》，人民出版社 1964 年版，第 30 页。这里所使用的“文学”一词实际上具有文化的含义。

② ［英］戴维·米勒，韦农·波格丹农编，中国问题研究所等组织翻译，邓正来等编：《布莱克维尔政治学百科全书》，中国政法大学出版社 1992 年版，第 461 页。

③ ［英］阿兰·斯威伍德著，冯建三译：《大众文化的神话》，三联书店 1995 年版，第 4 页。

④ ［英］罗素著，马元德译：《西方哲学史》，商务印书馆 1976 年版，第 377 页。

中世纪政治向近代政治的转换意味着政教的分离、贵族的衰亡、阶级的简化、民族的整合。其结果就是社会生活的多中心性与多样性日趋消失，政治权力日益集中化与绝对化。在社会生活中，“人民”的形象成为道德、思想、文化权力的惟一体现者；在政治生活中，人民的化身——民族国家成为万流归宗的政治权力中心。自由主义的一贯主张是，一元的权力，不管是集中在人民手中还是君主手中，如果缺乏外在的制约，都会有产生暴政的可能性。所以，斯塔尔夫人才会说：“在法国，自由是古典的，专制才是现代的。”① 别尔嘉耶夫阐明得更为具体：“国家专制是在与封建制度、贵族及其特权自由的斗争中成长起来的。甚至可以说，自由是贵族的，而不是民主的。”② 正当传统自由主义为等级障碍的清除、特权阶级的没落而欢呼雀跃之时，托克维尔却认为，在现代社会，自由又经受了新的考验。

三、从贵族精神到商业精神

历史中的贵族常常被人们同军事征服、人身强制联系起来，同种姓的封闭、生活的奢侈联系起来。但是，正是在贵族制度的土壤中孕育了一种非历史概念的、观念形态上的贵族精神。贵族对武力的崇拜，对自身的自豪感可以培养出对权力的蔑视与反抗精神以及对个性的珍爱；贵族对物质福利的鄙视可以培育出对精神生活的无私追求；贵族的优裕生活有利于高雅文化（high culture）、理论科学的发展。19 世纪中叶的马修·阿诺德认为，从英国过去的贵族身上可以找到“骑士风度，那高傲的心气，优雅的举止，尊贵的仪态”，“发现我们最高雅的贵人的雏形”③。别尔嘉耶夫把贵族区别为社会意义上的贵族与精神意义上的贵族。他认为：“精神上的

---

① 转引自［意］圭多·德·拉吉罗著，杨军译：《欧洲自由主义史》，吉林人民出版社 2001 年版，第 1 页。

② ［俄］尼古拉·别尔嘉耶夫著，张百春译：《论人的奴役与自由》，中国城市出版社 2002 年版，第 207 页。

③ ［英］马修·阿诺德著，韩敏中译：《文化与无政府状态：政治与社会批评》，三联书店 2002 年版，第 78 页。

贵族主义是个性的贵族主义，是个性高尚精神、个性的质和个性天赋的贵族主义。”① 众所周知，正是在贵族的赞助下，启蒙思想家才得以产生并传播其学说，而贵族正是启蒙思想的第一批皈依者。

历史运动导致了贵族阶级的衰败，中产阶级的崛起。19 世纪的思想家普遍认为，19 世纪欧洲的统治阶级是中产阶级，统治思想是商业精神。商业精神是与中产阶级的物质生产与私人生活方式相适应的一种文化类型。“商业精神是……一套来自于将物质福利的无限追求作为最高的善的思想与价值观。”② 19 世纪的许多思想家如托克维尔、约翰·密尔、布克哈特、卡莱尔、阿诺德都认为，商业精神已从中产阶级那里渗透到社会的各个阶层，成为时代的主导精神。对物质福利的执着使得人们服从于财产的统治，成为金钱的奴隶；对财富的狂热追求导致了个性的消失，精神平庸的盛行；经济生活的忙碌使得人们远离政治生活，导致了政治的平庸，伟大政治家的匮乏，诸如路易·波拿巴与布朗热此类政治小丑成为商业时代的政治偶像。别尔嘉耶夫指出，就作为精神范畴的资产阶级而言，“资产者是个人主义者，特别是当谈到财产和金钱的时候，但他是个反人格主义者，个性观念与之格格不入。资产者实质上是集体主义者，他的意识、良心和判断都被社会化了，他是团体的存在

① ［俄］尼古拉·别尔嘉耶夫著，张百春译：《论人的奴役与自由》，中国城市出版社 2002 年版，第 204 页。杰弗逊也曾把作为统治阶级或精英的贵族分为两类：“自然贵族”，以品德和才能、智慧和德性而著称；“人为贵族”，以财富与出身为凭借。参见［美］肯尼思·W. 汤姆逊编，张志铭译：《宪法的政治理论》，三联书店 1997 年版，第 137～139 页。这种语义学上的突破对于熟读美国革命文献的托克维尔而言，不可能熟视无睹，托克维尔就曾引用杰弗逊的语句为自己的观点辩护。在托克维尔的作品中，我们也可以看到他对作为一个种姓的贵族与作为一种精神的贵族所作的有意的区分。我们明确了这种区分的存在，就不会像他那个时代的某些人一样，把他作为旧的贵族制度的辩护士。

② Alan S. Kahan, Aristocratic Liberalism: The Social and Political Thought of Jacob Burckhardt, John Stuart Mill, and Alexis de Tocqueville. New York: Oxford University Press, 1992, p. 41.

物。"① 总之，在商业精神中只有个人意识而无个性精神，资产阶级是个人主义者而非个性主义者。正如后人所言："中产阶级社会在19世纪的主要发展方向，乃是庸俗的风气。……对大多数中产阶级而言，金钱成了成功的惟一标准。"② 当传统自由主义者为中产阶级的统治、为经济生活的活力辩护时，托克维尔却表达了对中产阶级统治的不信任和对物质福利追求的忧虑。在他看来，中产阶级的统治并不意味着历史的终结，对物质繁荣的热爱会损害对自由事业的无私之爱。

四、从大同政治运动到阶级政治运动

以1848年席卷欧洲的政治运动为界，此前的欧洲近代政治运动实质上是资产阶级性质的政治运动，但却是以大同政治运动的面目出现的一切被压迫阶级包括资产阶级、资产化贵族、小资产阶级和农民反对一切特权阶级的政治运动。运动的领导阶级为资产阶级，运动的目标是清除阻碍经济发展与社会进步的君主专制制度、贵族特权体系以及教会的思想控制体制。大同政治运动的直接受益者为资产阶级，但却间接促进了整个社会的进步与繁荣。近代的三次政治革命都体现了大同政治运动的特色。17世纪的英国革命是资产阶级、贵族与自耕农的联盟反对国王的专断权力的政治运动；美国独立战争是殖民地所有阶级与阶层反对宗主国的经济剥削与政治压迫的联合革命；法国大革命更是由启蒙思想家以全人类的名义引发的向旧制度全面进攻的整个第三等级的政治运动。大同政治运动的形态是由工业生产的社会化程度较低、资本主义生产关系尚未完全展开、及阶级关系尚未彻底分化等原因决定的。1789年的法国大革命是以资产阶级为领导阶级的政治运动，但在运动过程中资产阶级为了对抗国王、贵族与教会的强大联盟，不得不依靠低

① ［俄］尼古拉·别尔嘉耶夫著，张百春译：《论人的奴役与自由》，中国城市出版社2002年版，第215页。

② ［美］弗里德里希·沃特金斯著，黄辉、杨健译：《西方政治传统——现代自由主义发展研究》，吉林人民出版社2001年版，第138页。

层阶级来发动一次又一次的日趋激进的革命。因此，大革命充分展示了工农大众的政治能量，预示着新的政治运动形态之出现的肇机。

19世纪初的工业革命在创造大量经济财富的同时，也促进了阶级结构的简化、阶级对立的明朗化。工人阶级的生存条件相对于资产阶级日益恶化；劳动力社会化使失业成为一种社会瘟疫；工人作为一个群体的阶级意识日益强化。曾作为所有被压迫阶级解放学说的“自由主义理想虽然保证了中产阶级拥有最大可能的特权，但无产阶级却仍然是锁链加身”①。1848年的法国革命最初是由民主资产阶级发动的政治革命，但却很快演变为激进共和派与工人阶级领袖主导的社会革命。革命爆发前夕的托克维尔准确地预测到了革命的性质：它将会是由工人阶级激情引发的“推翻社会、动摇社会现在所依靠的基础”的“社会性”革命。②资产阶级出于对“红色”的恐惧，同往日的敌人——反动的旧势力联合起来，镇压了往昔“盟友”的独立诉求，使自由事业受到了致命的损害，成为路易·波拿巴专制的前奏。1848年革命的“最重要后果，是使得资产阶级与无产阶级、民主与社会主义完全分离”，③标志着大同政治运动的终结和阶级政治运动的到来；而1848年马克思与恩格斯的《共产党宣言》的发表标志着同资产阶级自由主义政治运动相对立的无产阶级社会主义政治运动时代的到来。面对着阶级政治运动的异军突起，作为资产阶级意识形态的自由主义遭受到了前所未有的生存危机。如何对以社会主义为理论支柱的阶级政治运动作出回应，成为具有强烈政治使命感的“新型自由主义者”托克维尔所不得不回答的一个迫切问题。

---

① ［英］拉斯基著，张振成、王亦兵译：《思想的阐释》，贵州人民出版社2001年版，第240页。

② ［法］托克维尔著，董果良译：《论美国的民主·附录》，商务印书馆1988年版，第916页。

③ ［意］圭多·德·拉吉罗著，杨军译：《欧洲自由主义史》，吉林人民出版社2001年版，第184页。

五、从自由政治诉求到民主政治诉求

近代革命的最初形态是一场资产阶级革命；它的目标是反对王室侵犯个人的人身安全、财产安全与信仰自由。它实质上是有产阶级以全人类的名义发动的纯粹的自由主义革命。革命后的政权不可避免地建立在受到财产资格限制的选举权基础之上；革命后的政府奉行保障有产者的财产权与创业活力的不干涉原则。狭隘的资产阶级寡头统治成为这种政治统治秩序的本质特征。

但是，随着无产阶级力量的壮大和自我意识的觉醒所带来的阶级政治运动，以及识字率的提高与初等教育的普及所带来的普遍民众生活期望值的提高和主体意识的强化，以消极的、个人主义自由观为意识形态，以古典自由主义为政策取向，以资产阶级“新贵”为权力基础的政治秩序所受到的冲击越来越大。1789 年的大革命提出的“自由、平等、博爱”的政治口号标志着自由主义革命向以平等诉求为特色的民主主义革命的初步转向；1848 年的阶级革命进一步考验了资产阶级的政权建构原则。资产阶级为了维护财产的统治，必须将以自由为价值诉求的政权形式转化为以“自由为体，民主为用”的政权形式。其手段是扩大并普及选举权，并开始转变政府职能的行使方式。“从注重门第、财产和权势的自由主义向大众民主的转向，到 1850 年在美国已成为一个既定的事实。”① 自由政治向民主政治的转换，首先表现在社会生活中，多数民众的利益、意志，主流的道德规范、生活风尚成为个人行为的归依标准；其次表现在政治生活中，普通民众对政府的控制日益增强，政府角色日益从公民的“守夜人”转变为公民的“监护人”，以及由此导致政府的集权趋势日趋强化；最后表现在思想领域中，消极的、个人主义的自由观被作为革命时期的具有破坏功能的陈旧观念被抛弃，取而代之的是体现人的主体性的、具有建设功能的积极的自由观，后一种自由观往往会滑向以国家干预与权力集中为特

① ［英］杰弗里·巴勒克拉夫著，张广勇、张宇宏译：《当代史导论》，上海社会科学院出版社 1996 年版，第 129 页。

色的集体主义意识形态。这种社会、政治与思想领域中的多重趋势使得自由主义思想家担忧：一旦多数至上主义民主确立起来，个人的财产自由、思想自由，社会的繁荣与进步将会受到以多数为合法性原则的政府与社会的毒害。面对着这种大众民主的阴郁形象，19世纪初中叶的西方思想家的态度发生了分化：一些人主张压制人民的参政愿望，限制人民的权力；一些人讴歌人民的觉醒，赞美人民的绝对统治；托克维尔走的是中间道路——既认可人民主权原则，又主张引导人民的和平参政。

在托克维尔生活的时代，中世纪的势力与观念已苟延残喘，奄奄一息，但仍未完全褪去昔日的光辉；现代性的统治地位已尘埃落定，但却马上受到了保守人士与激进人士的强烈质疑；崭新的社会力量与思想观念也趁机在现代性造就的废墟上萌芽成长。从等级社会到大众社会再到阶级社会，从贵族政治到资产阶级政治再到无产阶级政治，从整体主义权力观到个人主义权力观再到集体主义权力观，这是一个走马灯般的多种运动、体制与观念相互交叉、相互激荡和相互转换的时代。因此，托克维尔生活在一个急剧转型的时代，生活在过去、现在与未来的交叉点上，生活在时代的夹缝之中。转型的时代为托克维尔的思想定位造成了极大的困难，也提供了多样的选择。

第五节　转型时代中的托克维尔

托克维尔生活在一个社会、政治、思想大骚动、大转型的时代；托克维尔又出生在一个历经政治运动涤荡的古老贵族世家。其所处时代与独特出身造就了他动荡的身世、复杂的个性与调和的理智特征。托克维尔认识到："最清楚的事实是我们生活在一个转型的时代。"①"我们生活在一个时代与社会中，在其中，一个人必须

① Alexis de Tocqueville, Selected Letters on Politics and Society, Ed. by Roger Boesche, Trans. by James Toupin and Roger Boesche. Berkeley: University of California Press, 1985, p. 66.

使自己多变，以便为一切事情作好准备，因为对于这个时代与社会的命运没有一件事是确定的。”① 这个时代的特征是“理智的骚动与道德的不稳定”。② 动荡的时代给予了个人与家庭不可抗拒的颠沛流离的命运。“真的，我们生活在一个时代与国家，在其中，每15年就会来一次革命，就像农夫每年要犁一次地一样，把上面的翻下去，下面的翻上来。但是，这是共同的命运。”托克维尔并不愿使自己的命运完全听任时代潮流的支配，成为命运的弃儿与囚者。“在这项活动中，我们的许多当代人被掩埋了；我希望，它只会把我们覆盖起来，但通过时间与勇气，我们最终将会重新突出地面。”③ 托克维尔的家系可以追溯到15世纪的诺曼贵族。他私下承认，对征服者威廉的回忆会“迎合我心灵中的骄傲的弱点”④。托克维尔所处的动荡时代与独特的家庭氛围常常使他感到自己是一个时代的“陌生人”，给其带来了严重的疏离感和情感与理智的认同危机，同时也给予了他独特的观察与思考政治与社会问题的视角，使他能够作出不同于前人与当代人的理智创新，有利于塑造其独特的中道自由主义思想。

一、童年

托克维尔出生于一个具有浓厚正统主义氛围的贵族家庭。大革命的恐怖夺去了其大批家族成员的生命。其父由于忧愁一夜之间须发皆白，母亲也由于惊吓患上了终生未愈的忧郁与情绪多变症。大革命与第一帝国也造成了这个家庭政治上尽管并非感情上的分裂：有人成为狂热的雅各宾分子，有人成为百日帝国的代议士，有人成为复辟的波旁王朝的效忠者，有人成为七月王朝的上层人物，还有人成为拿破仑的将军与朋友。

---

① Alexis de Tocqueville, Selected Letters on Politics and Society, p. 216.

② Alexis de Tocqueville, Journeys to England and Ireland, Trans. by George Lawrence and K. P. Mayer, Ed. by J. P. Mayer. New Haven: Yale University Press, 1958, p. 60.

③ Alexis de Tocqueville, Selected Letters on Politics and Society, p. 316.

④ Alexis de Tocqueville, Journeys to England and Ireland, p. 21.

托克维尔的曾外祖父——即他母亲的祖父马尔泽布是旧制度的皇家要员，具有自由主义倾向，曾批准《百科全书》的编纂。他一方面保护人民免受国王的专断权力，另一方面又在人民面前为国王辩护。马尔泽布代表着旧制度下具有独立意识的位于国王与人民之间的调停人的一种传统的贵族精英角色。他成为托克维尔终生仰慕与爱戴的人生典范。在 1794 年的罗伯斯庇尔统治下，他被作为王党分子送上断头台。托克维尔自豪地宣称："正因为我是马尔泽布先生的曾孙……我才写下这些东西。"① 他曾想为曾外祖父写一部传记，可惜未能如愿。19 世纪笃信天主教与正统主义的作家夏多布里昂由于马尔泽布的关系成为托克维尔的姻亲。

托克维尔的父亲埃尔韦·托克维尔同情初期的追求将法治同对国王的忠诚相结合的一种自由主义政体的大革命。在复辟时期，他担任了几任地方省长，最后成为贵族院的长老。他致力于复兴地方贵族的传统参政功能，重建农业协会，创立储蓄银行，发展初等教育，并不是为后人所耻笑的昏庸无能的复辟官员的代表。托克维尔的父亲是法国最后一代"真正的贵族"的典型——把为国家服务的角色看作是一种特权也是一种义务。他保持着旧制度中行政长官们的鲜活的独立精神。"在 1820 年前后，他们将要被具有现代风格的驯顺的公务员所取代。"② 托克维尔的父亲忠于公共事业的精神对儿子的影响是强烈的；公共服务被托克维尔作为一种遗传自贵族时代的公共美德而加以接受。对托克维尔而言，没有了公共美德，个人生活就会被道德衰朽所玷污。

托克维尔的母亲既是一个热情的保皇分子，也是一名虔诚的天主教徒，并且相信两者的结合能够统治法国。许多年后，托克维尔会回忆起一次家庭聚会的情景。当时，母亲以她那甜美、洪亮的音调唱起了一首关于路易十四之死的歌曲：

---

① André Jardin, Tocqueville: A Biography, Translated from the French by Lydia Davis with Robert Hemenway. New York: Farrar Straus Giroux, 1988, p. 36.

② André Jardin, Tocqueville: A Biography, p. 34.

"一位贝亚恩的行吟诗人，
他的眼眶充满泪水，
向着他的山地人民，
唱起了忧伤的叠歌：
路易，亨利之子，
成为了巴黎的俘虏。"

"当她的歌声停下时，每个人都在哭泣，不是为了许多曾经遭受苦难的个人，甚至不是为了许多在内战中和绞刑架上失去的亲属，而是为了15年前死去的那个人的命运。"① 这种情景在一个不到三岁的儿童的心灵中留下了难以磨灭的烙印。甚至到了1853年，他还认为：在那些日子，人们具有"慷慨和无私的政治激情，仅仅是以付出任何代价所要求的安宁之外的东西"②。在第一次复辟时期，他共享着家庭的政治热情，和人们一起敲碎拿破仑的塑像，并高呼"国王万岁"。那时他还不到9岁。

二、皈依

在巴黎，托克维尔在一个具有詹森主义色彩的神父勒叙厄尔(Lesueur) 的教导下成长。到了15岁，他陪伴做省长的父亲来到梅斯，进入中学学习，并开始拥有了一个包括资产阶级子女在内的更大的社交圈。如同约翰·密尔在1826年所经历了一场精神危机一样，他的正统思想在其间突然崩溃了，从此开始了一生漫长而痛苦的精神定位与探索之路。正是父亲在梅斯的图书馆的藏书为托克维尔打开了一个全新的精神世界；在思想的海洋中遨游，导致了他的全部世界的动摇。

直到35年后，他还对这种震撼保持着清醒而痛苦的记忆："我匆忙地把各种更适合于一个成熟年纪的概念与思想塞入脑海中。直到那时，我的生活还在一种没有怀疑进入灵魂的信仰中度过。这

① Quoted in André Jardin, Tocqueville: A Biography, p. 38.
② Quoted in André Jardin, Tocqueville: A Biography, p. 37.

时，怀疑进入了，也许说是以难以置信的力量投入了，不仅是对这种那种特别事物的怀疑，而是一种包含一切的怀疑。突然间，我经历了人们所说的地震的感受，这时地面在脚下，围墙在周围，天花板在头顶上，家具在手臂下，眼前的所有东西都抖动起来。"① 这种怀疑——"最黑暗的忧郁"在青年时代一次又一次地侵袭他，被他视为人生的不幸之一。

托克维尔父亲的图书馆包括17世纪的经典，古典作品的译本，当代作品较少。这里还藏有18世纪哲人（philosophes）伏尔泰、孟德斯鸠、布丰、卢梭、马布利、雷纳尔的作品。我们可以明显地发现，正是他对伏尔泰与卢梭的阅读使怀疑进入了他的头脑。这种"包含一切的怀疑"首先是指被贵族世界所尊崇的等级价值观。他开始意识到这些价值观是时光倒错的，从而导致了他未来思想的核心：贵族世界将要被民主世界所取代。然而，此时他生活中最严重的危机是信仰的丧失。他开始对正统的天主教信条表现出怀疑：在他的眼中，耶稣，作为一个人或神，仅仅是一种毫无面目的象征，被剥离了任何神性；他仅仅承认上帝与来世是存在的，但神意仅仅在人类一致的同意中得到了揭示。然而，他并没有放弃将基督伦理观作为他的道德指南与政治推理的前提，宗教与政治的关系成为他毕生思考与解答的难题之一。关于托克维尔思想中的这次重大危机与转机，托克维尔记得非常清楚：1821年7月他在梅斯第一次独处时的16岁。从此以后，他的思想主线经历了从对贵族等级价值观的信仰发展到对七月王朝空论派自由主义信条的接受，最后到自己的自由与民主相调和的中道自由主义的形成这样的一个思想进化过程。

三、政治生涯

托克维尔出生于拿破仑帝国统治之下，经历了两个君主政体和一个共和国，死于拿破仑侄儿的帝国之中。可以说，他的一生就是

---

① Alexis de Tocqueville, Oeuvres Complètes d'Alexis de Tocqueville, Edited by J. P. Mayer and François Furet. Bagneux: Galllimard, 1951-1964. XV, 2: 315.

近代动荡多难的法国政治命运的象征。他做过复辟时期的助理法官；担任了近十年七月王朝众议院议员；支持与参加了议会的各种专业委员会的工作；他被选入第二共和国的立宪议会，并参加了制宪委员会的制宪工作；随后进入立法议会，并担任副议长；六月起义中首次同“多数”站在一起，亲自走上街头镇压了巴黎无产阶级的社会主义诉求；他在波拿巴总统领导的巴罗内阁中担任了5个月的外交部长；最终在1851年的雾月政变中被逮捕，随后完全退出公共生活，成为“国内流亡者”；在随后的岁月中多次拒绝波拿巴邀其入阁的请求，完全潜心于精神世界中，直至1859年病逝于戛纳。

从20年代起，托克维尔就相信，他的天职不仅是政治研究，还应该像他的贵族祖先一样是公共服务。早在1829年他就向自己的挚友博蒙倾诉：“我们必须把自己培养成为政治人。”① 托克维尔决心投身政治生活，这是他的个人责任感与贵族传统道德的混合物。但是，他缺乏作为一名政客所必需的政治技巧与手腕，并且专注于政治原则与政治独立性。他承认：“我发现要习惯于在公开场合发言非常困难；我搜索词句并对我的思想给予太多的注意。在我周围，我看到推理很差的人却发言很好；这不时地把我投入到绝望之中。”② 他认为：“政治世界是一个肮脏的场地。”③ 他承认，他总是被政治生活中的真实与虚假问题所困扰，而“大部分的党派政客不会让他们的精神或神经遭受这样的怀疑”④。当时的《世纪

---

① Alexis de Tocqueville, Oeuvres Complètes d' Alexis de Tocqueville, Ⅷ, 1: 93.

② Alexis de Tocqueville, Selected Letters on Politics and Society, p. 33.

③ Alexis de Tocqueville, Selected Letters on Politics and Society, p. 80.

④ Alexis de Tocqueville, Recollections: The French Revolution of 1848, Ed. by J. P. Mayer and A. P. Kerr, Introduction by J. P. Mayer, with A New Introduction by Fernand Braudel, Translation of the de Tocqueville manuscript by George Lawrence, translation of the Braudel Essay by Danielle Salti. New Brunswick, U. S. A.: Transaction Books, 1987, p. 84.

报》这样评价他："托克维尔决不是一个党人。"① 他在议会中保持独立性，行使自由判断，不依附任何党派，拒绝反对派的密谋，却保持着一个孤独的反对派的偏好。这一切都大大削弱了他的议会活动能力。在政治生活中，托克维尔将自己比作一个车轮，它"飞快地旋转着，却错过了它的齿轮，无所事事，一无是用"②。政治生活带给他的是无能感、挫折感，而并不总是自我实现的满足。在政治世界，他找不到自己的位置，最终，孤独、宁静的精神生活使他着迷。

四、个人肖像

托克维尔的气质、性情、政治色彩、思想的过渡性与原创性在人们对其个人肖像的勾画中曲折地反映出来。一位经常光顾托克维尔所去沙龙的德国女士这样描述他："另一边是一位具有苍白与病态面容的年轻人。他被给予温和的敬重和大量的关注。他谈论英国与美国，像一个致力于研究它们的人。在他的举止中有一种优雅与礼貌，这是当代的法国人比前一代人更少依恋的价值。"③ 这不是19世纪肖像画家笔下野心勃勃的、傲慢的资产阶级新人形象，而是一个没落的"最后的贵族"的形象，一个"流放中的国王的面孔"。

在当时的漫画家笔下，托克维尔不是他们的最爱，他没有可以被极端化的讽刺特征。蒲鲁东使他们满意；议会中的重量级人物基佐与梯也尔也吸引他们的眼球。托克维尔的身体外貌"看起来完全毫无特色。毫无特色的是他的冷漠的、平淡的容貌；毫无特色的是他的善感的苍白面孔。他的眼睛由于忧郁而半闭，他的忧愁的嘴巴扭曲着，薄薄的嘴唇迸发不出一丝笑容。他具有一种相当过时

---

① Quoted in André Jardin, Tocqueville: A Biography, p. 284.

② André Jardin, Tocqueville: A Biography, p. 155.

③ Quoted in Françoise Mélonio, Tocqueville and the French, Translated by Beth G. Raps. Charlottesville: University Press of Virginia, 1998, p. 378.

的、严峻而笨拙的神色”①。托克维尔在血统上是一个正统派，在七月王朝期间成为左派反对派，在1848年成为未来的共和派，入阁时期由于恢复了教皇地位又被视为秩序的党徒。尽管托克维尔对自己的自由信念至死不渝，但他的现实政治色彩却难以描画；由于其政治形象的模糊性与中庸性而很难成为被漫画家嘲弄的对象。一幅傲慢、苍白、病态的形象，他是属于精神种族一类的最纯粹的代表，高高飘浮于党派与现状之上；孤独的性情，行动的笨拙，思想的刚直，他被撕扯于民主倾向与贵族习惯之间。

托克维尔，贵族情调的缅怀者，启蒙思想的信仰者，空论派的继承者，又是敏锐地感受到时代方向的时代之子。再也没有哪一个当代人比屈斯蒂纳更形象、更深刻地描绘出了托克维尔的模糊性、中庸性与过渡性：“他是一个羸弱、单薄、瘦小的人，依然年轻。关于他，有一些老年人的东西，也有一些孩子的东西，他是一个非常天真的有野心的人。他的凝视是迷人的，但缺乏坦诚；他的嘴唇是成熟的，但形状不佳；他的肤色显得胆汁过多；他的神情如果不会那样令我不安的话，会使我更着迷。一个人可以看得出来，他给予自己的话语不止一种意义，他的观点是达到他的目标的武器。在我看来，这是一颗在我们的政治地平线上的新星。”② 托克维尔的外在形象表明了他在时代文化氛围中的位置。19世纪的这位“年幼-年迈”的作家是一个飞奔向前的时代的化身。在这个时代中，父辈时代的废墟过早地老化了那些依然依附于它的人。“年幼-年迈”的托克维尔象征着被过去的崩溃所困扰的年轻人。一些人赞美他的仓促的早熟，另一些人视他为过时人物。这些异议的确揭示了位于旧制度与大革命之间的托克维尔的思想的原创性、中道性。

五、个性与信念

1. 忧郁、怀疑与孤独

正如人们所看到的私生活中托克维尔沉默的、忧郁的、孤独的

① Quoted in Françoise Mélonio, Tocqueville and the French, p. 81.

② Quoted in André Jardin, Tocqueville: A Biography, p. 372.

形象，托克维尔是一个不停地怀疑生活、怀疑一切现存价值观，甚至怀疑自我的，不懈地进行思想探索的精神贵族。

在美国，在英格兰与爱尔兰，在众议院，或在1848年的街垒后面，托克维尔看起来是沉着的、自信的。但实际上，人们往往低估了托克维尔的生活与思想中的一个重要方面就是他的忧虑与苦闷。尽管他具有贵族式的矜持，但一种精神的内在痛苦还是常常浮出水面。他被一种反复发作的胃病所折磨的同时，还遭受着被其友博蒙称之为“一种精神痛苦”（a mal de nerfs）的折磨。① 他向朋友倾诉：“有时候我是那样痛苦，几乎不能控制自己”，并且“我需要你的鼓舞同我黑暗的思想作战。因为我确实拥有这些思想，而且数目巨大”②。他向自己的哥哥诉说：“这种头脑的忧虑……常常毫无缘故地折磨、无用地扰乱和引起那些拥有它的人极大的痛苦。我很容易地认出，这正常常是我的情况。我清楚地把不快乐的原因归于那些我周围的人。”③

托克维尔不但强烈地感受到了自己的忧虑，他还向自己的友人坦白了自己的孤独感：我是这样“一个人，他就像荒岛上的居民一样在精神上隔离于大众中间”④。这是一种“道德的隔离”，“感到自己外在于我的国家与时代的知识共同体之外。在沙漠中的孤独也没有这种在人们中间的孤独更严酷。……孤独常常使我害怕……这句深刻的格言特别适合我：孤独是不好的”（It is not good to be alone）。⑤ 托克维尔的孤独不是一种来自人际关系的孤独，而是一种在精神、思想上超越当代人的孤独。

在托克维尔感到忧虑与孤独的同时，怀疑也在蚕食着他的灵魂。托克维尔在自己的笔记中不止一次地表达：“如果我要把人类

---

① Alexis de Tocqueville, Oeuvres Complètes d' Alexis de Tocqueville, Ⅷ, pt. 3, p. 376.

② Alexis de Tocqueville, Oeuvres Complètes d' Alexis de Tocqueville, Ⅷ, pt. 1, pp. 499-336.

③ Alexis de Tocqueville, Selected Letters on Politics and Society, pp. 147-148.

④ Alexis de Tocqueville, Selected Letters on Politics and Society, p. 147.

⑤ Alexis de Tocqueville, Selected Letters on Politics and Society, p. 326.

悲伤分类的话，我应把它们这样排序：第一，疾病；第二，死亡；第三，怀疑。”① 他承认，在他人生之初开始思考问题时，觉得一切都是明确的真理。但随着时光流逝，他获得的只是不能解释的怀疑。这种发现使他进入一种恐惧状态。“这是我生活中最不快乐的时刻”；“我认为这种怀疑是我们本性中最大的不幸之一”。② 托克维尔的怀疑是一位孤独的思想者、一位思想的先行者的怀疑。

托克维尔的忧郁、孤独与怀疑首先来自一个让他失望的时代社会与精神状态。社会与精神生活的单调、乏味、一致，使他厌倦，以至于他宁愿选择“混乱的野蛮状态”。他把七月王朝描绘为“堕落的”，而把第二帝国称作“粪堆”。在这个资产阶级社会中，人们关心的只是自我利益，时代缺乏的是公正与真诚。时代的精神状态也使他厌恶、窒息。“这些 1828 年自由主义的领舞人，这些 1830 年的制造者，轻快地砍掉我们其他人、老保皇主义者以任何代价都不会放弃的市民自由的首要原则。”③七月革命的老自由主义者曾经承诺出版自由、结社自由和等级特权的终结，但到了 1832 年，他们压制了新闻自由、政治结社，建立了由最富有的资产阶级与地主构成的新特权统治。

托克维尔的忧郁、孤独与怀疑不仅来自对时代的社会与精神状态的厌恶与反对，也是他心灵深处的浪漫主义情怀对冷酷而庸俗的现实的激射。

2. 浪漫主义情怀

浪漫主义运动起源于卢梭。浪漫主义追求热情而富有朝气的个人生活，厌恶工业文明与经济生活，以审美的价值观代替功利的标准，从宏伟、渺远的事物中获取灵感，赞美强烈、炽热的情感。“当 1815 年政治界回归平静的时候，这又是那么死气沉沉、僵硬刻板。与一切蓬勃生活那么敌对的一种平静，只有灵魂落魄的保守派

① Alexis de Tocqueville, Journey to America, Trans. by George Lawrence, Ed. by J. P. Mayer. London: Faber and Faber, 1959, p. 155.

② Alexis de Tocqueville, Selected Letters on Politics and Society, pp. 63-64.

③ Alexis de Tocqueville, Selected Letters on Politics and Society, p. 80.

耐得住。"① 在托克维尔的正式出版物中，我们看到的是深刻地洞悉到了现代社会的过去、现代与未来的一位冷静的、公正的分析者形象，但托克维尔同样共享着他的浪漫一代对工业文明的厌恶，对古代英雄的爱慕，对伟大行动与冒险的渴望和对资产阶级平庸生活的鄙视。

在少年时代，托克维尔热爱大海的奇观，幻想在余生中漫游世界。② 在凡尔赛担任助理法官时，他担心成为"一部法律机器"，"不能判断伟大的运动和指导伟大的行动。"甚至到"我宁愿烧掉所有的书而不愿达到这种程度"③。托克维尔喜爱漫游古迹，缅怀先人。当他在月明之夜静坐于沃里克古堡之时，"我头脑中所有世纪的骑士精神和青春之火在我的血管中流淌"，"我的灵魂被不可名状的力量带回了过去"。而当他回到现实时，他觉得："诗意在这种生活中只能偶尔遭遇；而存在的本质仅仅是讨厌的散文。"④ 当他处于文明边缘的北美荒野之中时，他感到的是"一种安静的赞赏，一种温柔的忧郁感，一种对文明生活的模糊的厌恶"⑤。他像卢梭一样，赞赏野蛮人（印第安人）骄傲的生而自由的美德，认为"文明的利益的滥用带来了印第安人的深深的堕落"。⑥ 他像卢梭一样，在普鲁塔克的作品中找到了迷人的魅力。"这种阅读捕捉了我的想像力，以至有时我会害怕像堂·吉诃德那样发疯。"⑦ 他将歌德视为渺小、自私、麻木的资产阶级生活方式的辩护人。他甚至幻想作为一名士兵，出征到中国从事伟大的殖民事业。⑧ 托克维尔发出这样的感叹："噢！我多么希望造物主能够给我一个可用

① ［英］罗素著，马元德译：《西方哲学史》，商务印书馆 1976 年版，第 215 页。

② Alexis de Tocqueville, Selected Letters on Politics and Society, pp. 30-32.

③ Alexis de Tocqueville, Selected Letters on Politics and Society, p. 34.

④ Alexis de Tocqueville, Selected Letters on Politics and Society, pp. 86-88.

⑤ Alexis de Tocqueville, Journey to America, p. 348.

⑥ Alexis de Tocqueville, Journey to America, p. 330.

⑦ Alexis de Tocqueville, Selected Letters on Politics and Society, pp. 124-125.

⑧ Alexis de Tocqueville, Selected Letters on Politics and Society, p. 93.

之机，以完成优秀与伟大的事业。”① 托克维尔的浪漫主义情愫来自他对“体面人”的“土豆般生活”,② 对“民主的和资产阶级的小汤锅”③ 的厌恶。托克维尔的浪漫主义性格与贵族背景使他不可能喜欢一种宁静的追求商业成功的生活，也不可能专注于物质财富的积聚。

3. 对物质福利的鄙视

毫不奇怪，出生于贵族家庭的托克维尔对财富表现出一种贵族式的轻视。对古代的法国贵族而言，生活的舒适不是生活的目的，而只是一种生活方式。财富仅仅是提供悠闲生活的一种工具，以便能够过上一种开拓头脑的优良生活，而这是惟一适合体面人的生活方式。相比而言，在新兴的资产阶级社会，攫取欲同样萦绕于富人与穷人的心头，财富自身被作为一种目的，而不再是优良生活的一种实现方式。

一个简短的故事表明了托克维尔的财富观。当好友博蒙的收入明显下降时，托克维尔迟疑和痛苦地建议：他应该进入商界几年，以获得维持他当前生活必需的资源。托克维尔同时也意识到博蒙会厌恶商业世界，告诉他，这只是暂时的。“确实，即使是从为了你的孩子的利益的良好意图的观点出发，我也不想看到你把自己的生活投身于增加你的财富，就像可怜的路易看起来所专心致力的。但问题是，是否几年内致力于这种方式会为你带来独立活动的自如，而这是我希望看到你获得的惟一目标。”④ 在托克维尔看来，财富积聚本身不是目的，它只是个人获取行动独立、自由的一种手段。

托克维尔警觉地看到了，对金钱的渴望是中产阶级社会的特征，最终会带来他所惧怕的政治奴役。托克维尔预示到，一旦人们将财富积累视为生活的首要目标，他们就会沉醉于私人事务中，而失去政治参与的爱好，放弃公共职责。政治秩序的维持者就会趁机

① Alexis de Tocqueville, Selected Letters on Politics and Society, p. 105.

② Alexis de Tocqueville, Selected Letters on Politics and Society, p. 105.

③ Alexis de Tocqueville, Selected Letters on Politics and Society, p. 143.

④ Alexis de Tocqueville, Selected Letters on Politics and Society, p. 289.

使人们变得被动而屈从，夺取他们已厌倦的自由，顺利地建立起自己的专制统治。托克维尔对财富积聚的鄙视赋予了19世纪庸俗的自由观以一种超越世俗利益的、反唯物主义的色彩，也使得他能够超越当时流行的资产阶级人生理想，获得了一种以义务而不是以权利或索取为基础的人生观。

4. 作为一种义务的生存观

托克维尔不是一个谴责今世快乐的苦行者。他指出，人们必须使肉体与灵魂都得到满足，由于“人既不是天使，又不是禽兽”,① “是无和全之间的一个中项”。② 人既不像神一样，仅仅是一种精神的存在；也不能像动物一样，仅仅满足于肉体的欲望；人是灵与肉的综合体，必须实现两者的统一与平衡。但他明确地把快乐的追求视为低下之物。博蒙说道，从来没有一个人“像帕斯卡尔一样，(托克维尔）给予了持久的与更有兴致的研究。这两个头脑是为彼此而准备的”③。帕斯卡尔宣扬欲望是所有罪恶的基础，主张以信仰医治傲慢与贪婪，对抗自利与贪欲。同样，托克维尔也表现出了对所谓仅仅快乐之事的温和的轻视和对创造快乐之事的英国功利主义的轻视。托克维尔在给一位不快乐的朋友的信中写道：“像你，像所有的人一样，我感到在我的心中有一种热烈的激情，它把我带向无止境的快乐，使我认为这种快乐的缺乏是最大的不幸……但是，你可以肯定的是，这是一种必须对抗的愚蠢的激情。这种感情没有男子气，根本不能产生任何东西。”④在托克维尔的眼中，快乐常常是仆人的拥有之物；他承认，生活中的某些事物比快乐更有价值，这就是义务。

在托克维尔的青年时期，他就认为，在这个“不公正与欺诈”

---

① ［法］帕斯卡尔著，何兆武译：《帕斯卡尔思想录》，陕西师范大学出版社2002年版，第173页。

② ［法］帕斯卡尔著，何兆武译：《帕斯卡尔思想录》，陕西师范大学出版社2002年版，第23页。

③ Alexis de Tocqueville, Memoir, Letters, and Remains. No. Trans. Given. 2 Vols. Boston: Ticknor and Fields, 1862, 1: 304.

④ Alexis de Tocqueville, Selected Letters on Politics and Society, p. 63.

的世界中，不要“放弃”，不要“绝望”，一个人必须学会忍受这个严酷的世界。① 如果一个人在生活中期待太多的快乐，他就不能更容易地忍受生活和完成伟大的成就。“生活既不是一种快乐，也不是一种悲伤；它是一种赋予我们的严肃的事物，我们的责任就是使我们尽可能好地完成它。”② 正是从这种生活观中，托克维尔获得了巨大的行动力量，对未来的平静态度，面对痛苦的勇气，和对可欲之事的温和愿望。正是这种生活观使得他从纯智力的僧侣般有规律的生活中找到了快乐与满足。他在青春的热情中就已获得的信仰是：生活“作为一件具有平庸价值的事，只有当一个人使用它尽自己的义务，服务于人们，并在人们中承担自己的立场，这才是有价值的。”③ 可以说，义务观与责任感是托克维尔人生观中的核心价值。托克维尔的格言是：“为了生存的缘故而生存对我没有兴趣。”④ 他认为自己的责任是：同造物主创造的条件平等的工作相配合，在新的民主文化的心脏中保持自由意志——人类伟大的象征。

如果说托克维尔接受了古代斯多噶主义的教诲：一个人应忍受生活中的失望之事，“对所有发生的事情，对为他而纺的命运之线感到满意与愉悦”，⑤ 那么，他并不提倡斯多噶主义对世界限度的屈从、从公共生活中的撤退和对私德的惟一修养。托克维尔对政治义务的执着、对政治行动的偏好使他不能接受传统自由主义的消极内敛、专注自我的自由概念，而赋予他的自由概念以一种积极外向的色彩。托克维尔的愿望是像古典时代的思想家一样，成为一位反思生活与行动生活相统一的人。

5. 行动与反思的反差

古典政治学家的人生理想是：不应该只躲在学术的象牙之塔中

---

① Alexis de Tocqueville, Selected Letters on Politics and Society, p. 29.

② Alexis de Tocqueville, Selected Letters on Politics and Society, p. 63.

③ Alexis de Tocqueville, Selected Letters on Politics and Society, p. 103.

④ Quoted in André Jardin, Tocqueville: A Biography, p. 385.

⑤ [古罗马] 马可·奥勒留著，何怀宏译：《沉思录》，三联书店 2002 年版，第 26 页。

沉思冥想，探索政治与人生之理，而且还应该义无反顾地投身到政治生活中去，以自己的所知教育和引导众生走向幸福之路。西塞罗的观点在古典政治学家中最具有代表性："事实上，有什么能比把参与和从事伟大的事业同对这些科学的研究和认识结合起来更美好呢?"① 反思与行动的结合是大部分古典政治哲学家如苏格拉底、柏拉图、亚里士多德、西塞罗等人的人生理想。

托克维尔对古典作品的喜爱，他对英雄主义的向往，曾祖父与父亲留下的精神遗产，及他的人生理想使他希望使人生理想的双重追求——行动与反思得到完美的结合。《论美国的民主》第一卷就是他为从政所做的一项理智准备。他反对18世纪哲人脱离政治现实的抽象的文学政治风格，希望通过政治参与以自己的精神产品引导国家的命运之舟，希望以自身为范例实现政治科学与政治艺术的结合。

年轻的托克维尔对政治生活怀着高昂的热情："我喜爱鲜活的情感，但是我在现实生活中，在社会中，在旅行中，在事物中，首先是在政治事务中寻求它们。没有什么快乐可以和政治成就相比。"② 即使是短暂的外交部长职位也使他收获颇丰："我获得了一个巨大的利益，或许是这个世界给予的最大的利益，即对自我的信心。"③ 但是，资产阶级公共领域中的尔虞我诈、腐败公行，和他对政治道德的执着，对政治独立的强调，使得他很快意识到："作为一个作家的技能有碍于而不是有助于一个演说者，反过来也是这样。由于一篇好的章节应尽可能地不同于一篇好的发言。我很快注意到和发现，我被归类于那些演说家中：他们正确、正直，有时深刻，但总是冷淡并常常无能为力。"④ 人过中年他便已认识到："看起来我的真正价值首先是在思想的作品中；我的价值更多地是在思

① [古罗马]西塞罗著，王焕生译：《论共和国　论法律》，中国政法大学出版社1997年版，第103页。

② Quoted in Roger Boesche, The Strange Liberalism of Alexis de Tocqueville. Ithaca, N. Y.: Cornell University Press, 1987, p. 246.

③ Alexis de Tocqueville, Recollections: the French Revolution of 1848, p. 232.

④ Alexis de Tocqueville, Recollections: the French Revolution of 1848, p. 82.

想中而不是在行动中；如果我有什么要留在世上的话，它将会是我所写之物的痕迹，而不是对我所要做之事的回忆。”① 纵观其一生，托克维尔不能说是一位成功的，甚至不能说是一位有所作为的政治家；他具有和古典政治学家共同的政治命运。但他对古典生活风尚的追求，毅然投身于“肮脏的政治世界”以祛除病态的唯理主义政治的决心，不能不使后世以价值中立名义远遁政治现实的学院派政治学家们汗颜。托克维尔生活在一个裂变的时代与世界，过着裂变的现实生活与精神生活。在他的精神世界中，可以发现多种因素的混杂、排斥、冲突与渗透。

6. 理智与本能、理性与情感的张力

托克维尔出生于历史悠久的贵族家庭，成长于贵族文化之中。在一些人把他描绘为一位自由主义者的过程中，常常低估其贵族品性。虽然他偶尔将自己称为一个民主分子，但可以想象一下这幅情景：当他想要离开一次聚会时，却不得不留下来，因为他找不到一个门房为他开门。② 不管他的政治情感怎样进化，他始终依附于一个贵族的爱好与举止。在托克维尔写于 1839 ~ 1841 年间的一篇发言草稿的背面有一段文本，它的标题是“我的本能，我的观点”。③ 在其中，托克维尔私下承认：“在理智上我倾向于民主制度，然而本能上我却是贵族，这就是说我蔑视与惧怕大众。我满怀感情地热爱自由、法制，对权利的尊重，然而却不是民主。这就是内心的实质。”④ 在其他时候，他也吐露，和贵族在一起处理事务常常使他感到自在，尽管他们的利益与观点完全不同于自己；而同资产阶级在一起共事时却不是这样，尽管他共享着他们的理念，并且和自己的利益接近。“在第一种情况中，我处于意见分歧中，但至少我知道说什么样的语言，并本能地感觉到一个人能说什么，什么最好留

① Alexis de Tocqueville, Selected Letters on Politics and Society, p. 253.

② Alexis de Tocqueville, Oeuvres complètes d' Alexis de Tocqueville, Ⅷ, pt. 1, p. 101.

③ André Jardin, Tocqueville: A Biography, p. 305.

④ Alexis de Tocqueville, Égalité sociale et liberté politique: une introduction à l' œuvre de Tocqueville. Textes choisis et présentés par Pierre Gibert; préface de René Rémond. Paris: Aubier-Montaigne, 1977, p. 21.

下不说。"①

在托克维尔的精神世界中不但存在着理智与本能的对立，还存在着理性与感情的冲突。正如菲雷这样概括道："理智上的民主分子，心灵中的贵族。"事实上，他与之发生决裂的不是正统主义者而是正统主义。托克维尔和许多从保守阵营中反正的人在谴责自己原来的阵营时一般都保持着情感与理性的和谐。而对于托克维尔而言，他的理性越使他远离他的人民，他对他们的感情就越敬重。当他和那些忠于波旁事业的老人们呆在空荡荡的沙龙中时，他感到"那真正是多么地悲伤"②。托克维尔拒绝以世袭的贵族头衔"伯爵"(comte）装饰自己，却以最内在的情感终生保持着西部贵族的生活方式，以悲凉的语气哀叹一个正在逝去的世界。"如同我常常悲哀地对自己所言，我们将会被代替……我们是……一个正在逝去的世界的组成部分。一个旧家庭，在一座老屋中……这些是一个正在碾落成泥和很快化为乌有的社会的遗物。那些能够在思想中把过去、现在与未来连接在一起的人是多么地快乐！我们时代的法国人不再有这种快乐，甚至也很少有人懂得这样的快乐。"③

然而，托克维尔的贵族情调并未阻碍其最终的独特的自由主义思想的形成，而是给予了它一个独特的跨时代、跨文化的反思视角；托克维尔精神世界的内在冲突并非不可妥协的，也并未妨碍他毕生为之奋斗的理念与事业——自由。"自由是我的最重要的激情。这就是真理。"④ 毋宁说，正是其思想的内在冲突与渗透导致他超越了当时盛行的庸俗的自由主义观念，形成其独特的横跨过去、现在与未来，糅合了理性、情感与本能的中道自由观。正是托克维尔所处的特定时代与环境给予了他广阔的、多角度的与跨时代的、跨文化的观察与思考政治问题的视角，使得他能够"在过去

---

① Alexis de Tocqueville, Recollections: the French Revolution of 1848, p. 217.

② Quoted in André Jardin, Tocqueville: A Biography, p. 376.

③ Quoted in André Jardin, Tocqueville: A Biography, p. 377.

④ Alexis de Tocqueville, Égalité sociale et liberté politique: une introduction à l' œuvre de Tocqueville, p. 21.

与未来之间保持彻底的平衡”,① 使得他对贵族与民主都不抱有特别的爱与恨，而他个性中的所有矛盾、分裂、张力最后都统一到一种他惟一的观点与激情上，即“对自由与人类尊严的热爱”。② 时人是这样描述托克维尔的复杂、矛盾的政治立场与个性的：“托克维尔伟大的价值是独自塑造了他的观点。哺育于保皇主义的反革命环境中，他仅仅通过观察自己的时代而抖落了它的束缚。因此，他不仅成为自由主义者而且成为民主分子，我的意思是相信世界将要属于民主。这是对马尔泽布的曾孙的力量与独立精神的伟大展示。然而，当他轻视正统主义而不是仇恨正统主义者时，当他被免除于对波旁分子和他们的党派的憎恨时，他的自由主义，一件纯粹的推

① Alexis de Tocqueville, Selected Letters on Politics and Society, p. 116.

② Alexis de Tocqueville, Selected Letters on Politics and Society, p. 115. 在这封写于1837 年致《论美国的民主》第一个英译本的译者亨利·里夫的信中，托克维尔明确地表达了他的政治立场，相信对于我们理解他的中道自由主义的实质与形成大有裨益，现不惮把这一段文字摘录如下：“他们特别要使我成为一个党人，而我一点儿也不是；他们派发给我激情，而我仅仅只有观念，或者我仅仅只有一种激情——对自由与人类尊严的热爱。在我的眼中，所有的政府形式都是实现这种神圣而正当的人类激情的或完善或不完善的方式。他们有时认为我具有民主偏见，有时认为我具有贵族偏见；如果我生活在另一个国家或另一个世纪，我或许具有这套那套偏见。但是出生的机会使我非常愉快地捍卫两者。我在一场革命的尾声中进入世界，这场革命在毁灭旧的等级后，没有创造出任何持久的事情。当我开始生命历程的时候，贵族制已经死亡了，民主制还依然不存在，因此我的本能不会把我盲目的引向两者中的任何一个。我生活在一个国家中，40 年来，她浅尝辄止了每样事物，却没有确定地停留在任何事物上；因此我不会敏感于政治幻想。由于属于自己祖国的贵族，我对于贵族制既没有仇恨也没有天然的敌意，而且由于贵族制已经毁灭了，我对它也没有天然的热爱，因为人们只能使自己强烈地依恋于活着的事物。我由于离它足够近，可以更好地了解它，离它足够远，可以毫无激情地评价它。对于民主成分，我也会说情况一样。没有家族记忆、没有个人利益给予我对于民主制的天然与必然的癖好。但是就我而言，我没有从它那里受到任何伤害；我没有任何特别的动机去爱它或恨它。一句话，我能在过去与未来之间保持如此彻底的平衡，以至于我觉得我不能自然地或本能地被引向一个或另一个，并且我毫不费力就可以对两方投下冷静的目光。”

理作品，却是无可指责的，然而是冷淡的，不太令人信服的。”①雷米萨的这段话表明了托克维尔精神世界的复杂性、矛盾性与交融性，也间接地表明了托克维尔的自由主义的中庸、平衡的性质。

处于社会、政治与文化转型期的托克维尔，通过对传统自由主义偏差的独特的反思，对时代发展趋势的深邃考察，对资产阶级伦理观的辛辣批判，和对自身个性的痛苦调和，从而跨越了包括当时的自由主义、保守主义在内的各种意识形态光谱，形成了自己独特的中道自由主义政治思想。

本章小结

要想理解托克维尔式自由主义，必须重构托克维尔所处的时代精神，必须理解托克维尔所处时代的理智氛围、社会政治生活与其独特身世，即知人首先必须论世。

托克维尔的自由主义政治思想的素材来自于传统自由主义，其政治思想是对传统自由主义的偏差进行的矫正与创新之物。传统自由主义来源于中世纪末期，是资产阶级的意识形态武器。由于近代社会、政治、文化条件的变迁，传统自由主义在托克维尔的时代已经显露出一些片面的、僵化的、不符合时代精神的观念。（1）对人的理性的盲目乐观导致对理性建构理论的信仰；（2）对个体精神的强调、对公共精神的忽视导致了个人主义的盛行与共同体的崩溃；（3）对物质福利的执着导致了个人完善与公共福利信念的抛弃与精神生活的削弱；（4）普世主义理论倾向忽视了对民情、国民性等特殊性思想素材的考察与思考；（5）对政治生活的形式主义迷恋导致了对支撑政治形式的政治精神——时代的道德、文化与舆论变迁的漠视；（6）对资产阶级利益的排他性维护最终会导致自由主义精神的自我毁灭；（7）对民主的敌视导致了对人民、多数人、穷人政治与经济要求的反对。时代的变迁使托克维尔感受到了对传统自由主义原则进行修订与改进的必要性。

---

① Quoted in Françoise Mélonio, Tocqueville and the French, p. 83.

托克维尔所生活的19世纪初期是一个社会、政治与文化生活急剧转型的时代，在社会、政治、文化领域中出现了一系列新的趋向与动态。(1)分离与整合的传统等级社会结构的解体，均质而松散的原子化大众社会结构的形塑；(2)社会政治生活的多样性与多中心性的消失，社会政治权力的日益集中化、绝对化与一元化；(3)优美高雅的贵族精神的衰败，庸俗与逐利的商业精神的盛行；(4)以资产阶级为主导反对特权阶级的大同政治运动的终结，以无产阶级为主体以社会主义为理论的阶级政治运动的异军突起；(5)以自由主义为诉求的资产阶级革命转变为以平等诉求为特色的大众民主主义革命。总之，托克维尔生活在过去、现代与未来的交叉点上，转型时代为托克维尔的思想定位提供了多样性选择。

托克维尔的贵族家庭出身与启蒙信仰给予了他独特的观察与思考社会与政治问题的视角；在旧制度与大革命之间的徘徊为他的政治思维提供了原创性视角；其精神生活中理智与情感的冲突使他能够超越当时流行的自由主义政治思潮。

正是由于托克维尔所处的特定理智氛围、转型时代与其所扮演的多重角色给予了他多角度、跨时代与跨文化的政治思考角度，决定了他的平衡、灵活与开放的中道自由观的形成。

第三章
托克维尔的中道自由观

就严格的术语学意义而言，托克维尔的自由主义不能称作一种政治理论，只能称为一套政治思想。托克维尔的作品本身不具有一般的、严密的理论体系外观；我们也很难根据托克维尔的作品构建一座有着一致的理论基础、相互连贯整合的、结构严密的理论大厦。

不像一般的现代思想家对理论的体系化有着强烈的偏好，托克维尔对此有着明确的排斥。“你知道我不会带着追随一个体系的决心写作，以完成一个固定的目标。相反，我让自己跟随我的思想的自然运动。”① 他认为，“使人们最深刻反思的，对人们的思想与行动产生最大影响的书是这样的书——书的作者不会教条般地致力于规定什么是正确的思维之物，而是为人们指明他们要寻找的真理的方向，好像是他们自己这样做的一样。”②托克维尔政治思想的方

① Alexis de Tocqueville, Oeuvres Complètes d' Alexis de Tocqueville, V1, 1: 314.

② Alexis de Tocqueville, Oeuvres Complètes d' Alexis de Tocqueville, XV, 2: 80.

法论倾向是：没有明确的答案，没有确定的结果，只有永恒的思想探索。这决定了托克维尔政治思想的非体系性特征。托克维尔对理论生活的态度也决定了他的政治思想不可能具有严密的逻辑体系。他反对理论生活与实践生活之间的分离，青年时代的他将自己的作品看作只不过是通往政治生活的一个护照，他的思想主要来自对政治生活进行反思、调停、教育与指导的愿望。政治生活的复杂性决定了作为政治人的他不可能追随僵硬的、条分缕析的绝对原则体系。托克维尔的自由主义思想没有一个单一明确的理论导向，既不像柏林、哈耶克的自由主义一样以自由为导向，也不像罗尔斯的自由主义一样以正义为导向，而似乎是混合了两者各自的理论特征；他的自由主义也没有一个明确的理论基础，“自然法理论的碎片，心灵的浪漫法则的反响，詹森主义道德戒律的踪迹，和对功利主义的有意的吁求在他的文本中相互碰撞。”① 托克维尔的自由主义政治思想是各种自由主义思想倾向的调和与平衡之物，是理论化的自由主义经过自由主义政治实践过滤后的中道之物。托克维尔的自由主义政治思想的复杂性、非体系性、灵活性与平衡性首先体现在他的自由观之中。

第一节　自由的规范地位

如果说要在托克维尔一生的政治与精神生活中寻找一条一贯的、连续性的主题或线索的话，那就是对自由生活的热爱和对自由理想的探索。他坚称，自由是其一生的追求。“我认为我在任何时候都是爱自由的。而在我们这个时代，我甚至想崇拜它。”② 在1842年，他再一次向自己的选民宣称自己的政治原则：“我是一个自由主义者，别的什么都不是。在1830年以前我是一个自由主义

① Cheryl B. Welch, De Tocqueville. Oxford; New York: Oxford University Press, 2001, p. 42.

② ［法］托克维尔著，董果良译：《论美国的民主》，商务印书馆1988年版，第873页。

者；现在我依然是。”① 在波拿巴发动政变前夕，他向博蒙吐露，“只有一个我肯定总是要追随的决心：使我们的各项自由权胜利地度过这次危机”。② 在其生命的晚期，第二帝国的统治已貌似巩固，大部分国人都已将政治奴役作为美德的组成部分之时，他依然声称：“我的本性比我的意愿更抵制它（奴役）。一种不屈的本能强迫我像往常一样总是使我处于这种位置上。”正是由于他的这种坚强不屈的政治立场，他感到自己生活在一个道德与精神的孤独状态之中。③ 正如晚年的屈原曾赋《涉江》以明志：“余幼好此奇服兮，年既老而不衰”，追求自由是托克维尔至死不渝的事业。

托克维尔对自由一词的理解不同于古典自由主义，而更显示出其执着之处。古典自由主义者常常将自由同生命、财产、幸福等各项权利相提并论，这样既降低了自由的规范地位，又导致了将自由视为一种实现现实福利的工具或手段的倾向。而在托克维尔看来，“我将自由视为首要的善”，④ 并且“自由在政治世界中犹如空气在物质世界之中”⑤。自由在托克维尔的表述中具有首要的规范地位。托克维尔又认为：“自由本身的魅力，与自由的物质利益无关……谁在自由中寻找自由本身以外的其他东西，谁就只配受奴役。”⑥这表明，自由的价值在托克维尔的眼中，不在于它的工具性，而自由本身就是一种政治生活的目的，一种独立的政治价值。另一方面，托克维尔也意识到：“自由久而久之总会带来富裕、福

---

① Quoted in Alexis de Tocqueville, Writings on Empire and Slavery, Ed. and Trans. by Jennifer Pitts. Baltimore: Johns Hopkins University Press, 2001, introduction: p. X.

② Alexis de Tocqueville, Selected Letters on Politics and Society, p. 261.

③ Alexis de Tocqueville, Selected Letters on Politics and Society, p. 326.

④ Alexis de Tocqueville, Selected Letters on Politics and Society, p. 326.

⑤ Alexis de Tocqueville, Journeys to England and Ireland, Trans. by George Lawrence and K. P. Mayer, Ed. by J. P. Mayer. New Haven: Yale University Press, 1958, p. 117.

⑥ [法]托克维尔著，冯棠译：《旧制度与大革命》，商务印书馆 1992 年版，第 203 页。

利，而且常常带来财富。"①所以，同传统自由主义者往往将自由视为一种手段的观点不同，自由被托克维尔视为一种手段与目的的结合，但首先是一种目的。

虽然托克维尔常常坚持自由作为善的"优先性"，但他常常是以一种劝诫或情感化的口吻谈起自由的优先性。托克维尔从来没有在理论上论证过自由的优先性，并且对于这种优先性的坚持也并不总是始终如一的。比如，他有时认为："平等也许并不怎么崇高，但它却是非常正义的。"② 由于他关注现实政治中稳定的民主秩序的构建，他也认为："如果自由是一种无价的善，那么在我们当代或许很少被珍视的稳定是另一个。"③ 总体而言，托克维尔没有从理论上证明自由具有压倒性的重要性，它在道德与政治上应胜过其他的善，更没有证明其他的善在地位上优于自由。托克维尔对自由的规范认识的模糊性主要源于如下原因：他将理论视为政治现实的依附物，理论本身并不具有自给性，他对理论的表述重点往往随现实政治形势而转换；自由往往被他视为一种"自由之爱"，具有情感性与审美性，不能以一种理性算计、逻辑推演的方式来理解。

如果说托克维尔没有从理论上论证过自由的规范地位，那么他对自由概念的运用、自由内涵的认定也往往是混乱的、甚至是自相矛盾的。他常常使用的关于自由的概念有："个人自由"、"政治自由"、"公共自由"、"精神的自由"、"民主的自由"、"教区自由"、"寡头自由"和"城市自由"。当他谈到自由一词的含义时，有时指的是"自由地选择善之物"④；有时指的是"做自己的主人"；⑤

① ［法］托克维尔著，冯棠译：《旧制度与大革命》，商务印书馆 1992 年版，第 202 页。

② ［法］托克维尔著，董果良译：《论美国的民主》，商务印书馆 1988 年版，第 884 页。

③ Quoted in Françoise Mélonio, Tocqueville and the French, p. 9.

④ Alexis de Tocqueville, Journeys to England and Ireland, p. 117.

⑤ ［法］托克维尔著，董果良译：《论美国的民主》，商务印书馆 1988 年版，第 672 页。

有时指的是“智力活动自由”①；有时指的是“公民摆脱孤立”，“联合起来”。② 有时他会指出“自由”一词在具体行文中的含义，有时则完全听凭读者的理解；他有时也将“自由”称为“民主”；③ 他有时却将“民主的自由”同“民主的暴政”对立起来，④ 意指在身份平等的社会条件下人们所享有的自由，有时却认为中世纪的法国公社中存在着“民主自由精神”。⑤ 总之，从托克维尔的正式与非正式文本中，我们找不到一种对自由观念的始终一致的表述，更找不到托克维尔对自己的自由观念的有意识、有系统的论证，托克维尔对自由一词的运用完全是情境性的。凡此种种，为我们提出的一个问题是：托克维尔是否拥有一种一致的、整合的自由观念？

第二节 自由的内涵

在贡斯当之前，对自由观念的认识存在着两种并非完全分离、完全排斥的传统。霍布斯认为：“自由这一词语，按照其确定的意义来说，就是外界障碍不存在的状态。”因此，自由就是“用他自己的判断和理性认为最合适的手段去做任何事情的自由”⑥。洛克将自由分为自然状态下的自由与社会状态下的自由：“人的自然自由，就是不受任何上级权利的约束，不处在人们的意志或立法权之

① [法] 托克维尔著，董果良译：《论美国的民主》，商务印书馆 1988 年版，第 528 页。

② [法] 托克维尔著，冯棠译：《旧制度与大革命》，商务印书馆 1992 年版，第 35 页。

③ [法] 托克维尔著，冯棠译：《旧制度与大革命》，商务印书馆 1992 年版，第 90 页。在这种情况下，我们知道他指的是一种行使政治权利的自由。

④ [法] 托克维尔著，董果良译：《论美国的民主》，商务印书馆 1988 年版，第 20 页。

⑤ [法] 托克维尔著，冯棠译：《旧制度与大革命》，商务印书馆 1992 年版，第 306 页。

⑥ [英] 霍布斯著，黎思复、黎廷弼译：《利维坦》，商务印书馆 1985 年版，第 97 页。

下，只以自然法作为他的准绳。处在社会中的人的自由，就是除经人们同意在国家内建立的立法权外……不受任何意志的统辖或任何法律的约束。”① 孟德斯鸠认为：“自由仅仅是：一个人能够做他应该做的事情，而不被强迫去做他不应该做的事情。”“自由是做法律所许可的一切事情的权利。”② 从霍布斯、洛克、孟德斯鸠关于自由的界定中可以归纳出的共同点是：自由意味着在外界障碍不存在或最小程度存在的情况下，个人不涉及他人而进行自我选择的权利。这是一种以个人为单位，以摆脱束缚为目标的自由观。在斯宾诺莎看来，自由并不是摆脱或减少外部的强制，而是从外在的因果强制中解脱出来，实现自己的内在自由与主体力量。因此，“民主政治是最自然的，与个人自由最相结合的政体”③。所以，斯宾诺莎强调作为个人自由判断、自我选择的理性与思想自由原则。卢梭声称，自由意味着：“一个人一旦达到有理智的年龄，可以自行判断维护自己生存的适当方法时，他就成为自己的主人。”④ 为了实现自由，“要寻找出一种结合的方式……由于这一结合而使每一个与全体相结合的人只不过是服从自己本人，并且仍然像以往一样自由。”⑤ 自由在这里成为一种理智选择、社会存在的自由。斯宾诺莎与卢梭的自由观的共同之处在于：自由并不意味着摆脱外部的障碍，而是意味着个人之间通过共同的联合主动控制外部环境，以达到自我实现。在两人看来，实现自由的单位是联合起来的个人，目标是达到对外部世界的控制。总之，在贡斯当之前，在政治思想史上存在着关于自由的两种观点：以个人自给、内向消极为特征的自由观和以个人联合、外向积极为特征的自由观。

---

① ［英］洛克著，叶启芳、瞿菊农译：《政府论》下篇，商务印书馆 1964 年版，第 16 页。

② ［法］孟德斯鸠著，张雁深译：《论法的精神》，商务印书馆 1997 年版，第 154 页。

③ ［荷兰］斯宾诺莎著，温锡增译：《神学政治论》，商务印书馆 1963 年版，第 219 页。

④ ［法］卢梭著，何兆武译：《社会契约论》，商务印书馆 1997 年版，第 9 页。

⑤ ［法］卢梭著，何兆武译：《社会契约论》，商务印书馆 1997 年版，第 23 页。

从贡斯当开始，人们开始对自由观念进行自觉地、有意识地、系统地表述、梳理、分类与反思。贡斯当对自由观念的反思来自后革命时代法国自由主义的一个中心问题：为什么以自由、平等、博爱为名义发动的大革命却最终堕落为血腥的专制？贡斯当的回答是：悲剧的根源在于误解与错用了两种性质根本不同的自由观念："在有共同祖国的公民中间分享社会权力"；"享受有保障的私人快乐"。① 前者他称之为政治自由，后者他称之为个人自由或个人独立。通过历史与社会分析，他认为，"个人自由是真正的现代自由"，是适合广大疆域的现代商业国家的自由；② 而政治自由则是适合古典小国寡民、清淡朴素的社会生活的古代自由。虽然在其演说的结尾，贡斯当的论述发生了少许的转换：他指出，政治自由不仅仅是现代自由的工具性要求，它也是一个实在的善。③ 但他第一次实现了对前人表述过的处于混沌状态中的两种自由观念的彻底的划分与内在的决裂。在贡斯当之后，柏林将自由观念划分为消极自由与积极自由。消极自由就是"'免于……'的自由，就是在虽变动不居但永远清晰可辨的那个疆界内不受干涉。"④ 而积极自由就是个体（这种个体也会被伸延为国家、阶级或民族）"成为他自己的主人"。⑤ 民族的独立与自由、自我实现、民主与博爱都不属于

① ［法］邦雅曼·贡斯当著，阎克文等译：《古代人的自由与现代人的自由》，商务印书馆1999年版，第33页。

② ［法］邦雅曼·贡斯当著，阎克文等译：《古代人的自由与现代人的自由》，商务印书馆1999年版，第41页。

③ 这是针对革命后非自由主义的民主思想的消散使雅各宾专政的危险得以减轻，而拿破仑帝国的统治导致了公共生活的非政治化而作出的反应。学者们认为贡斯当关于两种自由的论述所出现的些许转换是源于《古代人的自由与现代人的自由》这一篇演说成形于不同时间，这种转换反映了他对不同时间内政治生活主题变迁的感知。这种对时代思想文化氛围转换的朦胧的反应在托克维尔那里得到了明确的弘扬。

④ ［英］以赛亚·柏林著，胡传胜译：《自由论》（《自由四论》扩充版），译林出版社2003年版，第195页。

⑤ ［英］以赛亚·柏林著，胡传胜译：《自由论》（《自由四论》扩充版），译林出版社2003年版，第200页。

消极自由的范畴；自由一词必须包含最低限度的消极自由。消极自由与积极自由在实践中必然会导致深刻的对立；消极自由“显得更真实也更人道”,① 因为它来自人类价值多元存在的事实；对积极自由的追求来自人类幼稚的对确定性与绝对价值的渴望，是一种“根深蒂固而更加危险的道德与政治不成熟的表现”②。哈耶克也是自由无机论与消极论的持有者。他认为，自由是一种状态，“在此状态中，一些人对另一些人所施以的强制，在社会中被减至最小可能之限度”③。这种自由意味着独立于他人的个人选择的范围的大小，又被称为个人自由或人身自由。政治自由是人们对政治生活的参与与控制，个人自由并不以这种集体自由（包括民族自由）为要件；内在自由意味着人们的行动受其深思熟虑的理性或信条的引导，但它是对“自由理想危害最大者”;④ 能力或力量的自由意味着我是自己的主人并且能够遵循自己的选择，它会摧毁保障个人自由的措施，导致对财产再分配的要求。因此，“力量或能力意义上的自由、政治自由与内在自由这三者状态，一如上述，实与个人自由的状态不同”。⑤ 通过上述三人的理论努力，人们似乎认为，关于自由的不同的认识之间是对立冲突、不可妥协的，各种自由范畴之间并无必然的联系，真正的自由仅仅是一种明确界定的、惟一存在之物。这样，由于三人的努力，使自由观成为一种内在分裂的、无机的自由观。托克维尔的自由观不符合上述两种自由观传统中的任何一种，也无法适用上述三人对自由观的人为划分，他的自由观

---

① ［英］以赛亚·柏林著，胡传胜译：《自由论》(《自由四论》扩充版)，译林出版社 2003 年版，第 244 页。

② ［英］以赛亚·柏林著，胡传胜译：《自由论》(《自由四论》扩充版)，译林出版社 2003 年版，第 246 页。

③ ［英］弗里德利希·冯·哈耶克著，邓正来译：《自由秩序原理》，生活·读书·新知三联书店 1997 年版，第 3 页。

④ ［英］弗里德利希·冯·哈耶克著，邓正来译：《自由秩序原理》，三联书店 1997 年版，第 9 页。

⑤ ［英］弗里德利希·冯·哈耶克著，邓正来译：《自由秩序原理》，三联书店 1997 年版，第 13 页。

是一种有机的自由观。

令人惊奇的是，作为托克维尔的理智前辈的贡斯当提出的关于古代人的自由与现代人的自由的断裂性主题无论是在托克维尔的文字表述上还是在思想内容上都几乎看不出有什么明显的影响。我们在现存已发现的托克维尔的正式与非正式文本中，没有发现托克维尔对贡斯当的提及，也看不到贡斯当对他的明确影响。作为 19 世纪初、中叶法国两位伟大的自由主义者，竟然全然未曾在思想上产生过某种交接与碰撞，这的确是一件非常奇怪的事情，学界也有诸多推测。

1829 年，贡斯当在谈到他对自由的投身时，这样说道："40 年来，我捍卫同样的原则，在一切事物包括宗教、哲学、文学、工业、政治中的自由；我意指的自由是个性对于企图专断地进行统治的权威和要求少数从属于多数权利的大众的胜利。"至于托克维尔，在描述他在 1848 年 7 月革命后的情感时这样说："我在一个社会中度过了青年时代的最好时光，这个社会在自由增加之时，似乎伟大与繁荣也得到了增加；我获得了一种受制约的与平衡的自由的思想，他被宗教信仰、法律和民情所控制；我被这种自由的快乐所感动，而它已成为我终生的激情。我感到根本不会因为它的丧失而得到宽慰。"两个思想家之间显然存在着某种冲突，"个性的胜利"并不确切地和"受制约的平衡的自由"相一致；一种更强调自由主义中的个人主义涵义，另一种更强调某种更平衡、更中道的自由观念。

爱德华·德·格莱布在第二帝国期间，刚好在托克维尔去世之后，重新出版了本杰明·贡斯当的《宪法学讲义》，他表达了自己的惊讶:《论美国的民主》的作者在自己的作品中从没提到过这位稍早的自由主义者，也可能甚至从未读过他的著作。在完成《论美国的民主》之后的托克维尔的所有信件与文献也印证了这种疑惑。

查理·德·雷米萨和托克维尔非常熟悉，并且在 1851 年的雾月政变后成为他的热心朋友。雷米萨在和托克维尔同一时间写作自己的《回忆录》时，非常遗憾地评价贡斯当的作品"被阅读得很少”，托克维尔是一位“阅读得很少”的原创的、深刻的思想家。他认为：“托克维尔几乎是从自身获取所有东西，很少从别人那里得到……这可以使得他的原创思想都带有他个人的印记，并且相信其他人并不拥有。”托克维尔可能是以一种节制的方式有意不去关注贡斯当的著作，特别是其中和他的写作工程有关的主题。雷米萨认为托克维尔在从事这项工程(《论美国的民主》)时头脑非常清晰：“不是研究书本中的社会，他想观察遥远海岸线上的最新形式。他在美国的旅行不仅仅是对纽约的一次访问，也不仅仅是获得一次同外国人交谈的机会，而是对现实的全部领域的直接而积极的探索。”可见，托克维尔有意的不去阅读或不愿提及贡斯当，是为了保持和突出自己的思维过程和思想结论的原创性与新颖性。但是，据雷米萨所言，托克维尔是一位具有极高文化素养的人，大量阅读了古典作品、法国经典及同法律学习有关的书籍。他拥有关于以往世纪的大量信息，包括人们的行为方式与道德风貌的具体细节。如果他不是自己文化的敏锐观察者，他所写的关于美国的著作就会缺乏许多深刻的原创性与审慎的风格。也可能是这种情况：托克维尔不愿在他的著作中公开表示致谢，但此种情况并不能说明他没有读过贡斯当的著作。他不可能不受复辟时期政治思想的影响。通过他对基佐演说的兴趣和他对拉莫莱的教权至上主义的厌恶，我们就可以看得出。这样，“阅读得很少”并不能确切地解决似乎作为托克维尔的陌路人——贡斯当的问题。

我们可以推测，托克维尔的阅读习惯受到早先形成的趣味与偏好的引导。很难相信，贡斯当对于他仅仅是一个遥远的名字。可能情况是，他曾经阅读过贡斯当，但由于理念与偏好的分歧，后来就不再理会他了；更可能的是，不再理会贡斯当之后，他也就不再认真阅读贡斯当了。兰伯提发现，有内在证据表明托克维尔曾经读过贡斯当的1829年《文集》。但是，在那时，他的正统信仰不会使他对作者产生同情与共鸣。此时，贡斯当作为一个奥尔良分子，托克维尔的正统情感自然会使他漠视贡斯当的著作。如果他从美国返回构思《论美国的民主》时，由于先前所形成的成见的影响使他不愿再触及贡斯当的著作，这就不会使人感到惊讶了。①

我们发现，仅仅在一处，托克维尔提出提出："人们把自己的力量同自己的同志的力量联合起来共同活动的自由，是仅次于自己活动自由的最自然的自由。因此，我认为，结社权在性质上几乎与个人自由一样是不能转让的。"② 在这里，他涉及了两种形式的自由：联合起来的自由与个人自由；他把"联合起来共同活动的自由"视为结社权，和贡斯当提出的古代自由的含义并不完全一致；而且他也没有认为这两种自由是不同的历史类型，并且在一定程度上相互对立或排斥。在绝大部分情况下，他并没有把自由一词划分为各种不同的范畴，更从来没有认为各种含义之间是相对独立、甚至断裂的。更肯定的是，他从来没有认为上述几位思想家对个人自由与政治自由的划分、对消极自由与积极自由的划分、对外在自由与内在自由的划分是存在的。虽然他没有提出一套系统的自由观，但无论是在他的正式文本还是在非正式文本中，上述几位思想家划分出的相互对立的自由范畴所分别表达的含义都包括在他对自由一词的使用中。所以，如果说可以从托克维尔的自由主义政治思想中提炼出一种自由观的话，他的自由观是一种有机的、包容性的自由观。

那么，托克维尔的自由观具体包括哪些内涵呢？结合托克维尔在对自由一词使用时的不同含义，我们可以认为，它主要包括以下几个方面：首先是个人自由，即人身、安全、财产诸项涉及个人私生活领域的自由；其次是政治自由，即作为公民身份参与政治生活、行使政治权利的公共领域的自由；然后是在私人与公共生活中成为自己的主人，达到自我实现的自由；最后是个人在共同体共同的理智氛围中进行精神探索、思想创新的自由。那么，托克维尔的

---

① Cf. George Armstrong Kelly, The human comedy: Constant, Tocqueville, and French liberalism, with a foreword by Stephen R. Graubard. Cambridge [England]; New York: Cambridge University Press, 1992, pp. 2-5. 在该书中，凯利对两人思想之间的关联性与断裂性进行了详尽的探讨。

② [法] 托克维尔著，董果良译：《论美国的民主》，商务印书馆 1988 年版，第 218 页。

自由观中最根本的内涵是什么呢？托克维尔的自由观在执着于为自由观清理门户的卫道士们看起来是这么庞杂，这么充满矛盾，他会不会因此丧失作为一个自由主义者的身份呢？我们知道，自由主义的理论基础与方法论前提是个人的独立（或被人贬称为个人主义）。在上述引语中，可以看出托克维尔认为“个人自由”高于“联合起来共同活动的自由”；托克维尔对民主社会发展趋势的主要担忧是它造成个性的平庸化、社会的同质化；如果说专制的反义词是自由，那么托克维尔在对不同形式的暴政的讨论中，绝大部分时候担忧的都是国家、社会对个人或少数人独立行动与思维能力的压制。所以，虽然托克维尔认为专制对自由的侵犯已不再局限于像传统自由主义者所认为的那样只是个人的生命、财产、安全、幸福等诸项权利，但他的基本关注还是作为自由主义基点的个人，个人的物质生活与精神创造的自由。托克维尔虽然在其作品中特别强调捍卫政治权利的可贵性、扩大政治参与的必要性，但这种情况一方面反映了托克维尔的有机自由观——个人自由与集体自由密不可分，另一方面也反映出了一位政治家对现实政治倾向的敏锐的感受与分析。所以，托克维尔不但是一位自由主义者，而且还是一位视野开阔、富于灵活性、不具有理论偏执狂的中道自由主义者。

第三节　自由的多维性

我们认为，托克维尔的自由观具有丰富的内涵、广阔的视野，免受了现代思想家的理论偏执性。为了进一步理解托克维尔的自由观的丰富的、多重的含义，也为了彰显出托克维尔的自由观的中道性，我们从多重的角度和层次对托克维尔自由观中的每一对维度和每一对立极进行解析。在这里，每一对维度都是对立的统一，所有各个层次上相对立的维度的总和就构成了托克维尔自由观的中道性。

一、自由的个人维度与公共维度

托克维尔指出：自由“就是在上帝与法律的惟一统治下，能无拘无束地言论、行动、呼吸的快乐"①。他又指出：每个人"在仅与他本身有关的一切事务上，他都是自由的。也就是说，他是自由的"②。托克维尔的这些表述使我们想起传统自由主义者对自由观念的个人的、消极的认识。他还以赞赏的口吻称赞统治美国社会的两大原则之一是："每个个体，私人、社会、共同体或国家，是自身利益的最好判断者。"③就是在此处，他也没有把行使自由的单位如柏林、哈耶克一样只限定为个人。通过这些表述，我们看到的是一个似乎作为古典自由主义者的托克维尔，但我们更能肯定的是对个体（包括个人与社会）独立的强调是托克维尔自由观中的应有之义，托克维尔在捍卫个人自由之时并没有堕入个人主义的泥淖。

但是，托克维尔同时又指出，自由"是一个领域，在其中，我们不得不手挽手行进。"④ 托克维尔还认为："惟有自由才能使公民摆脱孤立，促使他们彼此接近……只有自由才能使他们感到温暖，并一天天联合起来……"⑤ 在这里，托克维尔所使用的"自由"一词的含义显然不是不受外界干涉的自由，而是公民联合起来共同行动的自由，参与政治生活的自由。从这些论述中，我们看到的是一个提倡政治参与和公共精神的卢梭主义者的形象，而非古典自由主义者的形象。

所以，有人认为："托克维尔对于它（自由）有着相互对立的概念。"⑥ 托克维尔认为，现代社会有两大趋势：一是个人越来越

---

① ［法］托克维尔著，冯棠译：《旧制度与大革命》，商务印书馆 1992 年版，第 203 页。

② ［法］托克维尔著，董果良译：《论美国的民主》，商务印书馆 1988 年版，第 72 页。

③ Alexis de Tocqueville, Journey to America, 149.

④ Alexis de Tocqueville, Memoir, Letters, and Remains, 2: 428.

⑤ ［法］托克维尔著，冯棠译：《旧制度与大革命》，商务印书馆 1992 年版，第 35 页。

⑥ Edward C. Banfield, "The Illiberal Tocqueville". Ken Masugi, Interpreting Tocqueville's Democracy in America. Savage, Md.: Rowman & Littlefield Publishers, 1991, p. 243.

弱小，国家与社会越来越强大；二是个人主义的盛行造成了对公共事务的冷漠，形成了政治奴役的可能性。个性不等于个人，个人的独立不同于个人主义。针对个人力量的弱化与个人主义的盛行，托克维尔提出的疗方是通过公共事务的参与、公共精神的弘扬来增强个人的主体意识，培养个人的独立精神。个人独立与公共精神统一在“一件重要的事情中”：“即自己应当继续做自己的主人。”①做自己的主人体现了个人独立与公共参与的结合。所以，人们认为：“托克维尔的自由思想总是表明了不干涉的权利，也表明了对集体事务关注的积极判断。”②也许梅洛尼奥对托克维尔自由观念的中道性描述得更为准确：“托克维尔的古怪性来自他对关注于自由的现代概念的防卫性自由主义，即个人独立与对古代人的自由，即政治参与的称赞的结合。”③

二、自由的封建维度与现代维度

托克维尔不同于传统自由主义者的一个独特观点是：资本主义秩序的建立并不意味着自由的曙光，自由可在任何社会与政治形式中存在。在《论美国的民主》中，他提出了两种自由类型：英国的“贵族阶级的自由”和美国的“平民的和民主的自由”。④在《英格兰与爱尔兰之旅》中，他提到了中世纪的“寡头自由”（oligarchic liberty）⑤。在《1789 年前后法国社会政治状况》中，他提出了两种历史类型的自由概念：中世纪的自由，即“贵族式的自由”，是“人们想在行动或某些行动中自由，并非是因为所有人均有独立的普遍权利，而是因为每个人本身拥有保持独立的特殊权利”；而现代的自由概念，即民主的自由概念，“我敢说按自由的

---

① ［法］托克维尔著，董果良译：《论美国的民主》，商务印书馆 1988 年版，第 672 页。

② Cheryl B. Welch, De Tocqueville, p. 53.

③ Françoise Mélonio, Tocqueville and the French, p. 137.

④ ［法］托克维尔著，董果良译：《论美国的民主》，商务印书馆 1988 年版，第 33 页。

⑤ Alexis de Tocqueville, Journeys to England and Ireland, p. 38.

准确①概念，每个人……生来便有平等而不可剥夺的权利，在只涉及他本人的一切事务上，独立于他人之外，并有权任意支配自己的命运”。虽然他认为，在贵族式自由概念中，产生出了对个人价值的强烈认同和对独立的狂热爱好，并且使人们做出卓越的行动，创造出了最伟大的民族，但他还是认为自由的现代概念是“正义的”。② 这两种概念之间是否存在着一种类似贡斯当式的断裂呢？

托克维尔的社会学分析认为，在等级社会中，每个人彼此不同，个性精神非常强烈；而在大众社会中，人们之间彼此平等与相似，个性精神几乎消失。因此，“贵族制的精神在于发挥个性”，“民主制的精神要求人们同化”；③ 托克维尔认为，思想自由需要悠闲，而这是贵族社会的遗产，在民主社会中几乎难以获得；托克维尔还认为自由的要件之一是，粗犷的独立意识，自觉投身于公共讨论的意愿，和对权威的偶尔的蔑视与挑战，而这些都是贵族传统的产物。④ 所以，他才认为：“在像我们一样的民主社会中，自由比在我们以前的某些贵族社会中更难建立和维持。”⑤ 他还认为：“作为人的个性是一种独一无二的贵族的拥有物。”⑥ 他甚至私下认为：“当你保留了你的贵族制，你就保留了自由”，“如果它逝去了，你就处在沦为最坏的暴政的危险之中——被一伙暴众任命和控制，或许根本就是被控制的一个专制者的暴政。”⑦ 由于贵族时代的逝去已是大势所趋、天意所定，所以托克维尔建议，用一种健康的贵族

---

① 英译本将“准确的”译为 just，即正义的，显然更为恰当，符合托克维尔对现代民主社会的一贯态度。

② ［法］托克维尔著，冯棠译：《旧制度与大革命》，商务印书馆 1992 年版，第 307、308 页。

③ ［法］托克维尔著，董果良译：《论美国的民主》，商务印书馆 1988 年版，第 832 页。

④ Alexis de Tocqueville, Selected Letters on Politics and Society, p. 281.

⑤ Alexis de Tocqueville, Selected Letters on Politics and Society, p. 347.

⑥ Quoted in Edward T. Gargan, Alexis de Tocqueville: The Critical Years, 1848-1851. Washington, D. C: The Catholic University of America Press, 1955, p. 72.

⑦ Alexis de Tocqueville, Memoir, Letters, and Remains, 2: 251.

文化给予民主社会某种教育与培养，以抑制民主之激情和使个人成为其所期望之人。正如他所言："某种传统的影响，概之即贵族因素，在一个自由政府中是非常必要的。"① 甚至有人这样描述托克维尔自由观中的贵族因素："成为自我与自己领域的主人，对家族和依附者负责，忠于自己的领主或君主，但最终仅对上帝和自己同等地位的人尽责。这种贵族概念仅仅是自由在历史中的一种表现，但这种概念却接近托克维尔的人类自由理念的核心。"② 不管怎样，我们无法抹煞托克维尔的自由观念在对现代的自由概念的接受中还包含着浓厚的贵族传统的影响。

三、自由的世俗维度与英雄维度

在关于阿尔及利亚殖民政策的一篇文章中，托克维尔详尽地讨论了在一个新建社会维护各项个人自由权利的问题。他认为，个人自由的主要内容即"利用自己的人身与财产的自由"，是"在法国享有的许多最重要和最宝贵的自由"中的"两个即便是在最绝对的君主制下也可找得到的两个伟大的市民自由"。③ 托克维尔在给他的英国朋友历史学家格罗脱（Grote）的一封信中写道："你捍卫了我们古老的欧洲社会体系被建立于其上的保守原则，捍卫了自由以及依附于它的个人责任；你特别保卫了财产制度。你是非常正确的；没有这些基本法则，你几乎不能想象生活，我也如此。"④ 根据上述表述，托克维尔似乎是一个捍卫世俗的人身与财产自由的传统自由主义者。

托克维尔对19世纪初工业革命的发展和初等教育的普及所带来的财富的积累与文化的发展似乎无动于衷。他对这种社会进步的感受只是：对物质福利的狂热追求，个性平庸的盛行及精神创造活

---

① Quoted in Roger Boesche, The Strange Liberalism of Alexis de Tocqueville, p. 172.

② Cheryl B. Welch, De Tocqueville, p. 52.

③ Alexis de Tocqueville, Writings on Empire and Slavery, pp. 162-113.

④ Alexis de Tocqueville, Selected Letters on Politics and Society, p. 250.

动的衰微。他认为，物质享乐“会忽视那些可使人类光荣和伟大的最宝贵的享乐”①。所以，他虽然认为财产权是人类社会存在的基础，是行使人类自由的必需手段，但他从来没有接受将财产权视为神圣不可侵犯的自然权利观；他揭示，财产权在未来会有各种超出人们想象的实现形式，并且讥讽老自由主义者“托利党人对财产权的迷信的崇拜”②。针对现代社会中的个性平庸与精神萎靡，他认为，自由是“男性美德与伟大行动的最富饶的资源之一。无论是安宁或福利都不能取代它的位置”③。“单是自由就可以给予一般的人类社会和构成社会的具体的个人以我们物种所能够获得的所有繁荣与伟大。”④ 自由并不只体现为导致个体弱化与精神贫乏的发财冲动，它还体现为对崇高事物的向往与献身。托克维尔心目中的自由不仅具有对世俗的物质福利与繁荣的追求的维度，还含有对世俗的物质之爱的超越和对伟大的行动与精神生活的追求的维度。

四、自由的普世维度与民族维度

托克维尔认为，存在着由全世界中的全人类的多数制订和采纳的正义的法律，它高于由各个国家中人民的多数制订和采纳的法

① [法]托克维尔著，董果良译：《论美国的民主》，商务印书馆 1988 年版，第 664 页。

② Alexis de Tocqueville, Journeys to England and Ireland, p. 85.

③ Alexis de Tocqueville, Selected Letters on Politics and Society, p. 326.

④ Alexis de Tocqueville, Selected Letters on Politics and Society, p. 366. 托克维尔对战争的矛盾态度就显示出他的自由内涵的特定观点。一般情况下，他认为战争会导致社会秩序的强化，会产生政治集权。还认为：消灭一个国家自由的办法之一就是发动战争，这是一条政治学原理。但是，他又认为，要想挽救一个萎靡堕落的民族，恢复她对自由的激情与渴望，必须通过战争才能唤醒她。他本人也表现出一系列的勇敢行为：他不是毫无冒险地来到美国；旅美期间，即使在新奥尔良爆发了霍乱仍然前往，他深入至印第安人生活的西部腹地；他两次来到处于战争状态中的法国殖民地——阿尔及利亚进行考察；他冒着生命危险走上 1848 年六月起义的街头，为议会对形势判断提供信息。

律。“因此，公道（正义）就为每个国家的权利划清了界限。”① 在讨论集权与公共管理问题时，他又提出：“逐渐地引进英国与美国的原则，这真正是惟一的*自由民族的普遍法则*（斜体为原书所加——作者按）。”② 这表明，托克维尔承认存在着正义的、普遍适用的自由原则。

但是，托克维尔又不是一位普世意义上的自由主义者。对社会与精神生活中个性、独立性、多样性的热爱又使他觉得：“自由中的一致性在我看来总是令人厌烦的。”③“如果自由要以同样的一些特点出现于世界各地，我还觉得那是人类的一大不幸。”④ 这表明，托克维尔虽然承认自由由一些基本原则构成，但自由的具体制度与实现手段则是多样性的，这特别表现在他对自由主义与民族主义之间的一致性的认识上（而柏林、哈耶克则明确地将民族独立、集体自由排除出真正的自由观念）。

托克维尔不是一个康德意义上的道德普世主义者，他说：“我相信人类的利益可以靠给予每个人一个特定的祖国而不是试图点燃他对整个人类的激情就可以得到更好地满足。”⑤ 爱国主义同人类的正义并不必然冲突。他还认为：“自由是一种必备条件，没有它，就不会有真正伟大与强大的国家。”⑥ 自由与民族主义并不冲突，它还是实现民族主义的一个要件。自由与民族主义的关联在他对法国国家地位的认识的一句话中得到了表达：“法国……在各民

---

① ［法］托克维尔著，董果良译：《论美国的民主》，商务印书馆 1988 年版，第 287～288 页。

② Alexis de Tocqueville, Journeys to England and Ireland, p. 98.

③ Alexis de Tocqueville, Selected Letters on Politics and Society, p. 302.

④ ［法］托克维尔著，董果良译：《论美国的民主》，商务印书馆 1988 年版，第 367 页。

⑤ Alexis de Tocqueville, The European Revolution and Correspondence with Gobineau, Trans. and Ed. John Lukacs. Gloucester. Mass.: Peter Smith, 1968, p. 170.

⑥ Alexis de Tocqueville, Selected Letters on Politics and Society, p. 166.

族中作为一个自由主义国家，不应该失去它的恰当的和天然的声望。”① 托克维尔曾饱含深情地回忆起祖母给予自己儿子的关于在旧制度下一种自由而光荣的生活的建议：“噢，那么，我的孩子，永远不要忘记，一个人首先要使自己对祖国负有义务，没有他不能为它做出的牺牲；他不能对它的命运毫不介意，而且上帝要求他，必要的话，应该总是奉献出自己的时间、财产乃至生命以服务于国家与国王。”② 托克维尔之所以坚持自由的民族维度，是因为他认为，自由的实现需要公共生活的参与和公共美德的塑造；而在当时的法国，人们退回到私生活的小圈子中，沉溺于物质福利的追求中，忘记了自己的公共义务与责任；而通过对爱国主义、民族意识的倡导，就可以唤起人民的公民美德，走出私人领域；最终，自由因民族主义而得到实现。而人们通常对托克维尔的殖民主义与民族主义情结有损于他的自由事业的批评在这里也得到了符合逻辑的消解。

在托克维尔的理智世界中，自由主义与以对外扩张为特色的民族主义是相辅相成的。他像同时期的约翰·密尔一样认为，具有高级文明水平的民族有义务去征服野蛮民族，传播现代自由与民主理念，但他并不否认殖民地有朝一日也要享受启蒙与自治政府。法国之所以有资格统治其他民族，是因为她在自由政治方面享有优先地位，因此有义务向世人传播自由的观念与制度。

托克维尔的自由观在当时的法国社会生活中一俟发酵，也会生发出民族主义与殖民主义情结。自由需要积极的政治参与与丰富的从政经验，而在托克维尔所认为的物欲横流、私利主导的商业社会中，这样的活动与经验只有转移到非欧洲的外部世界中才能获得。显然，对于托克维尔而言，殖民主义不是自由主义的基本原则，但

① Alexis de Tocqueville, Recollections: the French Revolution of 1848, p. 240.

② Alexis de Tocqueville, Selected Letters on Politics and Society, pp. 338-339.

在特定形式下它却是维护自由政治的一种必要的恶。①

五、自由的制度维度与民情维度

为了判断一个国家是否自由，洛克和麦迪逊会审视它的法律、制度及宪法是否保障个人权利；托克维尔则会去考察一件更模糊的事情，他称之为“民情”、“精神”或“特性”。民情是托克维尔政治科学中的核心概念，可以被理解为：影响并浸润于政治社会其间的属于非物质因素的特定社会的理智与精神生活特征的总和，相当于当代所谓的广义的政治文化，包括所有影响政治生活和与政治生活有关的理智活动与行为方式。托克维尔明确指出：“没有一个自由社会没

---

① 我们曾在上文探讨过，托克维尔与密尔之间友谊的决裂很大程度上是由于民族观的分歧。托克维尔认为，战争与英雄行为而不是物质享受是民族的光荣与骄傲；密尔则认为，工商业、教育、道德与好政府象征民族的光荣。密尔指责托克维尔是“易怒的学童”，表现出了“简单的幼稚行为”。Cf. Alexis de Tocqueville, Oeuvres complètes d' Alexis de Tocqueville, V6, 1: 337-338. 密尔完全接受了启蒙思想观，认为国家间商业、贸易会带来繁荣、进步并减少战争；托克维尔则把这个商业与贸易的新世界仅仅看作是小店主的天堂，这样的世界同贵族祖先、1789 年的缔造者、甚至拿破仑赢得的光荣相比实在是太渺小了。托克维尔甚至带着赞赏的口吻声称：拿破仑是“多个世纪以来在世界上出现的……最非凡的人物。”（Alexis de Tocqueville, Selected Letters on Politics and Society, p. 158.）尽管他也在其他地方声称，拿破仑摧毁了法国的自由。

关于托克维尔的自由主义观同其殖民主义、帝国主义观之间的关系问题，学界向来有着很大的分歧。应该说，在一般性原则上，他认为，国家不具有征服和统治其他民族的必要性和合理性，他承认所有民族都有自我统治的能力。他对奥托曼帝国收留俄国反叛者的行为给予了赞赏，认为国际政治应该被国际法、公道感和普遍的而非选择性的原则适用所指导。（Alexis de Tocqueville, Recollections: the French Revolution of 1848, p. 255.）但是，托克维尔和他同时代的自由主义者所面临的一个共同任务是，如何在一个骚乱、动荡时代的欧洲构建自由主义政治秩序。稳定、坚实的共和国要求为国内商业的繁荣、人口激增的压力、社会福利期望的提高、国内阶级的对立与斗争、对政治动荡中失败者的抚慰寻找一个出口。帝国扩张就成为拯救国内自由秩序、缓解国内政治危机的一个手段。可以说，正是由于欧洲国家的殖民政策，才使得它们在从贵族政体向共和政体的过渡中最大限度地避免了无政府状态与国家恐怖。有人甚至认为，19 世纪最伟大的自由主义者都是殖民主义者。

有它的民情。"①还指出:"法律只要不以民情为基础,就总要处于不稳定的状态。"② 所以,人们认为:"对于政治文化的强调或许是托克维尔惟一最重要的理论选择。它的结果是惊人的,因为它扭转了已获得的关于民主的理论观点,并且同几个世纪之久的概念,即政治社会被理解为是被宪法所创造与构建的实体相决裂。"③ 意指托克维尔突破了宪政自由主义者的理论预设。托克维尔并不否认法律和制度对于保障自由的必要性;他寻求建立传统自由主义者所珍爱的对个人自由的法律保障;他支持言论与新闻自由、结社自由、陪审团的审判、个人财产权,等等。他对政治形式的见解也是独到的。"如果自由形式被允许生存下来,它迟早会杀死暴政。"托克维尔在这里所指的自由形式包括选举权、出版自由、集会自由、人身保护令、陪审制度等,即所谓保障自由的法律制度。④ 他还认为:"自由制度的最大用途在于,当人类精神不关心自由时,继续当自由的后盾,并给予自由它固有的某种植物性生命,以使人类精神到时候能回到它那里来。……我认为这是自由制度的主要优点。"⑤托克维尔对于自由形式的独到观点是:自由形式是保存自由的火种,是能够在自由精神(民情)衰微时延续自由的火种。

但是,托克维尔并不认为对个人权利与诸项自由的法律保护是充分的。因为在现代民主中,自由要求对公共事务的参与,参与必须成为一种习惯,成为人们认为是自然事物过程的一个组成部分。"以多数的手段,通过讨论处理所有事务、甚至是最微小事务的习

① [法]托克维尔著,董果良译:《论美国的民主》,商务印书馆1988年版,第739页。

② [法]托克维尔著,董果良译:《论美国的民主》,商务印书馆1988年版,第315页。

③ Sheldon S. Wolin, Tocqueville between Two Worlds: The Making of a Political and Theoretical Life. Princeton, N. J.: Princeton University Press, 2001, p. 207.

④ Alexis de Tocqueville, Journeys to England and Ireland, pp. 181-182.

⑤ [法]托克维尔著,冯棠译:《旧制度与大革命》,商务印书馆1992年版,第310页。

惯，是所有习惯中最难获得的。但是，只有习惯才能塑造真正自由的政府。"① 民情由于能够促成自由政府所必需的习惯与假定，它对于自由政府是必需的；而且它还能够弥补不健全的法律的漏洞。托克维尔在他的笔记中记下了美国国庆日的情景："完美的秩序在主导着。安静。没有警察。到处没有权威。"②然而非常清楚的是，到处都有权威；它已经内化为一套义务与习惯，使法律显得不太重要。

托克维尔不仅强调了政治精神对于维护自由的重要性，纠正了传统自由主义者对政治形式的偏好，更可贵的是，作为一位具有强烈政治现实感的政治思想家，他并没有把两者对立起来，也没有认为两者之间是难以转化的。他认为："在美国，自由的道德已造就了自由的政治制度；在法国，需要自由的政治制度塑造民情。"③民情与制度，构成托克维尔自由观中一对相对分离、相互依赖与相互转换的维度。

六、自由的理性维度与激情维度

自由的理性维度与激情维度同自由的制度维度与民情维度之间存在着某种联系。因为法律、制度常常是理性设计的产物，而激情常常像文化传统与生活习惯一样是非理性的本能的产物。托克维尔通过探讨自由之来源，指出了自由的两种维度："自由的或值得自由的人对于绝对权力所怀有的仇恨同时来自两件事情：来自一种理性的思考和来自一种本能的感情。"④

通过对专制制度与自由制度在公共开支上的比较分析，托克维

① Alexis de Tocqueville, Journey to America, p. 45.

② Alexis de Tocqueville, Journey to America, p. 128.

③ Alexis de Tocqueville, Journey to America, p. 150.

④ Alexis de Tocqueville, The Old Regime and the Revolution, ed. and with an introduction and critical apparatus by François Furet and Françoise Mélonio, tran. by Alan S. Kahan. Chicago: University of Chicago Press, 2001, Notes and Variants: p. 396.

尔指出："专制制度……妨碍人民发展生产……自由……生产出来的财富比它所毁掉的多千百倍。"① 这也是传统自由主义者常持的陋见。正是出于对自由的好处的理性算计的结果，才产生了对自由的理性的追求："他们懂得和记得，一个主子的专断权力最终绝对会减慢或阻止公共繁荣的进步，常常会产生压迫，并总会产生问题，它甚至不能保障导致贪婪灵魂和堕落民族的物质福利。"② 因此，对自由的理性愿望产生于对自由所创造的优良事物之所见。但是，托克维尔指出，还存在着一种对自由的激情，这是"一种某种程度上对独立的公正的、本能的和自愿的愿望"③。托克维尔认为："我们的头脑不会服从机械学的法则。"④ 他又指出："人们运用情感多于理智。"⑤ 所以他得出的结论是，如果愿望不能把自由之爱保持在人们心中，利益要保持自由既不能充分看得见，又不能充分持久。⑥ 老自由主义者常常把理性作为开拓自由的利器，而把情感作为扩大自由范围的障碍。至少，他们会认为，情感由于太虚弱和不确定而不能成为人类活动可以信赖的刺激物。托克维尔虽然承认他是理性时代的启蒙运动的继承者，并没有放弃对理性的信仰；但他又认为，过分依赖理性会导致行动的麻痹，而历史中的伟大行动常常不是来自算计，而是来自短暂的信仰。在理性与激情关系上，托克维尔为什么会偏离传统自由主义者的信仰呢？

这种偏离首先来自他对时代精神的感知。在现代民主社会中，

---

① ［法］托克维尔著，董果良译：《论美国的民主》，商务印书馆 1988 年版，第 237 页。

② Alexis de Tocqueville, The Old Regime and the Revolution , Notes and Variants: p. 396.

③ Alexis de Tocqueville, The Old Regime and the Revolution , Notes and Variants: p. 396.

④ Alexis de Tocqueville, Memoir, Letters, and Remains, 2: 248.

⑤ ［法］托克维尔著，董果良译：《论美国的民主》，商务印书馆 1988 年版，第 254 页。

⑥ Alexis de Tocqueville, The Old Regime and the Revolution, Notes and Variants: p. 396.

由于人们忙于追逐微小的物质利益，为私人利益患得患失，所以，“在我们时代最少遇到的是激情，整合与指引生活的真正的、坚实的激情。我们不再知道如何去想、去爱或去恨”①。人们丧失了行动的动力与习惯。他希望通过对激情的弘扬来弥补因物质之爱而为自由留下的真空，因为纯粹的物质之爱往往是专制的前奏。托克维尔深受帕斯卡尔思想风格的影响。帕斯卡尔提出了两种对立的知识特性：几何学精神与敏感精神，认为敏感精神来自心灵的直觉，只属于少数人。② 他还认为，人们被引向上帝不是靠逻辑的证明而是通过心灵的感知。同样，托克维尔主张自由的迷人之处在于：“有一种（通向自由）的本能倾向，不可抗拒，几乎意识不到，诞生于所有伟大的人类激情的神秘源泉。”③ 托克维尔对自由的激情维度的强调还来自他的贵族精神遗产。在他看来，自由之爱“仅仅在少数人的心灵中占据头等位置”。④他声称他对自由拥有一种“不合时宜的酷爱”。⑤ 不言而喻，自由的理性认识当然属于奔波于生计的芸芸众生。

托克维尔提出了自由的理性维度与激情维度，显然更欣赏自由的激情维度，并且认为激情维度更有利于保持自由，但他并不认为两者相互对立或排斥，也不否认两者会在精英与大众的联合行动中得到完美的结合，而这显然是托克维尔内心深处秘而不宣的潜台词。

---

① Alexis de Tocqueville, Selected Letters on Politics and Society, p. 153.

② ［法］帕斯卡尔著，何兆武译：《思想录》，商务印书馆 1985 年版，第 3～4 页。

③ Alexis de Tocqueville, The European Revolution and Correspondence with Gobineau, pp. 167-168.

④ Alexis de Tocqueville, The Old Regime and the Revolution, Notes and Variants: p. 397.

⑤ ［法］托克维尔著，冯棠译：《旧制度与大革命》，商务印书馆 1992 年版，第 34 页。

第四节 自由的辩证法

托克维尔自由观的灵活性、开放性与平衡性不仅体现在他对自由所内含的各种貌似对立的成分或维度的有机的、统一的认识，还体现在他对自由同政治世界中其他事物之辩证关系的认识上。现在，我们就着手解析在托克维尔的自由观中蕴含着的自由范畴与其他政治范畴之间存在着的某种对立统一关系。

一、自由与民主

自由是托克维尔政治与理论生活的核心价值追求，而在民主时代如何维持自由，如何实现自由与民主的和谐是他的政治理论和实践要解决的核心问题。托克维尔根据社会历史分析方法并求助于上帝的意志，认为："本世纪首先是一个民主的世纪。……欧洲社会即刻的未来是完全的民主；这决不能被怀疑。"① 有些学者认为，托克维尔反对民主，至少是厌恶民主的。应该说，托克维尔作为一个自由主义者，处在理性与情感的调和中，对民主的态度也是中庸的、平衡的："民主社会将不如贵族社会那样富丽堂皇，但苦难不会太多。在民主社会，享乐将不会过分，而福利将大为普及；科学将不会特别突出，而无知将大为减少；情感将不会过于执拗，而行为将更加稳健；虽然还会有不良行为，但犯罪行为将大为减少。"② 他甚至还有点推崇民主："平等（在托克维尔的社会学分析中，常常将平等视为民主的同义语）也许并不怎么崇高，但它却是非常正义的，它的正义性使它变得伟大和美丽。"③

但是民主时代的到来并不意味着历史的终结，人们将丧失选择

---

① Alexis de Tocqueville, Journeys to England and Ireland, p. 67.

② [法]托克维尔著，董果良译：《论美国的民主》，商务印书馆1988年版，第11页。

③ [法]托克维尔著，董果良译：《论美国的民主》，商务印书馆1988年版，第884页。

的自由。乔治·索雷尔在《进步的幻象》一书中将托克维尔作为历史必然论的倡导者之一，考虑到托克维尔的历史进步观念及其对民主前途的期望，这是一种片面而肤浅的认识。① 托克维尔认为，民主可以同专制相结合，也可以同自由相结合。② 历史并没有终结，民主的前途可以是“民主的自由”，也可以是“民主的暴政”。③ 虽然“人对自由的爱好和对平等的爱好，实际上是两码不同的事情”，④ 托克维尔并没有认为民主天然地对自由具有敌意，甚至认为民主内在的独立倾向还会激起人们对政治自由的爱好。自由与民主作为两种不连贯的善，不会必然地导致冲突与竞争。它们之间的敌意纯粹是历史性的，特别是源于一种高度集权的国家形式的发展。民主时代的到来，只是为捍卫自由提供了全新的环境与特别的考验。

正如人们所指出的：“托克维尔总是问自己，可以做出什么事情以便使社会民主状态可能走向自由的民主而不是民主的专制。”⑤ 托克维尔的回答是：“问题不在于重建贵族社会，而在于从上帝让我们生活其中的民主社会内部发掘自由。”⑥ 我们必须在尊重民主、利用民主的基础上维持自由。最终，民主是导致自由还是奴役，是导致文明还是野蛮，则完全依赖人类的自由选择与自由意志。

---

① ［法］乔治·索雷尔著，吕文江译：《进步的幻象》，上海人民出版社 2003 年版，第 282 ~ 283 页。

② ［法］托克维尔著，冯棠译：《旧制度与大革命》，商务印书馆 1992 年版，第 251 页。

③ ［法］托克维尔著，董果良译：《论美国的民主》，商务印书馆 1988 年版，第 2 页。

④ ［法］托克维尔著，董果良译：《论美国的民主》，商务印书馆 1988 年版，第 621 页。

⑤ Jean-Claude Lamberti, “Two Ways of Conceiving the Republic”. Ken Masugi, Interpreting Tocqueville’s Democracy in America. Savage, Md.: Rowman & Littlefield Publishers, 1991, p. 13.

⑥ ［法］托克维尔著，董果良译：《论美国的民主》，商务印书馆 1988 年版，第 873 页。

二、自由与秩序

自由与民主之关系是现代政治生活中特定的崭新命题，而自由与秩序之关系则是政治世界中永恒的最古老的命题。柏克极力谴责大革命，认为“它是对整个社会的摧毁和瓦解”①。托克维尔的家族在大革命中饱受蹂躏，但他甚至在私下也认为：“我是你所认为的大革命的战果的一位真诚而热情的朋友。”② 托克维尔并不是秩序的毫无原则的卫道士。对他而言，秩序既可以成为自由的朋友，也可以成为自由的敌人。托克维尔引用了当时美国一位政治家温斯罗普对自由的界定：“有一种是堕落的自由……它的本质就是为所欲为。这种自由是一切权威的敌人，它忍受不了一切规章制度。……还有一种公民的或道德的自由，它的力量在于联合。”托克维尔认为，这是对自由的“绝妙定义”。③ 显然，他认为自由和某种秩序、权威密不可分。但他又认为：“争吵和热烈的讨论正属于一个自由政府的本质。”④ 显然，托克维尔认为，和秩序相对立的骚动、无序只要不违反社会基本原则，可以激起一种公共紧张和培养一种公共美德以维护自由。秩序，既包括实体：国家与社会等外在秩序，又包括实体的化身：信仰、传统等内化秩序。自由与秩序的关系，在现代民主社会中突出地体现在两种关系上，即个人与共同体之关系和个性与公共信仰之关系。

（一）个人与共同体

这里所说的共同体主要涉及社会与国家。托克维尔反对将个人

---

① ［英］埃德蒙·柏克著，蒋庆等译：《自由与传统——柏克政治论文选》，商务印书馆 2001 年版，第 178 页。

② Quoted in Eduardo Nolla (eds), Liberty, Equality, Democracy. New York and London: New York University Press, 1992, Introduction: p. xxi.

③ ［法］托克维尔著，董果良译：《论美国的民主》，商务印书馆 1988 年版，第 47 页。

④ Alexis de Tocqueville, Memoir, Letters, and Remains, 1: 338.

视为自给的存在的观点，承认权威的存在对社会生存的必要性，①认为个人之服从于社会对自己有利。为维持个人自由与社会秩序之间的平衡，他提出了类似于后来密尔在《论自由》中对个人与社会关系的界定："个人是本人利益的最好的和惟一的裁判者。除非社会感到自己被个人的行为侵害或必须要求个人协助，社会无权干涉个人的行动。"② 为了维护自由，必须在个人与社会之间建立某种恰当的分离、联合与互动。根据对贵族社会与民主社会的比较，他认为：在贵族时代，个人权利强大而社会权威弱小，必须增加与扩大社会权力；而在民主时代，存在着忽视与弱化个人权利而扩大社会权力的倾向，因此必须使个人享有权利与独立性。由此看来，托克维尔对个人与社会之关系的分析，并不是以某种固定、先验的理论基础为前提进行推导，而完全是从历史发展与政治现实的角度进行动态的、灵活的界定。此外，在国家与个人之关系上，他并不迷信古典政治经济学致力于扩大私人领域与限制国家活动的原则。通过对美国政治的实际观察，他得出的结论是："在欧洲，一般认为美国政府的伟大准则是不干涉主义，仅仅作为社会进步的旁观者，个人利益是首要的动力；这是一种错误观点。"③ 在个人与共同体之关系上，古典自由主义崇拜个人至上主义，反对共同体对个人私生活的干涉；卢梭则建议，为了维护现代破碎的共同体生活，必须牺牲个人独立性；托克维尔的原创性在于："托克维尔比其他任何人更好地提出了现代政治哲学的中心问题：在保存公民的同时如何尊重个人"，④ 并且在个人与共同体之关系中找到了一个恰当的、平衡的支点。

---

① ［法］托克维尔著，董果良译：《论美国的民主》，商务印书馆 1988 年版，第 78 页。

② ［法］托克维尔著，董果良译：《论美国的民主》，商务印书馆 1988 年版，第 71～72 页。

③ Alexis de Tocqueville, Journey to America, p. 272.

④ Jean-Claude Lambert, Tocqueville and the Democracies. Trans. by Arthur Goldhammer. Cambridge, Mass.: Harvard University Press, 1989, p. 188.

（二）个性与信仰

传统自由主义者一般认为，教条性信仰、传统、宗教是扩大自由的障碍，特别是宗教被视为自由的敌人；自由的胜利意味着个性的弘扬与信仰的瓦解。托克维尔则在自由与信仰之间看到了某种有机的联系。托克维尔的自由主义的底线是个人的独立，他致力于自由主义者的至爱——个性的弘扬，比如，他担心："在我们的时代与国家中这些具有不可抗拒的吸引力的理论，逐渐引导人类精神毁灭个人生活以把每个社会塑造为一个整体。在法国，这种倾向产生了傅立叶主义和圣西门主义。"① 但他也承认一种社会性的公共信仰对于维持自由的必要性。

托克维尔认为，由于个人理性能力的有限，又由于个人独立有可能蜕变为个人主义，为了更好地保护个性，"不管到什么时候，在智力和道德世界都要有某种权威的存在"②。"一个没有共同信仰的社会，就根本无法存在。"③ 他于1844年在《商业》上发表的文章中认为，18世纪政治哲学带来了社会、政治、精神与道德世界权威的毁灭，"如果废除信仰，我们就需要士兵与监狱"④。如果内在权威消蚀了，就需要外在的权威——暴力去维持社会秩序。正是由于托克维尔承认个性同公共信仰之间的相关性，所以他认为："专制制度可以不要宗教信仰而进行统治，而自由的国家却不能如此。"⑤ 不同于传统自由主义者弘扬个性、贬低公共信仰的理论倾向，托克维尔试图实现两者的和谐，但却产生了一种矛盾：个性自由往往意味着精神自由，公共信条往往会导致托克维尔所恐惧的精神专制。托克维尔未能意识到也未能解决这种悖论。

① Alexis de Tocqueville, Writings on Empire and Slavery, p. 89.

② [法] 托克维尔著，董果良译：《论美国的民主》，商务印书馆1988年版，第525页。

③ [法] 托克维尔著，董果良译：《论美国的民主》，商务印书馆1988年版，第524页。

④ Quoted in André Jardin, Tocqueville: A Biography, p. 365.

⑤ [法] 托克维尔著，董果良译：《论美国的民主》，商务印书馆1988年版，第341页。

三、自由与福利

传统自由主义者认为自由的弘扬与物质福利的繁荣之间存在着不言而喻的正比关系；社会进步意味自由范围的扩大，物质繁荣会带来自由制度的巩固。托克维尔对自由与福利之间的关系有着更为复杂的认识。

首先，托克维尔承认自由与物质繁荣之间存在着一种密切的和必然的联系。通过对世界史的研究，“我可以发现，没有一个例子表明一个生产的、首先是贸易的民族不是自由的”。因此，在自由与贸易两个词之间具有某种暗藏的关系。孟德斯鸠认为是商业精神给予了人们自由精神。而托克维尔认为这在部分程度上是真实的，但“首先是自由的精神和习惯激发了贸易的精神与习惯”。托克维尔的箴言是：“自由乃贸易之母，贸易非自由之父”。①在《论美国的民主》中，他把这种思想表述得更为明确：“在平等的时代，自由对财富的生产特别有利。反之，你会看到专制对于财富的生产特别有害。”②然而，托克维尔对自由与物质繁荣之关系的分析并不到此为止，他的分析更曲折、更深刻、更前瞻。

不同于基佐、贡斯当关于物质繁荣对于自由的积极功能的毫无保留的认可甚至赞美，托克维尔在一定程度上受到了传统共和主义反对奢侈的观点的影响，认为：“商业精神……会压制公共精神。”③“一个专注于赚钱事务的人总会成为一个胆怯而冷漠的公民。”④ 物质福利的激情还会导致政府权力的集中，“这种激情比其他任何激情更容易把人们投入到任何种类的政府权力之中，这种政府不会骚

---

① Alexis de Tocqueville, Journeys to England and Ireland, pp. 115-116.

② ［法］托克维尔著，董果良译：《论美国的民主》，商务印书馆 1988 年版，第 671 页。

③ Alexis de Tocqueville, Memoir, Letters, and Remains, 2: 81.

④ Quoted in Roger Boesche, The Strange Liberalism of Alexis de Tocqueville, p. 204.

扰他们的安宁，而且保证他们渺小事务的成功。"① 因此，对物质福利的过分关注削弱了公共精神，使公民沦为臣民。

托克维尔对物质财富的占有者——商业阶级的统治也表现出了极大的不信任。商业阶级由于关注技术进步与社会分工，限制了工人的视野，降低了工人作为人的本质，最终造成了工人的异化。"他已经不属于自己，而是属于他所选择的职业。"② 当工业生产使工人成为新的奴隶后，也使老板成为新的贵族，"是世界上有史以来最严酷的贵族"。③ 在这里，我们看到了托克维尔的直观预言能力的最高典范。在对曼彻斯特工业区的考察中，托克维尔发现了主人与奴隶、财富与贫困之间的对立，并且愤慨地指出："成千上万人的努力被组织起来，为了一个人的利益而生产。"④ 在这里，我们又看到了卢梭的历史进步观——文明意味着人类的堕落，科学与艺术败坏了人的自由精神，——对托克维尔的影响；"在这里，人类获得了它的最完全的发展和它的最野蛮的发展；在这里，文明产生了它的奇迹，而文明的人也几乎被转变为一个野蛮人。"⑤ 从这里似乎可以推测出托克维尔对历史发展的可能描述：不平等会被平等所取代，而平等并非历史的终结，不平等也将接踵而至。托克维尔进一步预言：由于工业革命的进一步发展导致了工业阶级对政府集中监督与管理工业的需求，工业阶级"有了变为主要阶级也可以说是变为惟一阶级的趋势"，而它也"把专制引进了自己的内部"。⑥

---

① Alexis de Tocqueville, The Old Regime and the Revolution, Notes and Variants: p. 376.

② [法]托克维尔著，董果良译：《论美国的民主》，商务印书馆 1988 年版，第 695 页。

③ [法]托克维尔著，董果良译：《论美国的民主》，商务印书馆 1988 年版，第 697 页。

④ Alexis de Tocqueville, Journeys to England and Ireland, p. 107.

⑤ Alexis de Tocqueville, Journeys to England and Ireland, p. 108。

⑥ [法]托克维尔著，董果良译：《论美国的民主》，商务印书馆 1988 年版，第 860 ~ 861 页。

总之，托克维尔对自由与物质福利之关系的观点是：政治自由导致繁荣，繁荣会导致对物质福利的爱好和赚钱的热情；而这种情况会威胁产生物质繁荣的政治自由。这就是托克维尔关于自由与福利之关系的辩证法。

四、自由与必然性

托克维尔虽然声称自由是他的最爱，捍卫自由是他惟一和终生的事业，但他从来不会认为自由是人类一种完美无缺的生存状态，可以摆脱一切外在的与内在的束缚，在历史上达到充分的实现。他秉承帕斯卡尔的遗训：人既不是天使也不是野兽，而是一种虚弱的易犯错误的动物。人类的这种生存状态决定了作为人的生存特征的人类自由永远是不完善的，要受必然性的束缚。

托克维尔认为，人类在历史中拥有有限的选择自由；在这些限度中，历史向人类的创造性敞开并服从人的行动。自由的行使必须服从必然性，但必然性又为人类自由预留了一定的范围。所以，他认为联邦党人“对自由怀有真挚和炽烈的爱”，为了防止自由的滥用，“他们敢于要求人们节制自由，因为他们真诚地不想使自由破灭”①。托克维尔谴责印第安人的极端自由，因为“在他们看来，自由就是摆脱社会的一切羁绊，不受任何束缚”②。在经历过六月起义的血腥事件后，他声称：“在这样的一场暴力革命后，拯救自由的惟一办法是限制它。”③ 有人谴责托克维尔在六月起义后违背了他的政治主张，背叛了他的政治理想。不管托克维尔在六月起义中扮演的角色是否进步，他的上述观点符合他对自由与必然关系的一向认识，同他的中道自由主义总体特征相吻合。当托克维尔概括他的“新型”自由主义的特色时，道德和宗教是其最明显的成分。

---

① ［法］托克维尔著，董果良译：《论美国的民主》，商务印书馆 1988 年版，第 171 页。

② ［法］托克维尔著，董果良译：《论美国的民主》，商务印书馆 1988 年版，第 371 页。

③ Alexis de Tocqueville, Recollections: the French Revolution of 1848, p. 220.

使道德、宗教同自由信仰相结合表明了托克维尔认为自由要受内在的绝对律令和外在的共同信仰等必然之物的支配。

托克维尔谴责戈宾诺的种族决定论。因为戈宾诺的信条承认人的能力的天生的不平等，是一种近似于唯物主义的宿命论，“导致了人类自由，如果不是完全的废除，也是极大的收缩”①。他也批判社会主义的理想王国，因为社会主义者想要一劳永逸地摆脱人类生存状态中所固有的悲惨、不幸、偶然和不确定性，想要获得一种完全的自由。所以在托克维尔看来，“因为社会主义是人类自由的极端展示，以至于它极端地反对人类自由的未来”②。根据托克维尔对自由与必然关系的认识，我们可以推导出他的结论是，种族决定论和社会主义从右和左两个极端，即夸大必然性与漠视必然性而最终损害了自由的事业。

那么托克维尔心目中的自由是一种什么样的自由呢？托克维尔多次提到过“受制约的自由”（regulated liberty），③ 什么是“受制约的自由”呢？“我获得了一种受制约的与平衡的自由的思想，它被宗教信仰、法律和民情所控制；我被这种自由的快乐所感动，而它已成为我终生的激情。”④ 托克维尔根据对自由与必然关系的认识，得出了一个在人们看来很突兀的结论：“谁要求过大的独立自由，谁就是在寻找过大的奴役。”⑤ 根据托克维尔的自由观，此言不谬。

托克维尔并没有进行当代自由主义者所乐于从事的对自由观的一致的、整合的、体系化的论证与构建，这项工作不符合一个作为理论人与政治人双重角色的托克维尔的嗜好。出于无奈，为了更清

---

① Alexis de Tocqueville, Selected Letters on Politics and Society, p. 297.

② Peter Augustine Lawler, The Restless Mind: Alexis de Tocqueville on the Origin and Perpetuation of Human Liberty. Lanham, Md.: Rowman & Littlefield, 1993, p. 11.

③ Alexis de Tocqueville, Selected Letters on Politics and Society, p. 266.

④ Alexis de Tocqueville, Recollections: The French Revolution of 1848, p. 65.

⑤ ［法］托克维尔著，冯棠译：《旧制度与大革命》，商务印书馆 1992 年版，第 179 页。

晰地表述与分析托克维尔的自由观，我们只好从自由的多维性与自由的辩证法两个角度试图把握托克维尔的自由观的中道性。至于给予托克维尔的中道自由观以一个最终的、明确的定义，是我们力所不逮的，想来也不符合托克维尔的知识趣味。

本章小结

对自由观念的认知是自由主义理解与分析政治世界的基本出发点；托克维尔的独特的自由观念是他解决现代政治问题与解构现代政治理论及实现其自由主义理想的基石与原点。托克维尔的中道自由观是托克维尔的中道自由主义政治思想的核心与关键；解析托克维尔的中道自由观是考察托克维尔的中道自由主义政治思想的开端。

托克维尔的实践与理论生活中惟一连贯性的主题是对自由的热爱；自由在托克维尔的理论表述中具有首要的规范地位；自由被托克维尔视为一种目的与手段的结合，但首先是一种政治生活的目的。托克维尔的自由观不符合自贡斯当以来，由哈耶克、柏林等人继续加以强化的两种对立的自由观传统中的任何一种。他既不认为自由的两种类型属于历史范畴，也不认为两者是相互对立、排斥的，自由主义思想家所划分出的各种对立的自由范畴的含义（如个人自由、政治自由、自我实现的自由、精神自由、民族自由等）都包含在他对自由一词的使用中。托克维尔的自由观是一种有机的、包容性的自由观。

托克维尔并没有出示一套系统化的自由观。为了全面、深刻地理解托克维尔的自由观，我们采用了两种方式：一是从多维的角度分析托克维尔的自由观的内涵；二是从自由同其他事物的辩证关系中理解托克维尔的自由观的特色。我们可以从托克维尔对自由概念的使用中找出其自由观念的多重维度。1. 托克维尔既强调自由中的个体独立的含义，又强调自由中的政治参与与公共精神的含义；2. 托克维尔既认为自由的现代观念是正义的，又认为只有将自由的贵族观念即独立精神、公共意识与对权威的蔑视注入自由观念中才能维持自由；3. 托克维尔既捍卫世俗的人身与财产自由，又在此基础上弘扬超越性的道德行动与精神生活的自由；4. 托克维尔既承认存在着普遍适用的正义的自由原则，又认为自由的实现手段应是多样的，自由同爱国主义、民族主义并不冲突，而具有关联性；5. 托克维尔不否认法律或制度对于保障自由的必要性，但并不认为它们是充足的，主张自由必需民情以养成习惯与情感，弥补不健全的法制；6. 托克维尔认为，对自由的追求可以产生于对自由的理性分析与追求，也产生于对自由的本能的激情与信仰。托克维尔对自由的内涵的多重认识构成了他的自由观念。

托克维尔的自由观念还可由他对自由观念与其他观念之关系的辩证认识中得到补充与完善。1. 托克维尔并不认为自由与民主本质上是冲突的，相反，他认为民主内含有政治自由的倾向；民主与自由之间的敌意是历史的产物，民主时代只是为捍卫自由提出了新的考验。2. 托克维尔认为，秩序既可以成为自由的朋友，也可以成为自由的敌人；自由和某种程度的秩序密不可分，但某种程度的骚动也有利于维护自由。3. 托克维尔承认在自由与物质繁荣之间存在着一定的关联，但对物质繁荣的过分追求也会毁掉自由。4. 托克维尔认为自由并不是人类的一种完美无缺的状态，人类自由要受必然性的约束；自由的行使必须服从必然性，必然性又为自由预留了一定空间。我们无法从托克维尔的文本中找到托克维尔对自己的自由观所作的明确的、最终的界定，托克维尔政治思想的反体系化与实践性特征使得我们只能采取上述方式来界定与论证：托克维尔的自由观是一种平衡、灵活、全面、辩证的中道自由观。

第四章

托克维尔对自由与现代政治现象之关系的考察

托克维尔对现代政治思想的贡献主要不是体现在他对一般性、体系化的政治理论建构上，而是表现在他对现代政治生活的卓越分析与深刻洞察力上。在某种程度上可以说，托克维尔不是一个理论人，甚至对于抽象推理有着某种轻视而不是癖好。因此，托克维尔的知识趣味不会满足当代学院派思想家的偏好。密尔这样评价托克维尔的《论美国的民主》一书："它的精神，它处理主题的一般模式，使它构成政治的科学研究的新时代。"① 人们把托克维尔称为"从马基雅弗利和亚里士多德以来政治世界的最伟大的分析者"。②他是政治现实世界的分析者，而非政治理论世界的漫游者。既然作为一位不同于霍布斯、洛克、边沁的新型自由主义者，托克维尔的

① John Stuart Mill，"Tocqueville on Democray in America(Vol. Ⅱ)". Essays on Politics and Culture, Ed. Gertrude Himmelfard, New York: Doubleday ,1963, p. 215.

② Robert Nisbet，"Many Tocqueville". The American Scholar. Winter76-77, 46: 3, p. 59.

主要成就不是表现在政治理论的构建上，而是表现在政治现实的分析上，所以我们不能忽视他对现代政治生活的独特考察与分析。作为对古典政治研究传统的继承者①，托克维尔对现代政治世界的考察可谓是全方位的、立体的、宏大的，可以称得上是关于现代民主的一位荷马式的史诗作者。在这里，我们着力分析托克维尔本人关注最多、与其自由主义理想紧密相关的三种现代政治现象。我们把它们称之为：现代政治的本质——民主；现代政治的动力——革命；现代政治的结构——阶级。在考察托克维尔的现代政治分析之前，我们首先要考察一下他分析现代政治现象所采用的理论前提与研究路径。

第一节　多元的政治研究前提与路径

托克维尔的政治研究不像传统自由主义者一样，一般要先设定一个单一的、原初的、前提性的理论起点。他时而诉诸基督教的信条，时而采纳功利主义的标准，时而拣取自然权利观与人性论的语调。更为独特的是，托克维尔常常只是把这些多元的理论作为一种工具，来论证自己政治观点的正确性或说明某一种政治现象的机理，而不是态度坚决地将它们作为某种信仰而加以全心全意地接受。托克维尔对某一政治研究路径的态度也不是前后一致的，更谈不上具有明确的意识。所以，人们认为："托克维尔对方法论问题很少有兴趣。"② 所以，虽然密尔把托克维尔称为一位政治科学家，但也有人认为："托克维尔更多地作为一位历史哲学家而更少地作为一位方法论上严格的和实证的历史学家和社会科学家而写作。"③虽然托克维尔没有对方法论的运用具有明确的意识，更没有像马克

① 托克维尔通读了《柏拉图全集》，肯定会受到柏拉图的政治研究方法的影响。在柏拉图的政治研究中，政治现象和其他社会现象如宗教、婚姻、家庭、文学、教育、体育、音乐甚至性格密不可分，相互影响。

② Cheryl B Welch, De Tocqueville, p. 101.

③ I. M. Zeitlin, Liberty, Equality, and Revolution in Alexis de Tocqueville. Boston: Little, Brown, 1971, p. 56.

斯·韦伯一样致力于构建社会科学研究方法论，但他确实娴熟而出色地运用了当代人所谓的一些方法论，并且得出了丰硕的研究成果。现在，我们概括一下托克维尔著作中的一些主要研究理论假设与路径以及托克维尔对它们所持的态度。

一、基督教伦理观

人们很难在托克维尔的正式出版物中找到托克维尔对自己的政治哲学基础的系统阐述。托克维尔在致戈宾诺的一封信中表明基督教是他的最基本的伦理假设："基督教肯定主张使所有人成为兄弟与平等人。"① 以此为前提，他反对戈宾诺宣扬的人的内在不平等所导致的主奴种族信条。

有一段时期，托克维尔想写一部关于道德哲学史的著作，但却一直没有着手进行，也许是因为他相信，不管现代哲学家拥有什么样的哲学主张，他们并没有为基督教教义增加什么有意义之物，他们的学说只是对基督教伦理观的延伸与生发。正如托克维尔所言："在著作或在现代道德哲学家的发现中，什么是真正的新颖之物呢？……他们真的为人类责任建立了新的基础或甚至新的解释吗？……穿越我思考过的所有黑暗，我能够发现的是这样。对我而言，似乎正是基督教完成了关于权利与义务的所有思想的革命——你或许更愿称为*变革*（斜体为原书所加）……这样，基督教以大量证据表达了所有人的平等、团结、博爱。"② 正因为托克维尔将基督教教义作为现代政治伦理的基础，所以他有时也认为，对于奴隶制的废除运动，"一个人道的、首先是基督教情感产生了这个伟大的事件" 托克维尔是一位积极的，但也是一位中庸、温和的废奴主义者。他在议会内外投身于法国殖民地奴隶制的废除问题。1935年，他加入自由主义者建立的温和的法国废奴学会；1839 年，他

---

① Alexis de Tocqueville, Selected Letters on Politics and Society, p. 343.

② Alexis de Tocqueville, The European Revolution and Correspondence with Gobineau, Trans. and Ed. John Lukacs. Gloucester, Mass.: Peter Smith, 1968, p. 190.

被任命为众议院一个委员会的报告起草人，研究奴隶解放问题。托克维尔为委员会提出的建议是：议会为所有奴隶的同时解放确定一个时期，之后自由的奴隶应在国家监督之下学习自由实践；议会应该决定由国家付给奴隶主赎金，国家应该从自由奴隶的工资中获得补偿；国家还应该继续监督自由奴隶的教育与道德。由于其废奴活动，他在美国受到广为认可的著作却在当时美国的南方被加以禁止。①

托克维尔发现，当旧的道德体系被局限于特定群体，并且使极端的不平等如奴隶制合法化之时，基督教保证了所有人的平等、单一与共同体。尽管这三种信条都出现在基督教之前，但正是基督教把它们整合为能够捕获人类头脑的一种道德体系。基督教作为一种道德体系的“巨大成就”，“是超越民族社会建立了一个人类共同体”。② 托克维尔把现代道德体系中的两个决定性创新因素解释为披着现代外衣的基督教基本原则。③ 首先，基督教确认了所有人在精神王国的平等；现代道德给予了他们在物质领域的平等权利。和财富、教育的扩展及民主革命中平等的发展联系在一起，基督教建立的原则是：每个人都被赋予某些基本的善和享受；每个人在道德

① Alexis de Tocqueville, Writings on Empire and Slavery, p. 209.

托克维尔对废除奴隶制的提倡，是其自由情感与民族情感相交汇的产物。他认为大革命原则（所谓的法国原则）是法兰西民族的骄傲，不应由英国而应由法国来体现。针对七月王朝平庸而渺小的政治生活，废奴运动可以激发人们的伟大政治行为。奴隶制也违背了他的种族平等与人人平等的信条。他在 1855 年的一封信中写道：“我为这样的事实所痛苦与震惊。世上最自由的民族在同时代的文明与基督教国家中却几乎是惟一还维系着人身奴役的民族……作为一个人，我也为人的堕落所感伤，我希望有朝一日看到：法律会给予同一个帝国所有居民平等的市民自由，就像上帝毫无差别地给予尘世居民意志自由一样。”（Quoted from Alexis de Tocqueville, Writings on Empire and Slavery, p. xxxi.）总之，托克维尔的废奴立场又一次体现了在他的自由观念中的普世的自由观念与特殊的民族情感的结合。

② Alexis de Tocqueville, The European Revolution and Correspondence with Gobineau, p. 192.

③ Alexis de Tocqueville, The European Revolution and Correspondence with Gobineau, pp. 193-194.

上都有义务关注他人不能缺乏生活的必需品。其次，基督教将慈善作为个人美德的定义——富有者在道德上有义务帮助贫困者，在现代社会被转化为一种公共美德，定义为一种社会与政治义务。在现代政治世界中，越来越多的人求助于政府，以满足不断增长的需求，甚至要求政府承担矫正不可接受之不平等与救助不幸者之责任。

正因为托克维尔对基督教伦理观的承认与接受，才使他认为：平等——作为全体人的幸福——是上帝的观点，他要努力达成它;① 民主革命是"天意使然"，每个人"都成为上帝手中的驯服工具"②。正因为托克维尔接受了上帝的旨意，才使他产生了从对公共慈善（是当代福利国家的代名词）的并非绝对的反对到对公共慈善原则实际上的采纳的态度转变，使其免受（像当代古典自由主义者为他设定的）富人的守护神与不平等的捍卫者的污名。

二、自然权利论与人性观

在托克维尔的著作中，我们可以明显地感受到他对"美好的"权利思想的尊重。他认为，权利思想是引进政治世界的美德。但尊重权利并不意味着对"人的自然权利"的尊重。由于自然权利思想被人们同大革命的幼稚激进行为联系在一起，并且继续被大革命的所谓继承人滥用，所以托克维尔对抽象的自然权利意识形态表现出一种后革命时代的厌恶。此外，托克维尔的历史——比较天才也使他远离对权利观念的哲学式辩护。例如，他同以人民的绝对统治面目出现的"人民主权"保持着一定的距离；在使用这个词汇时总要加上"原则"、"教条"或"所谓的"等限定词。比如，当他提到人民主权信仰来自美国的乡镇并且上升为国家层面的一种自治思想时，他只是在描绘一种事实，而并非在进行一种价值判断。他

① ［法］托克维尔著，董果良译：《论美国的民主》，商务印书馆 1988 年版，第 884 页。

② ［法］托克维尔著，董果良译：《论美国的民主》，商务印书馆 1988 年版，第 7 页。

甚至认为，人民主权原则同君权神授学说一样，都是虚假的信条。他甚至认为"人民总是正确的"和"国王不可能犯错误"，"无论哪一个都是不真实的"。①

但是，在他的著作中也会偶尔出现对传统的自然正义语汇的使用。比如，他认为"正义"或"公道"来自全人类的主权；②他认为，结社是仅次于个人自由的"最自然的自由"；③他还认为，奴隶制是"和人的自然权利相违背的"。④尽管在他的作品中可以找到一些零星的自然权利语言，人们很难发现他对于它的一贯的运用，顶多只是表现出对自然正义的一种模糊的敬重。托克维尔确实尊重权利思想，但他所谓的权利，首先体现为一种自我克制的美德，而不是一种抽象的、无限的权威；它为行动提供通道与设定限制，即"使人们能够用以确定什么是跋扈和暴政的，正是权利观念"⑤。在他认为权利意味着对法律的遵守并来自长期的实践养成时，非常接近柏克的观点。但与柏克不同的是，他认为在民主时代除了使人们平等地达到市民与政治权利外，没有其他资源可以求助。在他对财产权的分析中表明了他对权利的抽象哲学辩护缺乏兴趣，并且认为权利具有情景性的、相对性的特征。他认为财产权同它所支撑的家庭结构与文明的自由概念密不可分，但他从来没有认为私有财产权是绝对的权利，甚至建议财产制度方面的可能性安排超出了人类的想像力。

像对自然权利学说的运用一样，托克维尔对于人性论也缺乏一种一致的、明确的承认与运用。他有时会像传统自由主义者一样认为存在着一种永恒的不可改变的人性。比如他会说："人类到处是

---

① Alexis de Tocqueville, Journey to America, p. 156.

② ［法］托克维尔著，董果良译：《论美国的民主》，商务印书馆 1988 年版，第 287 页。

③ ［法］托克维尔著，董果良译：《论美国的民主》，商务印书馆 1988 年版，第 218 页。

④ Alexis de Tocqueville, Writings on Empire and Slavery, p. 146.

⑤ ［法］托克维尔著，董果良译：《论美国的民主》，商务印书馆 1988 年版，第 272 页。

相同的”,① 而他这样说只是为人类都拥有追求利益与向往荣誉的天性而辩护，以表明废奴的艰难。在同一篇文章中他又认为：“求助于不同种族的本能的差异是无用的”,② 似乎表明个体或种族之间不存在一种一致的人性。他这样说只是在为废奴的普遍正当性辩护。在有些时候，他认为人类都拥有追求自由的本性，“一种被发现的真实地存在于所有人身上的愿望”。③ 但在有些时候，他又对人性持悲观的态度：“人，像所有有组织的社会动物一样，对懒惰具有自然的激情。”④ 虽然在大部分时间，他为了论证自己的观点会信手拈来人性论作为自己的论证原点，但他也会偶尔否认人性的存在。“一些哲学家相信，人类到处是相同的，仅仅根据不同社会的制度和法律而变化。对于这种观点，世界史的每一页都在说明它是一个谎言。” 在这里，他否认固定的人性的存在只是为了说明：“在历史中，所有国家，像个人一样，表现出了它们自己的独特特征。”⑤ 我们的引证表明，像对于自然权利论一样，托克维尔对人性观也持一种“拿来主义”的态度，他对人性观的采纳只是一种情景式的运用，他并不拥有一套一致的、系统的人性论。

三、功利主义观

托克维尔从骨子里看不起当时在自由主义者中流行的、主导的理论基础——功利主义。托克维尔认为功利主义降低了人的潜质，迎合了人们低俗的欲望，是一种现代版的伊壁鸠鲁学说。但同样，他对功利主义也持一种“拿来主义”的态度。比如，在将民主制同贵族制相比较时，他认为，在民主制度下，“就整体说，国家将

---

① Alexis de Tocqueville, Writings on Empire and Slavery, p. 200.

② Alexis de Tocqueville, Writings on Empire and Slavery, p. 215.

③ Alexis de Tocqueville, The Old Regime and the Revolution, notes and variants: p. 397.

④ Alexis de Tocqueville, Memoir on Pauperism, Trans. by Seymour Drescher, with an Introduction by Gertrude Himmelfarb. West Sussex: Hartington Fine Arts Ltd., 1997, p. 28.

⑤ Alexis de Tocqueville, Journey to America, p. 365.

不会那么光辉和荣耀，而且可能不那么强大，但大多数公民将得到更大幸福。"① 在他的偏好——伟大与智慧的热爱同民主社会的特征——平庸与粗俗发生矛盾时，他为了调解自己的内在冲突，甚至认为上帝选择的不是少数人的辉煌与崇高，而是"全体人的巨大幸福"。② 在这里，他显然认识到基督教伦理观同功利主义具有相通之处，也证明了他的一个观点，即所有现代道德哲学只不过是基督教伦理观的变种与衍生。

四、历史—比较方法

《政治人》的作者李普塞特认为：托克维尔非常成功地运用了比较方法。斯科克波尔认为："比较历史分析方法……被像阿列克西·德·托克维尔和马克·布洛克这些经典的社会和历史分析家而运用产生了强大的效果。"③ 不管人们对托克维尔的方法论如何诟病，但都一致认为他是一位运用历史—比较方法的典范。

历史方法假设：我们只有靠解释现象怎样成为现状，即分析现象的发生、发展与演化，才能理解现象。当西尼尔在致托克维尔的信中问到平等问题时，托克维尔回答："要理解它，我必须从历史上开始。"④ 在《旧制度与大革命》的结尾，托克维尔提出："对旧社会，对它的法律、它的弊病、它的偏见、它的苦难、它的伟大，若无清晰的透视，就绝对不能理解旧社会衰亡以来60年间法国人的所作所为。"⑤ 要想理解大革命和革命后的法国，就必须首先理解大革命前的旧制度。《论美国的民主》把民族的发展比作人

---

① ［法］托克维尔著，董果良译：《论美国的民主》，商务印书馆1988年版，第11页。

② ［法］托克维尔著，董果良译：《论美国的民主》，商务印书馆1988年版，第884页。

③ T. Skocpol, State and Social Revolution: A Comparative Analysis of France, Russia, and China. Combridge: Cambridge University Press, 1979, p. 36.

④ Alexis de Tocqueville, Memoir, Letters, and Remains, 1: 93.

⑤ ［法］托克维尔著，冯棠译：《旧制度与大革命》，商务印书馆1992年版，第241页。

的成长：要理解一个成人必须获得他孩提时期的经历；同样，民族是它们起源的产物，美国的出发点是它的历史发展的萌芽。① 托克维尔的实践同他的要求是一致的。托克维尔对英国进行的广泛研究之作《英格兰与爱尔兰之旅》是以“对英国历史的反思”作为开篇的。托克维尔把对英国历史的解释追溯到封建时期英格兰的分权与自由。同样，封建欧洲也是《旧制度与大革命》的历史出发点。可见，历史维度贯穿了这位将其一生相当多时间致力于历史研究的法国人的作品。

比较方法的使用对于托克维尔的研究也是基本的，因为“只有通过比较，大脑才能获得清晰”。② 托克维尔承认：“不作出比较，思想就无法知道如何前进。”③ 他认为，其作品《论美国的民主》成功的原因就在于他在暗中同法国的比较；如果不考虑自己的祖国，他就无法写出《论美国的民主》中的任何一页。④ 其实，他关于美国的经典著作也可以命名为《论美国的民主及其在法国的应用》。

托克维尔的比较方法使用了不同的分析单元。他常常会进行两个或三个国家的比较，特别集中于法国、英国与美国。可以说，很难找到一个像托克维尔这样系统地对两个或三个国家进行比较的政治学家。托克维尔的比较对象还包括其他欧洲国家（如瑞士）、南、北美洲的欧洲殖民地（如加拿大与墨西哥）、俄国、非欧洲国家（如印度）和古典社会（如罗马）。除了国家间比较外，他还进行了国内比较。如他将法国旧制度下的朗格多克同其他地区进行了比较，以表明：地方独立性越强，它们就越能展现出能量、主动性、繁荣和共同体意识。他也比较了美国北部、南部与西部的社会、政治与文化差异。有时，托克维尔还使国内与国外比较相互补

---

① ［法］托克维尔著，董果良译：《论美国的民主》，商务印书馆 1988 年版，第 31 页。

② Quoted in M. Richter, "Comparative Political Analysis in Montesquieu and Tocqueville". Comparative Politics. 1969, iss. 1, p. 136.

③ Alexis de Tocqueville, Selected Letters on Politics and Society, p. 59.

④ Alexis de Tocqueville, Memoir, Letters, and Remains, 1: 342.

充。《旧制度与大革命》比较了法国与欧洲其他地方特别是德国、法国的不同地区和德国的不同地区的农民，以支持他的观点：已经从封建制度中解放出来的、处境得到最好改善的地方的农民的革命性最强。

在托克维尔的研究中，历史方法与比较方法是相互补充的。托克维尔不停地比较国家，分析历史发展，和比较一个国家与另一个国家的发展。例如托克维尔对加拿大与美国的比较就结合了历史分析与比较分析。由于在加拿大的行政集权与在美国的行政分权都毫无阻碍地得到了发展，对两个国家进行比较可以清晰地看到它们的相对效果。历史方法的不利之处是：单一的例子可能会产生许多变量，及根据单一例子进行概括存在着根本的困难。比较方法的劣势是：由于太抽象而会毁掉分析者所努力获得的现象与历史背景的特殊性。托克维尔通过将两者的结合运用，弥补了两者各自的不足之处，同时又保留了两者各自的优势。

但是，正像托克维尔对待他所运用的其他理论前提与研究方法一样，他并没有将历史—比较方法加以绝对化的采纳与运用。他认为："尽管人性总是相同的，人们的观点和塑造历史的事件持续地变化。一个时代从来不会完全适合另一个时代，并且我们装进新框子的旧图画总是看起来不合时宜。"他甚至还认为："所有的历史事件都不同，过去很少教给人们现在。"① 因此，他认为，将古希腊民主同现代民主进行比较是不可靠的。尽管他的论证不时地在贵族社会与民主社会之间进行转换，他还是承认两者代表着不同的社会、政治与价值体系，不具有相同的价值判断标准。

五、国家与社会两分法

早期，托克维尔接受了基佐的观点：社会状态决定政治生活，社会对于政治具有优先性，所以他会认为，"日久天长之后，政治

① Alexis de Tocqueville, Recollections: The French Revolution of 1848, p. 37.

社会总要成为市民社会的表现与形象”。① 但是由于受到孟德斯鸠的政治与社会具有互动性的观点的影响，并且受到了恺撒式民主专制的刺激②，托克维尔最终抛弃了传统自由主义者的观点，即市民社会是一个独立自治的领域，国家对社会的干涉越少越能保障自由，而形成了国家与社会必须相互分离，但又必须适当互动的观点。

托克维尔认为市民社会是存在于公民与国家之间作为中介机构的自由社团。社团可以促进个人的利益、公民的创造力和自身的繁荣，从而使自由得到行使。但社团的存在以一个和平的社会为前提；缺乏规则，社团之间争取自身利益的相互斗争只会摧毁社会自身。国家对社会生活的干涉可能会破坏个人独立选择的自由，会压制社会的创造力，但国家必须制订规则限制社团的任性行为，以维持公共秩序，从而保证个人自由不受有组织的社团的侵犯。因此，自由意味着对国家与社会两者限度的承认以及国家与社会之间互动规则的界定。

为了界定国家与社会之间的界限，托克维尔引进了“民情”一词作为国家与社会之关系界定的标准。民情给予国家干涉的社会基础，同时也给予社团限制国家的专断权力的舆论氛围。由于民情——一个特定社会的思想与精神特征，社会的自治能力受到国家的承认，同时国家对公共法律的维持功能也得到了社会的接受。

不同于传统自由主义，托克维尔不承认市民社会的自适性，不认为国家与市民社会之间有着绝对的不可逾越的界限，反对古典自由主义意义上的不干涉主义。人们认为：“托克维尔不打算保卫一个古典自由主义的宪政国家；相反，他具有一个社会自由主义者的宪政思想，意味着政府可以为了公共利益作出社会与经济法则。此

---

① ［法］托克维尔著，董果良译：《论美国的民主》，商务印书馆 1988 年版，第 738 页。

② 他所处时代政体变动的频繁性使他感觉到，法国的民主社会状态在这么短的时间内不可能发生根本的变革，显然社会并不必然决定政治，政治具有相对于社会的独立性。

外，法则也可以被工业和自由社会所创造”。① 在方法论意义上，托克维尔的研究也相应地突破了对社会或国家进行孤立研究的倾向，或片面地强调其中一方的决定论倾向，而形成了在国家与社会的相对分离、相互联系和相互作用中研究政治生活的研究方法。在此处，托克维尔通过对对立政治范畴的调和与沟通，又一次体现了他的对立极政治思维方式及其思维成果。

六、理想类型

在《论美国的民主》中，托克维尔认为，有些人“无意之中把民主的东西与美国人所独有的东西混在一起了”，② 并且告诫人们必须“把美国的民主制度与一般的民主制度严格区分开来。”③ 所以许多托克维尔的研究者都注意到：早在马克斯·韦伯提炼出“理想类型”这一概念之前，④ 托克维尔实际上就已经使用了这一分析方法。托克维尔在研究中有意地通过构思，在观念世界中强化某种事物的一些特征而省略掉另外一些矛盾性，以得出一种具有内在逻辑统一性的范畴，以便进行范畴之间的比较和因果规律的阐释。但他有时也会犯下韦伯所警告的错误，把理想类型作为现实存在或作为事物的本质特征。雷蒙·阿隆注意到，《论美国的民主》

① Henk E. S. Woldring, “State and Civil Society in the Political Philosophy of Alexis de Tocqueville”. International Journal of Voluntary and Non-profit Organizations. 1998, 9: 4, p. 372.

② ［法］托克维尔著，董果良译：《论美国的民主》，商务印书馆 1988 年版，第 553 页。

③ ［法］托克维尔著，董果良译：《论美国的民主》，商务印书馆 1988 年版，第 359 页。

④ 马克斯·韦伯所提出的理想类型，是一种通过想象把某种实际活动中发生的关系与事件编织而成的自身毫无矛盾的表象。它由于来自主体的设想，强化了现实中的某些因素，并且具有内在的整合性，所以具有乌托邦的性质。理想类型既不是历史的本质，也不是现实存在本身，它只是作为科学认识前提的概念结构；它不是一种实在的秩序，而只是一种理想的秩序，作为达到对实在认识的中介手段。理想类型是用来比较与衡量实在的手段，随着人们认识的深化，会产生理想类型与实在之间的偏差，从而使得人们根据实在认识构造新的理想类型。

第二卷的意图是："建立某种理想类型，即民主社会，并从这种类型中推理出未来社会的某些趋势。"① 人们还注意到，两种理想类型——"民主与等级民族"（即民主国家与贵族国家）完全贯穿了托克维尔的著作。②《论美国的民主》充满了像"民主制"、"贵族制"、"革命精神"、"商业道德"等这样的范畴。这些抽象的词语强化了现实的某些特征，为了分析的清晰性目的，使得它们本身具有了内在的逻辑统一性。托克维尔本人也意识到了他对这些概念的建构。他把这种活动称为是寻求一种现象的"形状"、"形象"或"模式"。"以美国和法国社会提供的事实开始，我希望描述还没有完全的模式存在的一般的民主社会的特征。"③ 他的更直观的描述几乎接近了马克斯·韦伯对理想类型的界定："为了使我更好地理解，我不断地被迫描述极端的状态，没有一点民主混合物的贵族制，没有一点贵族混合物的民主制，一种完善的平等，它只是一种想象的状态。"④

托克维尔或多或少地意识到了他对理想类型的使用，这种使用和他对比较方法的运用密不可分。他设计出思想的模型或"典范"的序列，以便进行比较或对比，以决定什么是有意义之物而值得关注，以认定要解释之物的差异。许多人注意到，托克维尔的理想类型，特别是民主制或贵族制，常常会诱惑他从所谓的"本源观念"编造出一套演绎之结论，并把这些结论同他想要说明的现实混淆在了一起。但是，在头脑清醒的时候，托克维尔会意识到，创造一种类型不是要解释一种社会现象，而仅仅是使这样一种解释更为容易。所以，托克维尔虽然使用了理想类型，但由于他没有形成关于理想类型的明确的、完整的观念，而仅仅是将它作为一种政治生活

---

① ［法］雷蒙·阿隆著，葛智强等译：《社会学主要思潮》，华夏出版社 2000 年版，第 167 页。

② Françoise Mélonio, Tocqueville and the French, p. 200.

③ Alexis de Tocqueville, Oeuvres Complètes d' Alexis de Tocqueville, VI, 1: 330.

④ Quoted in James T. Schleifer, The Making of Tocqueville's Democracy in America. Chapel Hill: University of North Carolina Press, 1980, p. 270.

的分析工具而使用，就不可避免地出现了运用的偏差。

通过对托克维尔理解政治现象的理论前提与研究路径的分析可知，托克维尔既不像近代思想家一样坚守自己理论基础的一贯性与系统性，又不像当代社会科学家一样专注于方法论的系统阐释与明确的采纳。他只是将各种理论与方法综合，甚至杂糅在一起，完全不是为了构建一种体系化的理论，而只是为他对政治现实的理解服务。从这个意义上而言，托克维尔既不能称为是一位典型的政治哲学家，因为他对特定的政治推理前提与假设没有一心一意的信仰，也不能被称为是一位典型的政治科学家，因为他对方法论的准确阐释并不感兴趣，他只是一个位于两者之间的对于研究理论与方法之运用的折中人物。托克维尔对某些理论前提的接受和对某些研究路径的运用的根本目的是为了服务于他对现实政治的分析。现在，我们考察与评价他对现代政治现象的深刻的分析与洞察。

第二节　现代政治的本质：民主

民主是托克维尔对现代政治本质的概括，是托克维尔对社会政治现象进行考察的出发点。如果说自由是托克维尔评价现代政治现象的价值原点，那么民主是托克维尔分析大部分现代政治现象的事实原点。不幸的是，托克维尔以许多不同的意义使用民主一词，并且在他一生的大部分时间里把民主与平等混合起来使用，并且从许多不同的角度使用平等，这样就使得他自己也深为叹惜的这种无限的概念混乱变得更为复杂。

一、民主的多元含义

施莱弗尔在《托克维尔的〈论美国的民主〉的形成》一书中对托克维尔使用的民主一词的多重含义作出了详尽的概括。（1）通常，托克维尔把民主等同于一种特定的社会条件（état social）——平等，并且在社会条件与政府形式之间进行了区分。"民主构成了社会条件。人民主权的信条（构成了）政治统治。这两种事不是类似的。民主是一个社会的根本状况（manière d'être），人民主权（是）一种政府形式。”① (2) 但是，托克维尔对民主的另一个常用的含义是把民主作为“政治法则”，导致了某种程度上的同第一种含义的冲突，这种政治法则的内涵包括：一种原则——人民主权；原则的实际运作——广泛的政治参与和法律、公民的平等，任何基于人民意愿的政府。(3) 有时，托克维尔又将民主同人民等同起来。但是，他时而认为民主是下层阶级（即不开明的阶级）领导上层阶级，时而认为民主和中产阶级有关，更多的时候认为“人民”：“（我理解的）这个词不是一个阶级而是所有的阶级”。② (4) 托克维尔还把民主视为流动性。“一个民主的民族、社会、时代并不意味着所有人都是平等的一个民族、一个社会、一个时代……而是所有人都不停地上升、下降或以所有方式混合在一起的一个民族、一个社会、一个时代。”③ 这样，民主就意味着一个开放社会，没有极端的和固定的区别，存在着机会的平等和可能的完全平等倾向。(5) 托克维尔有时将民主作为一种渗透性的平等情感。在一个民主国家，人们相信：所有人都是平等的，社会提供了实现个人愿望的真正的可能性。托克维尔注意到，这种信仰在新世界的共和国（即美国）中已成为一种国家神话。这样，民主就获得了它的另一种面目：它的心理维度，即对平等的不可动摇的信仰。

总体而言，托克维尔不时地在上述民主的含义之间进行转移或切换，他最终也没有放弃民主的多元含义而采纳一种单一的、确定的含义。这种民主含义的位移表明了：托克维尔一方面希望以民主一词包括更丰富的含义，另一方面又希望在专注于一种观念时尽可能地排除其他观念的干扰。如果他在某一时刻把民主局限于一个单一的定义，他的视野就会受到限制，作品的信息量就会收缩，而他

---

① Quoted in James T. Schleifer, The Making of Tocqueville's Democracy in America, pp. 264-265.

② Quoted in James T. Schleifer, The Making of Tocqueville's Democracy in America, p. 267.

③ Quoted in James T. Schleifer, The Making of Tocqueville's Democracy in America, pp. 271-272.

的听众就会相应减少。总之，托克维尔对民主一词多重意义的使用，反映了他的非凡的想像力，导致了他的丰富而深刻的洞察力。当然，这种现象体现出学院化政治学之前学者的概念运用方式和政治思维特征：让概念服务于思考，而不是让思考束缚于概念；让阐释引导现实，而不是让现实扭曲阐释。

托克维尔的民主定义虽然是多元的，但并不是杂乱无章的。如果我们对他的多重民主含义加以解析、归纳的话，可以发现两种层次的民主概念：（1）一种基本的社会条件：发展的平等与流动性；（2）某些政治或法律形式：普选、结社和自由表达等公民自由。在托克维尔看来，社会平等是更基本的，不可避免的，不太顺从人类的努力；政治民主不太基本，能够被人类力量所塑造，某种程度上需要人们的努力。托克维尔相信：自由的关键是民主的两种基本涵义，即社会的民主与政治的民主之间的匹配或平衡。在欧洲，特别是在法国，社会民主已经实现了，但挽救社会民主潜在缺陷的惟一疗法是政治民主的引导。① 因此，立法者应致力于引进政治民主并以此教育和塑造人民。

二、民主的社会状态

托克维尔在同贵族社会的对比中，在美、法、英三个民主国家的比较中阐明了民主社会的基本特征。贵族社会的解体意味着等级樊篱的消失，阶级间纽带的解体；平等时代的来临带来了个人从等级链条、共同体中的解放，结果是社会的原子化。每个人不再依附于某一权威或团体，成为独自的自我选择的主体。但托克维尔不相信个人的解放意味着个体力量的增强，而认为是个体力量的弱化；当个人从社会共同体中解脱出来后，就日益退缩到私人生活领域中。于是，个人主义就成为民主社会中流行的意识形态。“个人主

① ［法］托克维尔著，董果良译：《论美国的民主》，商务印书馆 1988 年版，第 9 页。

义是民主主义的产物，并随着身份平等的扩大而发展。”① 个人主义一方面使民主人以自我为中心，沉溺于个人与家庭生活中，而不再关注公共生活；另一方面又使个人将自己的理性作为自己行动的判断标准，而不再认同于某一群体或权威的理性。但是由于民主社会原子化所导致的个人力量的弱化，在社会强大的压力之下，个人会将个人理性转化为公共理性；公共理性最终成为个人行为的主宰，成为新的上帝。

社会等级的消失、民主时代的来临的另一个社会特征是个人的同质化。由于社会平等的普及，由于卓越人物的消失，也由于公共理性的主宰，人们之间产生了“一种普遍的模仿倾向”，形成了“在思想、民情、感情、文明上同质与相似”的一个民族。② 最终，“生活的多样性正从人类社会逐渐消失，同样的举止、同样的思想和同样的感情正在进入世界的每个角落”③。个性、多样性将成为稀有之物。

特权等级的消失、平等观念的流行不但导致了社会的原子化及其产物——个人主义、个人的同质化和多样性的消失，还产生了一种普遍的“对物质享受的爱好”——“唯物主义”。“这种追求物质享乐的激情，本质上是中产阶级的激情。……从中产阶级向社会的上层和一般老百姓扩散。”④ 所以，民主社会的又一流行意识形态是唯物主义。由于民主社会中唯物主义态度的盛行，使得托克维尔在美国与英国都观察到：“平等仅仅存在于市场……金钱在社会中造成了极大的不平等。”⑤ 唯物主义造成了“对金钱的崇拜”：

---

① ［法］托克维尔著，董果良译：《论美国的民主》，商务印书馆 1988 年版，第 626 页。

② Alexis de Tocqueville, The Old Regime and the Revolution, Notes and Variants: pp. 401-400.

③ ［法］托克维尔著，董果良译：《论美国的民主》，商务印书馆 1988 年版，第 773 页。

④ ［法］托克维尔著，董果良译：《论美国的民主》，商务印书馆 1988 年版，第 660～661 页。

⑤ Alexis de Tocqueville, Journey to America, p. 69.

"金钱不只是财富，还是权力、名声和荣誉的象征"。① 因此，目光敏锐的托克维尔已意识到，平等内含着它的否定因素，随着旧的特权阶级的衰败，一个新的金钱贵族正在形成之中，新的不平等与奴役又可能重新回到社会生活中。

总之，在托克维尔对现代民主社会的分析中，可以概括出民主社会的一般社会关系模式是社会的原子化与个人的同质化，而它的普遍意识形态是个人主义、理性主义与唯物主义。正当传统自由主义者为等级制度的解体、普遍的平等、个性的解放、理性的进步及世俗观念的流行而欢呼雀跃之时，托克维尔却从民主社会的结构与文化特征中发现了一种新型专制——精神专制（或社会专制）的危险倾向。这种专制是由于民主的社会状态——个人力量的弱化与公共理性的强化而造成的软专制主义。托克维尔虽然承认政治对于社会的相对独立性，② 但他同时也认为，民主社会的社会结构与文化特征也影响了民主政治的特征与趋向。

三、民主的政治趋向

传统自由主义者一般在民主政治中发现的主要危险都是多数暴政——即选民中的多数通过合法的政府权力压制与侵犯少数人的权利的现象。处于民主时代地平线上的自由主义者或保守主义者如联邦党人、柏克、空论派、密尔大都持此种见解。托克维尔显然也共享了此种忧虑。在美国旅行期间，他记录了受访者查理·卡罗尔的类似于柏克的对"纯粹民主制"的批判："一个纯粹的民主只能是一种暴众。英国形式的政府"，他对托克维尔说，"是惟一适合你

---

① Alexis de Tocqueville, Journeys to England and Ireland, p. 91.

② 早年他接受了基佐的社会优先性理论，认为社会状况决定政治生活，但托克维尔一生的政治经历最终使他怀疑：法国作为一个民主社会状态的民族，不可能在几十年内就会改变自身的社会状态；因此，法国的民主社会状态不可能直接决定其一生中所经历的各个性质根本不同的政治制度，社会状况并非政治生活的决定因素。托克维尔摆脱前人的学术成见，具有自身特色的政治思想最终形成的标志，就是摆脱了基佐对他的决定性影响，在承认社会与政治互动的前提下，强调了政治生活的独立性。

们的政府”。① 在美国旅行期间，托克维尔自己也认为：“一个完全的民主政府是这样一个危险的工具，甚至在美国，人们也被迫采取许多措施反对民主的错误与激情。”② 在完成《论美国的民主》第一卷之时，他还共享着传统自由主义对于民主政府中的多数暴政的担忧。

但是，在英国之旅期间，他的关注发生了转移。他发现了英国社会与政治生活中存在着的两种突出事实：在社会结构领域，一个正在给予英国社会生活特殊面貌的金钱贵族的形成；在政治领域中，行政集权的进展。在这里，他的视野超越了对传统自由主义者陈述过的民主专制类型的关注，而预感到了一种新型民主专制的滥觞：“集权，一种民主的本能；一个成功地脱胎于中世纪个体主义体系的社会的本能。专制的准备。为什么集权亲近民主的习惯？如果我能采纳它，是我的作品第三卷（即《论美国的民主》(1840)的第二卷）要探究的问题。一个*基本的*（斜体为原书所加）问题。”③ 在已写成的《论美国的民主》的第二卷中，他明确地表示，同民主政府中的集权倾向作斗争是“我写此书的主要目的”。④ 集权为什么是民主的本能、民主的自然倾向呢？民主社会的原子化导致的个人力量的弱小使人们求助于中央政府完成他们独自不能完成之事；民主人的同质化导致的简单与统一的理念观使他们偏爱进行统一计划管理的中央政府；民主人的物质欲望与安宁之心使他们求助于强大的中央政府的保护；民主时代的主宰者——工业阶级需要政府的监督与控制以保障自己产业的安全与增殖，下层阶级也希望政府能够缓解自己的苦难。托克维尔认为，最终，“个人独立与地方自由将永远是艺术品，而中央集权化则是政府的自然趋势”⑤。

---

① Alexis de Tocqueville, Journey to America, p. 86.

② Alexis de Tocqueville, Journey to America, p. 149.

③ Alexis de Tocqueville, Journeys to England and Ireland, p. 78.

④ [法] 托克维尔著，董果良译：《论美国的民主》，商务印书馆 1988 年版，第 844 页。

⑤ [法] 托克维尔著，董果良译：《论美国的民主》，商务印书馆 1988 年版，第 847 页。

托克维尔描绘了中央集权化的发展过程。当社会走向民主之时，由于个人力量的弱小和人们对贵族的排斥，人们自然会把权力赋予国王一个人之手。“因此，转向民主制的民族通常从增加王权的权限开始。”① 但是，当贵族制被摧毁后，人民便会向国王夺回自己的权力，而将它转移到一个自己选举的当局之手中。这样，民主制就从君主的中央集权制——即中世纪末的君主专制主义过渡到托克维尔所处时代的民主的中央集权制。

托克维尔区分了两种类型的集权：政府集权与行政集权。② 政府集权代表国家，处理普遍法律与原则；行政集权将中央政府的触手伸向国内的某一特定地区以干预地方事务。在《论美国的民主》第一卷中，他还受联邦党人的影响，认为没有强大的政府集权就没有国家的繁荣与富强；另一方面他不赞成行政集权，认为它会损害人民的公共精神，不利于一个民族的持久繁荣。③ 但是，从此以后，他就很少再作出这种区分而且常常忽视它，仅仅使用集权一词；而且实际上，就像托克维尔的分析所证实的，一种政府集权将总会产生一种行政集权。

托克维尔厌恶任何集权，即使是由人民选举产生的。集权使得政府活动深入到私人领域，个人重新丧失了已获得的独立；更严重的是，集权压制了公民的公共能量，剥夺了公民的行动能力，最终造成社会生活的停滞，并且有可能导向托克维尔所谓的一种新形式的温柔的专制——监护性专制。但是，思想平衡、具有政治现实感

---

① ［法］托克维尔著，冯棠译：《旧制度与大革命》，商务印书馆 1992 年版，第 300 页。在这里，托克维尔明确地阐明了当代历史学家与政治发展研究者论述的现代国家的构建过程，即从等级国家到专制国家再到民主国家。

② ［法］托克维尔著，董果良译：《论美国的民主》，第 96 页；托克维尔著，冯棠译：《旧制度与大革命》，商务印书馆 1992 年版，第 304 页；Alexis de Tocqueville, Journeys to England and Ireland, p. 109.

③ ［法］托克维尔著，董果良译：《论美国的民主》，商务印书馆 1988 年版，第 97 页。

的托克维尔并没有认为集权制一无是处，是一种绝对的恶。① 在一定的条件下，比如在英国，当集权原则同地方分权原则相结合时，“第一种对于国家的权力与存在是必需的；第二种对于它的繁荣与自由是必需的”②。正因为这样，托克维尔赞美分权原则：它培养了公民的独立意识与公共精神，赋予了公民的创造能力，锻炼了公民的行动能力，最终有利于政府的稳定与创新和社会的长期繁荣与富强。分权是医治集权弊害的一剂良药。

当传统自由主义者还在对民主心怀疑虑、为多数暴政而担忧之时，托克维尔却远远超越了他们，不但接受了民主的事实，而且发现了现代民主的另一新的专制倾向。“我们在试图使就我所知从来没有结合起来的两件事上共同前行：一个选举的议会和一个非常集权的行政权力。这是时代的最大危险，它已被提出，但没有被解决。”③ 托克维尔在对现代政治的本质特征——民主的社会与政治分析中，考虑到了民主的社会、政治与文化的新的特征与趋向，并且提出了传统自由主义者在他之前从未意识到的民主的两种可能的潜在危险——精神专制与监护性专制。甚至在他之后的密尔也只是重新阐释了精神专制，但还是反对作为中世纪遗物的分权与自治，只是在托克维尔的思想影响下，他的这种反对立场才有所调整。由此可见托克维尔在政治思想中的原创性。

第三节　现代政治的动力：革命

在《论美国的民主》的开篇，托克维尔就指出：“一场伟大的民主革命正在我们中间进行。”它改变了基督教世界的社会形态、

---

① 在《帝国与奴隶制论文》中，出于创建稳定的殖民地的考虑，托克维尔甚至以一种赞赏的口吻说：“省的权力集中是最幸运的创造之一，肯定是公共管理事务中最新颖物之一，我们应归功于拿破仑的天才。”cf. Alexis de Tocqueville, Writings on Empire and Slavery, p. 152。在这里，他提倡行政整合原则，主张实行行政事务内部的单头制、个人负责制，而并不一般地反对集权。

② Alexis de Tocqueville, Journeys to England and Ireland, p. 109.

③ Alexis de Tocqueville, Selected Letters on Politics and Society, p. 189.

民情、道德与法律，造就了身份的日益平等；自己的理智努力就是："辨明革命自然应当产生的结果；如有可能，再探讨使革命有益于人类的方法。"① 人们认为："从1789年起，政治思想就被*革命*（斜体为原文所加——作者按）一词所支配。开始于柏克与潘恩，人们不仅根据对第一次法国大革命及其继承者，或到了一定时期对俄国革命，而且对革命概念本身的态度而把自己认同于右派或左派。"② 从大革命开始的延绵不断的现代革命造成了一百多年来激进与保守两大阵营的对抗，也在一定程度上造成了自由主义思想内部的分裂。但是，这种简单的左与右、激进与保守的政治思想二分法是否适合深受大革命余波的影响、并且一生都在反思法国大革命与一般意义上的现代革命现象的托克维尔的身份界定呢？

一、大革命、革命家与大革命精神

托克维尔用其一生的许多时光以理解特殊的法国大革命和一般的革命进程。但是，他对"革命"一词的运用正像对待"民主"和"平等"的运用一样，是非常不精确的。有时，他使用"革命"一词描述我们通常称作的政变，有时又只是用来表示深远的变革。不过，就一般情况而言，托克维尔似乎认可了三种不同的革命：(1)政治革命；(2)不仅致力于新的政治革命而且致力于一场完全的社会转变的突然而暴烈的革命；(3)至少需要几代人的努力才能产生的一个社会的缓慢而又广泛的变革。托克维尔对于以改变政治制度与治理方式为目标的政治革命不太感兴趣。他似乎不正确地把17世纪的英国革命与美国革命视为这样的革命。真正的革命属于后两种，因为它们涉及了基本的变革和深远的社会转型。如16世纪的宗教革命、当代的"伟大的民主革命"缓慢而无情地改变了欧洲社会的社会、文化、政治制度与国家格局；1789～1799年的法国大革命是一场致力于新政府与新社会的突然而暴烈的革

① ［法］托克维尔著，董果良译：《论美国的民主》，商务印书馆1988年版，第4页、第16页。

② Hugh Brogan, "The End of History". History Today. Dec. 1991, p. 50.

命。后两种革命是真正的革命，因为它们完成了两件事情：（1）试图改变不平等的程度并使新的阶级掌权；（2）致力于社会的生成原则的完全的改变。但是暴烈与突然的革命从来不能成功，因为它不可能迅速地带来社会发生原则的深远改变；法国大革命就是这样一场不成功的革命。

托克维尔认为，大革命发生的主要原因是：（1）旧制度下法国等级制度的解体所造成的各阶级的分离和社会的原子化，导致了阶级之间的嫉妒与仇恨；（2）一种平等的社会状态提高了人们对物质福利的渴望；（3）政府的财政混乱一方面提高了人民的渴望，另一方面又干扰、阻挠了这种渴望。这些相反方向的运动唤起了人民，使他们的能量导向了对政府的反抗。

托克维尔将发生在民主时代、受启蒙思想影响的、由毫无政治经验的文人领导的这次革命概括为以下特征：（1）大革命是一场总体革命。它不仅要摧毁旧的政治结构，而且要废除旧的社会结构，甚至要改变旧的宗教信仰；它不仅要更新法兰西的面貌，而且要改造整个世界，甚至要塑造一种新人类；它不仅要变革法律，而且要移风易俗，甚至要创造新的语系。（2）大革命是一场宗教样式的革命。像宗教的普世信条与传教方式一样，大革命是由抽象原则和普遍理论所引导的跨国界的革命；它通过热忱的布道和宗教式的预言传播革命信仰，致力于人类一般的政治权利与义务的实现。（3）大革命是一场平等革命。大革命基于对自然法的信仰，追求平等甚于自由，造成了无政府状态和暴民专政，最终导致了新的奴役——世界霸主拿破仑的上台。总之，法国大革命有别于以往任何一次政治、经济革命，是一场新型的意识形态革命。托克维尔准确地预言：法国大革命所预示的崭新特点，拉开了现代革命的序幕。

法国大革命不但成为现代革命的起源，在大革命中还出现了一个“陌生的人种”——革命家。① 这些革命家以崇拜人类理性的启蒙思想继承者自居，但实际上只崇拜自己的理性。革命家具有双重

① ［法］托克维尔著，冯棠译：《旧制度与大革命》，商务印书馆 1992 年版，第 191 页。

的性格：一方面蔑视普通民众，另一方面傲视上帝。① 他们以人类为实验品，以理性王国代言人的名义毫不犹豫地执行自己的乌托邦计划。如果说托克维尔对恐怖时期的革命家的慷慨与无私还有几分敬意的话，那么到了1848年革命②时，他甚至认为："在革命，特别是在民主革命中，疯子（不是所谓比喻意义上的，而是真正的疯子）扮演着相当大的角色。"③ 大革命还产生了所谓大革命精神，即对过去的蔑视态度；不是基于实用理性，而是抽象、普遍的哲学精神的思维方式；对中间性社团的仇恨倾向等。④ 大革命精神"敌视个人，与个人权利对立，并且爱好暴力"，⑤ 它与个性、权利、秩序等自由精神相对立。

托克维尔预测到，大革命所产生的革命家与大革命精神将不会昙花一现，它们的谬种将会流传于世。革命家"从此已形成一个新的种族，散布在地球上所有文明地区，世世代代延续不绝"。⑥ 大革命虽已结束，但大革命精神"将必然会保留下来"，将会造成"某种不安与缓慢的不稳定"，"一种永远地陷入大革命病的倾向"⑦。托克维尔对大革命中产生的革命家与大革命精神的预测在后来一百多年的世界政治史中得到了证实，它们激荡了发达国家与发展中国家，形成现代政治史上的重要特色。

---

① ［法］托克维尔著，冯棠译：《旧制度与大革命》，商务印书馆1992年版，第260页。

② 同马克思一样，他认为这场革命是对大革命的拙劣模仿。

③ Alexis de Tocqueville, Recollections: the French Revolution of 1848, p. 122.

④ Alexis de Tocqueville, The Old Regime and the Revolution, Notes and Variants: p. 403.

⑤ ［法］托克维尔著，冯棠译：《旧制度与大革命》，商务印书馆1992年版，第221页。

⑥ ［法］托克维尔著，冯棠译：《旧制度与大革命》，商务印书馆1992年版，第192页。

⑦ Alexis de Tocqueville, The Old Regime and the Revolution, Notes and Variants: p. 324.

二、法国革命与英国革命之比较

在这里，托克维尔将法国革命同英国革命进行了比较。两者同属于现代民主革命的组成部分，但却具有不同的模式。两者都具有相同的信仰，但却表现出了不同的面貌。英国革命采取了一种特殊化而非普世化的形式，而法国革命却采取了一种宗教的普世的形式，形成了一套整合的理论、政治的福音。① 托克维尔又进一步将这种比较具体化。两者都完成于人民主权的原则与实践。但是在英国，每个公民根据旧的国家制度与民族传统而获得参与政府的权利。自由不是“人”的权利，而是英格兰人的一种特权。人民主权原则隐藏和封闭于英国宪法中，而不给予英国的爱尔兰人。在法国，每个公民都要求平等的权利，不是作为被法国人拥有的一种特权，而是作为属于整个人类的一种普遍权利，一种每个“人”与生俱来的权利。这样，人民主权的信条就立刻离开法国而传遍了全世界。②

托克维尔不但对两种革命模式进行了比较，他对在英、法不同革命氛围中形成的革命分子（或激进分子）进行了比较。（1）英国激进分子对于他们的行动原则有着真诚的尊重；他们甚至不会出于良好的意愿把不是自己民族自愿选择的政治条件强加给它；他们认为全部问题是通过法律途径赢得多数。法国激进分子希望使用权力保障最大多数人的善；他最重要的手段是物质力量和对法律的蔑视。（2）英国激进分子表现出对于财产权真正的尊重，认为这种尊重是一个文明社会的基础；法国激进分子对于财产权有着最大程度的不信任，在实践中侵犯它，在理论上攻击它。（3）英国激进分子相信宗教对于政治是必需的，并且真正地尊重它；法国激进分子不仅炫耀自己的反基督观念，而且夸示他的反社会的哲学思想。

---

① Alexis de Tocqueville, The Old Regime and the Revolution, Notes and Variants: p. 326.

② Alexis de Tocqueville, The Old Regime and the Revolution, Notes and Variants: p. 329.

(4) 英国激进分子受过良好的教育，被称为绅士，拥有某些政治经济学常识，并且不惧怕对自己的观念进行公开讨论；法国的激进分子总是贫困、粗野、傲慢，无知于政治科学，只懂得使用暴力，通过空洞的词汇与肤浅的普遍理论而行动。①

通过对英国与法国的革命模式与革命分子的比较，托克维尔认为法国革命就是那种激进而暴烈的社会政治革命；而英国革命就是那种缓慢而深远的社会政治革命。托克维尔所谓的英国革命模式就是后人所谓的费边式的渐进主义革命，它可以成功地修正社会与政治制度，而不会带来社会震荡与国内战争。而法国的革命模式则不能建立稳定的社会政治制度，"使我们注定长期在专制与自由之间摇摆"。②

托克维尔注意到法国大革命的重要后果是它产生了一种"现代革命病"，③ 我们可以看到它成为19世纪乃至20世纪的革命中一种重要的政治文化特征。托克维尔把革命病或革命精神概括为：对暴力、不稳定、冒险和政治投机的趣味；对变革自身的热爱和对正义与既得权利的轻视；对于暴政的热爱和同时对于法律与权威的厌恶和憎恨。而"现代革命病不仅是一种习惯，一种心灵与头脑的倾向；它还是一种理论，一种哲学"。托克维尔指出，现代革命精神作为一种流行信仰，来自于大革命：(1) 大革命的民主特色。大革命剥夺了传统、道德规则和对个人与个人权利的本能尊重，创造了一种毫无顾忌的社会权力。(2) 大革命的成功经验。大革命给予革命者的启示是：革命的永远而普遍的成功方法是能量、大胆、暴力与鲁莽。(3) 大革命的理论与哲学特征。这种倾向给予了人们将其暴力行为加以哲学化的习惯与需要。④ 托克维尔还预言，产生于大革命的现代革命精神必将流传下来，从而在未来深刻

---

① Alexis de Tocqueville, Journeys to England and Ireland, pp. 86-87.

② Alexis de Tocqueville, Selected Letters on Politics and Society, p. 215.

③ 他也将革命病称之为革命精神。

④ Alexis de Tocqueville, The Old Regime and the Revolution, Notes and Variants: pp. 323-324.

地改变整个世界的面貌。

三、革命发生率

托克维尔在对大革命与现代革命的研究中还探讨了革命发生的一些规律。马克思认为，革命发生于人们的生活条件急剧恶化、阶级矛盾不能调和、统治机器不能正常运转之时。托克维尔则从心理感知的角度解释了革命发生的时机。“革命的发生并非总因为人们的处境越来越坏。对于一个坏政府来说，最危险的时刻通常就是它开始改革的时刻。”①

正是路易十五统治下的繁荣与进步，这样一个似乎使革命的爆发无法理解的原因，成为大革命的主要原因。因为此时无论是在自由、平等还是在金钱方面，尽管人们的苦难比以前降低了，但“他们的感受比他们的解脱增长得更快”，这是“统治人类社会的普遍法则的一个通道”。② 正是由于繁荣与进步提高了人们的期望，但由于人们的期望往往比他们实际境况的改善增长得更快，当这种增长的期望落后于增长的现实，得不到满足之时，革命爆发的时机就到来了。这就是经托克维尔阐释的人们所谓的“革命爆发的心理期望律”。

当然，革命的爆发也不是偶然的，“革命产生于人们头脑中的某一普遍疾病同时被突然导向某一不可预料的偶然事件所产生的危机”③。大革命爆发的根本原因是贵族制向民主制的过渡，而它的偶然因素是1788年的经济危机。因此，托克维尔认为革命的发生是必然性与偶然性的结合，“一般原因……总是通过特定的事故达到主宰”④。在这里，托克维尔也展示出了他的政治哲学信条之一，

---

① ［法］托克维尔著，冯棠译：《旧制度与大革命》，商务印书馆1992年版，第210页。

② Alexis de Tocqueville, The Old Regime and the Revolution, Notes and Variants: p. 402.

③ Alexis de Tocqueville, Recollections: The French Revolution of 1848, p. 35.

④ Alexis de Tocqueville, Oeuvres Complètes d'Alexis de Tocqueville, Ⅷ, 3: 290.

即政治生活、政治事件是由必然性与偶然性共同统治的，片面强调任何一端都会导致对政治现实的误读。这也是他的平衡的政治思维的表现之一。

托克维尔还提出了革命成功的条件。“只有人民不能造就一场革命；只要革命的这个必要因素是孤立的，它就无能为力。只有当启蒙阶级的一部分和它团结在一起，在他们不再害怕它的时刻给予它以道义支持和物质合作之时，它才能变得不可抗拒。”① 因此，启蒙阶级同人民意愿的结合，是革命成功的必需条件。大革命的领导者正是文人。文学政治决定了大革命的普世性、激进性、浪漫化与哲学化倾向。“在所有文明国家，作家是革命的始作俑者。……正是在知识分子中，所有实际发生的革命都被准备好了。但一般而言，作家的思想在被政治家投入实践之前就消失了。”② 因此，正是由于法国缺乏政治自由，文人没有实际政治经验，才给大革命带来了炫目而又可怕的面貌。

四、在革命与反革命之间

托克维尔终生对于大革命具有一种矛盾与向往的态度。例如，尽管托克维尔的几位亲属在恐怖时期被送上断头台，但我们从来没有发现人们所期望的他对大革命甚至恐怖时期的某种谴责。相反，他欣赏 1789 年：“它是无可比拟的伟大的（一年），它将不会从人类的记忆中抹去。所有的外国目击了它，为它喝彩，被它感动。”③ 即使他不赞成恐怖时期，但他却以一种奇怪的方式骄傲于他的国家能够从事伟大的恶。④ 尽管他把大革命比作一场不断感染法国的永

---

① Alexis de Tocqueville, Selected Letters on Politics and Society, pp. 367-368.

② Alexis de Tocqueville, The Old Regime and the Revolution, Notes and Variants: p. 383.

③ Alexis de Tocqueville, The European Revolution and Correspondence with Gobineau, p. 80.

④ 对这种恶的欣赏，当然来自他对政治生活中充满私利与贪欲、琐屑与平庸的七月王朝的厌恶，符合他的自由观念中对政治伟大、政治激情与政治英雄行为的倡导。

远发作的疾病，他还是偶尔希望一场新的革命能够推翻第二帝国的专制主义，并克服法国人的自私心与政治冷漠。

在19世纪30年代初，托克维尔提出："我们必须同过去决裂，到了我们的大革命的血腥的书该合起来的时候了。"① 在1836年致斯托费尔的信中，托克维尔还认为："我认为在法国不会有一个人比我更不革命的了，也不会有人比我对所谓的革命精神（附带说明，一种非常容易同对绝对政府之爱结合在一起的精神）有更深刻的仇恨。"② 但是到了1844年，他向友人表白道："我相信并依然相信这是真实的：法国大革命的伟大精神……我曾同我的家庭的一部分、同心爱的认同和珍贵的记忆决裂而拥护89年的事业与理念。"③ 在1846年的议会斗争中，他甚至想组建一个新左党派，它将以1789年传统中的自由与平等理念为基础。在1847年他又一次向友人强调："不是个人动机而是使我们的原则完好无损的愿望使我们行动，这种原则最终只能是1789年大革命的原则。"④ 他虽然不赞成二月革命，但在革命发生后，他却感到："在我看来，我们又要开始一种新的政治生活，或许是一场暴烈和短暂的生活，但不同于之前的几乎不能使我快乐的那种政治生活。"⑤ 到了1850年革命风暴平息、法国政治生活又陷入沉闷之时，他认为："革命时代有这种好处，它们不会允许政治中的冷漠与自私。"⑥ 他甚至希望发生一场由开明阶级领导的反对专制主义、恢复公共精神的革命。从以上的叙述中可以看出托克维尔对革命态度的微妙的转换：当法国刚刚从大革命的阴影中走出时，托克维尔希望的不是革命，而是稳定；当七月王朝沦为腐败的资产阶级的排他性政治工具之时，托克维尔希望能够恢复大革命的自由与平等原则；而当波拿巴推行专制统治、人们沉溺于物质福利之时，他又希望发生一场恢复自由与

---

① Quoted in Françoise Mélonio, Tocqueville and the French, p. 9.

② Alexis de Tocqueville, Selected Letters on Politics and Society, p. 113.

③ Quoted in André Jardin, Tocqueville: A Biography, p. 396.

④ Alexis de Tocqueville, Selected Letters on Politics and Society, p. 187.

⑤ Alexis de Tocqueville, Selected Letters on Politics and Society, p. 211.

⑥ Alexis de Tocqueville, Selected Letters on Politics and Society, p. 247.

公共精神的革命。但是，难道托克维尔对革命的态度随时代而游移，而没有一种一致的、不变的原则吗？

托克维尔为什么反对革命呢？按他的话来说："革命是大的罪恶，很少服务于一个民族的教育，一种长期的骚动的确是遗憾的，对法律的尊重仅仅来自法律的稳定……这是我深深相信的所有事情。"① 可见，托克维尔真正反对革命的，是一种革命病，一种革命精神，即对权利的侵犯，对法治的蔑视和对秩序的破坏。他之所以捍卫大革命，是因为大革命体现了"自由、平等、仁爱"原则。② 他之所以自称是大革命热情而真诚的朋友，是因为大革命体现了以下理念："政治自由，和所有个人自由所表达的东西，所有等级特权的废除，法律面前的平等，完全的宗教自由，简化的立法。"③ 可见托克维尔之所以反对革命，是因为革命精神危及了他所珍爱的自由，而他之所以捍卫革命理念，是因为在革命理念中体现了他所追求的自由理念。托克维尔对于革命的这种辩证的、两面性的态度在他的一段话中得到了体现："我的意思不是责备那些想要毁灭它（旧制度）的人，而是他们着手毁灭它的方式和他们的生活风格及无知在这种必需的毁灭中向他们展示的精神。"④

那么，如何克服现代革命病，如何使这场不可抗拒的伟大的民主革命及其各个场景有利于人类自由呢？大革命造成的弊害在于法国人民特别是文人缺乏政治自由，而英国革命中的法治与秩序来自英国人民传统的政治参与与地方自治习惯。只有自由才能维持自由，这似乎是一个循环论证。但对于托克维尔而言，为了使现代革命有利于自由，必须使人民中的多数参与到自己的事务中，在政治生活中扮演活跃的角色。托克维尔知道，一个人不可能阻止这场民主革命，但他希望自己的同胞能够正确地、有意识地引导它。

---

① Alexis de Tocqueville, Selected Letters on Politics and Society, p. 113.

② Alexis de Tocqueville, Recollections: The French Revolution of 1848, p. 240.

③ Quoted in Eduardo Nolla (eds), Liberty, Equality, Democracy. New York and London: New York University Press, 1992, Introduction: p. XXI.

④ Alexis de Tocqueville, Selected Letters on Politics and Society, p. 330.

第四节　现代政治的结构：阶级

托克维尔在《旧制度与大革命》中分析近代法国的社会变迁时，指出："我谈的是阶级，惟有阶级才应占据历史。"① 他还认为："我在这里将阶级作为一个整体来处理，就我而言，这是历史学家的适当研究。"② 显然，托克维尔使用了一种阶级分析方法来研究现代政治。

一、一种阶级分析方法

托克维尔曾将现代社会（特别是旧制度下的法国）描绘为一个大众社会：在这里，人与人之间是相似的、分离的；但另一方面又将现代社会作为不同于中世纪等级社会的阶级社会：在这里，人与人之间是相异的、斗争的。托克维尔对现代社会的两种定性，大众社会与阶级社会，是否自相矛盾呢？在我们看来，在托克维尔的视野中，现代社会的这两种特性是相互补充、相互影响的。现代民主社会使个人从等级束缚中解放出来，成为独立的个人，使他们的利益不相连属，另一方面又提供给他们共同的追求现世物质福利的条件与情感，使他们的行为模式与思维方式相似起来。大众社会意味着社会纽带的断裂；阶级社会意味着人们利益的对立；两者的结合意味着在现代社会中，个人或群体之间是既分裂又对立的。前者是现代社会的平面化、个体性特征；后者是现代社会立体化、整体性特征。由于在现代社会中，人们不再先赋地从属于某一等级，阶级或等级之间不再有既定的权利义务关系，所以阶级之间大规律而深刻的对立与斗争成为现代政治的结构特征。

那么，阶级一词对托克维尔意味着什么呢？托克维尔的阶级定

① ［法］托克维尔著，冯棠译：《旧制度与大革命》，商务印书馆 1992 年版，第 158 页。

② Quoted in Roger Boesche, "Why Did Tocqueville Think a Successful Revolution Was Impossible?". Eduardo Nolla (eds), Liberty, Equality, Democracy, p. 173.

义显然不同于马克思。马克思认为，生产关系是决定阶级的关键因素。同一阶级的人在生产关系中处于相同的地位，拥有相同的生产手段。托克维尔并没有把经济权力作为判断阶级的优先性标准。他主要是从一种心理认同的角度来界定阶级的。托克维尔认为，一个阶级必须认识到自己具有共同的利益，并且意识到自己是一个具有共同的情感、意图、传统或希望的与众不同的群体。这样，根据托克维尔的阶级定义，尽管贵族与中产阶级在实际经济生活中可能拥有相似的生产手段，尽管后者比前者更富有，他们不能被称为一个阶级；根据托克维尔的定义，律师、军队、公务员因为是各自具有特定的利益诉求、情感与爱好的群体，都构成了不同的阶级；并且一个人可以属于不止一个阶级，比如说同属于军队和贵族。

有人对托克维尔的阶级分析方法提出了批评，认为他的阶级分析方法运用得并不彻底，他低估了英国阶级冲突的强度，他认为美国是一个平等的无阶级社会。首先，托克维尔认为，任何一个社会都可分为富人、小康者与穷人。① 托克维尔分析了法、英、美三个社会的阶级模式。法国各阶级之间的界限是封闭的、鲜明的，各阶级之间存在着嫉妒、怨恨与永远的对立与战斗，② 资产阶级垄断着国家政权；而在英国，各阶级之间的先赋界限并不明显，并且是开放的，金钱作为社会地位的标准决定了阶级之间的某种程度上的开放性、流动性，开明阶级（贵族与资产阶级）联合起来共同统治国家，并且贵族阶级尽量迎合人民的民主愿望；③ 在美国，人民是国家权力的最终拥有者，在这里并非不存在着阶级界限与冲突，而是说这种界限是非常开放的、流动的，冲突是温和的，由于不存在着财产的极端不平等，这是一个中产阶级占优势的国家，并且同贵族社会相对比，美国的确是一个平等的社会。④ 托克维尔的比较一

① ［法］托克维尔著，董果良译：《论美国的民主》，商务印书馆 1988 年版，第 238 页。

② ［法］托克维尔著，冯棠译：《旧制度与大革命》，商务印书馆 1992 年版，第 144～145、171 页。

③ Alexis de Tocqueville, Journeys to England and Ireland, pp. 61-85.

④ Alexis de Tocqueville, Journey to America, pp. 158-159, 217-218, 258-260.

历史能力使得他得以避免机械地、简化地套用阶级分析方法。

二、“三种人的故事”

托克维尔的阶级分析方法明显地打上了基佐的社会研究方法的印记。托克维尔曾于 1828～1830 年期间参加了基佐关于历史哲学与欧洲历史的讲座。基佐认为，历史变革不是产生于理性的进步，而是社会的物质条件。以往几个世纪欧洲史的突出特征是更大的平等趋向，阶级的冲突，土地贵族的衰败，第三等级（当然包括资产阶级）的崛起。法国大革命标志着商业阶级与土地阶级之间几个世纪冲突的顶点，而 1830 年则标志着这种冲突的终结。

托克维尔的“三种人的故事”① 讲述了从中世纪末开始的直到近代的各阶级之间的分化组合、此消彼长所导致的欧洲政治格局的变迁过程。在 12 世纪的英、法，由于文明的进步和封建体系的削弱，开始出现了在贵族与农奴之外的第三等级：平民，市镇自治组织也开始形成。这是“一种压迫与自由的奇怪的混合”的状态。②这时，也出现了第三个人——国王。于是，欧洲政治舞台上出现了三种政治力量之间的团结与斗争。由于各国阶级力量的对比关系不同，在英、法两国出现了不同的阶级斗争与联盟形式。在英国，贵族与平民联合起来，战胜了国王，在缓慢而深刻的社会政治变革中向民主迈进；而在法国，先是王权同平民联合起来反对贵族，最后是王权与贵族联合起来反对平民与中产阶级，在暴力斗争中向民主迈进。而最终，“在每一种情况下，都是最弱者成为最强者”。③ 因此，托克维尔有时把不可抗拒的民主革命的实质界定为：“资产阶级和工业成分对于贵族阶级和土地财产的优势。”④ 大革命即为这种阶级斗争的一个场景。根据托克维尔的观点，“大革命真正的内

---

① Alexis de Tocqueville, Journeys to England and Ireland, p. 28.

② Alexis de Tocqueville, Journeys to England and Ireland, p. 27.

③ Alexis de Tocqueville, Journeys to England and Ireland, p. 28.

④ Alexis de Tocqueville, Selected Letters on Politics and Society, p. 281.

在激情”是“阶级的激情”。① 他把大革命的过程描述为：阶级之间的冲突与斗争，资产阶级领导地位的取得，直到人民登上历史舞台。从大革命以来，这种两大阶级之间的对抗与斗争并没有停息过。“我们从 1789 年到 1830 年的历史似乎是在具有自己的传统、记忆、希望与人民（即贵族）的旧制度与被中产阶级领导的新法兰西之间的 41 年的致命斗争。”② 而 1830 年革命则标志着资产阶级③的彻底胜利，成为社会与政治生活中的惟一主人。而这位法兰西的新主人又在蜕变为“一个小小的腐败与粗俗的贵族”。④ 接着，托克维尔又注意到：“这是我们在所有欧洲大国看到的：工人阶级到处在增长；它不仅在数量上而且在势力上增长。”⑤ 1848 年革命也涉及了阶级斗争，但一个新的城市工人阶级开始扮演关键角色。这是被托克维尔预测到的 1848 年革命的新面貌，而基佐——资产阶级的七月王朝的代言人却没有觉察到。托克维尔也预言到，1848 年革命的新特征将会给以后的政治斗争开辟新的战场，重新划分政治生活的格局，即否认财产权与保护财产的斗争；有产者与无产者之间的民族分裂。⑥ 和基佐对近代欧洲斗争史的分析不同的是，托克维尔并没有把资产阶级视为阶级斗争的最终胜利者与终结者；基佐把资产阶级视为自由的化身，历史中的英雄，托克维尔则对资产阶级的胜利不抱乐观态度。

出身于贵族家庭深受贵族传统影响但又同贵族信仰决裂的托克维尔对贵族持一种非常矛盾的态度。就像杰弗逊把贵族制分为自然的贵族制与人造的贵族制一样，托克维尔承认，无论在任何社会都

---

① Alexis de Tocqueville, Oeuvres Complètes d' Alexis de Tocqueville, Ⅱ, 2: 69.

② Alexis de Tocqueville, Recollections: The French Revolution of 1848, p. 4.

③ 正如社会历史学家所言，将资产阶级一词与中产阶级一词互换使用是不确切的，但托克维尔和他的当代人经常将这两个词混合起来使用。

④ Alexis de Tocqueville, Selected Letters on Politics and Society, p. 188.

⑤ Alexis de Tocqueville, Writings on Empire and Slavery, p. 204.

⑥ Alexis de Tocqueville, Recollections: The French Revolution of 1848, pp. 12-13.

存在着一些只属于少数人所持有的财富，主要表现为“出身、产业与知识”；这些“贵族成分……始终存在于历史时期的所有民族内”。① 在历史上，“所有塑造过世界，取得越出其领土伟大成就的民族都被强大的贵族制统治过”②。在古代，贵族是作为国王与人民之间的中介人与调停人的身份出现的。在托克维尔的富于浪漫主义色彩的描绘中，古代贵族具有一副独立的、爱荣誉的和负责任的自由人的形象。但是，托克维尔责备贵族后来沉溺于种姓荣耀之中，为了博得君主制中的象征性角色而把自己对人民的影响放弃给了农民与资产阶级；贵族同国王签订了一个类似浮士德式的契约，放弃了独立与自治精神，而投入到国王的怀抱之中。在这里，托克维尔责备于贵族的，不是他们的经济与社会地位的消蚀，而是他们对国王的屈从和向种姓特权的撤退。

但是，托克维尔的历史——比较方法并没有将其视野局限于法国贵族，他还将法国的贵族制同英国的贵族制、英格兰的贵族制同爱尔兰的贵族制进行了比较。托克维尔认为：“英国有一个贵族制(aristocracy)，法国也有一个贵族制。一个是一种类型，另一个是一个难以分开的物种。”③ nobility 在法国具有种姓（caste）的含义，而 aristocratic 则指各上层阶级的整体，并不只包括因出身而形成的贵族。④ 英国贵族的首要特征是开放性，它建立在财富而不是出身基础上，而贵族界限的不明确使它的许多成员分享了民主的理念，⑤ 并且使“贵族精神……渗透到所有的阶级中。”⑥ 相比而言，

① ［法］托克维尔著，冯棠译：《旧制度与大革命》，商务印书馆 1992 年版，第 289 页。

② Alexis de Tocqueville, Journey to America, p. 85.

③ Alexis de Tocqueville, The Old Regime and the Revolution, Notes and Variants: p. 368.

④ ［法］托克维尔著，冯棠译：《旧制度与大革命》，商务印书馆 1992 年版，第 279～280 页。

⑤ Alexis de Tocqueville, Journeys to England and Ireland, pp. 6, 68.

⑥ Alexis de Tocqueville, Selected Letters on Politics and Society, p. 82.

法国贵族的显著特征是封闭性，“出身成为贵族吸收成员的惟一源泉”①；它拒绝同资产阶级联盟，并且抛弃了同人民的天然联系。英国贵族由于历史的演化不再建立于出身而是建立于金钱基础之上，因而可以同资产阶级结盟并继续掌权；而在法国，贵族在保留自己的经济特权的同时，却放弃了自己的政治权利，② 由于不再在政治上管理、照顾人民，而只是在经济上榨取与掠夺人民，和人民之间的联系越来越稀少，和人民之间的情感越来越淡漠，甚至使自己为人民所憎恨。在评论“贵族制怎样成为世上最好或最坏的政府形式之一”时，托克维尔把英格兰同爱尔兰的贵族制进行了比较。两种贵族制在历史上都有着同样的起源。但是英格兰贵族制诞生于它统治的土壤中，同人民融合在一起，抵抗比自己或人民更强的权力，同人民具有同样的语言、举止与信仰，并且由于金钱代替出身成为贵族的标志，使每一个人都有希望分享少数人的特权；而爱尔兰贵族制建立在征服的基础上，在道德、权力与智慧上都尽可能地优越于被征服者，为了保持自己同本源民族的相似性以获得力量的源泉，而拒绝让当地人民加入它的行列。这样，一种贵族制给予英国人几个世纪中世界上最好的政府形式之一，另一种给予爱尔兰人所能想象到的最令人厌恶的政府形式之一。③ 因此，贵族要想保持自己的力量，必须同人民联合起来。但是托克维尔意识到，即使是在贵族制运行较为优良、贵族影响依然强大的英国，“构成英国宪法关键成分的贵族原则每天都在失去它的力量，而终有一日民主原则将取而代之。”④ 托克维尔感叹道，贵族从近代政治舞台上的消亡，意味着“从国民肌体中割去了那必需的部分，给自由留

① ［法］托克维尔著，冯棠译：《旧制度与大革命》，商务印书馆 1992 年版，第 280 页。

② ［法］托克维尔著，冯棠译：《旧制度与大革命》，商务印书馆 1992 年版，第 283 页。

③ Alexis de Tocqueville, Journeys to England and Ireland, pp. 155-158.

④ Alexis de Tocqueville, Journeys to England and Ireland, p. 66.

下了一道永不愈合的创口"①。

在托克维尔以哀惋与悲悯的心情悼念贵族的衰亡、"哀其不幸、怒其不争"之时，对资产阶级新贵族却表现出了轻蔑与厌恶之情甚至私下的责备。托克维尔承认，民主时代的到来意味着资产阶级的胜利，19世纪是资产阶级的统治时代，但他并不接受更无意论证资产阶级统治的合法性。在《论美国的民主》的开篇，他就表明了对资产阶级的态度："认为已经推翻封建制度和打倒国王的民主会在资产者和有钱人面前退却，岂非异想!"② 由于构成七月王朝选举人的主体是资产阶级，托克维尔在追求自己的政治雄心的过程中，肯定不能公开批评这个阶级；如果这样做的话，再加上其出身，他会被人们认为是一个常常极力为自己开脱的保皇主义者。于是，在公开场合，他只满足于描绘民主（某种程度上被他作为中产阶级的定义）的平庸与粗俗，揭露民主的卑下欲望，预言民主的危险倾向。但在私人信件与笔记中，托克维尔明确地责备资产阶级及其统治。虽然他认为："美国无可动摇表明了……中产阶级能够统治一个国家"，③ 他还是认为七月王朝的资产阶级是"财阀统治中最自私和最贪婪的"，而且"把政府作为一项私人商业"。④ 托克维尔把1848年革命爆发的直接原因归结为资产阶级狭隘的统治。他认为，资产阶级以贪婪与平庸的商业精神腐化了法国；它不去努力教育下层阶级或改善他们的命运；它使用权力扩展自我的利益，增加财富，最终导致了阶级冲突。托克维尔还认为，资产阶级哺育了一种商业精神——将物质福利的追求作为最高的善。资产阶级及其商业精神的霸权意味着"多样性正在消失"，

---

① ［法］托克维尔著，冯棠译：《旧制度与大革命》，商务印书馆1992年版，第148页。

② ［法］托克维尔著，董果良译：《论美国的民主》，商务印书馆1988年版，第1页。

③ Alexis de Tocqueville, Journey to America, p. 275. 但就在同时他还认为，他们具有"渺小的激情，不完全的教育和粗鄙的举止"。

④ Alexis de Tocqueville, Recollections: the French Revolution of 1848, p. 6.

"对多样性的仇恨"，"对平庸的爱好"。① 商业精神在压制个性的同时，还强化了个人主义倾向，腐蚀了公共精神与公共道德。商业精神哺育了资产阶级对公共安宁的热爱，所以"出于对穷人的要求和这种要求产生的可厌激情的恐惧，使富人呼吁一个主子帮助自己，这个主子虽然压迫他们，却使他们放心"②。专制统治成为商业精神的逻辑延伸。所以，在托克维尔的心目中，资产阶级并不是他的自由理念的体现者，反而给自由带来了新的威胁。

托克维尔在对贵族失望和对资产阶级厌恶的同时，也表现出了对普通人民的强烈同情。在19世纪的法国思想界，人民一词意味着不同于中产阶级与上层阶级的工人、工匠与农民等下层阶级。他怜悯旧制度下被贵族抛弃又被资产者剥削的农民；他被曼彻斯特工厂的悲惨条件震惊；他厌恶来自印度种姓制度的压迫；他谴责英国人对爱尔兰人的压迫；他致力于解放法国殖民地的奴隶（他的反奴隶制演说在南部美国被禁止传播）；他厌恶美国人对印第安人的合法屠杀。远远不止于同情，托克维尔有时是以一种贵族家长式的态度，赞赏与敬重法国劳动阶级特别是农民的自然良善。1848年4月，托克维尔写道："我的主要希望来自于被正确地称为人民的人带给我的景观。他们缺乏启蒙，但在他们身上，我发现值得欣赏的本能；一个人在他们身上可以遇到……秩序感，对国家的真正热爱，和对他们自身能够判断的事物的伟大的感受……"③ 他感到，法国农民表现出了优良的品质：常识感，健康的政治激情和坚定的原则，这些优良品质可以用来再造法国的政治体系。"我总是认为，毕竟，农民优于法国的所有其他阶级。"④ 尽管他们缺乏教育

① Alan S. Kahan, Aristocratic Liberalism: The Social and Political Thought of Jacob Burckhardt, John Stuart Mill, and Alexis de Tocqueville. New York: Oxford University Press, 1992, p. 46.

② Alexis de Tocqueville, The Old Regime and the Revolution, Notes and Variants: p. 378.

③ Alexis de Tocqueville, Selected Letters on Politics and Society, p. 208.

④ Quoted in Roger Boesche, The Strange Liberalism of Alexis de Tocqueville, p. 100.

与知识，但在开明人士正确的教导下，他们会很好地利用自己的天然的好品质。加拿大的法裔农民在心灵上要优于美国农场主，因为他们没有表现出“渗入美国人行动与言论中的商业精神”。① 贯穿于托克维尔的著作中的一个信念（一个似乎不合传统自由主义者的胃口，而带有古典共和主义传统色彩的信念）是，商业威胁个人自由，而土地财产对于自由是无价的。忙于商业的个人必须使自己屈从于他人的意愿，“受制于他的国家的商业或工业状况的每一次动荡”，无法支配自己的行为与命运。相比而言，“土地划分为小的独立财产”对“完美的自由”和个人独立是最有益的。② 如果说托克维尔在情感上同情工人阶级生活的苦难、个性的泯灭，那么在理性上他把对中产阶级的怀疑与不信任也转移到了工人阶级身上。在托克维尔看来，商业精神，“这种追求物质享乐的激情，本质上是中产阶级的激情，它随这个阶级的发展而发展……这种激情正是从中产阶级向社会的上层和一般老百姓扩散的。”③ 在托克维尔的模糊意识中，“工人阶级只是被作为贫困的资产阶级，具有资产阶级自然拥有的对于物质福利的同样冲动和对平等的同样渴望”。④ 工人阶级也渗透着商业精神，是资产阶级的逻辑延伸。贪婪、攫取与嫉妒的伦理会被资产阶级传染给工人阶级，使得他们在社会主义理论的引导下致力于推翻不平等的最后残余——私有财产权。正如工人阶级是资产阶级的逻辑延伸，社会主义也是资本主义的逻辑延伸。托克维尔总是认为，工人阶级的嫉妒来源于资产阶级伦理，一种专注于消费与享受的自利伦理。但是托克维尔对工人阶级的恐惧并不会导致他为中产阶级特权，一种他称作的工业贵族而辩护。一些人利用他的观点论证不平等与财产特权的合理性，并且为商业阶级精英所主导的多元主义政治体系辩护，他们全然忘记了

① Alexis de Tocqueville, Journey to America, p. 188.

② Alexis de Tocqueville, Memoir, Letters, and Remains, 1: 230-231.

③ [法] 托克维尔著，董果良译：《论美国的民主》，商务印书馆 1988 年版，第 661 页。

④ Alan S. Kahan, Aristocratic Liberalism: The Social and Political Thought of Jacob Burckhardt, John Stuart Mill, and Alexis de Tocqueville, p. 54.

托克维尔对工人阶级贪婪心理起源的分析和他对商业阶级强烈的保留态度。总之，托克维尔不会把人民视为一种抽象的可以取代耶和华的膜拜对象，人民不能免于党派、激情或普遍的人性缺陷的影响。他们既可受到高尚原则的影响，也会为专制与独裁摇旗呐喊。人民并不是盲目信任的对象，而是需要开明人士与正确理念的领导；只有这样，他们才能投身于伟大的自由事业。所以，托克维尔为自己所设定的任务是："为下层阶级的道德与物质福利在政治上积极地工作，而不是沉溺于他们的偏见，或煽起他们的激情。"①

基佐的阶级分析论证资产阶级统治的不可避免性，赞颂资产阶级的代议制，彰明资产阶级的自由传统，并呼吁他们承担历史的重任。但正如梅耶尔——托克维尔研究专家所言："他（托克维尔）从来不服务于一个阶级；他总是坚持被他在历史起源中分析的现代国家结构所无限威胁的人类灵魂的神圣性。"② 在托克维尔的政治史诗中，缺少一个胜利在握的英雄阶级或群体：不是法国贵族，他们已失去天生权利并生活在自我欺骗的迷雾中；不是中产阶级，他们由于自己的唯物主义与胆怯本能在进行一场正在失败的战斗；也不是共和主义者的农民和社会主义者的城市工人，他们在煽动家的影响下有变为毫无头脑的暴众的危险；也不是幸运的美国人，他们的自由来自不能创造和移植的偶然因素。"托克维尔在为未被颂扬的未来的英雄儿女而写作。……托克维尔在为假设的公民立法者而写作……"，希望他们能够在逆境之中努力创造出一种稀有而无价的社会价值——民主的自由。③

三、一种理想的阶级结构模式

托克维尔的阶级分析为人们勾勒出了一幅阴郁而绝望的政治图画，但这并不是致力于反对宿命论的托克维尔所希望看到的。他的希望并没有完全泯灭，他在法兰西普遍的绝望氛围中力图为现代政

① Quoted in André Jardin, Tocqueville: A Biography, p. 399.

② Alexis de Tocqueville, Journeys to England and Ireland, introduction: p. 19.

③ Cheryl B. Welch, De Tocqueville, pp. 30-31.

治生活中的阶级斗争寻找一剂解药。托克维尔对理想的阶级结构的建构不同于传统自由主义者，他们把市民社会想象为私利的战场，个人与群体（包括阶级）之间的对立与斗争是不可避免的，正是在这种斗争中会产生一种力量的和谐，从而保障了自由。托克维尔也不苟同于马克思，马克思认为：个人或阶级之间的对立只是一种历史现象，消灭阶级差别是走向自由的可行与必经之路，无阶级社会是人类自由理想的必然归宿。托克维尔也不同意基佐和列宁对单一阶级主宰社会与政治生活合法性的论证，他认为：被一个阶级统治的政治生活根本没有政治生活；① 一个阶级的统治只会腐败自身，沦为一种新的特权阶级，建立一种新形式的贵族统治；甚至阶级冲突也要比在斗争中对失败阶级一方的压迫更有利于自由。托克维尔的贵族情结使他认为，在中世纪的各阶级之间存在着相互的合作与义务，16 世纪自己的祖先"作为教父为村庄的许多居民服务：一种甜蜜的和父母式的关系的新的证明，在那个时代，这种关系依然存在于上层与下层阶级之间"。但是，在近代，"这种关系在许多地方已被嫉妒、怀疑和经常的仇恨所取代。"② 而阶级的分裂成为了专制统治者的托辞，"国家的自我管理仿佛不复可能，必须有一位主宰介入。"③ 托克维尔还对英、法两国的阶级关系进行了比较。他发现，在英国，"一个人到处看到的是属于从开端的资产阶级到最高处的贵族的开明阶级的所有人们之间存在着的团结与理解。他们共同保卫和自由地领导社会。"他不企望英国的财富，也不羡慕它的权力，但他却嫉妒英国的阶级合作。而在法国，"阶级的仇恨与嫉妒，在成为我们所有悲伤的根源后，已毁掉了我们的自由"④。

托克维尔通过历史—比较与现实分析，得出了一种微妙而中庸

① Alexis de Tocqueville, Recollections: The French Revolution of 1848, p. 10.

② Alexis de Tocqueville, Selected Letters on Politics and Society, p. 350.

③ [法] 托克维尔著，冯棠译：《旧制度与大革命》，商务印书馆 1992 年版，第 149 页。

④ Alexis de Tocqueville, Selected Letters on Politics and Society, p. 354.

的包含阶级竞争与阶级合作的阶级平衡理论。托克维尔尽管意识到了阶级常常会使用政府权力相互压迫，但他认识到了，自由社会依赖于同为了公共善而进行的阶级合作联系在一起的适度的阶级竞争，特别是在一些基本政治原则上的竞争。在托克维尔的眼中，自由不是来自于沉闷与荒芜的无阶级社会，而是来自一种没有单一阶级压迫其他阶级的社会状态。实际上，托克维尔在他的阶级分析中走着一条危险的政治钢丝绳。阶级仇恨由于分裂了阶级联系，削弱了阶级合作，而为专制打开了方便之门。“没有什么事件比阶级相互仇恨与嫉妒更服务于专制。”①因此，托克维尔认为阶级合作对于自由是必需的，并且常常依赖中世纪和引用英国作为例证。另一方面，一个缺乏阶级对抗的政治体系就像七月王朝一样，不会产生伟大的思想与激情，压制了自由所依赖的个性的独立、公共精神与思想创新。在七月王朝统治下，“由于每件事务都是被一个阶级的成员决定的，同他们的利益与观点相一致……这种特别的同质状态……在议会辩论中剥夺了所有原创性、所有现实性和所有的激情。”② 托克维尔读过马基雅弗利的主要著作，无疑会受到这位共和主义者的影响。马基雅弗利关于自由的一个观点就是，自由的艺术需要保证城邦内两种性格的团体之间的紧张，“在每一个共和国都有两种党派，贵族党与人民党；而有利于自由的所有法律来自于这些党派相互之间的对立。”③由于没有阶级的竞争，自由就不能存在，由于阶级之间极端的仇恨与嫉妒，也不会有自由的存在，一种微妙的平衡就必不可少。托克维尔最终认为，一个国家总会有富人与穷人，总会有限制人民权力的党派与促进人民权力的党派存在，④阶级从来不会消失，自由就要求一种微妙的平衡，即阶级之

① Alexis de Tocqueville, The European Revolution and Correspondence with Gobineau, p. 77.

② Alexis de Tocqueville, Recollections: The French Revolution of 1848, p. 10.

③ Quoted in Roger Boesche, The Strange Liberalism of Alexis de Tocqueville, p. 202.

④ ［法］托克维尔著，董果良译：《论美国的民主》，商务印书馆 1988 年版，第 197 页。

间在共同善观点上的竞争和在社会基本结构上的合作之间的一种平衡。

蔡特林指出："他（托克维尔）感知到了一条伟大的中心历史法则（通往平等的倾向），并且从这条法则中继续演绎出看起来逻辑上相随的一切事情。"① 托克维尔给予了民主的不可避免的胜利以极端的重要性，甚至将它作为他的作品的中心与原点，作为现代社会与政治现象的起源点。但他从来没有详细而令人信服地论证过这条现代社会与政治的第一原则——民主的必然胜利的正当性。民主的胜利，平等的不可避免，在他看来似乎是一个不言自明的事实，由于是命定的事实甚至升华为一条道德原则。他或者仅仅历史地描绘平等的发生发展过程，从来没有费心探讨过平等生成与发展的内在机理。在托克维尔对平等地位的分析中，他把平等甚至常常是平等之爱（一种文化机制）作为绝大部分现代政治现象如果不是惟一的也是主要的发生与推动机制。密尔指出，托克维尔从平等中推论出一切事物，而忘记了文明进步所扮演的进步角色；在当代人如雷隆·阿隆看来，他也忽视了工业发展与技术创新在政治生活中的地位。平等不能解释现代性的全部；托克维尔的过失在于以一个单一原因解释太多事物的嗜好。托克维尔在对泛神论的批判中认为，在民主时代，"人的精神……希望把无数的不同结果归结于一个单一的原因"②。并且他认为这种观念破坏了人的个性与多样性，满足了人的精神愉悦，不利于人类的伟大。托克维尔虽然不认为民主是现代政治的一切原因，但他对民主地位的实际论证却在向人们表明，他同样或多或少地受到了时代精神的局限。

本章小结

不同于传统自由主义思想家，托克维尔对自由主义政治思想的

① I. M. Leitlin, Liberty, Equality, and Revolution in Alexis de Tocqeville, p. 56.

② ［法］托克维尔著，董果良译：《论美国的民主》，商务印书馆 1988 年版，第 548 页。

贡献不是体现在系统、抽象的理论构建上，而是体现在他以自由政治观念为前提，对现实政治生活的实际观察与分析上，托克维尔的中道自由观——其自由主义的特色也就首先体现在这种现代政治分析中。托克维尔对现代政治的考察是立体的、全方位的，但他一生都在坚持的、着力最多的是对现代三种政治现象：民主、革命与阶级的研究。

托克维尔运用了多种理论预设与分析路径作为他研究现代政治的工具，但他并没有把这些理论预设作为信仰而加以全心全意地接受，对他所运用的分析路径也没有明确的意识与阐释。(1) 他自称基督教原则是他的基本伦理假设与前提；(2) 他尊重作为一种美德的权利思想，而不是抽象、绝对的自然权利观；(3) 他轻视功利主义，但有时也将它作为一种辅助的分析工具；(4) 他是一位运用历史——比较方法的大师，但他没有明确地论证过这种研究方法，也没有将这种方法的运用绝对化；(5) 他接受了国家与社会的两分法，但并不坚持古典自由主义的不干涉原则，而承认两者之间的互动性；(6) 他实际上运用了理想类型，但没有形成关于它的明确、完整观念，还在具体运用中出现了一些偏差。总之，托克维尔不是一位古典的政治哲学家，因为他对特定的理论预设没有完全的信仰；他也不是一位当代的政治科学家，因为他对方法论的明确系统的阐释不感兴趣。他只是位于两者之间的一个过渡性学术角色。

在托克维尔的现实政治分析中，民主被几乎视为现代政治的本质，是分析大部分现代政治现象的出发点。概括之，民主有两重含义，即某种基本的社会状态与某些政治与法律形式。在托克维尔对民主的社会状态描述中，民主社会的结构模式是原子化、同质化，文化模式是个人主义、理性主义与唯物主义，可能的危险是社会专制。在托克维尔的笔下，民主的政治趋向既包括传统自由主义者所关注的政府中的多数专制，也包括托克维尔所观察到的一种新的专制——监护性专制，托克维尔着意强调的是后者。

自大革命以来传统的革命——反革命两分法似乎不适合托克维尔。托克维尔详尽客观地考察了大革命的原因、特征并预言了一种革命家时代的来临；他将法、英两国的革命进行比较，试图得出成功的革命模式；他憎恶革命病——一种蔑视权利与法治的革命文化；他探讨了革命发生的一般规律：革命往往发生在人民的境况好转之时，革命的成功需要人民与开明阶级的结合。托克维尔之所以反对革命，是因为革命往往会危及权利、法治与秩序；他之所以捍卫革命，是因为革命有时会体现自由、民主原则，可以推翻专制秩序，增强人民的道德活力与政治热情。总之，托克维尔对革命的两面态度最终来自他的自由理念。

托克维尔认为，阶级是历史发展的主体，并采用了一种阶级分析法来研究现代政治。托克维尔没有给予阶级以明确的概念，也并没有将阶级斗争视为现代社会惟一的、最重要的特征。托克维尔对西欧三个阶级——贵族、资产阶级与下层人民（包括工人、农民）的历史演化进行了详尽的探讨。他惋惜贵族的自甘堕落；他厌恶资产阶级的贪婪与平庸，把它视为对自由的新威胁；他同情普通人民，欣赏他们的活力，但又不愿夸大他们的道德能力。总之，在托克维尔的阶级分析中，不像基佐与列宁，缺少一个终极的、体现历史必然性的群体。托克维尔的理想阶级模式既不是一个阶级的统治，它会压制个性独立与公共精神；也不是阶级之间的无限竞争，它会带来社会分裂与政治专制。托克维尔认为，自由社会依赖阶级合作与阶级竞争之间的适度的结合。

托克维尔的现代政治分析体现了他的平衡、灵活的中道自由主义立场，但也暴露了他的思想组织中的缺点，即不适当地、过分地以平等原则来解释现代政治的内在动力，而常常忽视了其他的政治发展机制。这表明，托克维尔也在一定程度上受到了现代理智传统的局限。

第五章
托克维尔对自由与现代政治理论之关系的反思

作为一个政治人，托克维尔极力保持自己在公共生活中的独立与超脱地位。作为一个知识人，托克维尔不沉溺或依附于当时流行的任何一种政治思潮，而是首先客观地考察它们的起源、发展、特征与政治后果，并最终把它们的客观政治现实效果同自己的终极价值——自由联系起来，从而得出一种既超越了各种流行的政治思潮又寓寄了自己的自由理念、具有调和色彩和济世意图的政治理论。如果说卡尔·曼海姆系统地建立了考察思想产生之社会规律的知识社会学，那么，我们可以说，托克维尔以自己的范例首开了考察政治理论产生之社会、政治与文化氛围的一种知识政治学研究。但和现代社会科学家极力标榜的价值中立观不同的是，托克维尔从来不会放弃作为一个知识人的道义责任，作为一个观察者与调停者的双重的知识人角色。自由是托克维尔考察现代各种政治思潮的出发点与落脚点。

在认识论的基本问题上，托克维尔从来没有系统地阐释和论证过物质与意识何者优先的问题。在他的整个思想体系中，利益与思想两种因素是相互区别、相互独立，但又是相互影响的；思想很大程度上来自物质需要，但一旦正式形成，便会被赋予一种独立的生命，对社会现实产生巨大的影响。① “我总是被形而上学观念给予距它们最遥远的事物和甚至给予社会条件的影响所惊呆。”② 在他眼中的这个机器时代，这个物欲横流、理想幻灭的时代，作为政治人的他更强调思想而不是物质对社会与政治发展的动力性。“无论任何人怎样说，是思想而不是盲目的需要激荡了世界。”③ 感情与思想应该为世界的变迁负责；不是利益而是共同思想是社会整合的基础。他在谈到思想的社会功能时提出：“小小的头脑一般在人类事务中占了很大的分量。……有些关于哲学与宗教的观点曾改变了帝国的面貌，几乎在最伟大的人的眼皮下悄无声息地得以诞生。”④ 总而言之，“思想，常常是非常抽象的思想，最终统治了社会”⑤。所以，由于托克维尔针对现代社会的唯物主义倾向而对理论之能动性的强调，我们考察托克维尔的自由主义不能回避他对现代政治理论的反思。同时，托克维尔对政治科学的范围、性质之界定，对政治科学强大的现实政治改造功能之认可也使我们不能忽视他对现代政治理论的解构与重建。

在托克维尔看来，对理性主义的信仰是现代政治的显著特征，而对理性的运用、信任与偏爱必然会导致人们满足于对人类历史进行全面性、系统化设计的历史决定论；社会主义的理论起源就在于理性主义政治的滥用与历史决定论的无知，而作为社会主义在政治实践中的调和与替代物则是公共慈善；最终，托克维尔形成了具有平衡、调和色彩的政治科学，以克服各种片面的政治理论对政治生活的不利影响。

---

① Whitney Pope, Alexis de Tocqueville: His Social and Political Theory, in Collaboration with Lucetta Pope. Beverly Hills, Calif. : Sage Pub, 1986, pp. 43-45.

② Alexis de Tocqueville, Selected Letters on Politics and Society, p. 320.

③ Alexis de Tocqueville, Journeys to England and Ireland, p. 58.

④ Alexis de Tocqueville, “The Art and Science of Politics”. Encounter. 1971, 26: 28, p. 33.

⑤ Alexis de Tocqueville, Memoir, Letters, and Remains, 1: 351.

第一节　政治中的理性与非理性

在托克维尔的思想视野中，理性主义由三个密切联系的观念构成：1. 对个人理性的崇拜，即“每个人在运用他们的头脑时，大部分只依靠一己的理性努力”①。2. 对普遍抽象观念的爱好。“在他们看来，凡是可以用于本身的真理，都可以同样地或以同样方式用于其每个同胞或同类”；他们“找出所有事务的共同准则，把大量事物总括在同一的形式之下，只用一个原因来解释无数事实”。②3. 对于无限进步的希望，即“世界上的一切事情都是可以解释的，世界上没有什么事物为人的智力所不逮”；③“人是有能力无限完善自己的。”④这三个理性主义观念是相互联系的：对个人理性的崇拜导致人们产生对理性推动之下无限进步的希望，而对理性的偏爱、对进步的信仰往往会使人们认为能够构思出解决人类社会问题的具有普遍适用性的抽象理论。

托克维尔认为，虽然理性主义的一些观念并非都是民主时代的产物，但理性主义作为一种流行的、主导性的政治意识形态，却产生于民主时代。民主时代社会纽带的断裂、理智权威的消失使人们只相信自己的理性；民主时代等级制度的消失、社会地位的平等扩大了人们的视野，使他们倾向于从一般的、普遍的角度寻找自己的观点；民主时代社会流动的加剧、身份的平等使得人们相信人的能力是平等的，通过个人努力可以达到无限的完善。理性主义作为民主时代普遍的理智特征，在具体的国家具有不同的表现形式。“在

---

① ［法］托克维尔著，董果良译：《论美国的民主》，商务印书馆 1988 年版，第 518 页。

② ［法］托克维尔著，董果良译：《论美国的民主》，商务印书馆 1988 年版，第 513 页。

③ ［法］托克维尔著，董果良译：《论美国的民主》，商务印书馆 1988 年版，第 519 页。

④ ［法］托克维尔著，董果良译：《论美国的民主》，商务印书馆 1988 年版，第 551 页。

美国，一种相信人类精神进步的流行而普遍的信仰占统治地位”,①“规模巨大的多数人相信人类智慧与良知，相信人类完善的信条。”② 但是，美国人对宗教的虔诚信仰缓和了对理性的无限信仰，美国人的丰富的政治实践缓和了对抽象观念的爱好。英国正处于一个由贵族社会向民主社会的转型期，又由于其悠久的地方分权传统，所以“英国人看来很难获得普遍而确定的理念。他们善于判断当前的事实，不善于判断事件的趋向和它们遥远的后果”，但在英国激进知识分子的心灵深处可以发现对理性的爱好。而在法国，由于缺乏政治参与的传统，由于其热情、骚动而多变的国民性，理性主义思潮得到了充分的展示。托克维尔承认理性主义作为“生活在新社会的人”的思维特征这一客观事实，但反对对理性的崇拜与滥用,③ 即反对沦为理性至上主义或唯理主义的一种理性主义。在他看来，对个人理性的信仰在民主时代由于个人能力的弱化会发生变异，演化为对群众的崇拜，“人民对舆论的信赖将会成为一种以多数为先知的宗教”。④ 使人类理性沦入新的奴役状态；民主人对一般而抽象的观念的爱好使他们不能深入探究事物的具体成因，产生思维的懒惰，创新精神的枯竭；而民主人对进步的无限信仰会使他们染上构建政治乌托邦的癖好。

托克维尔描述了理性主义的产生、发展及其蜕变过程。⑤ 在16世纪，宗教改革家们“开始用个人的理性去论证古老的信仰的某些教义”。改革者在使宗教信条服从于个人理性的同时，依然保持着对上帝的信仰。到了17世纪，培根和笛卡尔在自然科学与哲学领域中运用了这一理性思维方式，并将其正式作为一种方法论。这

---

① Alexis de Tocqueville, Journey to America, p. 111.

② Alexis de Tocqueville, Selected Letters on Politics and Society, p. 47.

③ [法] 托克维尔著,董果良译:《论美国的民主》,商务印书馆 1988 年版,第523 页。

④ [法] 托克维尔著,董果良译:《论美国的民主》,商务印书馆 1988 年版,第527 页。

⑤ [法] 托克维尔著,董果良译:《论美国的民主》,商务印书馆 1988 年版,第520 ~ 521 页。

种方法论的核心是将个人理性而非偏见、传统和启示作为评价真理的标准。而到了18世纪，这一方法论“突然走出学术界，渗入到社会，成为智力活动的共同准则”；哲人们把它扩展到了社会与政治领域，成为在欧洲大陆流行的理性主义政治思潮。这一思潮的基本原则是，以自然规律和人类理性所产生的简单而基本的原则来代替传统与习惯，以彻底改造社会与政治生活。到了18世纪末，这一思潮由于文人们的推波助澜，赋予了大革命宗教的、普世的特征，并借助大革命精神在法兰西形成一种独特的政治现象或政治文化——文学政治。理性主义作为一种方法论，最初是一种从具体到一般的实证的或归纳的方法。但是到了18世纪，哲人们却把它演变成为一种抽象的演绎思维模式，用它来构建一般的、抽象的、系统的理论工程，用于改造社会与政治现实，从而造成了理性精神的堕落，而大革命中的文学政治现象则成为理性主义思潮异化的极端展示。

文学政治是托克维尔一生致力于阐明并试图改造的一种法国政治传统。文学政治是由领导大革命的法国文人（或作家）所缔造出的。由于缺乏政治自由与政治经验，他们以抽象的著作来指导革命，把文学习惯移植于政治生活。“作家们不仅向进行这场革命的人民提供了思想，还把自己的情绪气质赋予人民”，① 从而形成了一种文学政治文化或精神。托克维尔把大革命中的文学政治精神的特征概括为：“对普遍理论，对完整的立法体系和精确对称的法律的同一爱好；对现存事物的同样蔑视；对理论的同样信任；对于政治机构中独特、精巧、新颖的东西的同一兴致；遵照逻辑法则，依据统一方案，一举彻底改革机构，而不是在枝节上修修补补。”托克维尔惊呼：“这是何等骇人的景象！”② 在1848年托克维尔亲历的革命中，他又一次感触到了法国人特别是巴黎人的“文学与剧

① ［法］托克维尔著，冯棠译：《旧制度与大革命》，商务印书馆1992年版，第182页。

② ［法］托克维尔著，冯棠译：《旧制度与大革命》，商务印书馆1992年版，第182页。

院遗物同我们最庄重的展示的结合”。① 在这次革命中，他把“政治中的文学精神”再次概括为：“寻找精巧、新颖而不是真实的东西，更喜爱绘制一幅有趣的图画而不是服务于一种目的，非常欣赏优秀的行为与精美的演说而不考察演出的后果，并且，最终靠印象而不是理性来判断。”托克维尔发现，这种文学精神不局限于学者，它已渗入整个民族，“法国公众作为一个整体常常采取一种文学人的政治观点”②。而托克维尔构建的政治科学的重要意图之一就是克服文学政治习惯，改造法国政治文化。

托克维尔厌恶理性主义政治，并且批判其极端的展示——文学政治，但并不意味着他对理性的盲目排斥，对非理性的完全投入，也并不意味着他反对启蒙运动，排斥启蒙运动的思想成果。他只是想矫正作为一种教条的、被意识形态化的理性至上主义政治思潮。而且，从某种意义上说，托克维尔也是一位理性主义者，一位意识到理性之滥用应被矫正的中庸的理性主义者。所以，拉塞尔·柯克认为：“法国人的抽象能力，曾经颠倒了世界，在托克维尔身上达到了顶点。他使用*哲人*（斜体为原书所加——作者按）和百科全书派的方法与风格，在半个多世纪后，缓和他们的著作的后果。”③ 某种程度而言，托克维尔是启蒙运动的继承者。他对 18 世纪哲学家，尤其是伏尔泰与卢梭著作的阅读给予他一种理性的怀疑主义，使他远离同正统派联系在一起的宗教形式；他相信人的理性能力，“坚信人的向善性”；④ 他希望通过启蒙与教育改善普通人民的生活处境与政治命运。对于启蒙思想家，他承认自己是他们思想的有选择的继承者。“我不想批判 18 世纪的思想，或至少是这些思想中正确的、合理的、可运用的部分，这些部分毕竟也是我本人的。我只想展示被一种政治所产生的独特效果，这种政治尽管包含这种思

① Alexis de Tocqueville, Recollections: the French Revolution of 1848, p. 53.

② Alexis de Tocqueville, Recollections: the French Revolution of 1848, p. 67.

③ Russell Kirk, The Conservative Mind: from Burke to Eliot. South Bend, Indiana: Qateway Editions, Ltd. ,1978, p. 178.

④ ［法］托克维尔著，董果良译：《论美国的民主》，商务印书馆 1988 年版，第 441 页。

想，但它是被对于运用它们毫无所知的人所从事的。"① 可见，托克维尔将自己视为启蒙运动的合理遗产的继承人，并谴责那些滥用启蒙思想的人。他承认自己的大部分思想来自18世纪，并且我们偶尔也会在他身上看到杜尔哥或孔多塞式的对理性的信仰。"理性，像美德一样，根本不会屈从于不同的气候，不会随地点、气氛与自然而变化。它只有一个，它是不可扭曲的。"② 有时候，他甚至也会承认自己也受到了理性主义意识形态的熏染。"我爱一般的人类，但我不停地遇到那么多其灵魂的低下使我厌恶的个人。……我有时发现我会出于优良的原则而做出恶事。"③

托克维尔虽然接受了理性原则，将其作为自己政治思维与行动的基础，但他的实际参政经验与多重政治认同使他对理性至上主义者所追求的所谓抽象理性与绝对真理有着一种本能的厌恶。他认识到："在人类事务中没有绝对的真理或善"。④ 在为《论美国的民主》所作的笔记中，有这样一段话："我所承认的惟一绝对的真理是没有绝对的真理。在发现这种情况后，不要让自己疲于寻找另一个真理，因为它不存在。"⑤ 他在给朋友的一封信中描述了自己思想的一种痛苦的转变过程。在他的生命之初，他相信："世界充满了已证实的真理，惟一的事情是仔细地寻找以便发现它们。"⑥ 但生活经历使他获得的只是不可解脱的怀疑。最终，他相信："对绝对的、已证实的真理的寻求就像对完善的幸福的追寻一样，是一种指向不可能之事的努力。……我们仅仅只有可能、几乎，对这种情况绝望就是对作为一个人绝望，由于这是我们天性中最难以改变的法则之一。"他承认存在着数目非常少的值得人们信仰的真理，但他"总是认为形而上学与所有纯理论科学不能服务于生活现实，

---

① Alexis de Tocqueville, Selected Letters on Politics and Society, p. 330.

② Alexis de Tocqueville, Journey to America, p. 163.

③ Alexis de Tocqueville, Selected Letters on Politics and Society, p. 91.

④ Alexis de Tocqueville, Journeys to England and Ireland, p. 68.

⑤ Quoted in Roger Boesche, The Strange Liberalism of Alexis de Tocqueville, p. 186.

⑥ Alexis de Tocqueville, Selected Letters on Politics and Society, p. 63.

是人类自愿同意施加给自己的一种折磨”①。所以，他才不愿构建绝对而完善的宏大理论体系，② 他的写作方式是让思想随自己的想像力而流动，没有确定的、最终的真理，只有永恒的思想探索。总之，托克维尔承认真理的存在，但不认可绝对的真理体系，更轻视那种脱离政治实践、流于幻想的、渗透着文学政治精神的乌托邦计划。

托克维尔对绝对体系的厌恶来自他对政治生活中理性至上主义的反对，而他对理性限度的认可、对理性并非人类惟一行动动力的认知则来自其独特的思想经历与法国后革命时代的民情。由于启蒙思想对托克维尔原有信仰的冲击，由于托克维尔不断地处于个人身份的认同危机之中，他长期遭受着一种怀疑的痛苦，导致了对理性之限度的接受。所以，他主张信仰与幻想的必要性：信仰与希望是两个“人性中最持久的、最难改变的本能”，“因为每个人都需要培养某些幻想”③。而纯粹的理性只会带来行动的麻痹，“理性对我而言总是像一只牢笼一样，使我不能行动，但不能阻止我在栅栏后面咬牙”④。托克维尔感受到，在他人生出现怀疑的时刻，他需要非理性的力量给予生命以动力。所以，他说：“当我越远离青年时代，我会说，我几乎越尊重激情。当它们好的时候我喜欢它们，而当它们坏的时候，我甚至不能肯定会厌恶它们。”⑤ 托克维尔对激情的赞美不仅来自自己的心路历程，还来自对时代的独特的感受。他觉得，当代法国的民情正在弱化，他看到的只是懦夫；资产阶级的商业伦理驱散了高贵的感情，无论是在社会还是在政治生活中到处都是冷冰冰的算计。他向密尔诉说道：“威胁一个像我们这样组

---

① Alexis de Tocqueville, Selected Letters on Politics and Society, p. 64.

② 托克维尔在当代复兴的一个原因之一就是后现代主义的思想家们在他的作品中发现了“缺乏全面的、合理化的元理论”，cf. Cheryl B. Welch, De Tocqueville, p. 225.

③ Quoted in Roger Boesche, The Strange Liberalism of Alexis de Tocqueville, p. 110.

④ Alexis de Tocqueville, Selected Letters on Politics and Society, p. 157.

⑤ Alexis de Tocqueville, Selected Letters on Politics and Society, pp. 152-153.

织起来的民族的最大疾病是民情的逐渐弱化、思想的堕落、感觉的平庸，这是未来存在的最大危险。”① 同年他又一次向自己的友人安培提到：“在我们时代最少见到的是激情，整合与引导生活的真实的、坚定的激情。我们不再知道如何去想、或如何去爱、或如何去恨。”② 在他临终的八个月前，他还在感慨：“当前，人们不再强烈地信仰任何事情，他们不爱任何事情，不恨任何事情，不希望任何事情，除非是在证券交易中获利。”针对民情的软化、文化的衰败、理智生活的停滞，托克维尔要求：“需要强烈的恨、热烈的爱、伟大的希望和热情的信仰使人类智慧行动起来。”③ 激情，或许是被理性所引导的激情，可以使人们跨越历史的障碍；“总是需要某种高尚的激情以激活人类灵魂。”④ 要维持他所珍爱的自由，在后革命时代更需要的不是理性的算计，而是给予人们行动力量的非理性因素。所以他才会认为：“（对自由）一种本能的倾向，不可抗拒的和几乎毫无意识的，诞生于所有伟大的人类激情的神秘源泉。”⑤ 在一个平庸的时代，人们被引向自由，不能依靠逻辑的证明，而是依靠心灵的力量。

由托克维尔对理性与非理性之关系的表述可以得出这样的结论：他在自由主义者中的中道性不是体现在他对各种政治现象与政治理论的无原则的调和，而是体现在他根据时代政治形势的洞察而灵活地调整自己的立场与观点。他的中道性不只体现为平衡性、中庸性，还体现为开放性、灵活性，是原则性与灵活性的结合。对于他而言，在一个愚昧、信仰的年代，理性是人类行动的动力，自由的源泉；而在一个机械的、过度文明化与商业化的世俗时代，人类行动特别需要非理性作为动力，自由需要非理性来激活。

---

① Alexis de Tocqueville, Selected Letters on Politics and Society, pp. 150-151.

② Alexis de Tocqueville, Selected Letters on Politics and Society, p. 153.

③ Alexis de Tocqueville, Selected Letters on Politics and Society, p. 376.

④ Alexis de Tocqueville, The European Revolution and Correspondence with Gobineau, p. 150.

⑤ Alexis de Tocqueville, The European Revolution and Correspondence with Gobineau, p. 168.

第二节　历史中的必然性与偶然性

对理性的追求，对人类能力的信仰，和对抽象体系的爱好，自然会提高人们对历史与社会发展规则进行探索与设计的信心，自然会使人们相信，人类可以把握历史中的必然性，并以这种必然性来正确地指导人类行动。所以，强调历史发展的必然性，人类实践应服从这种必然性的历史决定论是理性主义的逻辑延伸。

托克维尔承认历史中存在可以加以认知的基本规则。他提到"统治人类制度的普遍法则"和"统治宇宙"的普遍法则，并且认为所有现象都"从属于固定的法则，这些法则不是不可能发现的"①。《论美国的民主》比较了两种解释历史与社会的方法。② 贵族时代的历史学家把事件归因于次要的特殊的原因，特别是一些有影响人物的各种特征，如他们的性格与动机。相比而言，民主时代的历史学家证明个体的无意义，否认人们的个别影响，寻找能够影响每个人的种族、地理或文明的精神等具有决定性的一般原因。由于贵族历史家看到的是对社会与历史发展影响强大的个别英雄人物，从而使他们专心于研究个人的影响、特殊的原因。而民主历史学家看到的则是在原子化状态下的个人的软弱无力，所以使他们转向一般的原因。

托克维尔观察到，在社会发展中，一般原因与特殊影响都是不可或缺的，而它们的相对重要性却在变换。在民主社会，一般原因可以解释更多事件，而特殊影响则只能解释较少的事实；在贵族时代则相反，用一般原因说明的事实要少于特殊影响。民主社会中历史学家的错误不在于强调一般原因的重要性，而仅仅在于否认个人所作所为所产生的影响。贵族历史学家集中于个人的影响，不会把重大原因编织进决定论体系，因为他们看到的是强大的个人在不停

---

① Alexis de Tocqueville, Memoir, Letters, and Remains, 2: 31.

② ［法］托克维尔著，董果良译：《论美国的民主》，商务印书馆 1988 年版，第 609～613 页。

地改变历史。

针对两种类型的对社会与历史发展动因的对立解释，托克维尔给出了一个中庸的、辩证的回应：“人的头脑对于未来只能勉强画出一个大致的轮廓，但在这个轮廓内，偶然的因素还会影响人们所做的一切努力。”① 在历史发展中既存在着人们可以预测的、并非绝对与必然的一般原因，但也存在着一些人们的智慧之眼不能看清的偶然原因。关于必然性与偶然性之关系，它们之间相互作用的机制，托克维尔也给出了明确的回答：“许多重要的历史事实只能被偶然的环境所解释，而许多其他的事实则不能够被理解。最后，偶然性，或次要原因的集合——这样称呼是因为我们无法把它们全部挑出来——在我们观察到的在世界舞台上发生的所有事件中是一个重要的因素。但是我确信，除非基础被事先准备好，偶然性不能够作出任何事情。先前的事实、制度的性质、思想的倾向和民情状态是偶然性创造令人吃惊与惊恐的即席事件的材料。”② 总之，托克维尔关于历史发展的比较全面的观点是：必然性与偶然性在历史发展中同样重要，但两者的重要性随历史与社会状态的差异而发生相对的变化；必然性是一块幕布，偶然性是一幅图画，偶然性必须在必然性设定的框架中动作；历史法则，即必然性可以被近似有限地而不能被绝对无误地加以探索，而偶然性则为人的自由意志留下了发挥空间。

但是，托克维尔不仅是一位公正的社会科学家，他还是一位热忱的道德教育家；在他的眼中，科学与道德并不像当代政治学家所见，必然地相互分离甚至对立。托克维尔认为，民主历史学家犯了一个严重的错误：他们把一般原因整合进一套假定了不可避免的结果的抽象理论中。③ 这样，他们放弃了关于一个民族如何才能选择

---

① ［法］托克维尔著，董果良译：《论美国的民主》，商务印书馆1988年版，第417页。

② Alexis de Tocqueville, Recollections: The French Revolution of 1848, p. 62.

③ ［法］托克维尔著，董果良译：《论美国的民主》，商务印书馆1988年版，第611页。

一条更好的发展道路的关注，而构建了一个宿命的、决定论的、详尽的与无所不包的体系。在这个体系中，事件不依人类的意志而发生，人类成为历史的囚徒，成为自己不能选择之物的奴隶。托克维尔对这种决定论的态度是："我痛恨所有这些绝对体系，它们使所有历史事件依赖于被命运之链结合在一起的重要的第一原因，这样就成功地把人们从人类历史中清除出去。他们自夸的广度在我看来是狭隘的，他们的数学精确在我看来是虚假的。"① 历史决定论不但认为人类无力改变自己的命运，他们要受天意或宿命的支配，而且还醉心于为人类设计出一条必须遵循的社会发展道路。因此，"古代的历史学家教导人们自主，现代的历史学家只教导人们学习服从。在现代的著作中，作者使自己显得伟大，而把人类视如草芥"。如果人们遵循历史决定论的设计，他们将会成为理论家的工具或实验品，成为被动的毫无独立精神的渺小的个体，最终丧失自己的自由，"使基督徒变成土耳其人"②。在托克维尔看来，历史决定论不但在实证上对历史因果律不忠诚，而且在道德上也是有害的。人类是有意识的、能思维的、道德的存在物，他们在环境所施加的限度内能够保持强大与自由，他们的个人与共同命运最终"依赖于他们的愿望"。③ 绝对体系否定了人们做出道德选择与改造自我命运的自由。托克维尔关注哲学与科学的现实意义；④ 历史学的价值不在于它自身，而在于它和其他人类价值的关系。对托克维尔而言，最大的快乐在于尽责；而他的特别信仰则是自由。社会科学应该有助于像自由、正义、美德这样真正的人类价值的实现。所以，"对于托克维尔而言，社会科学作为一门分析科学，它的解释必须不仅根据证据，也应该根据它们在促进真正的人类价值的实现

① Alexis de Tocqueville, Recollections: The French Revolution of 1848, p. 62.

② ［法］托克维尔著，董果良译：《论美国的民主》，商务印书馆 1988 年版，第 612 页。

③ Alexis de Tocqueville, The European Revolution and Correspondence with Gobineau, p. 229.

④ Alexis de Tocqueville, The European Revolution and Correspondence with Gobineau, pp. 226-229.

中的有用性来评价”①。塑造历史决定论模式的作家们常常把未来预言为过去的延展之物的实现，或过去的冲突与矛盾的解决，或一个地区、一个种族、一个群体、一种理念的不可避免的胜利，或作为历史直线的、循环的及其他模式的继续。托克维尔对民主革命未来的预测和他的其他预言似乎有悖于他对关于未来的绝对的决定论体系的排斥。但是，他意识到，那些目击了西欧关键性历史变革（如基督教的崛起、罗马帝国的陷落、封建主义的兴起）的人，没有谁能够预测到这些革命性变革的后果。“那么，谁能够肯定一种社会体系是基本的，而另一种就没有可能呢?”② 托克维尔没有否认某一同样不可预测的革命的可能性，也没有声称他具有超出前人的预言能力，他也反对通过求助于必然性来解释当前。人类制度的多样性使他认为：“在关于社会结构的事物上，可能性的领域比生活在每个社会中的人所想象的还要广阔。”③ 他也注意到，国家的未来常常是不可预测的；④ 他发现，一个黑色的地平线常常限制我们关于未来的视野；⑤ 同他关于历史因果律的观点相一致，托克维尔观察到，被偶然性所产生的盲点永远地使心灵之眼看不清未来的一部分。⑥

尽管托克维尔承认了上述限度，但他还是觉得，关于过去、现在与未来的概括对于社会科学而言是基本的。对于未来的正确认识可以帮助人们实现未来的好处而避免它的危险。托克维尔对于未来的评价正是打算作为这样的一种指南。他对平等主义未来的预测不是作为一种形而上学的、超历史的武断宣称；相反，它是实证的，认真地根据大量的证据而得出；它是可证伪的，当未来逐渐展开时

---

① Whitney Pope, Alexis de Tocqueville: His Social and Political Theory, p. 30.

② Alexis de Tocqueville, Memoir, Letters, and Remains, 2: 105.

③ Alexis de Tocqueville, Recollections: The French Revolution of 1848, p. 76.

④ Alexis de Tocqueville, Memoir, Letters, and Remains, 1: 401.

⑤ Alexis de Tocqueville, Memoir, Letters, and Remains, 2: 383.

⑥ ［法］托克维尔著，董果良译：《论美国的民主》，商务印书馆 1988 年版，第 417 页；Alexis de Tocqueville, Memoir, Letters, and Remains, 1: 401.

可以得到纠正。同样，托克维尔也承认强大的相反趋势在威胁平等。① 他的抽象概括尽管内容丰富，但在历史方面是受到限制的；它并没有认定一个首尾一致的、必然性的原因和惟一倾向。例如，他认为，基督教先于现代平等并且是平等的一个重要来源。托克维尔声称，民主革命会逃避人们对它的抗拒，② 似乎假定了一种控制人们的无视他们意愿的力量；但托克维尔想要得出的结论只是，在分析所可能界定的未来条件下，人们有可能以可预测的方式行动。在平等倾向所确立的变数内，他们将要作出决定性的选择，以决定什么将会同平等结合在一起。不管托克维尔的预言看起来多么像决定论，它是和他对预言在社会科学中的地位的理解一致的。托克维尔以一个比喻说明了抽象与概括在社会科学中的有限性和有用性。③ 当旅行者离开一座城市，爬上一座小山而俯瞰它时，城市的细节模糊了，而它的基本形状将会更加清晰。托克维尔的比喻说明了社会科学中的抽象方法意味着有价值细节的丧失和来自更广阔视野的在清晰性与全面性上的收获。托克维尔没有使用当代社会科学的方法论术语，但他对他所使用的方法论的意图的感受是深刻全面的，避免了经验主义者的狭隘与理性抽象主义者的骄傲。他对社会科学中预言的使用留给我们的启示是，社会科学家必须致力于建立概括和使用抽象，同时要承认两者的限度；他们必须避免过分强调一个或几个一般原因的诱惑。更进一步而言，他们必须避免使用这样的几个一般原因来构建绝对的决定论体系。这种体系认为，历史过程是由人们的自愿行为与道义选择所无力加以影响的盲目原因所决定的，从而削弱了而不是促进了自由。托克维尔对必然性与偶然性，对抽象与具体之关系的认识，为当代学者提出了在科学研究与

① ［法］托克维尔著，董果良译：《论美国的民主》，商务印书馆 1988 年版，第 697 页；Alexis de Tocqueville, The European Revolution and Correspondence with Gobineau, p. 200.

② ［法］托克维尔著，董果良译：《论美国的民主》，商务印书馆 1988 年版，第 8 页。

③ ［法］托克维尔著，董果良译：《论美国的民主》，商务印书馆 1988 年版，第 475 页。

道德立场上所面临的艰难抉择。

托克维尔将现代政治作为一种历史发展的产物，它限制了人们的政治选择。所以，有人认为，托克维尔关于历史发展的不可避免的主张使他的分析像黑格尔的更加哲学化的对历史的阐释。然而，他们两者之间存在着基本的不同。黑格尔将历史过程看作是一个基本原则——绝对观念的展开。而托克维尔认为，几个相对独立的因素结合起来使得人类相互之间越来越平等。这些因素包括：上帝面前人人平等的观念；经济发展所导致的社会关系的混合；随后产生的对民法与律师的需要；由于国王与贵族的竞争所导致的中产阶级地位的提高；由于经济发展和清教改革所带来的对理智成就的尊重；改变了军事战斗与信息传播性质的技术革新等。这些相对独立的发展的结合意味着西方社会将会是一个平等主义的社会。但托克维尔从来没有把政治的、经济的、道德的、意识形态的或技术的原因化约为一个因素。不像黑格尔，他没有把历史发展看作是最终不可避免的，也没有把某种“精神”看作是一种控制一切的驱动力量。他认为，存在着有意识采取行动影响历史结果的空间。尽管立法者不能制约通往更大的人类平等的运动，但如果他获取了历史发展的原因与效果，就可以引导相互作用的力量，以产生新的民主社会条件。关于人性的观点，托克维尔也不同于黑格尔。黑格尔教导人们：人类通过历史发展实现了自己的自由；这种历史发展表明了思想可以在技术上重新塑造人性以适应人类需要，思想可以控制人性。托克维尔坚称，自由可以存在于所有时代，如贵族时代或民主时代，由于人类灵魂总是在本质上潜在地免于物质关注；历史结果是不确定的，因为人类本质上是自由的。

的确，托克维尔认为，黑格尔关于历史过程必然性的教诲削弱了保存自由的基本条件，即人类对于控制自己命运的能力的信仰。“你无疑知道哲学、特别是黑格尔学派过去50年来在德国所扮演的角色”，托克维尔在致其朋友科尔塞勒的信中写道，“他的学派已变成政府的宠儿，因为它的教条的政治后果是要确立：已发生的任何事情都是可接受和合法的，一个政府因为它已存在这惟一原因就应得到服从”。托克维尔认为，黑格尔关于人类历史必然进程的教条削弱了人类自由，因为它首先否认了所有政治反对的理由和基础。黑格尔哲学受到了官方的支持，因为它支持了现状。托克维尔进而观察到，黑格尔哲学最终产生了广泛的政治与道德混乱。“这种教义终结于所有的反基督与反精神学派的出现，这些学派在最近20年已致力于德国的堕落……最终产生了支持1848年混乱的社会主义学派。”① 托克维尔认为，民主历史学家由于使人们相信自己不能真正影响自己的命运，而毁灭了对人类自由的信仰和自由本身。黑格尔哲学在托克维尔的眼中显然代表着民主条件下历史研究的这种危险倾向。

托克维尔作为一个中道自由主义者，并不意味着他的政治思想是对各种学派的圆滑的、毫无原则的调和与折中，在他的学说中确定存在着在某种程度上可以加以解释的一定的断裂之处。人们常常会发现，托克维尔一方面认为，通向更大平等的历史倾向是不可抗拒的，以至于声称：“身份平等的逐渐发展，是事所必致，天意使然”;② 另一方面，他反对各种形式的历史决定论——一种宣称命运、上帝或物质力量使人们无力指导历史的观点。当他还是一个年轻人时，他写道，任何历史决定论的主张都是“虚弱和懦弱的教条，它只能产生虚弱的个人和心灵暗淡的民族”③。托克维尔认为，个体拥有结合起来共同行动的能力，因此他责备历史决定论者，并且对他的朋友戈宾诺的著作表现出了极大的愤怒。戈宾诺的著作宣称，种族特征预示了欧洲不可避免的衰落。托克维尔告诉戈宾诺，公众对这本书的喝彩甚至欢迎并不能表明它的真实性，仅仅反映了一种时代的迹象，即人们感到自己无能为力，只好靠激发超越其控制的力量来解释事件。这本书不仅是错误的，它还是特别危险的，因为这样一种宿命论主张强化了法国人对于自身疲惫无力的信仰。

---

① Quoted in Catherine H. Zuckert, “Political Sociology Versus Speculative Philosophy”. Ken Masugi, Interpreting Tocqueville's Democracy in America, p. 123.

② ［法］托克维尔著，董果良译：《论美国的民主》，商务印书馆1988年版，第7页。

③ Quoted in Roger Boesche, The Strange Liberalism of Alexis de Tocqueville, p. 68.

戈宾诺主张的结果是“对人类自由的、如果不是一种完全的废除也是一种极大的缩减”①。托克维尔责备戈宾诺：“你深深地厌恶人类，至少是我们；你相信它不仅堕落而且不能够自我崛起。它的构成迫使它接受奴役。为了在这个乌合之众中极力维持一点秩序，政府的军刀与警棍在你看来自然具有好的一面。”②

尽管托克维尔对戈宾诺提出了严厉的批评，他有时也会同样提到个人的无能为力，甚至信仰一些决定性的力量。这样，托克维尔自身的内在矛盾也不时浮出水面。例如，在致戈宾诺的一封信中，他讨论了在第二帝国之下如何恢复自由的问题；他没有建议使用政治组织，而是指望某一不受人的意志影响的偶然历史事件推翻帝国。“一种不能预见的形势，一种事务的转机，任何事故可能导致迫使每个人走出自己的洞穴的非凡事件。”③ 在他对印度的研究中，托克维尔认为英国人对印度的征服不是由于涉及的特殊的人们，而是由于一系列历史需要和不受人影响的历史力量。当某人否认外部力量在统治着人们时，他声称：“最终，制度总是比人们强大。”④最后，托克维尔在给亨利·里夫的信中讨论世界的欧洲殖民化问题时，他写道，在19世纪，“人是渺小的，而事件是伟大的。”⑤

托克维尔的自身矛盾不难解释。他发现他的时代乏味、可厌与懦弱——这是一个个人感到无能为力、由于个人之间的疏离而失去了共同行动习惯的世纪。当面对着戈宾诺这样鼓励人们接受宿命论的作家时，托克维尔严厉地加以反对，以试图激励他的当代人肩负起一种骄傲感、一种责任感和一种对政治行动有效性的信仰。在托克维尔的中道自由观中，自由的含义之一就是个体（包括个人、

① Alexis de Tocqueville, Selected Letters on Politics and Society, p. 298.

② Alexis de Tocqueville, Selected Letters on Politics and Society, p. 347.

③ Alexis de Tocqueville, Oeuvres Complètes d'Alexis de Tocqueville, Ⅷ, pt. 3, p. 543.

④ Alexis de Tocqueville, Oeuvres Complètes d'Alexis de Tocqueville, Ⅷ, pt. 3, p. 467.

⑤ Alexis de Tocqueville, Oeuvres Complètes d'Alexis de Tocqueville, Ⅵ, p. 58.

国家、民族与社会）自我作主，成为自己命运的主人；而宿命论则削弱了人们对自身力量的信仰。

在《论美国的民主》的结尾，托克维尔仍然不忘对历史决定论、宿命论的批判，并且鼓励个人与民族在必然性框架中利用偶然性来实现自己的自由。“上帝既未创造完全独立的人类，又未创造全都是奴隶的人类。不错，上帝是在每个人的周围画了一个他不可能超出的命运所注定的圈子，但是人在这个广泛的范围内还是强大的和自由的。一个国家或民族也是如此。”在上帝为人类设定的平等条件下，“平等导致奴役还是导致自由”，则全靠人民自己的意志自由与自愿行动。①

第三节　社会主义与公共慈善

在《论美国的民主》第一卷中，托克维尔就预感到了现代民主之作为社会主义的土壤及社会主义在现代民主中的潜在萌芽：“不能认为民主在进入政界和其他界之后就不再发生作用。不要以为人们会永远安于在其他方面均已平等而只有一个方面不平等的局面，他们早晚要在一切方面享有平等。”② 这段话以似乎不如《共产党宣言》中的那样鲜明而激扬的语句预示了社会主义革命时代的到来。

社会主义在托克维尔的眼中既是现代政治生活的潜在趋势，又是现代政治理论的产物。它是理性主义热烈信仰的出口；社会主义者“是理论人而不是行动人，他们要随其所愿地推翻社会”。③ 社会主义理论“重塑社会”的幻想是理性主义精神感召下的产物，同属于现代政治理论的谱系。根据托克维尔的理解，公共慈善的实

① ［法］托克维尔著，董果良译：《论美国的民主》，商务印书馆 1988 年版，第 885 页。

② ［法］托克维尔著，董果良译：《论美国的民主》，商务印书馆 1988 年版，第 59 页。

③ Alexis de Tocqueville, Recollections: The French Revolution of 1848, pp. 100-101.

践与观念同社会主义实践与理论都具有相似的特征——国家权力的扩张，个人权利的窒息。最初，托克维尔反对公共慈善对个人自由的压制，而当社会主义思潮及其载体——工人运动日益兴起之后，托克维尔又有保留地将公共慈善作为社会主义与暴力革命的替代物。对社会主义的批判和对公共慈善的反思在托克维尔的思想体系中是相互联系的，它们是两个既具有亲缘关系又具有替代关系的观念，所以我们将两者放在一起进行探讨。

一、社会主义的起源、性质、特征及后果

托克维尔从社会运动、思想变迁与政治实践三个方面探讨了社会主义的发源与形成过程。从社会运动的角度而言，社会主义是民众的崛起与无产阶级壮大的产物。托克维尔认为，社会主义和具有“天意”特征的通向身份平等的民主运动相关联。在《回忆录》中，托克维尔把1848年革命的社会主义特征同60年前发动的大革命联系起来。700年之久的现代民主运动在1789年的一场政治革命中达到了顶峰，导致了人民生活水平的提高。但是，人民的权力、教育和愿望要远比他们的财富增长得更快。托克维尔相信，在由阶级差别和财产所有制构成的旧式社会中，贫困阶级的繁荣几乎达到了它的自然限度。在这里，托克维尔显然低估了现代资本主义的潜在的生产能力。“贫困阶级，他们是卑下的但却是强大的，怎么能不想起使用自己的权力以摆脱贫困与低下状况呢?”① 但是，政治革命只能给他们的社会与经济地位带来微弱的改善。毫不奇怪，他们终究会相信，只有通过一场社会革命或总体革命，通过不仅改变政府制度而且改变构成社会自身的不可改变的法则，才能获得完全的平等与彻底的解放。在这些社会法则中，最突出的法则是财产权，它对于革命者而言是旧秩序的最后特权，对于自由主义者和保守主义者而言是社会与政治自由的基础。“当所有覆盖与隐藏财产特权的特权被废除时，财产就成为人们之间平等的主要障碍和

① Alexis de Tocqueville, Recollections: The French Revolution of 1848, p. 75.

惟一象征”。① 托克维尔也注意到了，同民众的崛起相伴随，所有欧洲大国的工人阶级在数量和权力上都在增长，由此造成了“他们的需要与激情如此直接地影响着国家的福利和政府的存在，以至于所有工业危机都会越来越成为对政治危机的威胁。”② 托克维尔认为，二月革命的哲学是社会主义理论，二月革命的主体就是工人阶级。③ 产业革命把大批农民吸收到工业生产部门；被资产阶级政府所激发的物质享受激情越来越牢固地控制着这些人群；内在于民主社会的嫉妒病也在工人阶级中静悄悄地传播。“经济与政治理论开始引起注意，并极力使人们相信：人类的悲伤是由于法律而不是因为天意，贫困可以靠改造社会体系来废除”。④ 所以，社会主义作为一种系统而彻底的社会改造学说，迎合了现代民主中群众特别是工人阶级的愿望，成为他们改善自身状态、追逐物质福利、展开社会与政治运动的工具。

托克维尔还从法国近代思想演进的角度探讨了社会主义的思想起源。《旧制度与大革命》提出了启蒙运动中的某些思潮同社会主义精神之内在联系的问题，最重要的文本是第三部分的第三章：法国人何以先要改革，后要自由。托克维尔提出，某些哲学家与经济学家的思想由于给予了大革命前法国的舆论与政治以重要影响，从而成为塑造大革命及其后的法国政治生活的非自由主义特色的特殊原因之一。就托克维尔而言，这些18世纪的思想表明了自身同19世纪社会主义理论之间的明显的相似性。在法国，某些哲人与经济学家创造了一种使自由之爱从属于对社会改革之关注的舆论氛围；许多知识分子更进一步明确表达了对比如地方自由和权力平衡等具有“非理性”与“封建”特色的政治自由制度的轻视。当然，无论是伏尔泰还是重农学派，他们都不是社会主义者，但他们的思想与情感却给予了更激进与更整合的社会主义革命者的思想以动力与

---

① Alexis de Tocqueville, Recollections: The French Revolution of 1848, p. 75.

② Alexis de Tocqueville, Writings on Empire and Slavery, p. 204.

③ Alexis de Tocqueville, Recollections: The French Revolution of 1848, p. 74.

④ Alexis de Tocqueville, Recollections: The French Revolution of 1848, p. 63.

支持。托克维尔承认，议会、独立的司法团体常常会阻碍必要的甚至是可欲的改革，但他也责备伏尔泰不能理解这些制度的高贵性。它们虽然在阻止法国政治与行政现代化方面是反动的，但却通过抵抗皇家权威的扩张而捍卫了法国民族的自由与尊严。伏尔泰偏爱的是开明君主的理性行政管理，而不是诸如议会这样似乎是专断的、常常是不明智的自由政治制度；他也不能理解由于把改革置于自由之前而内生的专制潜在性。托克维尔似乎发现了启蒙运动内在的悖论：启蒙思想由于给予了改革与理性行政高于政治自由的实践、制度与精神的优先性，从而损害了它自我声称的对自由的热爱。对于自由政治生活的表层混乱与非理性特征的厌恶，在伏尔泰的作品中还只是温和而未成熟的，但在重农学派的作品中得到了明显的表现。正是在重农学派的作品中，启蒙观点与社会主义理论之间的明显联系得到了彰明。重农学派大部分是具有良好意图与公共精神的理论家与公务员，他们是经济不干涉政策的支持者。他们想象出了各种各样的社会与行政改革方案，但托克维尔注意到："严格意义的政治自由，他们丝毫未加考虑"。① 重农学派是"民主专制"的倡导者：他们支持废除社会与阶级差别和等级制度，主张建立由启蒙原则引导的在非人格化的行政机关的监护之下的平等的、个人的国家；他们对启蒙国家的理解具有高度的几何学与对称美的特征；他们很少为个人权利、联邦制或中间机构保留位置；他们轻视传统，相信政治制度与社会实践理性化的必要性与可欲性。总之，重农学派是优秀的政治理性主义者。托克维尔相信，重农学派是社会主义的真正预言家。社会主义共享了重农学派对自由权利的轻视，把后者的政府观加以激进化，不仅通过操纵非人格的国家来改变社会结构，而且把国家看作是"毁灭社会基础"的工具。②重农学派与社会主义者都轻视个性、个人权利和社会多样性；两者都偏爱奴

① [法] 托克维尔著，冯棠译：《旧制度与大革命》，商务印书馆 1992 年版，第 195 页。

② [法] 托克维尔著，冯棠译：《旧制度与大革命》，商务印书馆 1992 年版，第 198 页。

役中的平等而不是贵族或民主形式的自由制度。重农学派博多的一句名言，“国家随心所欲造成人们”成为托克维尔对重农学派与社会主义亲缘性之认识的总结。

托克维尔甚至从旧制度中的政府实践中也发现了社会主义思想的萌芽。旧制度下的王权到处破坏既得的权利，改变古老的受人尊重的习惯，摧毁根深蒂固的自由制度，强化中央集权制度，从而在人民头脑中灌输了敌视个人、蔑视权利、爱好权力与暴力的习惯。政府通过滥用权力现身说法，“告诉人民对私有财产权应持轻视态度”，使人民学会：“当公共利益破坏个人权利时，个人权利是微不足道的”；国王公开宣称：“国家才是惟一真正的所有者，而所有其他人只不过是……权利并不完全的占有者而已。”因此，托克维尔提出，“社会主义首先根植于国王专制制度”；① 而旧制度下的“中央集权制与社会主义的确是同一土壤的产物”。②

托克维尔对社会主义起源的分析不同凡响。在他看来，社会主义是现代民主的产物，是启蒙思想与经济自由主义的幼苗，是专制君主的工具。同样，托克维尔对社会主义性质的认识也有其特别之处。托克维尔虽然接触到圣西门、傅利叶、巴贝夫等人的学说，但他只是在 1848 年的二月革命与六月起义中才真正遭遇到了社会主义的政治信条与影响。托克维尔认识到，作为二月革命哲学的社会主义理论“引燃了真正的激情，激发了嫉妒，最终挑起了阶级之间的战争。这些各种各样的社会主义理论或者要求废除财富的不平等，或者要求废除教育的不平等，或者攻击男女之间最古老的不平等，或者提出了反对自有人类存在以来困扰他们的贫困和所谓工作疾病的疗方。总之，每一个人在由于革命的震荡而使社会碾落成泥的条件下，都提出了各种重建社会大厦的计划。”③ 尤其是六月起

---

① ［法］托克维尔著，冯棠译：《旧制度与大革命》，商务印书馆 1992 年版，第 222 页。

② ［法］托克维尔著，冯棠译：《旧制度与大革命》，商务印书馆 1992 年版，第 199 页。

③ Alexis de Tocqueville, Recollections: The French Revolution of 1848, p. 74.

义者在错误的权利观念的指导下，“真诚地相信社会建立在非正义的基础之上，他们要给予它另一个基础。”这是一种大炮和刺刀都不能消灭的“革命宗教”。① 托克维尔把这些他认为是奇怪的各种信条的本质概括为：“否认财产权，或至少限制、减少或削弱这种权利的行使”。② 针对社会主义的性质，托克维尔正确地预见了自19世纪中叶至20世纪以来各国政治革命与社会改革的基本趋势：“不久，政治斗争将会存在于有产者与无产者之间；财产将会成为伟大的战场；而主要的政治问题将会转向将要作出的财产拥有者的权利或多或少的深刻的修正。于是，我们又会看到伟大的公共骚动与伟大的政党。”③ 如果说托克维尔对社会主义性质的界定和对未来社会与政治发展的预测在我们当代人看来已不足为奇，那么他对社会主义认识的一种独特视角却使他有别于其后一切自由主义的社会主义批判者。他认为，社会主义在其内在精神——对人的物质福利的有力诉求上，并不是资本主义的对立物；社会主义作为一种疾病，是由资产阶级传染给无产阶级的；社会主义和资本主义具有内在的脐带联系。在托克维尔的认识中，“工人阶级嫉妒的根源存在于伴随着资产阶级掌权的伦理，一种自利与执着于商品与享乐的伦理。”④尽管社会主义是由物质福利的要求即商业精神所激发的，尽管它同中产阶级的资本主义伦理具有一个共同出发点，但它进一步要求废除私有财产权（最后残留的不平等）和使个人臣服于国家。因此，在托克维尔的视野中，社会主义有悖于他对自由与权威关系的主张，毁灭了他所钟爱的自由精神。最后，我们可以把托克维尔对社会主义的界定概括为：“社会主义意味着国家对所有财产，特别是对工业的拥有，对劳动组织的绝对控制。”⑤

托克维尔对社会主义的态度、对社会主义特征的全面表述出现

---

① Alexis de Tocqueville, Selected Letters on Politics and Society, p. 216.

② Alexis de Tocqueville, Recollections: The French Revolution of 1848, p. 13.

③ Alexis de Tocqueville, Recollections: The French Revolution of 1848, p. 13.

④ Roger Boesche, The Strange Liberalism of Alexis de Tocqueville, p. 238.

⑤ Alan S. Kahan, Aristocratic Liberalism: The Social and Political Thought of Jacob Burckhardt, John Stuart Mill, and Alexis de Tocqueville, p. 76.

在他于1848年9月12日提交给制宪议会的《关于工作权利的演讲》中。当时，托克维尔的目标是在法国建立一个温和的共和国，而社会主义则是他实现这个目标时所遭遇的首要问题。这篇演讲的表面目的是反对一条宪法修正案，该法案要求以国家资源担保有能力的公民的工作权利，将其作为国家的一种义务。托克维尔认为，国家对于“工作权利”的承诺会使国家以合法的形式“把个人资本积累在它的手中，最终成为所有财产的惟一拥有者。”即使是工作权利的倡导者真诚地希望能够避免经济的国家所有，但要求私人企业雇佣工人的努力会导致竞争的消除和确立国家作为“劳动的惟一组织者”。① 这个建议的“致命逻辑”，即使不是出于它的支持者的意图，也会造成国家对经济生活和财产的拥有、管理和规制，最终导致更大范围、更全面地对作为一个整体的社会的管制。托克维尔在这种场合表述了他对社会主义基本特征的认识。

托克维尔提到的社会主义的第一个特点是它“对人的物质激情有力的与不断的诉求”②。社会主义对托克维尔而言，不是对资产阶级唯物主义的无私与共产主义式的矫正物，而是对现代政治理论与实践中的唯物主义因素的积极强化。社会主义者承诺为所有人提供人类肉体上的需求，“为每个人获得无限的消费品”③。以平等与人民的物质福利的名义，社会主义者的目标是建立“一个没有空气和几乎没有光的社会”④。托克维尔把社会主义的唯物主义同大革命中慷慨的激情与高尚的牺牲，一种理想主义进行了对比。革

① Alexis de Tocqueville and Gustave de Beaumont, Tocqueville and Beaumont on Social Reform. Essays selected, ed. and trans. Seymour Drescher. New York: Harper & Row, 1968, p. 180.

② Alexis de Tocqueville and Gustave de Beaumont, Tocqueville and Beaumont on Social Reform, p. 182.

③ Alexis de Tocqueville and Gustave de Beaumont, Tocqueville and Beaumont on Social Reform, p. 182.

④ Alexis de Tocqueville and Gustave de Beaumont, Tocqueville and Beaumont on Social Reform, p. 186.

命者为了一个“自由与文明”人的社会而战斗和死去，而托克维尔把社会主义者的社会版本称作是属于“熟练动物”的“海狸群”。① 尽管托克维尔在其他地方表现出了对作为一个整体的大革命的矛盾判断，在这里，托克维尔把革命者的英雄行为、对政治自由、个人独立与财产的捍卫同社会主义卑下的唯物主义理论与实践进行了对比。他甚至把他所厌恶的罗伯斯庇尔作为一个财产的保卫者和从旧制度中继承的国家管制与集权病的批评者的形象。我们必须注意到，在其《回忆录》中，托克维尔表达了对“六月起义”中失败的工人阶级的顽强与勇气的赞赏。社会主义者是为了热忱信仰的胜利、为了一个繁荣与平等的未来前景而斗争的伟大政党。但社会主义的胜利将会终结伟大政党的存在和政治理想主义与英雄成就的可能性。托克维尔热切地关心人类伟大的幸存，忧心于唯物主义影响下人类灵魂的削弱与消弥。所以，社会主义对托克维尔而言意味着自我毁灭，由于它的动力与诱惑来自一种毫不妥协的、彻底的唯物主义。

社会主义的第二个基本特征是他们“对财产原则的有时直接有时间接，但却是不停息的攻击”②。托克维尔认为，“各种社会主义者”都轻视财产权。财产权作为永久性的不平等根源，是社会秩序的基础，使得个人独立与自信成为可能。财产权同托克维尔的自由核心观念中的人的骄傲与独立愿望内在地联系在一起。它被民主唯物主义与个人主义所威胁，又被社会主义者在原则上加以否定。所以托克维尔认为，社会主义的目标是限制和最终清除人类骄傲、独立与个性的各种表达形式，从而毁灭了人类自由。

最后，托克维尔洋洋洒洒地勾勒出了被后世的极权主义批判者津津乐道地加以摘引的社会主义的第三个特征。“我们到达第三个也是最后的特征，表明每一种类、每一派别的社会主义的最明显特

---

① Alexis de Tocqueville and Gustave de Beaumont, Tocqueville and Beaumont on Social Reform, p. 186.

② Alexis de Tocqueville and Gustave de Beaumont, Tocqueville and Beaumont on Social Reform, p. 182.

征。它是对自由、对人类理性的极端怀疑，对独立的个人、对人类条件的深刻的轻视。这些人的所有特征是不停地、全方位地以各种方式努力地抑制、限制人类自由；不管怎么说，它是一种国家不仅必须指导社会，而且必须成为所谓的每一个人的主人的思想——必须成为他的主人、他的监护人、他的导师；正是出于害怕个人会失败的想法，国家必须总是在他旁边，在他上面，在他周围，以便引导他、保护他、抚养他、约束他。总之，它是对人类自由或多或少的剥夺。在这个意义上，如果我必须为我看来作为一个整体加以表述的社会主义寻求一个确定的、一般的概念，我会说，它是一种新形式的奴役。"① 对托克维尔而言，社会主义最终意味着一种新形式的奴役。社会主义声称是一种理性与启蒙的信条，但社会主义者对个人的理性与启蒙能力有着深刻的怀疑，对于普通人民的独立与判断缺乏信心，他们相信人类只有在国家监护之下才能获得真正的自由。② 托克维尔不认为社会主义革命会通向未来的解放。相反，他认为，社会主义作为现代唯理主义的一种表现形态，它的逻辑是统计学，它的动力来自于社会工程学所产生的强大激情。因此，托克维尔的一个得到后世反极权主义者强烈共鸣的结论是：正是由于社会主义操纵人类，像实验材料一样处理人类的愿望表明了社会主义的反自由主义基本特征。

托克维尔对社会主义的批判，即社会主义许诺个人以物质享受的快乐，使平等高于自由，使个人从属于国家，从而使它成为一种可怕的专制主义，得到后世自由主义者的喝彩。但托克维尔对社会主义的剖析如果到此为止，也不过使他成为自由主义的反社会主义者中的平庸无奇的一员而已。托克维尔和一般自由主义者不同的是，他看到，社会主义不但会带来专制，对社会主义的恐惧同样会带来专制。他认为，法国人之所以心甘情愿地向帝国屈服，是由于

① Alexis de Tocqueville and Gustave de Beaumont, Tocqueville and Beaumont on Social Reform, p. 183.

② Alexis de Tocqueville and Gustave de Beaumont, Tocqueville and Beaumont on Social Reform, pp. 183-187.

“社会主义的幽灵威胁到了他们的未来而打扰了他们的快乐”,① 甚至连“穷人相互谴责对方为社会主义者以拥有一块馅饼。”② 出于对“红色”的恐惧,“为了避免它们,大众将会把自己投入恶魔的怀抱中”③。托克维尔在一封信中明确地描述了对社会主义的恐惧与专制统治的相互关系:“只要社会主义一出现,人们就应预见到剑的统治。一种事物产生另一种事物。……此刻的这个民族,出于对社会主义的恐惧而发疯,并强烈地希望重新获得它的福利。”④ 托克维尔认识到,对社会主义的恐惧会强化国家机器,从而把它转变为一种可怕的压迫工具;中产阶级会提高中央权力作为对无政府状态的最好防御物。在一个民主社会,物质福利的激情首先会使中产阶级害怕无序状态,以至于“公共秩序之爱常常成为惟一的政治激情”。⑤ 时代越陷入困境,对社会主义威胁的感受就越增长,中央权力的增长趋势就越强。当政治危机在其余波中带来社会危机之时,危机的理想主义发动者就会感到恐惧。在 1848 年的欧洲,到处都是这样:中产阶级出于对社会主义的过度害怕,轻率地投入到专制主义的怀抱中。拿破仑三世就是这种恐惧的直接后果。的确,对于托克维尔而言,拿破仑三世的统治在某种程度上是以税务控制、公共工程的面目出现的社会主义与专制镇压的混合物。早在拿破仑三世军事政变之后的 1852 年,托克维尔就怀疑“这次漫长的法国革命不会终结于平等与专制之间的妥协中”⑥。所有人在专制者之下获得了平等,所有人都以拥有自己的财产或通过剥夺别人的财产而获得了安全,所有人都以自由与个性为代价提高了自己物质福利。可以说,在托克维尔的政治逻辑中,资产阶级的专制倾向

① Alexis de Tocqueville, Selected Letters on Politics and Society, p. 284.

② Alexis de Tocqueville, Selected Letters on Politics and Society, p. 290.

③ Alexis de Tocqueville, Selected Letters on Politics and Society, p. 236.

④ Quoted in André Jardin, Tocqueville: A Biography, p. 461.

⑤ Alexis de Tocqueville, Oeuvres Complètes d'Alexis de Tocqueville, Ⅷ, pt. 3, p. 283.

⑥ Alexis de Tocqueville, Oeuvres Complètes d'Alexis de Tocqueville, Ⅷ, pt. 3, p. 20.

以社会主义的冲击为触媒演化为一种政治现实。

作为中道自由主义者的托克维尔虽然反对社会主义的专制倾向，但也同样表现了对资本主义的不信任。托克维尔害怕一个具有工业权力的大集团同一个高度集权的国家的结合。他指出："平等在到处不断地扩展它的统治——除了在工业，它每天都在走向一个更贵族化的方向"，而且资本慢慢地"集中在少数人手中"①。现代工业不仅把财富也把贫困带入世界；工业创造了中产阶级的财富，也把男人与女人转变为野兽与野蛮人。所以，托克维尔对传统自由主义的不干涉原则持模棱两可的态度。当它促进自由、创新、活力等自由特性时，托克维尔才能够欣赏它。另一方面，为了公共利益，托克维尔会要求政府驱散垄断，管制工业，监督铁路、港口、运河等公共工程，保证所有地区相对平等的工业发展。② 所以，从托克维尔对社会主义集中与垄断国家权力所持的批判态度中，我们不能推导出他是一位古典自由主义政治经济学信徒的结论。

在托克维尔对社会主义的批判中，废除财产权成为托克维尔的一个重要的攻击靶子。但是，托克维尔虽然认为财产权对于一个和平社会而言是必需的，在他所处时代的文明条件下是不可替代的，并且把威胁财产权的人视为野蛮人，但他却怀疑从洛克以来的自由主义信条：财产权是人的自然权利，优先于社会。正因为如此，他才会认为，财产权在未来所要采取的可能形式多种多样，超出人们的想像力；私有财产权并不是永久不变的财产制度。同样，他不能肯定社会主义将会在未来被埋葬；"我肯定在长期内，我们社会的构成法则会被强烈地修正。"③ 在这段话中，托克维尔表达的并不是对社会主义的绝对排斥与摒弃，而似乎是在表明社会主义的出现将会极大地改变现代社会政治生活的面貌。这就是一个温和与灵活

---

① Alexis de Tocqueville and Guestave Beaumont, Tocqueville and Beaumont on Social Reform, p. 200.

② Cf. Roger Boesche, The Strange Liberalism of Alexis de Tocqueville, p. 135.

③ Alexis de Tocqueville, Recollections: The French Revolution of 1848, p. 76.

的自由主义者的思想立场：在反对当前的社会主义的同时又不排斥未来的社会主义因素存在的可能性。

托克维尔不仅在理论上是一个社会主义的批评者，他对社会主义的理论反对同他为所谓的自由事业服务的一种政治行动共存与互补。在奥尔良王朝的众议院中，他属于左派反对派的一个独立分子。一些研究者为“二月革命”后托克维尔对社会主义的强烈反感所吃惊。他们认为，这种反对同托克维尔对奥尔良王朝的资产阶级寡头制的严厉排斥不相协调，同他对人民参与和公民资格的捍卫更不相容。他们相信，托克维尔由于以毫不掩饰的热情与活力支持二月共和国对六月工人起义的镇压，而部分地放弃了他的民主感情，并表明了他的阶级出身的偏见。这种推理线索忽视了托克维尔自由观的基本内容。在七月王朝统治下，政治生活被限制在“法制国家”（pays légal）中。法制国家观主张为国家的所有合乎法律的利益提供实际的代表权；但是“真实的国家”（pays réel）——穷人与低层阶级的主体被有意识地排除在政治生活之外。由于政府成为一个“贸易公司”，而不再是一个自由民能够讨论重大与实质事务的政体，政治生活看起来已从法国消失。① 在托克维尔看来，自由的民主政权的特征是法治、普遍的公民资格、个人的自由权利及对所有公民权利包括财产权的尊重。菲利普王朝限制了人民的政治参与权利与政治行动责任，社会主义者剥夺了人民的个性独立之资源与个体行动的主动性。菲利普政权与社会主义者同样都是对自由政治的败坏。对菲利普王朝、社会主义理论家与1848年革命者的双重反对并不有悖于他为自己所界定的自由事业。

当然，由于托克维尔本人知识来源的缺陷与历史认识的局限，他所了解与批判的社会主义理论家主要是圣西门、蒲鲁东与巴贝夫等人。对托克维尔而言，社会主义的本质是“圣西门式”的，它的首要特征表现为一种全面组织、管辖与治理社会与人类的愿望。“对托克维尔所言，社会主义一词唤起的不是马克思的社会主义，

① Alexis de Tocqueville, Recollections: The French Revolution of 1848, pp. 5-10.

而是和圣西门的集权化社会工程相伴的巴贝夫和卡贝的兵营般的存在。”① 托克维尔虽然在当时的社会条件下捍卫财产私有原则，但他明显地在《旧制度与大革命》中赞美中世纪分权的共同体中的财产共同拥有；这种赞美显然是出于对政治自由、政治活力的向往，而不是出于对经济效率、经济平等的追求。在他的演说中没有提到马克思的作品，也没有证据表明托克维尔阅读过他的作品。②虽然由于他无意中反对了《共产党宣言》中对共产主义基本政治纲领的概括：废除私有财产权，而实际上承担了对马克思主义的激进批判，但他显然不理解马克思对人类自由与解放的更历史的、更全面与更深远的卓越见解。由于历史的局限，托克维尔也不能预料到一种参与式的、非统计学的社会主义所可能具有的分权特征与自由主义性质，而唯意志论的与分权的社会主义显然不是托克维尔所理解的社会主义；他更不能预料到我们当代社会主义理论与实践在遭受重大挫折后所表现出的新的性质与面貌已远远逃脱了他对社会主义所作出的过时批判。

由于托克维尔对社会主义早期历史形态的批判，他被当代古典自由主义者奉为反社会主义的先驱。哈耶克就声称在托克维尔的精神感召下写下了《通往奴役之路》一书。但是托克维尔并不像哈耶克一样把所有形式的“集体主义”都置于同一个篮子中，而是意识到了当代所谓极权主义的不同革命谱系。托克维尔从来没有明确地把《论美国的民主》第二卷结尾所描述的监护性专制主义认同为社会主义。在托克维尔的作品中，软、硬专制主义，社会主义和天意国家之间的关系并不清晰，也没有丰富的证据支持托克维尔把社会主义作为一种硬的、软的、革命的、官僚制的或混合的奴役形式。托克维尔的监护性专制主义意味着：如果国家以悉心照料的名义篡夺了人们的责任感与主动性，一种“灵魂”（即内在于主体

---

① Roger Boesche, The Strange Liberalism of Alexis de Tocqueville, p. 18.

② Daniel J. Mahoney, “Tocqueville and Socialism”. Peter Augustine Lawler and Joseph Alulis [eds.], Tocqueville’s Defense of Human Liberty: Current Essays. New York: Garland Pub, 1993, p. 200.

的人们的一种行动与选择能力）的削弱就会发生。因此，哈耶克对托克维尔的理解与托克维尔的深刻洞察力并不合拍。托克维尔意识到，监护性专制会削弱位于民主核心的自由精神；他是人类灵魂的幸存、整合与活力的支持者。可以说，“灵魂”是托克维尔自由主义政治科学的中心主题，而不是哈耶克自由主义政治经济学的议题。哈耶克只是以肤浅、机械的方式理解托克维尔对社会主义的剖析，而体察不到托克维尔的全面的、平衡的政治思维方式。托克维尔对社会主义的批判不乏简单化与片面之处，但作为中道自由主义者的他，虽然不是像有些社会民主主义者认为的那样是一位社会主义的同情者，但也不是右翼的古典自由主义信条的坚定支持者。他对社会主义的批判是以他所理解的人类自由与尊严的名义进行的，毫无党派利益的激情，他采取的是一种温和的、非教条化的态度，并缺乏后世反社会主义者的“圣战”精神。

二、公共慈善的起源、措施和政府的职能

如果说托克维尔对以国家控制为特征的社会主义的反对是明确的，因为它扼杀了自由所必需的独立、活力、个性与多样性，那么他对同样具有国家控制特征的公共慈善（或公共救济，当代被称为福利国家政策）观念的态度却随其政治生涯经历了一个不断发展变化的过程，并由此引出了他对古典自由主义所界定的政府功能的重新定位和对自由主义社会政策新的发展趋势的触及。

托克维尔对公共慈善观念所持的态度来自他对社会、政府与个人关系之原则的界定。在《论美国的民主》中，他认为，在民主时代由积极能干的政府去举办个人事业，去维持人们的思想与情感交流，将会使政府走上一条暴政之路。因此，“必须使社会活动不由政府包办”①，但是在《美洲之旅》中，他又认为美国政府不是社会发展的旁观者，它奉行的不是不干涉主义原则。“美国政府，像我们政府所为的，不会干涉一切事情，这是真的。它不要求预见

① ［法］托克维尔著，董果良译：《论美国的民主》，商务印书馆 1988 年版，第 637～639 页。

一切事情和执行一切事情；它不给予补贴，不鼓励贸易，不资助文学或艺术。但就重大的公共事业工程而论，它很少把它们留给私人管理；正是国家自己在从事它们。”他从美国范例中得出的政治结论是：“因此，没有排他性的体系可以追随；美国并不是那种使我们时代的肤浅与形而上学的头脑感到高兴的一个同一性体系的典范。”① 托克维尔的灵活开放的政治精神使他跨越了当时甚至当代各种自由主义流派对国家干预功能的纷争。对他而言，政府功能的界定取决于它是否有助于维持自由政治所必需的个人自由、社会活力与国家繁荣。同样，他在《英格兰与爱尔兰之旅》中完整地提出了关于社会（包含国家）与个人关系的两种观点。第一种观点是，社会与国家必须为个人担保并创造他的福利；第二种观点是，社会与国家仅仅给予个人担保自身和创造自己福利的方便与安全的手段。“第一种观念更简单、更一般、更一致，更容易被半开化与肤浅的头脑所理解。第二种更复杂、在运用中更不一致、更难理解；但却是惟一正确的、惟一和政治自由的存在相容的、惟一能够造就公民甚至人的观念。”② 通过托克维尔对国家、社会与个人关系的观点，我们可以发现，托克维尔对两者关系界定的基点是这种关系是否有利于个人的自由、社会的繁荣与政治的伟大，而不是出于先验的、抽象的教条。托克维尔对国家与个人关系所持的开放观点与灵活态度影响了他对公共慈善观念发展着的认识。

托克维尔对公共慈善观念的探讨来自他对现代贫困问题的关注，而这种关注又来自他对不平等之发展的阐释。在1835年写就的《论贫困》中，托克维尔在文明发展的总体框架中描述了贫困现象，并且把它同人类不平等的事实联系在一起。“如果一个人考察一下从社会起源以来世界所发生的事情，他就会很容易地发现，平等仅仅在文明的两极存在。野蛮人之间是平等的，因为所有的人都是同样软弱与无知。非常文明的人或许都会变得平等起来，因为他们都拥有任意获得物质舒适与快乐的手段。在这两极之间，我们

---

① Alexis de Tocqueville, Journey to America, p. 272.

② Alexis de Tocqueville, Journeys to England and Ireland, p. 96.

发现了同所有其他人的贫穷、无知与虚弱相对比的一些人在身份、财富、知识和权力上的不平等。"① 正是当人们离开森林从事农业时，正是当人们拥有土地时，不平等和由于土地占有而发生的战争就首先出现了。② 由于和人类完善相联系的需求的多样化和丰富化，人们创立了工业以满足这些需求。工业生产比农业生活更不稳定，由于农业的目标仅仅是为了提供生活必需品，工业与工业阶级更易受制于外在的不可预料的变化而导致境况的恶化。和工业化的发展相伴的是一个社会的辉煌，而贫困也变得更为普遍。例如，在英国的穷人数目比伊比利亚半岛的穷人数目更多。此外，在一个更加工业化的国家，由于富裕与贫困之间的对比更为强烈，大众对贫困引起的悲伤更为敏感，也更急于缓解这种悲伤。于是，公众良心意识到了以慈善行为救济贫困的需要。

托克维尔划分了两种慈善：个人慈善与公共慈善。第一种属于私人美德；第二种是由社会与国家产生与调整的。托克维尔承认，"初看起来，没有比公共慈善的思想更美丽和更伟大了"③。在当时的英国，由于它的土地集中在大地主手中，也由于英国的工业要努力满足全世界的需求而使得它的工人受到这些需求的波动的支配，

① Alexis de Tocqueville, Memoir on Pauperism, trans. by Seymour Drescher, with an introduction by Gertrude Himmelfarb. West Sussex: Hartington Fine Arts Ltd., 1997, p. 20.

② 在这里，卢梭的思想，特别是他的《论人类不平等的起源和基础》中的观点对托克维尔的影响非常明显，甚至该篇的文体风格也表明了托克维尔对卢梭作品的认真阅读。在《论贫困》中，他如卢梭在《论人类不平等的起源与基础》一文中所为，把社会的进化从人人平等、只满足基本需求的前狩猎阶段追溯到农业阶段，该阶段的文明生活与土地占有使人类获得了超出需求(needs)之外的需要(wants)，这样就为不平等创造了条件。工业生产的出现更是加剧了不平等，造成了普遍的贫困现象。这样，似乎出现了一个悖论：工业化越彻底，财富越丰富，社会越辉煌，不平等就越加剧，贫困就越普遍，穷人的数目就越多。卢梭对人类文明进程所持的悲观态度，对不平等产生的社会机制的分析，甚至是《论人类不平等的起源与基础》中的主题都在托克维尔这里得到了共鸣。这种影响也可在《论美国的民主》第二卷中出现，但不见于第一卷。

③ Alexis de Tocqueville, Memoir on Pauperism, p. 26.

于是就产生了严峻的贫困问题。在这里，对于主要以法律权利的形式出现的广泛接受和长期存在的公共救济，托克维尔反复表明了其批判态度。1. 公共救济毁灭了工作动机。在他看来，公共慈善喂养了一个懒惰、无所事事的阶级，靠花费工业与工人阶级的劳动成果而生存，这种情况反过来对经济与公共繁荣产生了不利影响。2. 公共救济对公共道德具有不良效果。由于贫者接受社会帮助的权利被认为理所当然而不会提高受助者的心灵，而是使他堕落。公共慈善是出于对自身低劣的承认而被接受的，所以对接受者而言，它是一种羞耻。此外，公共救济据说促进了犯罪和非婚生子等社会罪恶，腐蚀了人类自我改善的愿望，剥夺了个人成为关注未来的公民的能力。3. 公共救济鼓励了阶级冲突而不是社会整合。被个人自愿给予的私人慈善在富者与贫者之间建立起了一种"道德联系"；它产生了给予者的个人关注与主动参与精神，激发了接受者的感激之情。相比而言，公共慈善被视为强制剥夺，被富人所怨恨，并促进穷人的嫉妒。4. 更重要的是，公共救济对穷人的自由具有不利效果。在托克维尔时代的英格兰，公共慈善是被地方政府所承担的一项义务。地方政府负责救济居住在它们辖区范围内的穷人而不是外来的陌生人。如果一个穷人希望得到帮助，他就必须被迫留在出生地。这样，英国的《济贫法》就使得该国人口的六分之一不能自由迁徙。

托克维尔虽然共享了当时的古典经济学家对公共慈善的批判，但他并不像一些评论者认为的那样拥抱古典自由主义经济学的信条，而是公开怀疑它的最基本的假设。的确，尽管托克维尔毫不掩饰他对社会主义的厌恶，在他关于市场与平等关系的认识上，他更接近社会主义者而不是古典自由主义者。19 世纪的自由主义者把竞争与交换作为一种平等化的过程，社会主义者把市场作为一种不平等的根源。像社会主义者一样，托克维尔把贫困的原因看作是系统地根植于资本主义发展与工业化，而不是个人失败的结果。因此，贫困是由资本主义自身的运作产生的。根据古典自由主义经济学的观点，市场不仅是一种平等化的力量，还是一种解放性的力量。托克维尔不仅担心由集权与官僚制国家所产生的对自由的政治威胁，同样关注资本主义市场对保存与保护自由所带来的经济威胁。由于资本主义工业化把共同关注转向市场而不是民主决策，自由主义的市场化纲领削弱了对公共事务的责任感和强化了个人主义意识形态。因此，在托克维尔的眼中，一个集权的和监护性的国家和一个私人化的市民社会并不相互对立，而是相互强化，共同合力威胁到了人类自由。

当托克维尔在批判公共救济的现存形式和他的当代人的替代性方案时，他同时也在努力寻求自己满意的方案。在几个重要方面，他对国家帮助进行了限制，而不是全盘否定公共救济。“我不仅认可适用于不可避免的灾祸，如无助的婴儿、衰老的人、病人、精神失常者的公共慈善的有用性和必要性，我甚至承认在公共灾难时刻它的暂时的作用。”① 在这个方面，托克维尔的观点并不令人惊奇，但他走得更远。他挑战了福利国家反对者的假设：国家为社会需求采取措施必然会带来依附。他一方面建议国家帮助可以采取授能性与监护性的形式，如为穷人的孩子开办免费学校，以便给予他们通过劳动获得基本生活必需品的能力。免费的公共教育就是一种授能性国家帮助的例子。另一方面，他审慎地、试探性地提出，国家帮助可以采取预防性而不仅仅是补偿性的措施，以挑战贫困与经济不稳定。“在考虑过缓解灾祸后，事先预防它们难道没有用吗？……如果没有生产整个国家的财富而不得不诅咒自己产生的繁荣的人们的一个份额，这些财富能够持续增长吗？在工业品的生产与消费之间建立一种更持久与更正确的关系难道不可能吗？工人阶级能否在帮助之下积累储蓄使他们在工业灾难之时等待命运的转机而不致于死去？”② 这些未竟的关于预防性国家帮助的思考成为托克维尔在《论贫困》续篇中加以明确阐明的问题。在《论贫困》的结尾，他一方面认为法律形式的公共慈善能为个人苦难提供暂时的安慰，但却会引起社会的阵痛；另一方面他又认为，当面对不断扩张的工业化与人数不停增长的工人阶级时，个人慈善软弱无力，依靠它是不

① Alexis de Tocqueville, Memoir on Pauperism, p. 37.

② Alexis de Tocqueville, Memoir on Pauperism, p. 38.

审慎的。显然，托克维尔在这里又遇到了理性与情感的冲突问题。他认为，公共慈善危及到了个人自由与行动的主动性，对于自由具有不利影响；但他也看到，大量社会苦难的缓解又需要公共慈善这种有效手段。这种困境需要他在新的政治现实的触媒下，彻底突破他对公共慈善的完全不利的评价。

在未完成的1837年《论贫困》续篇中，托克维尔继续探讨了解决贫困问题的措施。作为农业方面的预防性措施，托克维尔提倡财产拥有的更大程度的分散，以作为补偿因财富分配不均而产生的社会问题的替代性措施。他甚至赞成大地产的划分以促进更大的平等。① 同社会主义者否认私有财产原则不同的是，托克维尔寻求使更大数目的公民分享私有财产。在工业方面，托克维尔建议以合作的方式重新组织工业生产与公共帮助措施。托克维尔承认工业资本不能以大地产的方式进行分割，于是就建议许多工厂或许可以被工人协会所指导。他的这种建议成为密尔提倡的工业民主参与制的先声，并且在后来成为工业化国家的一种普遍事实。关于工人协会的性质、条件与未来，他是这样论述的："可是，我得相信，一个大量工业（被工人协会）指导的时代的可能性将会到来。当我们的工人获得更广阔的智慧能力，当为了诚实与和平的目的而结社的艺术在我们中间取得了进步，当政治不再同工业协会搅和在一起，并且当政府对它们感到放心，不再拒绝把自己的善意与支持给予这样的团体的时候，我们将会看到它们的增加与繁荣。我认为，在我们的这样一个民主世纪，在所有事情上，协会必须逐渐取代少数强大的个人的支配性影响。"工人协会思想可以说是托克维尔为了改善工人的经济状况与社会地位，使工人摆脱对"新工业贵族"的依附，从而获得指导自我生活、掌握自己命运的独立与自由的一种前瞻性的观念。但是，托克维尔承认工人协会的措施在当时还为时过早。"因此，工人协会的思想在我看来将会是一个必然丰富的思想。在当前，必须在其他地方寻找疗方。"② 于是，托克维尔提出

① Cf. André Jardin, Tocqueville: A Biography, p. 244.

② Quoted in André Jardin, Tocqueville: A Biography, p. 245.

了一些解决贫困问题的现实可行的建议，如国营银行、国营当铺、穷人医院与避难所等。总之，托克维尔为了解决贫困问题而提出的措施背后的基本原则是：1. 为了避免贫困，必须使工人与农民在财产中具有利害关系，使他们同财产的精神与习惯融合起来；只有财产的拥有才能灌输阻止贫困的美德与社会道德。2. 反对贫困的制度必须“作为一种教育措施，使更大的经济安全成为可能”；①必须教育穷人，“反对贫困的主要方法在穷人自己手中，依靠他的活力、勤俭与远见，依靠他的能力的优良的、聪明的运用”。② 3. 无论采取什么措施改善穷人的状况，都不能有助于国家进一步的强化与集权。4. 民主时代等级制度的废除，个人之间的相互隔离使得政府慈善的立法不可或缺，“民主社会，政府慈善，两件走在一起的事情”；只有自由的政治制度最终“能够在穷人与富人之间创造习惯性联系，给予他们共同的利益，”才能避免政府慈善。③ 在这里，托克维尔终于承认了公共慈善（即当代所谓的福利国家政策）在现代社会中的必要性，但又给它附加了一些限制条件与原则，希望能够避免与减轻公共慈善给自由政治带来的不利影响。

托克维尔对作为一种法律权利的公共慈善的批评是经典性的，他所提出的反贫困措施具有可行性与前瞻性，他的反贫困原则最终仍落脚于自己的自由政治观，希望以生活参与、启蒙教育及自由习惯的培养解决贫困问题。但在他的明察秋毫之处却存在着在今人看来的重大疏漏之处。托克维尔对贫困现象进行分析的缺陷之处表现在：1. 他没有想到工业主义的潜在能力可以提高穷人的生活条件，而不必完全求助于属于公共或私人慈善的一系列微小的杯水车薪般的反贫困措施。2. 他过分强调了工业化所导致的相对贫困，而忽视了工业化所带来的整体社会繁荣与前工业化社会的绝对贫困，把工业化同贫困对立起来。3. 更重要的是，即使托克维尔把民主作

① Quoted in Chad Alan Goldberg,. “Social Citizenship and a Reconstructed Tocqueville”. American Sociological Review. 2001, 66: 4.

② Alexis de Tocqueville, “The Art and Science of Politics”, p. 32.

③ Alexis de Tocqueville, The Old Regime and the Revolution, Notes and Variants: pp. 378-379.

为未来的浪潮，却不能看到工业主义与民主是内在地交织在一起的，而把两者看作是相互对立的，并且认为“贵族式”的工业部门对于居主导地位的、基本上民主的农业部门构成了一个重大的、不幸的例外。历史证明，现代民主之所以能够生存发展，正是由于民主倾向内在于工业主义本身；在某种程度上，工业化自身至少有助于提供对于工业主义与民主而言属于偶然性疾病的疗方。

托克维尔对公共慈善的反对常常被当代西方新右派作为其社会与经济政策合法化与合理化的根源，为反对公共救济的批评者所倡导的改革提供了权威性托辞。当代新右派有两种分枝：新自由主义（neoliberal，不同于我们前文所提到的同传统自由主义相对立的主要属于历史形态的新自由主义）——强调私有财产与市场的美德；社群主义——强调一个强大的道德秩序的必要性与可欲性。当代新右派与福利国家批判者自认为在他们的观点同托克维尔的洞见之间发现了某种相关性。通过对托克维尔的公共慈善观念与措施的考察，可以使我们认识到，把托克维尔诠释为一个直截了当的古典自由主义者或者毫不含糊的社群主义者会导致对他的遗产的片面运用；把托克维尔理解为一个一心一意的福利国家的批判者也会把托克维尔的丰富而灵活的政治思维精神脸谱化与简单化。在某种意义上，托克维尔不能为工业主义所产生的依附问题提供根本有效的一揽子解决方案，他的理论只是指明了以一种独创而崭新的方式改革当代西方福利国家的可能性。

如果说托克维尔的《论贫困》及其续篇表明了他对古典自由主义的某些偏离，而他在 1847 年所写的《论中产阶级与人民》一文中对政府功能的崭新定位、对于政府慈善扩张的积极肯定无疑是对古典自由主义传统的重大突破。他写这篇文章的背景是：由于特权的废除，政治生活被局限于单一的阶级——中产阶级中；工人阶级政治上的觉醒将会在挑战最后残留的特权——财产权中达到顶点。如果中产阶级不为了大众的利益进行一系列的政治与社会改革，一次新的革命将会到来。为了把握托克维尔在自由主义，特别是在现、当代之交的自由主义发展史上的地位，我们把托克维尔的政府改革计划详细列举如下：

“为人民可能做的事情分为以下几类：

被要求承担的公共负担的削减，包括每样事情——军事服役，法律诉讼费。这是我特别关注的。它是大量的，但不是足够的。它是使穷人得到帮助的间接方式。

让我们看一下属于直接帮助的事情：

(1) 建立为了穷人而特别运用的机构，它们将作为一种教育手段而服务，并且使更大的经济保障成为可能：储蓄银行、信托机构、免费学校、限制工作日长度的法律、托儿所、慈善工厂、互助救济基金。

(2) 最后，通过税务基金的花费以解除穷人的苦难来直接帮助他们：救济院、救济委员会、济贫税和产品、工作、金钱的分配。

简而言之，三种得以帮助人民的措施；

(1) 解除人民的一部分公共义务，或至少仅仅按比例负担。

(2) 使人民能够拥有摆脱困境和变得更加富裕的机构。

(3) “使人民能够得到帮助并在它处于困境之中时帮助它。”①

在写作《论贫困》及其续篇十年以后，托克维尔通过对法国封闭的政治体系的反思和对圣西门、傅利叶、欧文和路易·勃朗等人作品的阅读（可惜他没有保留对这些人的学说进行概括的笔记）导致了他对自己以往所持的具体的社会经济信条的突破。在这篇文章中，托克维尔虽然在整体上没有违背他的自由政治原则，却明显肯定了他以前所否定的公共与政府慈善观念；他明确要求政府干涉与调整经济生活，执行补偿性甚至再分配政策，保障每个人的物质生活与劳动权利。这篇文章表明了托克维尔完全背离了古典自由主义政治经济学信条，表明了托克维尔有意识地将经济平等作为政治民主化的一种必要的补充，这是他对自己的现代民主理论的完善。

在托克维尔的晚年，他继续沿着这条自由主义的新路向走了下去。在他于1856年9月致斯韦特希恩的一封信中写道：“我非常赞同你的意见：在这个世界上，利益与权利的更加平等的分配是那些

① Quoted in André Jardin, Tocqueville: A Biography, pp. 401-402.

执行了人类事务的人的视野中的最大目标。"① 提倡权利的平等享有和社会善的公平分配，成为当代新自由主义有别于传统自由主义的突出特征。早在19世纪中叶的托克维尔似乎已隐约地把握到了当代自由主义的理论趋向与特征。人们常常把密尔看作现当代之交自由主义思想中的过渡人物，认为他界定了个人与社会、国家之关系，在弘扬个人自由的同时，又主张国家对经济、社会生活的适度干预，但却往往忽视了托克维尔在自由主义思想转型中的关键作用。由于托克维尔对自由执拗的、有时是非理性的热爱使他作出对工人阶级和社会主义过激的、甚至是片面的谴责，从而留给人们一种铁石心肠者的形象。但人们往往忽视了"托克维尔作为政治家的所有努力在于寻找新的使工人参与工业发展和储蓄金钱的财产形式，使他们能够拥有更大的福利和中产阶级一样的独立"②。托克维尔心目中的自由不是贵族阶级的自由，更不是资产阶级的自由，它是一种试图给予各个阶级、施惠于整个社会的自由，一种类似于当代自由主义者所提倡的社会自由。托克维尔比密尔更早地摒弃了古典自由主义的不干涉原则，更早地界定了个人与国家、社会之关系，更早地提出了国家干涉的主张，更早地感受到和认可了政府职能不可避免的扩张趋势，虽然他的崭新观点淹没在他作为一位政治家的零散政论之中，并被他的变化着的、有时又自相矛盾的政治与政策主张所冲淡。如果我们主张密尔是自由主义发展史中承前启后的典型思想家，那么我们至少应该承认托克维尔在这种自由主义转型中的先驱者地位。

第四节 政治科学与自由

托克维尔对各种流行的现代政治理论进行了反思与批判。他鄙视唯理主义的僭妄，斥责历史决定论的野心，反击社会主义的激进，剖析公共慈善观念的缺陷与德性。他的自由主义中道性就体现

① Alexis de Tocqueville, Selected Letters on Politics and Society, p. 337.
② Françoise Mélonio, Tocqueville and the French, p. 71.

在他对这些现代政治思潮在政治理论体系上的全面分析，在现实政治生活中有选择地吸收，从而形成了他自己的关于政治哲学基础、社会政治发展理论、现实政治与政策主张等方面跨越了左与右的思想谱系，把握了过去与未来的各种政治理论的基点与趋向的独特的政治思想。但是，作为一位具有明确学科意识的政治学家，对其政治思想的探讨不能忽视他对政治科学①之作为一门独立学科在其研究与表述方式、功能、对象、基本范畴的独特认知，及我们对其政治科学所秉承的学科传统的认识。

一、政治科学的性质、范围与功能

在《论美国的民主》绪论中，托克维尔提出，在民主革命的浪潮中，为了理解治国的艺术以教育民主、纯化民主的民情，“一个全新的社会，要有一门新的政治科学”②。托克维尔的建立“新的政治科学”的声明在当时并不是新的，托克维尔也没有建立一门系统的政治学学科体系。他对政治学学科性质的理解并不属于当代科学主义的传统；虽然在其外在形式或研究技术中出现了当代政治学研究的萌芽，但其政治科学的内在精神却是传统的；其政治科学是传统的内在精神与科学的外在形式的结合。但是，由于托克维尔对政治之作为一门科学的深刻剖析，由于其对政治科学与政治自由之关系的内在联结，使得托克维尔关于政治科学的论述成为其中道自由主义政治思想的重要组成部分。

他首先在对政治学学科的探讨中确立了政治之作为一门科学的

---

①　political science 或 science politique 被国内学者或译为政治学，或译为政治科学。而在我们通常的学术语汇中，往往把政治学分为研究对象与方法有所区别的较传统的政治哲学与较当代的政治科学。为了避免术语的混淆，我们在涉及托克维尔的 political science 或 science politique 时，一律译为政治科学，而暂时有意忽视其是否为具有传统特色的政治哲学或具有当代行为主义特色的政治科学。

②　［法］托克维尔著，董果良译：《论美国的民主》，商务印书馆 1988 年版，第 8 页。原文为：Il faut une science politique nouvelle à un monde tout nouveau. Cf. Alexis de Tocqueville, De la Démocratie en Amérique. Paris：Librairie Philosophique J. Vrin, 1990, 1：9.

客观存在性。他认为，伦理学作为对人的研究，已被接受为一门科学；人们承认，人类在其私人生活中应服从一些永久的戒律。但是，对于政治家——政治科学的实践者而言，他们认为政治科学或为一种臆想，或无所用途。他们的理由是，政治领域的不稳定与多样化不能使一门学科建立于其上；对于统治者而言，把来自哲学与历史研究中的理论与格言投入实践只会使他处于一种悲惨的境地，朴素的常识对他而言或许更为有用。托克维尔认为，政治科学不同于且独立于政治实践，具有确定的研究对象与研究范围，所以有其存在的必要性。同作为研究自然的物理科学，同作为研究人的伦理科学相比，政治科学的研究对象是“关于我们称为社会（societies）的人的集团”。① 由此可见，托克维尔所谓的政治科学是政治学前专业化时期对关于整个人类社会与各种人类群体生活的研究的统称，是一种秉承古典传统的大政治学，而不是我们当代人所谓的以公共权力为边界的政治科学，更不是只以政治行为为研究对象的政治科学。托克维尔从政治科学的研究对象出发，概括了政治科学的研究范围。他从普遍到特殊概括了构成政治科学研究的各种要素和相应的对政治科学进行研究的不同研究群体：1. 把自己的观点建立于详尽的历史研究与抽象的人性反思基础之上的群体，即政治哲学与政治基本理论的研究者，包括柏拉图、亚里士多德、马基雅弗利、孟德斯鸠与卢梭等人；2. 关注将民族作为公民的国家共同体的国际关系与国际法研究者，包括格老秀斯、普芬道夫等人；3. 擅长政治科学广阔领域的一部分的人，如贝卡里亚对刑事审判规则的研究，亚当·斯密对国家财富基础的研究；4. 理解与解释现存的机构、条约、宪法与法律的律师与政论家，如屈雅斯、多马、波蒂埃等人。托克维尔认为这些研究群体所涉及的问题是多样的，但都处于政治科学领域中。尽管他们表面上看起来是相互分离的，但实际上他们相互联结与彼此促进。由于每个政论家必须常常求助于被理论家所发现的、抽象的、一般的真理，而后者必须总是把他们的理论建立于被政论家所发现与描述的详细事实与机构运作之上。

① Alexis de Tocqueville, “The Art and Science of Politics”, p. 27.

由此可见，托克维尔所谓的政治科学并不是我们今天所理解的学院化的政治学学科，它跨越了今天所谓的哲学、经济学、政治学、法学、社会学甚至伦理学等诸学科。① 托克维尔对政治科学范围的认识完全从属于古典的、自柏拉图以来的政治学研究传统，属于我们今天所谓的几乎包括一切的政治思想与政治理论的范畴。但是，托克维尔并不被这样一个庞大与繁杂的政治学学科群所骇倒，“因为道德与政治哲学家常常重复以前以一种不同方式说过的东西”，②所以，我们可以把几个世纪以来的主要政治思想化约为相对少的体系，就可以对它们进行比较与判断，开展政治学研究。因此，托克维尔对政治科学研究范围的宽泛界定似乎并不妨碍政治学的自身研究与发展。

托克维尔对政治学领域广阔范围的认可导致了他对政治科学的强烈的现实政治能动功能的认识。他反问：当你环视周围的被树立的丰碑与被摧毁的废墟时，“什么东西已改变了当今之世界面目?”有人认为是18世纪的政治家、国王、部长或大领主引起了大革命。但他们几乎总是做了一些自己意图之外的、最终达到自己所厌恶之结果的事情；他们不值得祝福也不值得诅咒。这场可怕的革命的最大塑造者是很少参与公共事务的作家；“而正是政治科学，常常以它最抽象的形式，在我们父辈的头脑中植入了这些新思想的胚芽，突然间在他们的祖先未知的政治制度与民法中开花结果。”政治科学到处都在展示它不可抗拒的力量和精彩的篇章，尽管更隐秘和更缓慢。只有在野蛮人中，仅仅实践在政治生活中得到认可。“在所有文明民族中，政治科学创造一般思想，或至少塑造它们的形状；从这些普遍思想中形成政治家必须拼搏于其中的问题和他们想象为是自己创造的法律。政治科学构成社会中统治者与被统治者呼吸的理智氛围，两者都无意识地从中获取行动原则。”③ 托克维尔对政治科学的现实功能的强调既体现了自亚里士多德以来的一种政治学

① Alexis de Tocqueville, “The Art and Science of Politics”, pp. 38-39.

② Alexis de Tocqueville, “The Art and Science of Politics”, p. 30.

③ Alexis de Tocqueville, “The Art and Science of Politics”, pp. 29-30.

信仰，即："政治学术本来是一切学术中最重要的学术"，① 挽救了因经济学与社会学对政治学的入侵而造成的政治学的边缘化危机，同时也表明了托克维尔的反唯物主义立场：思想，尤其是政治思想是社会与政治发展的强大动力。由于政治科学具有强大的政治与社会改造功能，所以，托克维尔认为政治科学的生存与发展必须具备外在的政治条件。政府可以允许人们关注文学、哲学、科学甚至宗教；但只要人们开始谈论政治，它就会变得极端警觉。因此，无论是在旧制度下还是在革命专制中，都不允许政治科学的研究与学科组织。"除非在一个自由国家或一个允许谈论每件事情的国家"，就不允许政治科学的存在。② 因此，自由制度或自由表达的权利就成为政治科学学科的客观研究与独立组织的先决条件。既然政治科学与政治实践密切相关，作为政治科学家必须明确界定自己的活动范围。首先，政治科学研究必须摆脱党派的干扰。"某一问题，初看起来是纯理论的，在当时激情的影响下，会转变为一个事实问题，被作为党派武器而使用。"③ 政治学家必须坚守于理论领域内；政治学家的努力与尊严即系于此。其次，政治学家必须清醒地意识到理论与实践之间存在着一定距离。"事实不停地脱离思想，实践不会和知识一致；而最终，政治只不过成为一种机会的游戏，常常带着灌了铅的骰子。"④ 政治科学对政治生活的影响是巨大的，但自以为是的政治学家的理论沙文主义常常会带来政治生活中的可怕灾难。总之，政治学家必须避免党派的骚动及现实事务给予政治推理的诱惑。

二、政治科学的核心观念——民情

托克维尔的政治科学功能观——政治科学是政治行动的理智氛

---

① ［古希腊］亚里士多德著，吴寿彭译：《政治学》，商务印书馆 1997 年版，第 148 页。

② Alexis de Tocqueville, "The Art and Science of Politics", p. 33.

③ Alexis de Tocqueville, "The Art and Science of Politics", p. 35.

④ Alexis de Tocqueville, "The Art and Science of Politics", p. 35.

围和他的政治科学中的核心概念——民情密切地联系在一起。政治科学作为一种时代的理智氛围，实际上就成为托克维尔的民情概念的一个最重要的组成部分。托克维尔的政治科学是反唯理主义的政治科学。他认为，"人们的头脑容易被貌似正确而实际上却有出入的事物所迷惑，对披着数学真理外衣的错误坚信不疑。"和孔多塞对数学理论、微积分可用于政治科学研究的信心相反，① 他提出："让我们放弃数字而设法另找证明吧！"②因此，他把政治科学的关注重心转向政治生活中的一般趋势、主导精神，而不是政治生活中繁琐的、表面化的细节与片断。他主张："一个人不必关注表达最完全的真理，而是必须关注最容易把握和最有用的真理。"③所以，人们认为："对托克维尔而言，政治科学在于知道如何判断思想并把它们联系起来，而不在于了解机构与习惯的细节。"④托克维尔一方面继承了古典政治学特别是孟德斯鸠侧重于研究民族文化、时代精神的传统，并且进一步把文化因素同政治科学中的其他构成要素剥离与独立出来，另一方面又有意识地抵制唯理主义罔顾政治传统、无视现实政治条件进行抽象逻辑推理构建形而上学政治理论体系的趋势，而提出了其政治科学中独具特色的核心概念——民情（mores）和中心命题——民情说。

托克维尔曾给民情下了两个定义。对一个他使用的概念进行有意识甚至反复地界定，就他的一贯政治写作风格和政治概念表述方式而言是非常罕见的。他指出，民情一词指"一个民族的整个道德与精神面貌。"它包括人们的"心理习惯"、"各种见解"和在社会中流

---

① 孔多塞认为，"组合与概率的计算"应用于政治学，可以使它获得一种数学般的精确性，可以作为检验其准确性的惟一手段。参见［法］孔多塞著，何兆武、何冰译：《人类精神进步史表纲要》，三联书店 1998 年版，第 193 页。

② ［法］托克维尔著，董果良译：《论美国的民主》，商务印书馆 1988 年版，第 248 页。

③ Alexis de Tocqueville, De la démocratie en Amérique, 2: 270.

④ Françoise Mélonio, Tocqueville and the French, p. 22.

行的各种“观点”和“思想”。① 托克维尔在稍后的篇幅中又一次把民情称为“人在一定的社会情况下拥有的理智资源和道德资质的总和”②。可见，托克维尔的“民情”概念具有非常宽泛、全面的含义，它指一个社会中所有非物质实体的、属于精神观念与意识方面的和政治生活相关的因素，包括道德风貌、宗教信仰、思想理论、民族性、政治习惯、社会风尚、行为模式及文化教育等诸多因素。需要明确的是，托克维尔的民情概念不同于当代所谓的政治文化概念。当代人所谓的政治文化——即人们对政治体系所持的见解、态度与判断，只是他的民情概念的一个构成因素。由于民情所包含的因素之众多、渗透性之强，所以它对政治生活的影响是全面、深刻与持久的。托克维尔对民情含义的认识使得民情说成为其政治科学中的基本命题与学说之一。③

托克维尔以美国为例，分析了影响政治生活的三项因素：地理环境、法制与民情。托克维尔的结论是，就上述因素对维护一个政体的作用而言，“自然环境不如法制，而法制又不如民情。”民情甚至能够缓解地理环境与法制对政体的不利影响。因此，“民情的这种重要性，是研究和经验不断提醒我们注意的一项普遍真理。我觉得应当把它视为我的观察的焦点，我也把它看作我的全部想法的终点”④。如果托克维尔在《论美国的民主》第一卷中特别分析了美国的地理环境、法制与民情对美利坚共和国之维持的影响，那么在《论美国的民主》第二卷中，他就建立了一般性的民情与政治、

① ［法］托克维尔著，董果良译：《论美国的民主》，商务印书馆 1988 年版，第 332 页。

② ［法］托克维尔著，董果良译：《论美国的民主》，商务印书馆 1988 年版，第 354 页。

③ 托克维尔最初曾把《论美国的民主》的第二卷命名为《平等给予思想与情感的影响》，但出版商出于商业运作的考虑，在出版前的最后一刻放弃了这个书名。Cf. Melvin Richer, “Toccqueville and Guizot on Democracy: from A Type of Society to A Political Regime”. History of European Ideas. 2004, 29: 2, p. 78.

④ ［法］托克维尔著，董果良译：《论美国的民主》，商务印书馆 1988 年版，第 358 页。

市民社会与政治社会之互动的总体框架。当然，在托克维尔的政治科学概念体系中，民情并非一项孤立的甚至无迹可寻的神秘变量。它来自一个特定社会的社会状态（social state 或 état social，董果良版《论美国的民主》译为社会情况）；而社会状态又是社会事实与法律的产物。① 民情实为托克维尔便于进行政治研究而从社会政治生活中抽取出的市民社会与政治生活之间的一个中介变量，是理解政治生活的一条便捷的研究路径。

托克维尔认为，我们不应该把宪法与法律作为政治生活的基础，更不能认为地理环境可以决定一个民族的政治命运。"让我们把权力建立与立足于民情之上——它是非洲与欧洲的政府的惟一坚实的基础。"② 制度对人类命运只有次要的影响，政治社会是由情感、信仰、思想、心灵的习性、教育形塑的；对于唯理主义寄予厚望的完美、整饬的法律，他认为是无关紧要的，法律的内在精神才是本质的东西。"某些器官不完善无关宏旨，因为生命是强大有力的。"富有生命力的民情可以弥补不完善的法律器官。③ 他甚至认为，政治体制的附带毛病并不妨碍人们在制定这些体制时所要达到的目标；只要这些体制所遵循的总原则或精神富有生命力，一个国家便会繁荣昌盛。④ 托克维尔以墨西哥为例说明，只照抄美国"宪法的条文"，而无法移植它的宪法的"精神"，就无法建立一个稳

---

① ［法］托克维尔著，董果良译：《论美国的民主》，商务印书馆 1988 年版，第 53、513 页。董果良版《论美国的民主》第二卷序言的第一段译为："美国人之具有的社会情况，自然有赖于他们的某些法制和关心政治的民情。"参见董果良译：《论美国的民主》，第 513 页。董果良的译文歪曲了托克维尔的基本思想：民情为社会状态的结果，正确的译法应为："美国人有一个民主的社会状态，这种社会状态自然使他们产生一些法律和政治民情。"原文为：Les Américains ont un état social démocratique qui leur a naturellement suggéré de certaines lois et de certaines moeurs politiques. Cf. Alexis de Tocqueville，De la démocratie en Amérique，2：7.

② Alexis de Tocqueville，Writings on Empire and Slavery，p. 84.

③ ［法］托克维尔著，冯棠译：《旧制度与大革命》，商务印书馆 1992 年版，第 209 页。

④ ［法］托克维尔著，冯棠译：《旧制度与大革命》，商务印书馆 1992 年版，第 261 页。

定而繁荣的共和国。正如托克维尔引用的一个在美国流亡的德国自由主义者利伯所言："我们欧洲人认为靠组织一个大的政治集会就能建立共和国。但相反，在所有政府形式中，一个共和国最有可能成长于整个社会的根部。考虑一下这个国家。共和国在每个地方，既在议会也在大街上。"① 即共和国幸存所需要的精神与传统存在于市民社会中，隐藏于市民社会的民情中。在《论美国的民主》中，托克维尔要求读者正确地把他的"思想的实质"理解为："法制，尤其是民情，能使一个民主国家保持自由。"② 而他在 1853 年致科尔塞勒的信中，更直截了当地表示，他正在酝酿的一本新书（即《旧制度与大革命》）的"主要、似乎是惟一的目标"是向读者揭示："单有民情就能够导向公共繁荣与自由"。③ 民情作为他的政治科学的核心概念，成为实现他的政治科学的基本任务——自由的基本手段。在托克维尔的政治科学中，民情是作为联结市民社会与政治社会的一个中介变量，是理解现实政治运作状况的一项基本指标；它构成政治生活的基本氛围，是政府的生命线。尤其是在民主社会，一个需要政治启蒙与政治经验的社会，一个需要良好的道德习俗的社会④，民情就成为维持自由的政治与社会生活的关键与决定力量。如果我们把传统政治学称为制度政治学，把现当代之交的政治学称为权力政治学⑤，把当代政治学称为行为政治学（当代的政治文化研究就其研究方法与技术而论仍属于行为政治学的范畴），那么，我们可以把托克维尔的政治科学称为文化政治学，一种探讨文化现象与政治现象之关系的政治研究。

---

① Alexis de Tocqueville, Journey to America, pp. 54-55.

② ［法］托克维尔著，董果良译：《论美国的民主》，商务印书馆 1988 年版，第 366 页。

③ Alexis de Tocqueville, Selected Letters on Politics and Society, p. 294.

④ 在该观点上，托克维尔显然是受到了孟德斯鸠的观点——道德为民主的驱动原则的影响。

⑤ 以研究权力机制、政治过程为特色。

三、政治科学的内在范畴

为了更透彻地理解托克维尔的政治科学在政治学发展中的具体地位，其政治科学的总体特色及其政治科学的核心价值追求——自由，有必要对决定或影响托克维尔政治科学性质与面貌的几对范畴进行解读。

1. 科学与应用。托克维尔认为，在贵族社会，人们出于对真理的无私与自豪之爱而潜心于理论研究（托克维尔常以帕斯卡尔为例）；而在民主时代，人们出于物质利益与肉体享受而只追求科学的直接应用。为了不使理智之光在民主时代熄灭，现代国家的领导者必须提高人们的深思水平，支持高级科学的研究，使应用研究不至于脱节于科学研究而枯竭。①托克维尔对抽象与高级科学研究的提倡来自他对理智创新、精神自由的热爱。

2. 理论与实践。托克维尔虽然支持抽象的理论研究，但出于对唯理主义的警觉而不愿夸大政治理论对政治生活的引导功能。虽然他承认政治理论是现实政治的无意识的伟大塑造者，但他却认为："真正的知识，主要来自经验。"理论"只能培养他们接受实际知识和实证思想的能力，但不能向他们直接提供这些东西。"②虽然政治理论为人们进行政治实践提供了工具与手段，但有效的参政经验、治国能力来自由于政治自由而带来的政治实践。只有政治自由才能打通理论与实践之分隔。

3. 政治研究与政治教育。在从事政治研究之时，托克维尔"决没有硬要事实迁就观点，而是让观点以事实为依据，"自己不想讨好任何人，也未想为任何政党服务，③ 并且采纳了当代称之为科学方法的一些研究技术。但另一方面，他又从不讳言自己写作

---

①［法］托克维尔著，董果良译：《论美国的民主》，商务印书馆 1988 年版，第 562～565 页。

②［法］托克维尔著，董果良译：《论美国的民主》，商务印书馆 1988 年版，第 353 页。

③［法］托克维尔著，董果良译：《论美国的民主》，商务印书馆 1988 年版，第 17、18 页。

《论美国的民主》的目标是："教育民主认识自身，并因此指导和约束自身"；① 在法兰西伦理与政治科学学院的演讲中，他要求学者必须"向工人阶级宣讲和传播一些最基本和最确定的政治经济学概念"，"在下层阶级中传播真理"；②在托克维尔的作品中，经常会出现一个"立法者"的形象，显然，"立法者"就是他要加以影响与引导的主要对象。当代政治学研究认为，把政治学"从一种学科降格为一种公民的教育"，"会导致学科的堕落"；③在托克维尔的眼中，政治科学的科学性与教育性之间的统一是不言而喻的。

4. 事实与价值。托克维尔理解与写作政治的方法表现为事实陈述与价值判断的结合、历史、历史分析与历史哲学的混合。他认为，历史学家不能满足于描述历史事实与事件，不能避免何者有利、何者有害、何者重要、何者有意义的判断，并且认为，"迄今为止，我最擅长的不是复述事实而是判断事实"。托克维尔把《旧制度与大革命》的写作风格称作是"恰当称谓的历史与历史哲学的混合"，认为"前者是画布，而后者是色彩"，甚至有必要正确地选择事实以便"支持思想"。④ 托克维尔虽然认为自己没有传统、党派、阶级的偏好，在写作时要保持对事件与人物客观与公正的观察，但却毫不隐瞒自己的价值立场——自由。⑤ 在他的视野中，学术的客观立场与学者的价值寻求并不相悖，事实与判断及当代学者所谓的政治科学与政治哲学之间的张力并不存在。

5. 政治与道德。道德作为民情的构成因素，是托克维尔政治科学中的核心概念之一。在《论美国的民主》中，他虽然没有去

---

① Quoted in André Jardin, Tocqueville: A Biography, p. 273.

② Alexis de Tocqueville, "The Art and Science of Politics", pp. 32-33.

③ [美] 詹姆斯·W·西瑟著，竺乾威译：《自由民主与政治学》，上海人民出版社 1998 年版，第 3 页。

④ Alexis de Tocqueville, Selected Letters on Politics and Society, pp. 255-256. 让事实为思想服务，而不是从事实得出思想，这是人们通常责备的托克维尔的非科学化的罪证之一。

⑤ Alexis de Tocqueville, Selected Letters on Politics and Society, p. 257.

证明道德规范的客观性，但却强调它的必要性。①而在《回忆录》中，他明确地承认了政治道德的客观性与普世性。“有时我认为，尽管不同社会的民情不同，但管理事务的政治家的道德到处都是相同的。”②针对七月王朝中政治生活中“政治无神论”的泛滥，个人私利的盛行，他大声疾呼：“不，我肯定不会嘲笑政治信仰；当人们任意推翻它时，我不会认为它们自身是无关紧要的事情。”他明确表示：“我不会试图构建两个世界：一个是道德的……另一个是政治的……我不会致力于分裂不可分之物。”③在他看来，政治与道德须臾不可分离，实质上是一个有机整体。他甚至还认为：“在所有时代，特别是在革命时代，权力很少有价值，而道德权力具有双倍的价值。”④政治与道德不仅是同一的，政治还应受到道德的支配。对现代道德生活的关注，对现代公共道德的追寻，对自由的政治道德的灌输成为托克维尔政治科学的重要任务之一。

6. 政治科学与政治艺术。托克维尔认为，政治由两个不应混淆的方面构成，即不变的政治科学与灵活的政府艺术。政治科学立足于哲学与历史所揭示的人的性质，它的功能是教给我们“更好地适应一般的和长期的人类状态的法则”。政府艺术“是处理日常问题与适应大量多样形势的政治实践与斗争的方面”，它的作用是处理瞬息万变的政治需求。政治科学与政治艺术是不尽相同的，由于“实践并不总是追随理论。……一个方面的优秀不能担保另一个方面的成功”。相反，写作艺术常常会产生不利于指导公共事务的习惯；医生往往“会以他们的博学杀死病人”；⑤“理论的善常常会带来行为的强暴”。⑥ 托克维尔讲到这里时，他的脑海中浮现

---

① ［法］托克维尔著，董果良译：《论美国的民主》，商务印书馆 1988 年版，第 775 页。

② Alexis de Tocqueville, Recollections: The French Revolution of 1848, p. 83.

③ Alexis de Tocqueville, Selected Letters on Politics and Society, pp. 81-82.

④ Alexis de Tocqueville, Selected Letters on Politics and Society, p. 224.

⑤ Alexis de Tocqueville, “The Art and Science of Politics”, p. 28.

⑥ ［法］托克维尔著，冯棠译：《旧制度与大革命》，商务印书馆 1992 年版，第 237 页。

的肯定是哲人的盲目信徒们给法国政治生活带来的灾难。托克维尔虽然认为政治科学与政治艺术之间是相对独立的，但他也承认："作家也会成为优秀的实际政治家"，但他们的成功决不是因为自己是优秀的作家。① 托克维尔指出政治科学与政治艺术之间的张裂，但其目的不是使这种张裂永久化，而是希望展示；正是由于公共生活的缺乏才强化了这种张裂，而只有自由的政治制度才能打破这种张裂。② 托克维尔的政治研究与政治行动的目标之一就是成为这两者之间的调停者。

7. 文人与政客。与政治科学与统治艺术之间的分离相对应，托克维尔也发现了文人与政客之间的对立。托克维尔发现，在政治世界中可以找到两种属于截然不同的类型的人，即文人（或作家、哲学家）与政客（或政治家）；"我不知道还有什么东西比指导哲学家与政治家的精神更相异和更矛盾的了。"对于行动的政客而言，几乎只有特殊性；对于从事政府写作的人而言，几乎只有一般法则。对于政客而言，他关注的是传统思想、既定机构，重要的是计划和事实在细节上的一致性并能够立刻加以实现；对于作家而言，他的意图是精确地表达新事物，他的出发点是自己的大脑，重要的是他的计划必须包含伟大的、一般的真理并且有天才性与原创性。③ "逻辑，在行动中几乎如此无关紧要，在书本中是必需的。……作家被迫表现出尽可能多的对逻辑的尊重，就像政治家常常被迫表现出对它的尽可能少的关注。尽管每一部优良的法律应该在一种抽象和一般的思想中拥有它的来源，但使一部关于立法的著作成功的大部分事情会损害法律。构成一种人主要价值的事情是愉

① Alexis de Tocqueville, "The Art and Science of Politics", p. 28.

② ［法］托克维尔著，冯棠译：《旧制度与大革命》，商务印书馆 1992 年版，第 179 页。

③ Alexis de Tocqueville, The Old Regime and the Revolution, Notes and Variants: p. 388; Alexis de Tocqueville, Recollections: The French Revolution of 1848, p. 61.

悦思想；造成另一种人成功的事物是精确地适应时代的特殊需要。"① 托克维尔认出了文人与政客在政治精神上的对立，并指出，"一般而言，作家的思想在被政客投入实践之前就消失了"。② 而正是在法国，两种人在实践中的相互隔离、在精神上的相互对立才导致了唯理主义政治与文学政治精神的泛滥。但托克维尔并不认为两种人在本质上是对立而不可调和的。他发现，"在英国，研究治国之道的作家与统治国家的人是混合在一起的，一些人将新思想引进实践，另一些人借助事实来纠正和限定理论"。③ 只有两种人的结合才能促成一个国家政治伟大与公共繁荣的共同存在，才能既克服政客思维所造成的政治生活中的平庸精神又能消弭文人推理所激发的政治生活的乌托邦精神，才能造就既富有远见与创新精神又能够洞察社会趋势与群众精神的政治家；而只有政治自由由于带来对政治生活的参与与体验，才能弥合文人与政客之间的对立，才能造就真正的政治家。托克维尔把这样的政治家的品性概括为："对重大的政治事务的实际的理解，哲学研究的爱好与习惯；一种被人们的政治经验、最终被悠闲教导的对人类的真正之爱。"④ 因此，在托克维尔看来，真正的政治家必须做到文人精神与政客精神的调和与折中、两者优越之处的完美结合，最终产生的是对人类的不是抽象与虚假的而是真切而具体的热爱。通过对托克维尔政治科学中一些范畴的分析，我们可以认为，在托克维尔的对立极思维法中，正如他对种种对立的自由观念的整合与综合一样，他也试图弥合政治科学中诸多对立的范畴，从而以健全完善而非片面分裂的政治科学来塑造自由的政治生活。

托克维尔的政治科学是西方政治思想古典传统中的一个组成部

---

① Alexis de Tocqueville, The Old Regime and the Revolution, Notes and Variants: p. 389.

② Alexis de Tocqueville, The Old Regime and the Revolution, Notes and Variants: p. 387.

③ [法] 托克维尔著，冯棠译：《旧制度与大革命》，商务印书馆 1992 年版，第 181 页。

④ Alexis de Tocqueville, Writings on Empire and Slavery, p. 218.

分，他甚至被“认为是这种传统的最后一个伟大典范”①。托克维尔的政治科学是理论与实践的混合物。它认为：政治参与知识与实际历史研究是形成健全的政治理论的不可缺少的基础，政治理论反过来也能够改良特殊形势下的政治生活。托克维尔的政治科学既是描述的、阐释的又是评价的，是三种表达方式的结合。它对各种人类生活形式与政体进行如实全面地调查与比较，解释与确定它们毁灭与维持的原因；但对政体的比较不但是为了实现它们的稳定，还是对它们的品质——是否促进了人类自由进行的一种判断与评价。托克维尔的政治科学既是现实主义的，也是理想主义的。它分享了当代政治科学家引以为荣的实证精神，承认了一般的人类条件和特定的形式下人类所能取得的成就的限度，但它又祈盼人类的优秀与伟大，不惧怕作出价值判断和推荐改良措施。托克维尔的政治科学既是理性主义的，也是经验主义的。他承认理性为政治科学的栖身之地和力量源泉，又认为政治实践常常会扭曲政治理论，经验是形成治国艺术的基本途径。而他为自己界定的角色是作为经验与理性的调和者，实践理性的探索者。托克维尔的政治科学是理论公正与政治激情的混合物。它一方面试图保持科学研究的客观性，极力超越党派观点；另一方面坦诚地表白理论研究之终极目的——自由事业，向“立法者”指明在正确的科学视野中的可能之政治选择。总之，托克维尔的政治科学实践与观念正如他的自由政治观念一样，体现了政治学研究中的中庸、平衡精神。

本章小结

托克维尔对现代政治理论的解构同他对现代政治现实的分析一样，都是其中道自由观念的体现和其中道自由主义思想的组成部分。他对现代政治理论的分析同样不是为了构建完善的理论体系，而是以理论的现实能动性来服务于自由政治现实与实践。在托克维

① Peter Augustine Lawler [eds.], Tocqueville's Political Science: Classic Essays. New York: Garland Pub, 1992, Introduction: p. XVI.

尔看来，理性主义是现代政治的显著特征，历史决定论是理性主义的走向，社会主义有其理性主义与历史决定论的根源，公共慈善观念既与社会主义具有形似性，又是它的发展，而他的政治科学观是他对上述理论的替代与提取之物。

托克维尔认为，理性主义思潮是现代民主的产物，它经历了产生、发展及蜕变的过程，异化为唯理主义，而文学政治现象正是它异化的极端展示。托克维尔接受了理性原则，是启蒙运动的继承者，他反对的只是教条化的理性至上主义政治思潮。针对时代民情的软化与商业伦理的盛行，托克维尔认可了理性的限度，倡导激情作为行动动力的必要性。

强调历史发展的必然性是理性主义的逻辑延伸。托克维尔认为，历史中存在着必然性与偶然性，两者对于历史发展同样重要；但两者的重要性随历史与社会状态的不同而发生相对的变化。民主时代的历史学家构建的历史决定论体系不仅在事实上不符合历史因果律，在道德上也限制了人类的自我选择自由。托克维尔认为，关于历史发展的预测对于社会科学研究而言是一项基本任务，但他反对将历史发展化约为一种单一的、直线的过程与产物，鼓吹人的能动性与责任感。

对社会主义的批判和对公共慈善的反思是托克维尔自由主义思想中相互联系与相互补充的两个方面。托克维尔从社会政治运动、思想变迁与政府实践三个方面探讨了社会主义的形成过程。他认为，各种社会主义的根本性质都是限制与削弱财产权；而在对人的物质福利的追求方面，社会主义与资本主义具有内在的脐带关系。托克维尔概括了社会主义的三个特征：1. 对现代政治理论与实践中的唯物主义因素的强化；2. 对个人独立的凭借物——财产权的攻击；3. 对国家指导、国家监护的信仰。托克维尔认为，社会主义自身不仅会带来专制，中产阶级出于对社会主义的恐惧，也会自动投入专制主义的怀抱。托克维尔怀疑财产权作为自然权利的传统自由主义信条，也不排斥未来社会主义因素存在的可能性。从托克维尔对社会主义的批判中我们可以发现，他既不是左翼的社会主义的同情者，也不是右翼的古典自由主义的捍卫者。托克维尔对社会主义的理解存在着简单与片面之处：他所谓的社会主义是圣西门式的，他没有预见到一种参与式社会主义的可能性，他更不可能理解马克思对人类自由的更卓越的远见。

托克维尔对同样和社会主义具有国家控制特征的公共慈善观念的认识经历了一个变化的过程。托克维尔的公共慈善观来自他对社会、政府与个人之关系的界定。政府功能取决于它是否有利于维护自由政治生活，而不取决于先验的信条。托克维尔之所以批判公共慈善，是因为它败坏了公共道德，削弱了公民的行动能力，助长了阶级分裂，限制了穷人的自由。托克维尔虽然批判公共慈善的现存形式，但并没有全盘否定公共慈善。他对公共慈善的探讨和如何解决贫困问题的思考联系在一起。为了消除贫困，在农业生活中，他提倡小块土地所有制；在工业生活中，他提倡工人协会，成为密尔的工业民主参与制的先声，但他也提出了一些现实可行的国家措施。从托克维尔的公共慈善观中，我们发现不了一个现代福利国家的反对者形象。随着社会政治形势的变迁，托克维尔重新定位了政府职能，肯定了公共慈善的扩张。他要求政府干预经济生活，执行再分配措施，保障个人的劳动权利，成为早于密尔的现当代之交自由主义转型中的先驱者。

托克维尔虽然不持有当代政治学家特有的学科观念，但他对政治学作为一门学科具有明确的意识。托克维尔承认政治科学的客观存在性，将政治科学作为人类群体生活研究的统称，认为政治科学是社会政治发展的理智氛围与强大动因。针对唯理主义思潮，托克维尔将政治科学的重心转向政治精神而不是政治细节，提出了他的政治科学中的核心概念——民情。在托克维尔的研究中，民情成为维护自由的社会与政治生活的决定力量，成就了托克维尔的独特的政治科学——文化政治学。托克维尔试图在政治科学研究与实践中弥合与统一种种对立的观点与范畴，它们包括：科学与应用，理论与实践，政治研究与政治教育，事实与价值，政治与道德，政治科学与政治艺术，理论家与政治家，试图构建一种平衡的、有机完善的政治学学科。托克维尔的政治科学主张与实践具有当代政治学的实证精神，又充满了传统政治学的价值判断；他既坚持研究过程的客观性，又坦陈研究目的的主观性——服务于自由事业。托克维尔的自由主义在自身形态上是一种中道的自由主义，在历史发展中是一种过渡性的自由主义；相应地，托克维尔的政治科学在自身形态上是一种中道的政治科学，在历史背景中是一种转型中的政治科学。

第六章

托克维尔对自由之失落的担忧

塔尔蒙在《极权主义民主的起源》一书的扉页中引用了托克维尔在《论美国的民主》第二卷第四部分“民主国家害怕哪种专制”一章的一段话作为该书的切题与立意之笔。① 托克维尔关于现代社会与政治中的专制主义现象的论述是他的政治思想中最富有理智魅力而又最具有理论争议的部分。连托克维尔的最同情的阐释者对托克维尔展示的专制主义系列的含义与价值也多有分歧。皮埃尔·马南观察到，“在托克维尔对‘民主专制’的描述中，在我看来充满了真理。雷蒙·阿隆看到了一种神话，肯定是惊人的，但远不是在描述我们的经历”。② 美国选举政治的研究者认为托克维尔的“多数暴政”只是一种遥远的可能，而更强调高度组织化的、更小的属于少数或个别范畴的利益团体的危险影响。如果说学者对

① 参见[法]托克维尔著，董果良译：《论美国的民主》，商务印书馆 1988 年版，第 869 页。

② Pierre Manent, Modern Liberty and Its Discontents, trans. Daniel J. Mahoney and Paul Seaton. Lanham, MD: Rowmanand Littlefield, 1998, p. 38.

托克维尔的自由政治观的认识众说纷纭，甚至南辕北辙，那么对托克维尔的专制主义观念更是莫衷一是，臧否有加。如果说托克维尔的学术与政治事业的一面是对自由的热爱与追求，那么另一面就是对专制的恐惧与消解。自由与专制尤如人世间的光明与黑暗、正义与邪恶一样是托克维尔政治思想的两个基本的、对立的组成部分。对托克维尔的自由主义思想的探讨不能忽视他对专制主义的精辟见解。

当我们阅读托克维尔的作品时，会遇到一些诸如“民主君主制”、“封建自由”、“民主国家的专制”等短语，甚至他把美国称为“新世界”，诸如此类陌生、奇特的术语或表达方式，使我们感觉好像站在了另一个学术世界的土地上。由于这样的一些短语如“封建自由”，在我们看来其内在构成在本质上是矛盾的。因此，托克维尔的语汇运用指望我们必须放弃自己的惯用学术语汇而进入他的政治思想世界，完全投入他所编织的学术语汇之网络中。“民主专制”就是托克维尔惯常使用的有悖于我们对现代民主的习惯理解的一个短语。可以说，由于托克维尔的特殊身世与价值偏好，“对专制主义的恐惧是托克维尔自己的最早和最强大的政治激情”。① 在《论美国的民主》的开篇，他就提出两种政治前景：“民主的自由还是民主的暴政”是现代社会的两种基本政治抉择。②托克维尔的在当时是新颖独特的在当代也颇令人惊诧的一种观念是：民主可以同自由结合在一起，也可以同专制混合在一起。③ 他的基本的政治问题与政治信仰表现在：“我们向何处走呢？也许是在走向专制，也许是在走向共和，但社会情况必定要走向民主。”④

---

① Sheldon S. Wolin, Tocqueville Detween Two Worlds: The Making of a Political and Theoretical Life. Princeton, N. J.: Princeton University Press, 2001, p. 219.

② [法] 托克维尔著，董果良译：《论美国的民主》，商务印书馆 1988 年版，第 2 页。

③ [法] 托克维尔著，冯棠译：《旧制度与大革命》，商务印书馆 1992 年版，第 251 页。

④ [法] 托克维尔著，董果良译：《论美国的民主》，商务印书馆 1988 年版，第 222 页。

托克维尔对自由观念的独特理解也赋予了他对专制观念的独特感受。在他看来，自由不但意味着个人生活的独立，免于外部的专横干涉；它还意味着公民对自己的命运的积极控制，对公共生活的活跃的参与与决策；它还意味着个人在精神世界的无私探索，对理智生活的独立追求；它甚至还意味着民族、国家和社会对政治伟大与崇高之物的渴望与保持（如民族独立、国家荣誉与社会活力等）。所以，相应而言，专制在他看来，不仅意味着个人自由的剥夺、公共讨论的压制、精神自由之光的熄灭，还意味着社会生活的平庸与停滞。托克维尔对“民主专制”的理解显然不同于自亚里士多德直至孟德斯鸠以来对专制主义的理解。托克维尔认为，民主专制根植于或潜藏于现代民主之中，而他对现代民主的现代性有着清醒的认识,① 所以他产生了对专制主义的起源、形态的独特认识。由于在托克维尔看来，现代民主是现代政治的本质特征，现代民主是专制主义的滋生土壤，所以我们把托克维尔独特的专制主义诸版本——他时常称为“民主的专制”的东西称之为现代专制主义。

第一节　现代专制主义的起源

托克维尔的作品魅力之一在于他展示了作为民主之可能结果的现代专制主义画廊。他说过：“平等可产生两种倾向：一种倾向是使人们径直独立，并且可能使人们立即陷入无政府状态；另一种倾向是使人们沿着一条漫长的、隐而不现的、但确实存在的道路走上被奴役的状态。”② 显然民主有两种可能的政治危险：无政府与专制。托克维尔更强调、更恐惧并且着墨更多的是专制。当时的保守主义者认为民主的可能后果是社会与政治骚乱，而乐观的自由主义者认为民主是自由的达成。因此，“特别对于他的当代人而言，他

---

① 在他看来，古典民主根本不同于现代民主，在今人看来实质上只是一种贵族或寡头政治。

② ［法］托克维尔著，董果良译：《论美国的民主》，商务印书馆 1988 年版，第 838 页。

的更有魅力的思想之一是确信：人们从民主中所要恐惧的不是无政府——权威的崩溃与社会、政治解体，而是专制主义——所有权力集中于民主的象征物之手，不管是多数、立法机关、一个领袖或国家自身"①。当然，托克维尔从来没有认为现代民主必然会产生专制，对此人们无可选择；这不符合他的历史概然论。相反，他认为，平等所产生的个人独立条件与情感可能会使人们产生自由之爱。托克维尔只是认为，民主时代和其他时代一样，都内含有专制的可能性；只不过在民主时代，专制产生的土壤是全新的，专制的形态——民主专制也是全新的，所以反对专制的措施也必须是全新的。在这一系列认识方面，他不但超越了他之前和当时的自由主义者，而且具有高度的预见性。对托克维尔而言，民主专制——现代专制主义来自于现代民主所特有的在社会、文化、经济、政治等一系列领域中所产生的新特征与新趋势。

一、专制主义的社会特征

托克维尔对现代社会的专制主义倾向的描述常常给予当代大众社会的批判者以理智灵感，成为他们的精神源泉之一。"经常有人指出，托克维尔的《论美国的民主》一书，实际上就是第一本以社会学手法批判大众社会之作。"② 对于那些"把大众社会视为极权主义卵袋"、"专制主义的土壤"③ 的当代西方知识分子而言，他们在托克维尔那里找到了知音。

那么，对于托克维尔而言，等级时代的结束、大众时代的来临给现代社会带来了哪些可能孕育专制主义的特征呢？首先，托克维尔认出了现代社会的均质化特征。由于贵族时代强人的消失、等级

① James T. Schleifer, The making of Tocqueville's Democracy in America, p. 187.

② ［英］阿兰·斯威伍德著，冯建三译：《大众文化的神话》，三联书店 1995 年版，第 4 页。

③ ［英］戴维·米勒，韦农·波格丹农编，中国问题研究所等组织翻译，邓正来等编：《布莱克维尔政治学百科全书》，中国政法大学出版社 1992 年版，第 461 页。

的解体、民主时代平等化的扩展，托克维尔描绘道：在民主社会，“既没有学问渊博的雅士，又没有愚昧无知的平民。天才越来越少，但知识日益普及”①。“在现代社会里，所有的一切都在迫使人们变得相似，以致每个人的形象很快就将消失，变得万人同貌，彼此之间没有区别”②。“社会中不再有等级，不再有阶级划分，不再有固定地位；人民由彼此几乎相同、完全平等的个人组成”③。对于平等所造成的这种均质、平庸、单调的生存状况，托克维尔怀着矛盾的心情：一方面，他认为平等满足了大多数人的幸福，符合上帝的旨意，是一种正义；另一方面，他又认为：“我举目环顾一下这伙既无超群者又无落后者的在许多方面都一样的众生，真为这种普遍划一的情景感到悲怆和心寒，并为这里已不复有社会而遗憾。”④ 民主在带来正义的同时，也意味着崇高的丧失。在托克维尔看来，自由的要素必须包含个人的个性与社会的多样性；均质化意味着个人的平庸，精神生活的消失，独立灵魂的被压制，最终是社会生活的停滞。这种生存条件、思想与精神的标准化既意味着自由的失落，也为有志于计划者社会的一个官僚精英统治创造了绝好的实验场地；平等之中的单调划一状态成为社会管理者的便利环境。

现代民主在造成人的均质化、标准化的同时，也导致了人与人之间的疏离。民主社会解除了贵族社会的家族、行会、教会、自治团体等中间权力的特权，使得个人之间不再有任何社会纽带。“在这样的社会中，人们相互之间再没有种姓、阶级、行会、家庭的任

① ［法］托克维尔著，董果良译：《论美国的民主》，商务印书馆 1988 年版，第 883 页。

② ［法］托克维尔著，董果良译：《论美国的民主》，商务印书馆 1988 年版，第 880 页。

③ ［法］托克维尔著，冯棠译：《旧制度与大革命》，商务印书馆 1992 年版，第 197 页。

④ ［法］托克维尔著，董果良译：《论美国的民主》，商务印书馆 1988 年版，第 883 页。

何联系。"①"在身份平等的时候，每个人都愿意闭关自守，把他人置于脑后。"② 公民之间的疏离和共同行动的消解的实际效果是，留下了任由中央政府践踏的政治真空，也使得个人毫无保护地单独面对强大的、集权的行政管理。托克维尔发现，在法国旧制度下，"由于公民之间的长期分割，破坏了共同情感，使政府成为主子"。③ 所以托克维尔得出的结论是："专制所造成的恶，也正是平等所助长的恶。""专制者本质上是害怕被治者的，所以他认为人与人之间的隔绝是使其长存的最可靠保障，并且总是倾其全力使人与人之间隔绝。"④ 如果说在古代社会，专制者主动创造公民之间的分离以实施自己的统治，而托克维尔发现了，民主社会内在的原子化倾向主动迎合了现代专制者的需求，因此，专制主义"在民主时代尤其令人可怕"。⑤

托克维尔相信：他生活在一个平庸的、疏离的与渺小的时代，所有人在面对政治与历史发展时都是无能为力的。这种无能为力来自剥夺了人们共同行动习惯的社会原子化。托克维尔认为："在民主国家，每个人都是非常软弱的，但代表众人并统治众人的国家，却是非常强大的。"⑥"每个公民都同样无能，同样贫穷，同样孤立无援，而且只能以个人的软弱去对抗政府的有组织的暴力……"⑦

① ［法］托克维尔著，冯棠译：《旧制度与大革命》，商务印书馆1992年版，第34页。

② ［法］托克维尔著，董果良译：《论美国的民主》，商务印书馆1988年版，第804页。

③ Alexis de Tocqueville, The Old Regime and the Revolution, Notes and Variants: p. 373.

④ ［法］托克维尔著，董果良译：《论美国的民主》，商务印书馆1988年版，第630页。

⑤ ［法］托克维尔著，董果良译：《论美国的民主》，商务印书馆1988年版，第630页。

⑥ ［法］托克维尔著，董果良译：《论美国的民主》，商务印书馆1988年版，第573页。

⑦ ［法］托克维尔著，董果良译：《论美国的民主》，商务印书馆1988年版，第365页。

托克维尔常常骄傲地回忆起自己的贵族祖先：他们拥有改变世界的勇气与激情；另一方面，他悲叹当代法国思想的堕落、感觉的平庸与民情的软化。① 他甚至称赞大革命中的革命分子“骄傲的自信心”。“诚然，骄傲自信心常常导致错误，但没有它，人民只能受奴役”。② 自由主义的批判者常常谴责自由主义的多元主义信仰导致人的行动能力的丧失，助长了恶的滋生，自由主义最终会导致自身的毁灭。托克维尔的自由观不符合这种指责。对他而言，自由不只意味着个人的独立，更不只意味着个人生活空间的安宁与不受打扰，它还意味着公民对自身能力的信仰，对政治行动的有力参与，对政治与社会改造使命的勇敢承担。时代的无能为力必然会削弱公民的行动能力，腐蚀公民的自我信心，最终导致专制者对政治自由的剥夺，铺就了通往奴役的坦途。

托克维尔对民主社会中人的生存状况的描绘：均质化、疏离、无能为力并不意味着民主社会的前途必然是专制主义，而是意味着：在民主社会的某些发展趋势中蕴含着专制主义的萌芽；民主社会走向自由还是走向专制，取决于人类对民主诸“恶”的认识与抵制，人类是自己命运的主人。在托克维尔的悲观、阴郁的描述与推理中，我们同时也会看到他对于未来的时强时弱的信心。民主时代的社会特征有通向专制主义的可能；同这种可能相对应，滋生于民主社会的某种文化氛围同样也为现代专制主义提供了养料。

二、专制主义的文化氛围

托克维尔的民情说实际上是一种文化政治理论。托克维尔不同于传统自由主义者之处在于，他把对专制政治机理的考察从表面的政府形式转向深层次的文化氛围。“托克维尔的民主不再是一种简单的民治政府的描画，而是对调节政府的非物质权力的复杂性质的

① Alexis de Tocqueville, Selected Letters on Politics and Society, pp. 150-152.

② [法]托克维尔著，冯棠译：《旧制度与大革命》，商务印书馆 1992 年版，第191 页。

叙述。"① 因此，他把民主认同于一种消融于整个市民社会的影响力，某种更接近一种社会或文化统治模式的东西。半个世纪后，涂尔干将其称为"集体意识"，一个世纪后被葛兰西称作"文化霸权"。因此，现代专制主义作为现代民主的异化之物，其危险性更多地隐藏于民主文化而不是民主政府的一系列特征中。

托克维尔认为，平等之爱是民主时代首要的、最强烈的大众情感。平等之爱与自由之爱是两种不同的情感，在民主时代还难以调和。民主时代处于支配地位的文化特征不是自由之爱，而是平等之爱；它是一种类似于孟德斯鸠所谓的原生性的、时代的主导"精神"。托克维尔不否认，民主时代的人们天生爱好自由，希望在自由之中享受平等；但当自由与平等不能相容之时，他们就宁愿在奴役之中享受平等。② 托克维尔在考察法国近代革命演进史时发现，革命初期的法国人融自由之爱与平等之爱于一体。但"当对自由的热爱按照这类事件的自然规律，在无政府状态和人民专制中被挫伤而软弱无力时，当慌乱的民族摸索着寻找他的主人时，专制政府便有了重新建立的极好机会"；而拿破仑正是一位发现并利用了人民的这种情感的天才。③ 最后，托克维尔把平等之爱的政治效果归结为：它是一把双刃剑，"没有它的支持，就不可能实现自由，而专制制度本身没有它也难于统治下去"④。

如果说平等主义激情为民主社会的原生性文化特征，那么在托克维尔的眼中，被学者作为自由主义特别是传统自由主义之理论基础的个人主义是民主社会的基础性文化特征，是民主时代特有的一种意识形态。"个人主义"（individualisme）一词首先出现在19世

---

① Sheldon S. Wolin, Tocqueville between Two Worlds: The Making of a Political and Theoretical Life, p. 251.

② [法] 托克维尔著，董果良译：《论美国的民主》，商务印书馆1988年版，第620～624页。

③ [法] 托克维尔著，冯棠译：《旧制度与大革命》，商务印书馆1992年版，第238～239页。

④ [法] 托克维尔著，董果良译：《论美国的民主》，商务印书馆1988年版，第624页。

纪20年代早期约瑟夫·德·梅斯特和其他法国人的作品中，1825年后经常在圣西门的作品中出现。30年代法国某些评论家把它“引进”到美国。但是即使是在40年代，人们还很少使用该词，以至于托克维尔认为：“个人主义是一种新的观念创造出来的一个新词。我们的祖先只知道利己主义。”① 亨利·里夫在《论美国的民主》中的翻译使得该词第一次以英语的形式出现。但是，里夫感到不得不加上一个个人注解以解释他不能提供任何熟悉的英语对等词，并且为杜撰了这个新词而感到抱歉。② 在1840年之前，托克维尔本人对该术语的理解也表现出了相当大的不一致，直到他在1840年的《论美国的民主》中把个人主义与利己主义区别开来，才给予了它明确的意义。“利己主义是跟世界同样古老的一种恶习。…… 个人主义是民主主义的产物，并随着身份平等的扩大而发展。”③ 托克维尔赋予它的正式含义是：“个人主义是一种只顾自己而又心安理得的情感，它使每个公民同其同胞大众隔离，同亲属和朋友疏远。” ④在美国，随着19世纪社会生活的进展，该术语具有了和托克维尔与其他法国人所赋予它的贬义不同的积极含义，指的是广泛的政治与经济自由。对托克维尔而言，个人主义意味着一种极端的私人生活方式，每个个体从社会中撤离，而只忙于他自己、他的家庭及他的朋友圈子的活动。因此，私人化（privatism）或许可以更好地翻译出这个词的本来含义。

在托克维尔看来，个人主义在现代民主崛起之前是一种未知现象。由于贵族社会是由紧密纽带将其成员束缚在一起的一些整合的、等级的共同体。每个人必须属于一个群体，没有人把自己看作

① ［法］托克维尔著，董果良译：《论美国的民主》，商务印书馆1988年版，第625页。

② Cf. James T. Schleifer, The Making of Tocqueville's Democracy in America, p. 246.

③ ［法］托克维尔著，董果良译：《论美国的民主》，商务印书馆1988年版，第625～626页。

④ ［法］托克维尔著，董果良译：《论美国的民主》，商务印书馆1988年版，第625页。

一个孤立的存在。在这种社会状态下，不可能会产生独立自给的个人观念。但是，民主消解了这些紧密的纽带。随着非自愿性社团的衰败或消失，没有人在未经自己同意的情况下再服从于任何其他人。因此，民主把社会从一个由既定群体——种姓、阶级、亲族、地域、吉尔特、贸易自治团体等构成的组织转变为一个个独立的个人的集合。托克维尔担心的是个人主义导致的生活私人化的专制主义倾向。个人主义导致了个人的疏离与软弱，使他无能为力，不能对付有组织的政府力量；个人主义造成对公共事务的"普遍的漠不关心"①，"使公德的源泉干涸"②，"几乎可以分毫不差地创造无政府状态与专制"③。

我们似乎在托克维尔的思想中发现了一种困境。可以说，很少有人像托克维尔一样热烈地拥抱个人独立的观念，所以他攻击社会主义，因为"民主扩展了个人独立的领域，而社会主义限制它"④。但是另一方面他又像孟德斯鸠与卢梭一样，强调自由不是随心所欲的独立，没有人比自由国家的公民更不独立。"如果你决心不投身于（和其他人的结社），你无疑会保持了你的个性；但是你不能做任何愿意施予他人的善事，你的目标实际上是自私的。"⑤ 个人与他人结社可以从事他想做的任何事情，但在结社之外，个人会发现自己无能为力而不再拥有政治自由。托克维尔的这两种相互对立的态度可以很容易地加以解释。他反对的不是个人独立，而是一种政治意识形态——个人主义。个人主义在保障个人独立之时，激发了自我利益，最终使个人撤出公共领域。他反对的是对个人独立的一

① [法] 托克维尔著，董果良译：《论美国的民主》，商务印书馆 1988 年版，第 894 页。

② [法] 托克维尔著，董果良译：《论美国的民主》，商务印书馆 1988 年版，第 625 页。

③ [法] 托克维尔著，董果良译：《论美国的民主》，商务印书馆 1988 年版，第 894 页。

④ Alexis de Tocqueville and Gustave de Beaumont, Tocqueville and Beaumont on Social Reform, p. 187.

⑤ Alexis de Tocqueville, Memoir, Letters, and Remains, 2:80-81.

种崇拜，由于它建立了现代专制的先决条件，最后会消灭所有的个人独立。实质上，托克维尔谴责的是一种合理化甚至颂扬社会原子化的一种政治意识形态。托克维尔所努力保持的在个人独立观念与公共意识之间的一种平衡，揭示了他的自由主义的中道性。

当人们专注于私人生活与个人事务之时，他们会脱离公共生活与丧失公共责任感，“他们一心关注的只是个人利益，他们只考虑自己”①。个人主义使个人成为自利的追寻者，毫不介意公共的善。由于传统义务与约束的缺乏，人们一心关注于自身的物质快乐、舒适与财富的享有。因此，个人主义又伴生了现代民主的另一种文化特征——唯物主义，即常被后世极权主义批判者称作的资产阶级攫取性伦理。资产阶级攫取性伦理既和个人主义有着亲缘关系，也是资产阶级上升为经济与政治统治者后的支配性意识形态。托克维尔认为，民主意味着资产阶级的统治和贵族特权的消亡；“人对物质享乐的爱好……本质上是中产阶级的激情。……这种激情正是从中产阶级向社会的上层和一般老百姓扩散的。……变成全国性的和属于统治地位的爱好”。② 唯物主义对自由带来了什么危害呢？对物质享乐的追求使人们认为，“尽公民的政治义务是一种讨厌的障碍，使他们无法专注于自己的实业活动”；人们由于过分专注于个人事务，“而忽视了一件重要的事情：即自己应当继续做自己的主人”③。物质福利之爱“比其他任何激情都把人们投入任何种类的政府权力之中，这种政府不会打扰他们的和平，而且会保证他们渺小事务的成功……”特别是在危机时期，“被贫者的需求所引起的恐惧使富者呼吁一个主子帮助自己，这个主子虽然压迫他们，却使

① ［法］托克维尔著，冯棠译：《旧制度与大革命》，商务印书馆 1992 年版，第 34 页。

② ［法］托克维尔著，董果良译：《论美国的民主》，商务印书馆 1988 年版，第 660～661 页。

③ ［法］托克维尔著，董果良译：《论美国的民主》，商务印书馆 1988 年版，第 672 页。

他们放心"①。唯物主义不会带来社会秩序的动乱，但人们在追求享乐的过程中，"会忽略那些可使人类光荣和伟大的最宝贵的享乐"②，导致个体的平庸与社会的停滞，最终丧失自由所必需的活力与精神。托克维尔注意到，一旦资产阶级攫取性伦理占据统治地位，"不顾一切发财致富的欲望、对商业的嗜好、对物质利益和享受的追求，便成为最普遍的感情。……它很快会使整个民族委靡堕落。……这些使人消沉的感情对专制制度大有裨益；它使人们的思想从公共事务上转移开……只有专制制度才能给它们提供秘诀和庇护"③。因此，在托克维尔看来，民主的唯物主义倾向，作为资产阶级特质的意识形态，"把公民转变为消费者，把积极的参与者转变为被动的旁观者"④。托克维尔比极权主义批判者汉娜·阿伦特更早地观察到了专制主义和资产阶级意识形态之间的联系。由于公民堕落为资产阶级，由于资产阶级价值观获胜于公民的责任感，为专制主义打开了方便之门。

民主时代的唯理主义思维特征所导致的对理性的盲目信任和对一般抽象观念的爱好也为专制主义准备了观念基础。托克维尔发现，大革命的领导者希望"借助理性，光靠理性的效力，就可以毫无震撼地对如此复杂、如此陈旧的社会进行一场全面而突然的改革"；他们"所要求的乃是同时而系统地废除所有现行的法律与惯例"。⑤ 他们不尊重人民的意愿，要求人民强迫接受自己认为是理想的社会改造方案，把人类作为自己政治实验的牺牲品。因此，

---

① Alexis de Tocqueville, The Old Regime and the Revolution, Notes and Variants, pp. 376-378.

② ［法］托克维尔著，董果良译：《论美国的民主》，商务印书馆 1988 年版，第 664 页。

③ ［法］托克维尔著，冯棠译：《旧制度与大革命》，商务印书馆 1992 年版，第 35 页。

④ Jan H. Blits, "Tocqueville on Democratic Education: The Problem of Public Passivity". Educational Theory. 1997, 47: 1.

⑤ ［法］托克维尔著，冯棠译：《旧制度与大革命》，商务印书馆 1992 年版，第 179 页。

“我们的理性，只不过发明了一些新的奴役形式”①。民主时代的人们对简单、一般思想的欢迎也有利于政治权力的集中，一个民主公民只会看到周围或多或少和他一样的人民，“所以他们不会专注于人类的某一部分，他们的视野开阔，一直扩大到全人类。在他们看来，凡是可以用于本身的真理，都可以同样地或以同样方式用于每个同胞或同类”。由于他获得了在直接影响他的事物上的一种抽象化趣味，他就会将这种趣味转移于其他事物。于是，人们就获得了一种热烈而盲目的激情：“找出所有事物的共同准则，把大量的事物总括在同一的形式之下，只用一个原因来解释无数事实。”② 这样，民主时代的人们在政治中“厌恶复杂的制度”，喜欢把一个国家看作是“由同一模式的公民组成和由一个权力当局领导的”。在人们中产生了“单一的中央权力的观念”之后，又产生了“统一的立法观念”。③ 更进一步，当社会条件变得更加平等，公民们彼此更加相像时，“每个人都消失在群众之中，除了人民本身的高大宏伟的形象以外，什么也见不到了”。这种情况自然会使人民感到社会权力的高尚与个人权利的卑下。结果，人们不太能够也不愿主张以自己的个人权利对抗社会，更愿意接受作为一个整体的社会的要求，并承认代表社会的政府不仅有权利而且有责任提供给社会一套详细规定每一公民行为的规则。因此，抽象的、一般的唯理主义观念使人民把“政府想象为一种独一无二的、奉天承运的、具有创造力的权力”，也使他们相信，“中央权力可以而且应该按照统一的计划亲自管理国家的一切事务和所有的人”④。于是，在唯理主义思潮的影响下，出现了一种权力，“这种新的权力，一种非人

① ［法］托克维尔著，冯棠译：《旧制度与大革命》，商务印书馆 1992 年版，第 260 页。

② ［法］托克维尔著，董果良译：《论美国的民主》，商务印书馆 1988 年版，第 531 页。

③ ［法］托克维尔著，董果良译：《论美国的民主》，商务印书馆 1988 年版，第 840 页。

④ ［法］托克维尔著，董果良译：《论美国的民主》，商务印书馆 1988 年版，第 843、842 页。

格的权力，不管主权者是谁总是相同的，具有抽象的名字：国家”。① 对个人权利的鄙视，对社会系统工程的信任，中央权力的集中，抽象国家的出现，为即将到来的现代专制主义准备了观念与实践上的先决条件。

理性主义的异化——唯理主义不但成为专制主义的观念工具，它的蜕变——公共理性至上主义也带来了对思想自由的压制和观念上的专制。托克维尔的政治思想中充满了一系列悖论，其中之一是，被视为一项自由权利的个人独立特别是个人的独立思考，反而会带来思想自由的丧失，导致意见的专制。平等的条件使所有人都求助于他自己的思想与情感，而促进了一种思维方式或模式。该模式的主要特色是：“每个人在运用他们的头脑时，大部分只依靠一己的理性努力。”“每个人都自我封闭起来，试图从封闭的小圈子里判断世界。”②在贵族社会，由于人民被永久的、明显的、等级的群体紧密地结合在一起，自然会接受在意见与信仰事物上的权威。他们的思想在很大程度上是被本阶级的思想与行为习惯、严格的家庭纽带、把社会整合为一体的传统，首先是被在社会等级中站立于他们之上的人的意见所塑造的。③相比而言，在民主社会，人们往往依靠自己的理性与直接经验。当民主解放了一般的个人时，它也解放了特殊的个人理性或判断。民主通过平等化过程，消融了传统与权威，使人们把所有的信仰目标纳入自己的私人判断。然而同样的把思想从传统信仰的暴政中解放出来的平等也使思想成为大众意见的奴隶。由于贵族特色的中间团体的消失，除了多数之外，个人没有可以证实自己的信仰与意见的权威。当公民们开始相信“许多人联合起来总比一个人的才智大”时，多数就赢得了道德与智力的权威。托克维尔认为：“这是人的智能上应用平等理论。”这

① Alexis de Tocqueville, The Old Regime and the Revolution, Notes and Variants: p. 22.

② ［法］托克维尔著，董果良译：《论美国的民主》，商务印书馆 1988 年版，第 518～519 页。

③ ［法］托克维尔著，董果良译：《论美国的民主》，商务印书馆 1988 年版，第 526 页。

种双重的权威给予了多数“强大的管理国家的实权，又拥有也几乎如此强大的影响舆论的实力”①。由于在任何时代，“在智力与道德世界都要有某种权威存在”，当民主国家中的人民依然需要为自己的意见寻找某一权威时，当他们变得几乎越来越平等和相似时，他们就越来越不可能把自己的信心置于某一个人或某一个阶级的人之上。于是，“在民主国家，公众的意见不仅是个人理性的惟一向导，而且拥有比在任何其他国家都大的无限权力”；当人们与其他人相比时，觉得自己与其他人一样平等，但当他同作为“这个大整体”的“同胞全体”相比之时，又觉得自己的卑微与无能。②平等是一种解放性力量，也是一种恐吓性力量。平等既给予人们自我骄傲，也给予人们自我怀疑，从而产生了一种深深的困境。当每个人都平等之时，仅仅数目才重要；而当数目仅仅重要之时，每个个体都觉得自己是软弱与无意义的，每个人都被把自己提升到他人同样水平的原则所矮化。结果，民主国家中的公共舆论不是说服人们接受它的信仰，而是“以全体精神大力压服个人智力的办法”施加它的信仰。③信仰之所以被采纳或接受仅仅因为它是流行的；流行性自身成为标准。由此产生的矛盾是个人主义削弱了个性，个人理性剥夺了理性的进步，从而导致了一致性而不是独立性，智力的萎缩而不是精神的自由。当更多的人依赖于个人理性时，他们就更少地独立思考和更多地顺从于大众意见。托克维尔认为，“这是一种新的奴役状态”，是对能够进行独立思考与理智创新的大脑的奴役，它剥夺了“智力活动自由”，④导致了人的精神的萎缩和人类进步的停止。

① ［法］托克维尔著，董果良译：《论美国的民主》，商务印书馆 1988 年版，第 283～284 页。

② ［法］托克维尔著，董果良译：《论美国的民主》，商务印书馆 1988 年版，第 525～526 页。

③ ［法］托克维尔著，董果良译：《论美国的民主》，商务印书馆 1988 年版，第 527 页。

④ ［法］托克维尔著，董果良译：《论美国的民主》，商务印书馆 1988 年版，第 528 页。

托克维尔认定了可能导致现代专制主义的一系列现代民主文化潜质，它包括：对平等的专注之爱、个人主义、唯物主义、唯理主义和公共理性至上主义。和其他自由主义思想家相比，他的政治科学中的民情说使得他更关注专制主义的文化机制而不是制度机制。一些评论者常常批判托克维尔由于不理解现代工业主义的发展机制，没有像马克思一样把人的自由与对经济的分析结合起来，而使得他的思想过时了。但是，就托克维尔而言，“现代专制主义没有现代工业的出现是不可想象的”，“而经济生活的民主化，像文化一样，常常会反对政治民主化”，导致国家的非政治化，从而危及自由事业。① 托克维尔并没有忽视现代经济生活、工业发展与专制主义之间的某种联系。

三、专制主义的工业倾向

托克维尔的原创性之一表现在，他展示了希望自由的个人反而如何被奴役被束缚。在 1835 ~ 1836 年期间，托克维尔像贡斯当、德·斯塔尔夫人和杰弗逊一样，相信随着民主的进展，国家强力就会逐渐消失。《论美国的民主》的第二卷颠倒了这个主题。它展示了，当等级联系消解、阶级平等之时，社会权力会提高它的控制能力；全能国家与个人独立会走到一起。随着旧的贵族机构的消灭和通向平等的历史运动，集权看起来不可阻挡——托克维尔称之为一种真正的“民主本能”，和中世纪分散的、贵族社会的内在分权倾向相对立。“一个民主民族似乎是本能上倾向于集权。它只有靠反思才能获得地方制度。”② 由于人民被剥夺了曾经在贵族社会中保护个人的网络、群体与特权，他们在自己与国家之间已不再能找到一种缓冲装置。个人面对着一个新的资产阶级世界，既骄傲于自己的独立，又赤裸裸地暴露于权力面前。

托克维尔一方面证明和工业主义联系在一起的财富之爱在新的

---

① Sheldon S. Wolin, Tocqueville between Two Worlds: The Making of a Political and Theoretical Life, p. 348.

② Alexis de Tocqueville, Memoir, Letters, and Remains, 1: 234.

资产阶级秩序中会支配其他所有激情，于是，人们会呼吁政府保证对于商品和享受的积聚所必需的秩序，这样就使共同体所有成员不停地把自己的权利授予中央权力，托克维尔觉得，工业阶级由于只考虑私人利益，会倾向于加速集权，恳求政府帮助自己；另一方面，托克维尔主张集权也是工业社会所固有的倾向，更准确地说，随着时间流逝和工业增长的继续，它将会内在地产生于工业社会。

中央政府将会被要求调解工人与雇主之间的争端（尽管他从来没有主张政府是一个中立的裁判者），并缓解由繁荣与衰败的循环而出现的悲伤。因此，欧洲政府集权的一个重大原因将来自于工业化。工业化带来了“时贫时富的变化”的循环，并且产生了经常牺牲工人阶级成员的“健康”甚至“生命”的运作条件。结果，托克维尔提出，工业生产将会要求政府的调整，尽管人们会奇怪为什么是国家政府而不是地方政府会从事这种调整。可是，工业调整将会是集权的最大原因。“因此，工业阶级比其他阶级更需要制度，更需要监督和控制，而随着这个阶级的队伍的扩大，政府的权限自然随之增加。这是一项可以普遍应用的真理”①。

托克维尔注意到了，现代工业虽然产生了财富，同时也把贫困带进这个世界。更糟的是，工业生产所创造的中产阶级珍爱的财富使男人与女人堕落，把他们变成野蛮人与野兽，并把他们降低为服务于机器的工具②。工业生产一方面导致了“产业人口所处的可悲的从属地位”③；另一方面也带来了一种新的不平等与奴役，“老板越来越像一个大帝国的行政长官，而工人则越来越像牛马”④。工业生产带来了对财富的执着和对生活标准下降的不断恐惧。最终，民主参与将被置之不理，政府将会成为经济的看守人，国家将会成

---

① ［法］托克维尔著，董果良译：《论美国的民主》，商务印书馆 1988 年版，第 860 页。

② Alexis de Tocqueville, Journeys to England and Ireland, p. 96.

③ ［法］托克维尔著，董果良译：《论美国的民主》，商务印书馆 1988 年版，第 731 页。

④ ［法］托克维尔著，董果良译：《论美国的民主》，商务印书馆 1988 年版，第 695 页。

为财富生产的机器。

托克维尔对大工业和资本主义伦理有着强烈的不信任。尽管他总是相信它们在道德与政治上是不可欲的，但同时也怀疑它们在经济上的必要性。例如，在瑞士，他热烈地欣赏瑞士成功的小型工业模式——乡村中的合作工业。“这种生产的政治和道德利益看起来很明显；但是英格兰的例子看起来证明了，在经济方面（它是商业中的一切事情），这种体系是有缺陷的。可是，正如我们已看到的，瑞士在同具有商业集权的英国与法国相竞争。”①托克维尔最害怕的是工业权力同高度集权的国家的结合。“工业引导我们，他们（中央政府）引导工业。”② 的确，“平等到处不停地扩展它的统治——除了在工业，它每天在移向一个更贵族的方向”，资本慢慢地变得“集中于少数人手中”。③ 工业发展与工业阶级“把专制引进了自己的内部，并随着自身的发展而使专制自然而然地加强”④。

托克维尔厌恶新的资产阶级秩序的集权与专制倾向，也警觉新的工业生产社会对政治激情与政治自由的破坏。托克维尔认为，对物质福利的过分注意，对自利原则的赞美，削弱了所有公共关注。“商业精神……已压制了所有公共精神。”⑤ 财富之爱不断地增长，最终会熄灭所有的政治与公共关注。托克维尔说道，“商业精神”和“发财渴望”清除了所有人类激情，只留下一个：“财富之爱”。⑥ 当商业激情吞噬了政治激情之时，人们就会把政治自由交付给一个答应在丰裕中保证秩序的第一个主人。“在我们中间谁没

---

① Alexis de Tocqueville, Oeuvres complètes d'Alexis de Tocqueville, Ⅳ, pt. 2, p. 188.

② ［法］托克维尔著，董果良译：《论美国的民主》，商务印书馆1988年版，第863页。

③ Alexis de Tocqueville and Guestave Beaumont, Tocqueville and Beaumont on Social Reform, p. 200.

④ ［法］托克维尔著，董果良译：《论美国的民主》，商务印书馆1988年版，第861页。

⑤ Alexis de Tocqueville, Memoir, Letters, and Remains, 2: 81.

⑥ Alexis de Tocqueville, Journey to America, p. 257.

有看到人类活动已经改变了它的目的，主导性激情、根源性激情已经改变了？不再是政治的，它已成为工业的。谁不能看到我们当代人当前几乎不关心自由权利与政府，而更关心财富与福利？一个沉溺于赚钱事务的人往往是一个怯懦和冷漠的公民。"①不管商业有什么利益，会带来多少繁荣，它都会促进一种醉心于物质自利的伦理；这种伦理的潜在性是把公民转变为臣民。自由的个人为了伟大的政治原则及其运用而辩论；政治不能化约为经济问题和关于商业利益的争论。"我相信"，托克维尔说道，"有些政治利益，在某种程度上牺牲工业利益是明智的"②。

在托克维尔看来，工业主义导致了专制主义的偏爱之物与物质条件——权力的集中，工业主义在经济与政治的互动中引进了一种新的奴役形式，工业主义促进了物质福利之爱，削弱了政治自由所必需的公共道德；工业主义、经济发展与自由并没有内在的联系，反而具有某种敌意关系。总之，工业主义的某些内在潜质为现代专制主义提供了可能性条件。

四、专制主义的政治潜在性

对专制主义的政治机理的分析既是政治学家研究专制主义成因的一种古老传统，也是传统自由主义者的关注焦点，托克维尔自然也不例外。但是，托克维尔在此处开拓了新的视野，当然不在于他对民主政府中潜在专制主义的分析③，而在于他对专制主义的另一种民主政治起因——集权的分析。

托克维尔接受了现代民主政府的合法性原则——人民主权学

---

① Alexis de Tocqueville and Guestave Beaumont, Tocqueville and Beaumont on Social Reform, p. 195.

② Quoted in Roger Boesche, The Strange Liberalism of Alexis de Tocqueville, p. 204.

③ 在他之前的保守主义者与自由主义者已对民主政府的专制进行了详尽的探讨，如柏克就曾经认为，以大革命为范例的"完美的民主制"，是"世界上最无耻的东西"，它的特征是人民的权威不受任何限制。参见［英］柏克著，何兆武等译：《法国革命论》，商务印书馆 1998 年版，第 125 页。

说。这个学说认为："每一个个人①，不管他（il②）是什么人，上帝都赋予他以能够自行处理与己最有密切关系的事物所必要的一定理性。"③ 他相信，一切权力的根源都存在于多数的意志之中④；"人民主权原则是所有形式的政府的基础，它隐藏在最不自由的机构之下"，甚至沙皇巨大权力的基础也存在于俄国人民的愿望和热烈同情之中。⑤ 这说明，托克维尔承认，人民的程序性的或非程序性的认可是一切政府得以存在的合法性基础。但另一方面他又认为："'人民的多数在管理国家方面有权决定一切'这句格言，是渎神和令人讨厌的。"⑥ 托克维尔的这种陈述并不矛盾，他既承认人民是权力的来源，但又不承认人民的绝对权力，人民的权力应受更高的正义原则的束缚。他像传统自由主义者一样，反对一切绝对的权威。在他看来，"无限的权威"，"不管人们把这个权威称作人民还是国王，或者称作民主政府还是贵族政府，或者这个权威是在君主国行使还是在共和国行使，这是给暴政播下了种子"。⑦ 他还认为"人民总是正确的"正如"国王不可能犯错一样"，两者都不

---

① 个人 individu，此处翻译为个体较为合适，因为在下文中，托克维尔以 individu 不但来指个人，还用来指地方乃至民族、国家。Cf. Alexis de Tocqueville, De la Démocratie en Amérique, p. 303.

② 法语 il（他）可用于泛指的、抽象的一个人，而不仅指特定、具体的第三人。托克维尔对 il 的使用表明他接受了"人人生而享有天赋平等权利"的这条支配近代社会政治理论与运动的基本观念，表明了他是近代自由主义基本信条、近代启蒙与革命观念的信仰者。

③ ［法］托克维尔著，董果良译：《论美国的民主》，商务印书馆 1988 年版，第 463 页。

④ ［法］托克维尔著，董果良译：《论美国的民主》，商务印书馆 1988 年版，第 287 页。

⑤ Alexis de Tocqueville, Recollections: The French Revolution of 1848, p. 239.

⑥ ［法］托克维尔著，董果良译：《论美国的民主》，商务印书馆 1988 年版，第 289 页。

⑦ ［法］托克维尔著，董果良译：《论美国的民主》，商务印书馆 1988 年版，第 289 页。

是真实的。① 他以一种柏克式的语气说道："一个完全的民主政府是这样危险的一种工具。"② 他并不反对民主的国家管理，他反对的是一种纯粹的民主制，一种毫无约束、到处渗透的民主制。在他看来，无论是君主政体，还是民主政府，都有专制的潜在性，因此，他才声称："暴政无论是包裹在王室的斗篷中，还是穿着公民论坛的外袍，它对我来说有什么区别呢？"③ 他不但认为民主中隐藏着专制的胚芽，还认为民主会成为专制的伪装，所以在他的《旧制度与大革命》的笔记中出现了这样一段不连贯的思考："民主形式怎样成为专断政府的斗篷。……在我们看来新的东西是一种旧的习惯。"④ 托克维尔不但认为绝对的民主制、伪装的民主制是一种暴政，他还发现了民主政府中潜在的专制趋势。他认为，民主意味着多数对政府的统治是不可抗拒的，所以，"将全部力量集中于立法机构之手，是民主制度的自然趋势。……权力的这种集中……为多数的专制奠定了基础"⑤。他甚至引用民主的辩护士杰弗逊来证明"立法机构的暴政"是民主政府最即刻的危险。⑥ 跟随近代自由主义者的传统，对民主政府中立法专制趋向的担忧是托克维尔最初所关注的政治专制，而到了后来，他的视野又转向了行政（或官僚）专制的可能性——一个传统自由主义者尚未开拓的领域。这种专制不是人民通过政府所实行的直接专制，而是政府特别是其官僚机关通过权力集中对人民实行的专制。

集权是民主社会的政治特色；民主倾向于集中政治权力。在贵族时代，政治权力倾向于分散。一个或几个个人由于出身或财富而

① Alexis de Tocqueville, Journey to America, p. 156.

② Alexis de Tocqueville, Journey to America, p. 149.

③ Alexis de Tocqueville, Journey to America, p. 176.

④ Alexis de Tocqueville, The Old Regime and the Revolution, notes and variants: p. 347.

⑤ [法] 托克维尔著，董果良译：《论美国的民主》，商务印书馆 1988 年版，第 173 页。

⑥ [法]托克维尔著，董果良译：《论美国的民主》，商务印书馆 1988 年版，第 300 页。

被置于其他人之上，自然会承担或被给予他们地区事务的管理权力。但是，在民主制中，所有公民几乎都是平等的，自然会抵制其他个人的更大影响，更别说接受他人的命令，并自然地把政府管理置于明显地站立于他们所有个人之上的，即中央政府这一惟一权力的手中。即使他们不愿这样做，但由于受自身虚弱和共同行动困难之所迫，也会默许政府对权力的篡夺。所以，托克维尔提出："实行民主制的国家，人民凭本能就被推向中央集权制。他们只有凭深思熟虑才能走到地方自治制度。"① 民主时代中间团体的毁灭、对物质福利的爱慕、工业主义的发展及民主人的普遍划一的思维模式都在导致中央集权特别是行政集权。托克维尔当然会因为简单的、老式的暴政的缘故而恐惧来自于集权的潜在专制性。由于集中权力是所有政府的本能愿望，集权化政府会"塑造专制和毁掉公民资格"。② 但托克维尔厌恶任何集权，甚至是仁慈的或由人民选举的。托克维尔害怕政治压迫，但他更害怕社会进步的停滞与人民精神的麻痹。他认为，俄国是自由的最可怕的敌人，因为它的集权不但压迫人民而且麻醉人民。"自由中的一致性总是使我厌倦，但是对于那些这样完全相似的俄国乡村，被这样完全相似的人居住，在最深的理智沉睡中做着同样的事情，对于这种奴役中的完全一致性还能说些什么呢？我坦白地向你耳语，我会更愿意选择无序的野蛮状态。"③ 对托克维尔而言，什么压迫也没有比压榨一个民族的精神活力的官僚管理更为危险；现代官僚将会消除公民的个性与社会的活力。由此可见，中央集权给自由带来的损害不但是一种专制者所喜爱的赤裸裸的压迫，还是一种专制者所欢迎的公共能量的削弱。所以，中央集权对自由的危害是双重的：在行为上限制人民，在精神上毒害人民，所以托克维尔才会明确地指出："集权，一种民主的本能；

---

① ［法］托克维尔著，冯棠译：《旧制度与大革命》，商务印书馆 1992 年版，第 299 页。

② Quoted in Roger Boesche, The Strange Liberalism of Alexis de Tocqueville, p. 132.

③ Alexis de Tocqueville, Selected Letters on Politics and Society, p. 302.

成功地走出中世纪个人主义①体系的一个社会的本能。专制的准备。”②

在分析民主政治中的专制主义潜在性时，托克维尔对纯粹民主制的批判，对立法专制的预见并不是崭新的；他对政治集权给自由带来危害的认识也不是独一无二的；他的新颖之处在于认识到了，不像人们的通常观念，民主社会具有集权而不是无政府的倾向，民主的集权同样会通向暴政，而这种暴政的产生更多地来自社会生活的停滞而不是直接的物质压迫。

通过对托克维尔在民主社会、文化、经济、政治诸领域中专制倾向的分析，我们可以认识到，托克维尔对专制主义起源的认识不同于古典政治学家甚至在某种程度上也不同于传统自由主义者。他心中的专制主义完全是现代性的一种产物，根植于现代社会、政治、经济与文化生活的危险倾向之中，是一种现代专制主义。托克维尔对民主专制——现代专制主义形态的认识经历了一个不断变化的过程，他所展示的现代专制主义的版本也是丰富多彩的。

第二节 现代专制主义的谱系

关于托克维尔所提出的专制主义版本到底有多少种，研究者众说纷纭。科马杰在专门论述托克维尔的政治思想及其在美国的情境的一本书中提出，托克维尔预测到了“一种新型的暴政(tyranny)”，它不同于在宪政主义框架中运作的历史上的暴政形式，这是一种“意见暴政(tyranny of opinion)”。③ 博彻为了突出托克维尔自由主义政治思想的奇怪与独特之处，主要论述了托克维尔的“新专制主义”，它是科马杰的“意见暴政”与托克维尔在《论美国的民

---

① 此处的个人主义不同于托克维尔经常使用的作为一种民主意识形态的个人主义，它的含义应为具有中世纪特色的个性的张扬、权力的分散与社会生活的多样性，同大众社会特征相对立。

② Alexis de Tocqueville, Journeys to England and Ireland, p. 77.

③ Henry Steele Commager, Commager on Tocqueville. Columbia: University of Missouri Press, 1993, p. 22.

主》第二卷第四部分第六章“民主国家害怕哪种专制”中提出的难以命名的专制的综合；① 但他却丝毫没有讨论托克维尔的广为人知的“多数暴政”。劳埃德把托克维尔提出的专制分为两种类型：（通过暴力行使的）硬专制主义与（人民自愿接受的）软专制主义。② 马莱茨认为，托克维尔提出了两种不同的多数暴政观点：“直接的多数至上主义的政府统治”与“对思想的现代多数至上主义”，又称为“软暴政”；③ 当然，他也没有忽视托克维尔在《论美国的民主》第二卷与《旧制度与大革命》中塑造的第三种现代暴政：靠行政控制的帮助同官僚集权联系在一起的“行政专制”。④ 雅尔丹认为，托克维尔的“民主专制”版本在不同时期发生了变化。在《论美国的民主》第一卷中，他把民主专制仅仅认同于多数暴政，“它也会体现在一个人或一个匿名的国家组织背后的移动性力量”；在《论美国的民主》第二卷中，由于通过对英国社会中新趋势的观察所得出的结论，而构思出了一种作为“在民主与集权之间联系”的民主专制。⑤ 布利茨认为托克维尔的民主专制版本包括：多数暴政——具有麦迪逊意义上的专制的外表，但在托克维尔“这里意味着不是政治的，而是智力的暴政——公共舆论给予个人思想的暴政”；“剥夺了人民自由力量的行使的”“官僚国家的专制”；他还认为两种形式的民主专政属于人民自愿施加于自身的

① Roger Boesche, The Strange Liberalism of Alexis de Tocqueville, pp. 229-259; Roger Boesche, “Tocqueville and Arendt on the Novelty of Modern Tyranny”. Peter Augustine Lawler and Joseph Alulis [eds.], Tocqueville's Defense of Human Liberty: Current Essays, pp. 158-171.

② Margie Lloyd, “In Tocqueville's Shadow: Hannah Arendt's Liberal Republicanism”. Review of Politics. 1995, 57: 1.

③ Donald J. Maletz, “Tocqueville's Tyranny of the Majority Reconsidered”. The Journal of Politics. 2002, 64: 3, p. 741.

④ Donald J. Maletz, “Tocqueville's Tyranny of the Majority Reconsidered”, p. 760.

⑤ André Jardin, Tocqueville: A Biography, p. 270.

自我暴政。① 也许施莱弗尔给出了托克维尔的“民主专制”的最完整的版本。他指出托克维尔在不同时期论述了四种形态的专制：立法专制；多数专制（包括政治与舆论的多数专制）；个人（军事）专制；行政或官僚专制。②

虽然托克维尔曾经在非正式文本中考虑过一种低层阶级的专政，表明了他对新兴城市大众的恐惧。这将会是一种以工人阶级名义进行统治的全权国家。他曾表示：“野蛮人已在我们的门口……他们在我们的周围，在我们城市的内部。”③ 但这种暴政在他的思想中只充当边缘性的、模糊性的角色。对上述研究者提出的托克维尔的专制主义的各种形态加以归并与综合，再结合托克维尔的正式文本与非正式文本对各种专制主义的实际呈现方式，并且考虑到表述的便捷与明晰，我们把托克维尔的现代专制主义概括、提炼为三种版本：僭主（或个人，常以军事独裁者为外表的）专制；多数暴政；（人民主权与行政集权相结合的）监护性专制。在托克维尔的实际论述中，多数暴政的两种表现：政府中的多数暴政和社会与思想领域中的多数暴政有时是结合在一起的，有时又相对分离。从托克维尔的实际论述过程出发，同时也为了突出托克维尔在多数暴政思想上不同于传统自由主义者的新颖与独特之处，我们将在多数暴政名称下既分开又综合地阐释多数暴政的两种表现形态。

一、个人专制

对僭主政治——一种不同于世袭君主政治的以暴力和非合法手段获取与掌握政权的政体形式的关注是近代以前政治学家研究的一种主要专制政治形式。近代的传统自由主义者所恐惧的主要专制形式也只是在个人专制后面加上了一个多数专制。如贡斯当就以拿破

---

① Jan H. Blits, “Tocqueville on Democratic Education: The Problem of Public Passivity”.

② James T. Schleifer, The Making of Tocqueville's Democracy in America, p. 184.

③ Quoted in Roger Boesche, The Strange Liberalism of Alexis de Tocqueville, p. 231.

仑帝国为出发点，详尽地探讨了现代国家中僭主政治的机制。

对于独夫统治特别是军事独裁的恐惧是托克维尔一生中时常出现的梦魇，虽然在他对现代专制主义的分析中并不占据主要地位。例如，在《论美国的民主》中，他预见到了民主时代的欧洲国家面临着两种抉择："不是走向民主的自由，就是走向专制者的暴政"；"在民主的统治与独夫的压迫之间"没有中间道路可以选择。① 在私下，他认为以军事起家的美国总统"杰克逊的腔调与语言是属于一个无情的专制者的……阴谋是他的职业……腐败是他的要素"。② 在《回忆录》中他承认，自己之所以起初反对对起义者的军事进攻命令，是因为"我对于军事暴政有这样一种本能的厌恶与恐惧"。③ 他表明："对共和制度有害而可怕的祸害即军事的荣誉"。④ 并且认为军官的"习惯、行动与思维方式在每个地方，但特别是在一个自由国家是非常危险的"⑤。他还恐惧，有朝一日，"人民变成军队的影子，社会变成一座营房"⑥。这些话语表明了托克维尔虽然没有把一人专制特别是军事独裁作为现代专制主义的主要版本，但也承认了它在现代社会中出现的可能性。

托克维尔对个人专制的分析也揭示了这种专制的现代性。民主时代对物质福利的爱好会使人民厌弃公民的政治义务，从而为"一个精明强干的野心家"夺取国家政权敞开了道路。这个独裁者只要能够"确保良好的秩序"，人民就会服从他；⑦ 资产阶级出于

① ［法］托克维尔著，董果良译：《论美国的民主》，商务印书馆 1988 年版，第 366 页。

② Alexis de Tocqueville, Journey to America, p. 161.

③ Alexis de Tocqueville, Recollections: the French Revolution of 1848, p. 147.

④ ［法］托克维尔著，董果良译：《论美国的民主》，商务印书馆 1988 年版，第 321 页。

⑤ Alexis de Tocqueville, Writings on Empire and Slavery, p. 78.

⑥ ［法］托克维尔著，董果良译：《论美国的民主》，商务印书馆 1988 年版，第 893 页。

⑦ ［法］托克维尔著，董果良译：《论美国的民主》，商务印书馆 1988 年版，第 672 页。

保障个人财富的利己主义之心，也会把自己的自由让渡给一个能够保证自己财富积聚的主人。① 因此，“这样的民族不但要提防个人专制，而且要提防党派的专制”②。同物质相关联的另一种激情——对社会主义的恐惧也是使人们投入独裁者怀抱的一种原因。中产阶级大众被1848年的欧洲革命所惊吓，为了维护现存的有利于自身的财富分配方式与政治分享模式，幻想以一种较小的恶换取另一种较大的恶，使得“他们对社会主义失常的恐惧使自己轻率地投入专制主义的怀抱中。像在普鲁士、匈牙利、奥地利、意大利一样，在法国，民主分子服务于专制主义者的事业”③。对于社会主义的恐惧驱使这些社会选择军事政体作为对完全的民主——社会主义的最终的替代品。如果军队对于终止社会主义革命是必要的，民主社会就会借助军事独裁者去制止革命。在托克维尔看来，拿破仑三世的统治就是对社会主义恐惧的直接后果。托克维尔认为，民主国家中的战争也为军事独裁者的产生提供了土壤。尽管他认为“战争是医治民主社会所染的某些痼疾的不可或缺的良药”④，战争会激发人民的自由激情，唤醒沉睡而麻木的民族精神，取得政治伟大行为与英雄业绩。但他也认为战争会创造一种集中的权力，因此战争是有志于专制主义者的一个有用的朋友。这里又一次表现出了托克维尔政治思想中无处不在的对立性：战争，一方面有利于唤起自由的激情；另一方面有利于专制者的野心。如果我们抽象地谈论一般的战争的政治效果，托克维尔的这种对立性很难弥合。但如果我们把他所谈论的战争的后果置于特定场景与时刻中，置于他想要

---

① Alexis de Tocqueville, The Old Regime and the Revolution, Notes and Variants, p. 378.

② ［法］托克维尔著，董果良译：《论美国的民主》，商务印书馆1988年版，第673页。

③ Quoted in Alan S Kahan, Aristocratic Liberalism: The Social and Political Thought of Jacob Burckhardt, John Stuart Mill, and Alexis de Tocqueville. New York: Oxford University Press, 1992, p. 77.

④ ［法］托克维尔著，董果良译：《论美国的民主》，商务印书馆1988年版，第816页。

加以阐明的从属于更高层次的观点的语境中，或许尚能自圆其说。所以，我们在分析托克维尔的某种见解时，既要考虑它的普遍性意图，也要注意它的场景性目的，俾此才能全面、灵活地理解托克维尔的中道自由主义。

虽然托克维尔不认为民主国家的战争一定会导致古代世界中如苏拉或恺撒这样的独裁者，但他还是预见了一种新的武士贵族产生的可能性。在当代民主社会，“当我说一种贵族制不再可能之时，我错了，由于人们依旧可能有一种军人贵族制”。“即使我被允许揭开隐藏于未来之中的面纱，我还是不敢这样做。我会担心看到整个社会处于士兵的手中。一个军事和官僚组织，士兵和职员。未来社会的象征”。① 因此，第二帝国的军队对于波拿巴而言，正如旧贵族对于复辟王朝，中产阶级对于路易—菲利普政权和工人对于1848 年的临时政府一样，成为拿破仑第三的统治工具，为社会规定了色调。② 因此，不管战争是导致个人专制还是文官专制，它一定会消灭“民主国家的自由”，这是“一条科学定理”。③

托克维尔对于个人专制的认识及在其专制主义思想中的地位经历了一个变化过程。在美国之行中，对于他的大部分属于土地贵族的信息提供者而言，杰克逊将军实际上是一个新的恺撒，民主专制的一种表现；托克维尔在其笔记和《论美国的民主》第一卷(1835) 中也或隐或现地接受了他们的声称。在托克维尔的一生，他一方面被拿破仑的天才所折服与惊恐；另一方面认为拿破仑削弱了自由。《论美国的民主》第二卷认定了在政界建立平等的两种方法：自由的与奴役的；他认为可以在政治生活中建立一种没有政治自由的平等，“即除了一个人以外，所有的人是平等的，而那个惟

---

① Quoted in Roger Boesche, The Strange Liberalism of Alexis de Tocqueville, p. 232.

② Quoted in Alan S. Kahan, Aristocratic Liberalism: The Social and Political Thought of Jacob Burckhardt, John Stuart Mill, and Alexis de Tocqueville, p. 78.

③ ［法］托克维尔著，董果良译：《论美国的民主》，商务印书馆 1988 年版，第817 页。

一的一个人，则是所有人的共同主宰”。① 在一段时间内（1835～1838年），这种专制者——来自恺撒与拿破仑模式的军事僭主的版本，明显地捕获了托克维尔的想像力。在笔记中他写道：“第一个僭主将要来到；他将怎么被称呼呢？我不知道，但是他在逼近。……和平为专制做好了准备，战争将会建立它。”② 但是，他逐渐意识到，在军事与民主专制之间没有必然的联系，它仅仅是最近法国史上的一个偶然事件。③ 最终，到了1840年，对于行政专制的恐惧很大程度上取代了对军事暴政的恐惧；在这种行政专制中，专制者已失去了具体的面目特征，也变得温和起来。但在《论美国的民主》第二卷的注释中，他仍然没有放弃一种利维坦国家的形象：一个民族被军队所统治，好像整个社会是一个军营，但已在他的现代专制主义版本中退居次要地位。④

二、多数专制

“多数暴政”是人们关注最多的托克维尔的现代专制主义系列中的一个版本。现代民主不仅仅是一种可视的、刚性的政府形式，它还孕育了一种新的生活方式，渗透于公民的灵魂，最终形成了一种崭新的无形与柔性的道德法典。用托克维尔的语句来表达就是：“多数既拥有物质力量又拥有精神力量。”⑤因此，托克维尔出示了两种不同的多数暴政版本：一种是从古代以来就被人们所熟知的，被传统自由主义者详尽探讨过的专制；另一种是特别新颖的，同给予现

① ［法］托克维尔著，董果良译：《论美国的民主》，商务印书馆1988年版，第621页。

② Quoted in S. James T. Schleifer, The Making of Tocqueville's Democracy in America, p. 174.

③ Sheldon S. Wolin, Tocqueville between Two Worlds: The Making of a Political and Theoretical life, p. 220.

④ ［法］托克维尔著，董果良译：《论美国的民主》，商务印书馆1988年版，第893页。

⑤ ［法］托克维尔著，董果良译：《论美国的民主》，商务印书馆1988年版，第293页。

代民主以力量的理智与道德观念有着密切联系的专制，在此方面托克维尔作出了原创性的贡献。在《论美国的民主》第一卷中，托克维尔对多数暴政进行分析的一章置于关于美国从民主政府所得的好处这一章之后，表明了托克维尔并非认为民主政治的根本疾病是多数暴政，多数暴政并非民主政治的必然结果。

（1）多数的物质权力

对托克维尔而言，多数在政府中的暴政表现为，人民权力对于政府机关越来越排他性的和越来越严密的控制；议员在很短的任期内而被频繁选举；法官也在有限的、短暂的任期内被选举，而不能独立地履行较长的任期；在政府机构的运作中，行政从属于更接近人民权力来源的议会，投票人也施加给他们选举的议员以强制的委托；法律权威的惟一来源——体现在多数中的人民权力，直接干预法律的起草与实施。作为一名法官，托克维尔注意到了，在美国多数可以阻止或违反法律。例如，处理破产问题的法律不能被通过，由于破产的情况经常发生，公民们觉得他们都会遇到这种潜在的可能性。烈酒税不能被实施，即使人们已承认在普遍的醉酒和犯罪之间有着一种密切的联系。一个新闻记者因为反对人民赞成的对英国的战争，其房屋被抢劫，自己也被投入监狱，并被骚动的人群闯入监狱而杀死，军队和警察却无能为力。① 在托克维尔的美国之旅期间，出现了反天主教的骚乱，修道院被焚毁。在这样的情况下，军队不去维护法律，反而顺应人民的愤怒。至于自由的黑人，虽然获得了公民权利，由于惧怕大众出于种族偏见所给予的报复却不能够行使自己的选举权利，甚至也不能向法庭提起有关的诉讼。② 托克维尔展示了一幅阴郁的民主图画：由于条件平等的不可避免的进展产生了专制主义的风险。虽然托克维尔指出了多数暴政在美国的潜在可能性，但是在关于多数暴政一章的前一章中，他还是首先指出了民主政府的优点：它虽然具有平民主义特点，但它促进了关于权

① Alexis de Tocqueville, Journey to America, pp. 159-160.

② ［法］托克维尔著，董果良译：《论美国的民主》，商务印书馆 1988 年版，第 290 页。

利的某种理想观念，它提供了一些真正的自由权利，它的目标是普遍的福利。实际上，在美国，多数暴政在政治上的直接证据并非司空见惯，也并非一种体制性现象。托克维尔是从法国的革命专政的语言与实践中提取出了一种政治科学的观念，并以一种新颖而显著的方式把它投射于美国的民主中。

托克维尔反对混合政府，认为在任何社会都可以发现支配其他所有行动的某一基本行动准则。“民主政府的本质，在于多数对政府的统治是绝对的，因为在民主制度下，谁也对抗不了多数。”①因此，对于民主社会而言，问题不是人民主权或多数统治是否应该是绝对的或不应该是绝对的，而是绝对的权力能够在实践中被约束或限制。对托克维尔而言，绝对的权威与暴政的权威不是一致的。“无限权威是一个坏而危险的东西。……给暴政播下了种子。”② 原则上，绝对的权威可以被其他基本的政府要素，如非正式的权力、习惯、原则所平衡。如果多数权力不能完全被抵制，通过直接的政治手段行使的多数暴政或许会成为一种现实。但托克维尔在美国观察到，这样一种情况在国家层面不太可能；暴政更近的可能性存在于州，由于它更接近美国民主的平民主义根源；各州的公众致力于强化立法机关而削弱政府的其他部门。然而，托克维尔也知道，由联邦宪法建立的国家政府相当独立于多数，并保持了抵消平民主义压力的平衡力量。我们相信，托克维尔以美国为例所成功表明的主张是：多数统治自身包含着一些“绝对的”东西，而多数暴政并不是一种即刻的危险。在这里，托克维尔也成功地给出了一种民主政治的一元论：所有的权力本质上属于人民，但人民不能行使所有的权力；多数的意志必须占统治地位，但它只能是正义的；多数是真正的主权，但仅仅是当它被制约与限制之时。

托克维尔注意到，在国家层面，权力的宪政分离可以阻止多数

① ［法］托克维尔著，董果良译：《论美国的民主》，商务印书馆 1988 年版，第 282 页。

② ［法］托克维尔著，董果良译：《论美国的民主》，商务印书馆 1988 年版，第 289 页。

统治向现实的无限权威的逐渐扩张；但托克维尔并没有像联邦党人一样给予宪法制衡机制充分的强调和完全的信心。这虽然是一种反对政治暴政的障碍，但在他的脑海中，它只是一根勉强可以依靠的纤弱的芦苇，提供了反对暴政的不充分的担保。如果多数形成了推翻宪政分权的意志，那么用什么来阻止它呢？然而在事实上，美国的民主政府是相对温和和节制的。但是这种温和能够阻止另一种更隐秘的专制吗？萦绕于托克维尔头脑中的更可行的暴政幽灵是多数行使的思想权力，由于托克维尔观察到："美国就缺少这种自由（精神的自由）。"①

（2）多数的思想权力

在托克维尔的脑海中，政治世界的绝对之物与理智或精神王国的流行之物之间存在着一种强烈的联系。这种联系之所以发生是因为，现代民主不再被看作仅仅是具有可选择性的一种政治可能性，可以用其他的任意的政体（贵族制、君主制、寡头制等）替代物加以替换。从更深层次考察，现代民主作为一种长期运作的政治运动，它实际上受到了一个基本政治原理的支持与推动。这个基本原理来自对古老而根深的不平等的抵制，成长为关于人人平等与天赋权利的一套理论，渗透到日常的与普遍的社会生活中，成了一种不言自明的、无处不在的行动指导原则与模式。这个基本原理被盎格鲁——清教徒在美洲定居的特殊形势所强化。清教给予了平等在精神生活中的一种注解，从而有助于政治平等观念与原理转变为一种政治信仰；这种信仰认为，多数具有一种道义的影响，"许多人联合起来总比一个人的才智大，所以立法的人数比选举还重要"。这是应用于大脑的平等理论。② 因此，民主以对普遍福利的强调取代对少数特异性的强调；政治生活的目标不是追求对特立异形者而是对所有人适用的东西。

---

① ［法］托克维尔著，董果良译：《论美国的民主》，商务印书馆 1988 年版，第 295 页。

② ［法］托克维尔著，董果良译：《论美国的民主》，商务印书馆 1988 年版，第 283 页。

欧洲旧君主制的绝对主义被联系到一个人，国家主权和个人不可分离地联系在一起；现代民主的绝对主义被联系到一个抽象的思想——个人权利的至上性。如果把自利的个人联系到一种权利思想，可以灌输一种超越个别的、具体的自利行为，而获得一种更是原则性、更普遍的善的能力。但是，当政治权威被一个超越简单的可视权力统治的基本原理所驾驭时，它就会影响生活的其他方面，包括道德生活。可以预料到，现代民主会把多数权威的领域从政府范围扩展到道德行为和"日常生活的一切细节"①。抽象的政治原则会渗进习惯与风俗，影响生活的细节，使人们感觉到它的存在范围与限制，塑造了他们的思想，诱惑他们授予这些原则以一种更广大的权威。就像法国人相信国王不可能犯错一样，美国人对多数也持有同样的观点。于是，多数的道义权威便开始施加于意志自身。它行使的力量与范围比君主政治还要大，由于多数看起来代表被认为是普遍之物和普遍意义上的社会。多数至上主义的最后结果是导致了一种信仰：除了多数的意愿之外没有可逆行的标准，除了有组织的多数所拥有的权力没有更大的权力。于是，无限的精神权威便出现了。

就我们所熟知，暴政意味着专断的权力、压迫、专横、绞刑架的权威。托克维尔在这里展示的暴政不是这种暴政，不是圣巴托罗缪之夜和南特敕令被取消时的暴政，不是曾把托克维尔的曾外祖父送上断头台的罗伯斯庇尔的暴政，更不是拿破仑的暴政。它是某种新的东西，民主所特有的东西，即公共舆论的暴政。它具有道义的、理智的、心理的性质。它是对那些不顺从之人的反对、敌意和排斥，并且它主要影响的是那些信仰肤浅、勇气虚弱或地位脆弱的那些人。无疑，这样的一种暴政是有害的，但它毕竟没有古代世界的公开的暴政更为危险。多数不能像老式的僭主一样直接地、公开地行使暴政，他们缺乏这样做的整合一致的力量。他们行使的暴政是靠间接隐秘的手段把自己的思想标准施加给所有人。多数给予思

---

① [法] 托克维尔著，董果良译：《论美国的民主》，商务印书馆 1988 年版，第 283 页。

想的权力是一种比在欧洲任何地方所发现的更大的权力，然而它的运作是通过封闭认可之门而不是使用物质力量，因此是一种“非物质的专制”。暴政不再是专制国王同异议者或反对者之间的一种战斗。相反，它成为一种对公共舆论边界的塑造。在这个边界内留有相当大的余地，但却为可允之事留下了坚实的限度。一位遭受此种暴政的公民完全有权利保持他的“生活”、“财产”和“社会上的特权”，但这样的一个人将被不理睬、忽视、忽略，被当作不纯洁的人而剥夺名望。① 观察不到这种边界的人牺牲的是公众的认可与接受。多数在美国行使的思想权力甚至使托克维尔得出这样的评价：“不知道有哪一个国家，在思想的独立性和讨论的真正自由方面一般来说不如美国。”②

托克维尔以作家的例子说明了这种暴政的具体运作。作家具有双重目标：他既希望独立地思考，又希望为他的观点找到公共的和政治的支持。在古老的贵族政体中，统治者和它的批评者之间存在着一种特殊的共生共存关系。这种共生能力或许部分地来自统治者对批评者的一种宽容。但是，它也来自这样的事实：批判性作家在某种程度上总是可以寻求到君主有理由害怕或尊重的替代性权力，并可以向他们发出庇护与求助的呼吁，这种权力不管是教会、人民还是贵族。在一个绝对权力实际上可以被反对或限制的社会中，批判者有可能获得一种公共角色，戏弄反对替代性权力中心的统治权力。然而，现代民主中，作家的处境在托克维尔看来更为困难，由于“只有一个权威，即只有一个力量和成功的根源，此外别无其他”③。在这种条件下，作家的功能可能会被削弱，被剥夺了利用对立权力之间紧张关系的可能性，被迫或者站在多数一边，或者完全退出公共生活。在皇家宫廷中保持思想独立是困难的，但当这个

---

① ［法］托克维尔著，董果良译：《论美国的民主》，商务印书馆 1988 年版，第 294 页。

② ［法］托克维尔著，董果良译：《论美国的民主》，商务印书馆 1988 年版，第 293 页。

③ ［法］托克维尔著，董果良译：《论美国的民主》，商务印书馆 1988 年版，第 293 页。

宫廷是整个社会时这样做更困难。在后一种情况下，作家仅仅作为一个弄臣的诱惑特别难以抵制。对于作家而言，真正的困难不是多数的压迫意图，而是真正的反对派中心的削弱。依靠它，作家可以寻求支持，获得听众，找到在公众中所扮演的特定角色，即使是一个微不足道的角色。人们或许可以辩解，受到这样对待的人很有可能仍过上一种自由的私人生活。但托克维尔害怕，过上这样一种形式的私人生活对于一个作家而言是毫无价值的；这是一种对身体没有损害的压迫，但它却直接针对人的灵魂。

托克维尔没有举出遭受这种压迫的具体例子，或许他的意思是：它不是一种靠单一事例运作的力量。相反，多数意见的力量或权力可以无形地、间接地运作，在每个人的头脑中产生出一种不能逾越边界的意识。人们可以说，如果某人的头脑受到了这种柔软的、间接的压力的感染，那么只不过证明该人的理智力量是软弱的。但托克维尔的深层主张是，多数至上主义条件由于清除了可作为行动能量源泉的有价值的政治紧张与压力，从而削弱了人类鲜活而激荡的生存条件。

(3) 对托克维尔的“多数专制”的评价

托克维尔关于多数对政府机关的蚕食的分析回应了和亚里士多德一样古老又被孟德斯鸠所复兴的对民主的一种理解。孟德斯鸠说道，当“人民甚至不能容忍他们所委托给人的权力无论什么事情他们都想自己去做，要替元老院审议问题，替官吏们执行职务，替法官们判决案件”之时，民主就被腐败了。① 然而，这种观点反映出了发生在过去的小型共和国的事情，而没有反映出像美国这样一个大规模的、联邦的、自由主义的、代议制的民主共和国的真实状况。因此，托克维尔关于这种形式的多数暴政的警告原则上是可以接受的，但在现实情况中是不太适用的。

托克维尔的真正原创性，他在专制主义理论上的创新之处，是他对精神专制的分析。公共舆论对思想的暴政的分析更接近现代大

① [法] 孟德斯鸠著，张雁深译：《论法的精神》，商务印书馆 1997 年版，第 112 页。

众民主的现实，这是对一种属于明显的现代现象的“软暴政”的分析。这种暴政是巨大的、联邦制的、自由的、代议的民主共和国允许甚至可能促进的对公共舆论的塑造与实施。多数对于思想与意见的几乎无限的权力为一种新的、表面上温和的、可怕的暴政敞开了大门。尽管托克维尔反复地安慰道：多数至上主义专制首先是要在州一级让人害怕的东西，但从他对多数的这种权力的讨论中可以推断出：理智暴政是一个国家层面的当前的危险。在提出这种主张时，托克维尔几乎没有作出任何努力以证实它是一种实证的主张。在我们看来，将这种主张接受为一种对19世纪早期和中期的政治或理智氛围的描述是非常困难的。关于这种主张，我们可以做出的推测是，托克维尔观察到了这样一个社会：在其中，关于“民主”自身的价值没有公共的或公开的争论，但这种表面上的一致性并不能预示对精神自由的完全压制。尽管托克维尔的主张完全以演绎推理为基础，他的逻辑存在着缺陷，他依赖的事实有误，然而他的深刻、本能的洞察力与高超、丰富的想像力至今仍受到尊重。尽管这种形式的多数暴政仅仅偶尔地或短期地（除了美国南方）在美国取胜过，但我们知道，就托克维尔关注的是欧洲的而非美国的民主而论，它的确在其他现代民主国家中出现过，而且具有比托克维尔所想象到的更加悲剧性的后果。

正如许多研究者所指出的，在现代民主中，一个或许更常出现的少数“暴政”至少和托克维尔所谴责的多数暴政同样重要。密尔对此的评论无疑有助于托克维尔看到这种多数暴政思想的弱点，所以托克维尔在他的另一本草稿中针对他所展示的多数暴政理论写道：“这是真实的、原创的图画；在第一卷中的一种（即多数暴政——本书作者注）是曲解的、普通的（陈腐的）和虚假的。”①的确，托克维尔的一个常识性错误是，当他形成自己的多数专制理念时，很大程度上忽视了某一少数压迫的可能性。托克维尔在写作时专注于一种单一概念的习惯使他暂时看不到（在此处是完全地

① Quoted in Jean-Claude Lamberti, Tocqueville and the Democracies, trans, by Arthur Goldhammer. Cambridge, Mass.: Harvard University Press, 1989, p. 220.

忽视）另一种同样有意义的观点。他的信仰："在美国，暴政只能来自多数。"① 这使他不能考虑到其他具有政治、社会、精神或经济特权的小团体专制的可能性。

当然，有些研究者也误解了托克维尔的多数暴政的含义。几乎半个世纪之后，布赖斯勋爵在《美利坚共和国》中批评了托克维尔的"多数暴政"。他的理由是：这个法国人强调了多数对于少数的活跃的压迫的危险，而忽视了真正的威胁是一种非常微妙的压力，它会麻痹许多异议者的意志，并且几乎毫无意识地使他们转向多数的观点。存异的愿望会被削弱，布赖斯称作"多数宿命论"的东西会产生。② 但是，布赖斯错过了托克维尔的概念的丰富性。托克维尔的确担心多数可能会针对少数或持异议的个人实施可视的以物质手段为凭借的压迫行为。但是，他也意识到了多数的道德权威所产生的平静的压力、和蔼的但无法逃避的影响。

托克维尔的多数暴政理论同传统自由主义相比的原创之处，同时也招致了人们对其"多数暴政"理论致命批评的，是他对"多数"含义的理解。托克维尔明显地把多数（majorité）理解为一个抽象的、单一的、基本固定的实体。在他的头脑中，多数通常涉及的不是可触摸的、暂时的利益，而是社会意见或公共舆论的基本态度。对于托克维尔而言，多数最基本的外观是一个强制性的道德权威。这样一种观点和（首先由麦迪逊探索的）围绕着特定的公共问题而暂时形成的利益方面的流动性联盟的概念形成鲜明的对比。在麦迪逊的图画中，多数是流动的、多元主义的。由于在某一天属于多数的一个成员会很容易地在另一天发现，自己处于少数之中。这样，没有一个人的长期利益和安全会因多数的权力滥用而被促进。除非是在一般的或不是以威胁少数团体的原则上，长久的和潜在的专制的多数不会形成。正是由于托克维尔对多数的独特理解，所以，在 1841 年，贾里德·斯帕克斯在一封书信中写道："在他所

① Alexis de Tocqueville, Journeys to England and Ireland, p. 231.

② James Bryce, The American Commonwealth, 2vols. New York: Macmillian, 1894, 2: 335-353.

说的多数暴政方面，我认为他是完全错误的……德·托克维尔先生的理论只有在多数是一个不可改变的实体的地方才是正确的……德·托克维尔先生常常把多数混同于公共舆论。”① 如果托克维尔的多数暴政理论是他的最著名的思想之一，那么也是他的最受争议的思想之一。在斯帕克斯之后，有人也坚称托克维尔的多数概念太抽象和太僵硬了，他的理论因此不适合由妥协、变动的联合和制衡的权力所构成的美国政治体系。

但无论如何，至少在一个例子中，托克维尔的分析符合美国的现实。托克维尔注意到了在合众国各州的自由黑人的二流地位；特别是在那些奴隶制被废除的州，偏见和不公正成为黑人人口的重负。② 但是在关于多数权力的章节中，托克维尔并没有给予美国的种族分裂以特别的关注，他甚至没有把黑白形势作为多数暴政的一个特别适当的例子。托克维尔这样做的原因可能是：1. 博蒙写了一本关于黑人在美国悲惨处境的小说《玛丽，或美国的蓄奴制》，极重友情的托克维尔不愿涉足博蒙的领域。2. 在创作《论美国的民主》时，托克维尔的思想主要集中在白种美国人，尤其是他经常称作的盎格鲁—美国人；在他考虑多数专制时，他主要考虑的是白人的多数与少数。

托克维尔对多数暴政思想的探讨触及了民主的一个重要困境。假如一个政府真正地反映了人民的意志，个人或少数怎样才能得到保护，免受使大众的错误和偏见合法化的措施和机构的戕害？当人民进行统治之时，怎样阻止他们实施自己最坏的冲动？

当托克维尔沉思“多数”和它的权力在美国的可能后果时，他的注意力逐渐被引向他所认为的任何多数专制的最恼人的特色：对于稀有的或原创的思想的表面温和的、然而非常有效的压制。我们应该记得，托克维尔一生中持久的、热烈的关注之一就是民主时

---

① Quoted in James T. Schleifer, The Making of Tocqueville's Democracy in America, p. 217.

② [法] 托克维尔著，董果良译：《论美国的民主》，商务印书馆 1988 年版，第 399 页。

代的自由，个人或小团体持有和表达的新颖的或不被更大的共同体所共享的观点的自由，因此，托克维尔的多数暴政理论首先强调的是多数基本的道德权威；他关注的焦点是任何社会所必需的基本的一致性。因此，托克维尔的多数是单一的和相对持久的；他更恐惧的不是任何特别的法律、政治或行政压迫（这是麦迪逊所谓的临时的联盟所可能做的恶事），而是多数可能建立的对于思想、价值观和观念的最微妙、最深刻的暴政。这或许是他不能接受麦迪逊的主张——共和国的幅员由于多样性而减轻了多数压迫的可能性，这或许也是他得出不同于传统自由主义暴政观的原创性理论的原因之一。

三、监护性专制（或新专制主义）

具有明确现代感的托克维尔意识到，在现代民主社会建立的专制将会不同于古代社会经历的专制。“它的范围将会很大，但它的方法将会很温和；它只使人消沉，而不直接折磨人。”① 在民主社会，托克维尔更害怕的是作为领导者的“监护人”而不是僭主。在 1835 年版《论美国的民主》的结尾，托克维尔通过从法国革命集会的暴政和美国多数意见之间的一致性而借来的特征描绘了多数暴政。但是，在 1839 年版《论美国的民主》第四部分第六章“民主国家害怕哪种专制”中，他又提出了一种新专制主义。这种专制更具有他个人化的建构特征，而且具有更大的预言价值。在《论美国的民主》（1839）草稿的边缘部分，他自己做的笔记是：“新专制主义。在它的描画中，存在着我的思想的所有原创性与深度。在我的第一部作品中所写的东西是陈腐和肤浅的。”② 在《论美国的民主》第二卷中，托克维尔通过对第一卷中多数暴政理论的扬弃，又提出了一种“民主的专制可能采取的各种形式中”的

① ［法］托克维尔著，董果良译：《论美国的民主》，商务印书馆 1988 年版，第 868 页。

② Quoted in Jean-Claude Lamberti, “Two Ways of Conceiving the Republic”. Ken Masugi, Interpreting Tocqueville’s Democracy in America, p. 14.

一种新的专制主义。对于这种现代专制主义的名称，托克维尔说道："我曾试图用一个词精确地表达我对这种压迫所形成的完整观念，但是徒劳而未成功。专制或暴政这些古老的词汇，都不适用。"① 对于这种托克维尔非正式地命名为"新专制主义"或"行政专制"的现代专制版本，有的评论者径直称之为"新专制主义"②，有的评论者称之为"官僚暴政"或"软专制主义"③，有的评论者将这种专制主义称为"福利国家"的预言④，有的评论者称之为"民主与集权的链接"⑤，有的评论者称之为"官僚集权"⑥，有的评论者称之为"行政或官僚专制"，"利维坦国家"或"集权的和官僚国家的独裁"⑦。凡此种种，都透露出了托克维尔试图展示的这种新型的、难以名状的专制主义的某些特点。正如托克维尔所言："这个事物是新的，所以在不能定名以前，就努力说明它的特点。"⑧ 因此，让我们首先描绘一下这种新专制主义的主要特征。

这种专制的基本特征为名义上的人民主权与实质上的行政专制

---

① [法] 托克维尔著，董果良译：《论美国的民主》，商务印书馆 1988 年版，第 869 页。

② Wilhelm Hennis, "Tocqueville's Perspective". Peter Augustine Lawler [eds.], Tocqueville's Political Science: Classic Essays. New York: Garland Pub, 1992, p. 84; Roger Boesche, The Strange Liberalism of Alexis de Tocqueville, p. 229.

③ Jan H. Blits, "Tocqueville on Democratic Education: The Problem of Public Passivity".

④ Françoise Mélonio, Tocqueville and the French, p. 62; Jean-claude Lamberti, "Two Ways of Conceiving the Republic". Ken Masugi, Interpreting Tocqueville's Democracy in America, p. 14.

⑤ André Jardin, Tocqueville: A Biography, p. 270.

⑥ Donald J. Maletz, "Tocqueville's tyranny of the Majority Reconsidered", p. 759.

⑦ James T. Schleifer, The Making of Tocqueville's Democracy in America, pp. 184-178.

⑧ [法] 托克维尔著，董果良译：《论美国的民主》，商务印书馆 1988 年版，第 869 页。

的结合；人民“具有自由的外貌”，却受着“监护人”的压迫。①它的具体特征表现为：

（1）疏离。托克维尔认为疏离是新专制主义保持自身平衡的重心。疏离甚至在如塔西佗、博丹等人的古代专制主义理论中也是一种公理。尽管托克维尔肯定从历史悠久的专制主义分析中借用了一些东西，但他也有所发展。古代专制主义借助恐怖在公民间实施分裂和消解所有团体与社团；新专制主义的疏离来自于具有贵族社会特征的古老纽带与中间群体的消解。古代专制主义主动制造疏离，现代专制主义简单地利用疏离。在这种专制中，“他们每个人都离群索居，对他人的命运漠不关心。在他们看来，他们的子女和亲友就是整个人类。至于其他同类，即使站在他们的身旁，他们也不屑一顾。……在这样的一群人之上，耸立着一个只负责保证他们的享乐和照顾他们的一生的权力极大的监护性当局。”② 在这个现代化的、城市化的商业与工业世界中，每一个个人都生活在孤独之中，处在一个全权国家的阴影之中。他相信，新专制主义的疏离在资产阶级社会的土壤中具有它的根源。新专制主义的种子是被资产阶级种下的，由于贵族社会纽带与团体的崩溃而发芽，在对自利的褒扬中而茁壮成长；如果这个世界沉浸于对财富的执着的、自私的追求中，它就会可怕地开花结果。

（2）政治行动的缺乏。新专制主义会剥夺个人从事政治行动的能力、愿望和论坛。人们由于相互疏离和专注于私人财富的积累，会感到在私人世界之外无能为力。忙于私人事务的人们不能集合起来共同行动；伴随着他们在个人生活中对更多的财富与享乐的追求的是一种政治惰性。托克维尔说道，每一个美国人都不停地忙于私人追求，以提高他的经济地位；这种情况的长期效果是对任何政治行动的毫不介意。托克维尔主张，产生深远变革的伟大政治运

① ［法］托克维尔著，董果良译：《论美国的民主》，商务印书馆 1988 年版，第 870、869 页。

② ［法］托克维尔著，董果良译：《论美国的民主》，商务印书馆 1988 年版，第 369 页。

动在现代商业世界中会变得越来越少；新专制主义将会以充满被动旁观者的场地取代政治舞台上的活跃演员。

(3) 自由的外貌。新专制主义最有害与最富欺骗之处在于会以自由的名义表白自己。而实际上，正是支持专制主义的意识形态会表面上将自由作为自己最辉煌的旗帜，让奴役之中的人依然相信自己是自由的。虽然闪耀着宝石的光泽，但却仅仅是玻璃的赝品。保持自由的形式总是有助于隐藏自由的实质已被抽空的事实。托克维尔甚至认为，新专制主义很可能是被选举产生的，但无论它表面上比非选举的政府多么可取，还是不能改变一个社会的专制特征。在笔记中，托克维尔写道，如果我是一位专制主义的朋友，我会允许“国家的议员自由地讨论战争与和平、国家的财政、繁荣、工业和生活。但我无论如何不会同意一个村庄的代表有权利和平地集会，在他们自己中间讨论教堂和牧师住所的修葺计划”①。就像罗马帝国的参议院一样，如果缺乏地方自由，一种国家层面的立法讨论仅仅提供了自由的外壳。托克维尔给予这种政治过程的标签是“剧院代议制”。选举仅仅获得了一种幻觉：个人已控制了自己的生活，然后他又匆忙地回到自己的私人空间中，关上自我的门扉，假装自己仍然是自由的。托克维尔不像贡斯当，把自由等同于一个人能够随其所愿地保存独立的与私人的空间；相反，对他而言，自由还意味着公民外向地参与公共决策。新专制主义即使是仁慈的、选举的，也会缓慢而无情地腐蚀人们的心灵，直到他们既不能独立行动也不能独立思考。

(4) 私人世界的消失。蒙田主张，在一个冷酷与动荡的世界，一个人可以通过政治撤退来保护自己的人身自由。两个世纪后，斯丹达尔的主人公在私人房间与监狱牢房中找到了一种免于世界威胁的自由与安全。托克维尔坚称，这种作为私人化的、独立存在的替代物，一种曾经在过去的专制主义下有可能获得的替代物，在新工业世界的专制中将不再可行。“在像我们今天这样的文明和平等的

① Quoted in Roger Boesche, The Strange Liberalism of Alexis de Tocqueville, p. 246.

时代，统治者们可能比古代的任何一个统治者更容易把一切公权集中在一个人手中，使其习以为常地和无孔不入地深入到私人利害领域。"① 在罗马帝国，人们即使呆在家中也生活在忧虑与怀疑之中，但这种对暴力的恐惧，只落在那些有危险的、有影响的人身上，大部分人口却安然无恙。托克维尔认为，新专制主义不仅是公共生活的绝对主人，它还会从各个方面渗入私人生活。这种专制主义会潜入每一个家庭，侵入迄今为个人独立所保留的领域；它不仅会破坏公共生活，还会对每个公民的私人习惯和思想施加控制。

（5）愉悦中的奴役。在《波斯人信札》中，孟德斯鸠认为某些专制主义会提供奴役之中的愉悦，个人是由于自己的满足而不是恐惧，是通过"甜蜜"而不是暴力而自甘委身于这种专制。孟德斯鸠的双重恐惧表现为：一个残暴的君主和被商业阶级所带来的一种镇静性的停滞。但托克维尔更恐惧的是一种历史上全新的欧洲停滞，它建立在通过使个人获得生活满足而实施集权统治的行政管理之上。托克维尔认为，新专制主义的不同之处在于它的"甜蜜"。②它很少使用暴力，它的力量来自它所提供的物质享受；它的力量不是来自恐惧，而是来自腐化。专制主义不仅会克制自己的残暴，还会寻求取悦，但最终堕落它的臣民。"这个当局的权威是绝对的，无微不至的，极其认真的，很有预见的，而且是十分和善的。"③它败坏人们而不折磨人们，最终把作为历史的积极创造者的人类转变为心满意足的动物。正如罗马人会为自己的僭主之死而挥泪一样，新专制主义下的臣民最终会享受这种堕落，人民最终会学会热爱和尊重自己的压迫者。由于压迫者满足了人们的欲望，人们会珍视和尊敬这种新的奴役。个人由于执着于财富的积累和享受，会强化自身的疏离感与无力感，会更愿意投身于保证他们的占有安全的

---

① ［法］托克维尔著，董果良译：《论美国的民主》，商务印书馆 1988 年版，第 868 页。

② Alexis de Tocqueville, Oeuvres Complètes d' Alexis de Tocqueville, Ⅷ, pt. 3, p. 228.

③ ［法］托克维尔著，董果良译：《论美国的民主》，商务印书馆 1988 年版，第 869 页。

任何秩序，而罔顾这种秩序的专制主义性质。

(6) 非人格化的专制者。托克维尔恐惧的现代奴役是一种没有必要认定具体专制者的专制主义；他描画的是一种没有面目特征的或匿名的新专制主义，就像卡夫卡的文学世界。在这个世界中，每个人，甚至特权者，都被纠缠于一种网络之中，但没有谁有意识地编织这种网络。托克维尔虽然认为这种新的全权政府形式可以是一种选举的政府，但他看到的不是一个特定的具体权威而是被选举的一个匿名的行政角色。

为了更好地理解托克维尔的新专制主义，我们可以借助马克斯·韦伯的社会行动类型学的帮助。孟德斯鸠面临的主要危险是，堕落的、以无限的个体统治为特征的绝对君主制——路易十四和他的继承者的专制主义。托克维尔在一个完全不同的世界——民主世界中写作。在这个世界中，甚至恺撒式的统治，如两个波拿巴的统治，都以一种投票式民主的方式使自身合法化与合理化。民主恺撒主义不再具有个人统治即个人忠诚的特征。统治者与被统治者之间的链条已经断裂，新主人是匿名的、拟理性的统治者。托克维尔的主题不再是某个人的专制统治，而是韦伯意义上的理性合法化的统治和在平等时代必需的特定的服从动机。在贵族时代，服从和屈服的动机在某种程度上来自于主人；在民主时代，事情已经颠倒过来了，动机来自于被统治者。在这里，服从的动机已成为现代专制主义现象中的支配性主题；统治产生于服从。统治的特色不是由统治者所界定的，而是主要由服从者——自由民或奴隶所界定的。因此，托克维尔对于统治者的个人特点毫不介意。他所描绘的新专制主义，主要关注的是一种渺小的、微弱的灵魂的服从动机，这种动机来自于由于提供了实实在在的安全与福利，又由于迎合了理性化时代的服从动机的一种合法化的统治体系。

他从来没有提到具体的个人"统治者"，而提到的是抽象的、集合性的"主权"、"监护性当局"，或实际上更经常地提到的是"中央权力"。这种温和的、有规律的、温柔的奴役还可以同自由的外在形式相融合，以至于它"可以在人民主权的幌子下建立起来"。"他们认为监护人是自己造的，所以安于被监护。每个人都能忍受捆在身上的链子，因为他们看到握着链子的余端的不是一个人，不是一个阶级，而是人民自己”①。可以说在政治理论家中，托克维尔是第一个对来自于理性化、官僚制的现代政治世界的脱魅现象的现实分析者。

（7）自适性的专制。托克维尔在他的1838年关于《论美国的民主》（第二卷）的草稿中描绘了新专制主义的一个重要特点。“在一个政治权力的话语中，清楚地展示我正在谈论的行政专制独立于代议制的、自由主义的、或革命的机构；政治世界是否被一个绝对国王、被一个或几个集会所领导，是否以自由或秩序的名义被质疑，甚至它是否堕落为无政府，它是否变得更虚弱和分裂，行政权力的行动不会更受到约束，不会不强大，不会不具有压倒性。它是一种真正的特色……使行政机器运转的人或权力（?）可以改变而机器不会变化。”② 像韦伯一样，托克维尔发现，一个根据过去既定规则运作的有效运转的官僚机构既能够窒息革命性变革又能压制创新性改革，可以抵制所有政治世界中的巨变与创新。在1830年和1848年的革命中，官僚机关的首领被罢黜了，但它的机体仍然完整无损地保存下来。的确，一台官僚机器“几乎不依赖于开动它的人的价值”，即使当“中央发动机被关闭了”，它还将会继续运作。③ 因此，这种新专制主义可以免疫于大部分的政治变革，甚至是基本的社会与政治变革。即使面对政治动乱，公共官僚机关也会默默地继续积累权力和不动声色地征服一个民族。④“在每次

---

① ［法］托克维尔著，董果良译：《论美国的民主》，商务印书馆1988年版，第870页。

② Quoted in James T. Schleifer, The Making of Tocqueville's Democracy in America, p. 180.

③ Alexis de Tocqueville, The European Revolution and Correspondence with Gobineau, p. 152.

④ 托克维尔的描述会使我们联想到马克思在《路易·波拿巴的雾月十八日》中对法兰西官僚体制的描述，这种体制像一团蛇一样纠缠于整个社会，阻碍了大部分社会发展，窒息了一切社会变革。这是思想与性情截然不同的两位思想家对过度理性化的现代世界的一种本能的浪漫主义反应与排斥。

革命中，政府被砍掉了脑袋，它的躯体依旧完好无损地活着；同样的职能由同样的行政官员执行。”①使托克维尔恼火的是，这种行政专制可以包裹在自由的外在形式中，也可以以人民的名义进行统治。它是一种可以在许多不同政治结构下繁荣的、适应性极强的暴政。

使托克维尔最恐惧的是，新专制主义是一种自我暴政，人们心甘情愿地甚至急切地委身于这种专制。因此，真正的危险与其说是自由的丧失，不如说是自由愿望的丧失，即人类灵魂的内在削弱。对托克维尔而言，在他的新专制主义分析中，他关注的不是统治者，而是服从者；不是关于统治机理的阐明，而是关于如何唤醒公民灵魂的阐明。托克维尔的深层含义是：我们如何在一个命定平等的时代阻止灵魂的内在堕落？

人们注意到，希腊人卡斯特纳在《阳光下的狗》中的一段话，可以更好地阐明托克维尔的新专制主义的核心关注：“想象未来的他是不快乐的。但是急切地想象未来的是人类。……不去想象未来的人是阳光下的狗。无疑，阳光下的狗在摩登时代可以收到意想不到的荣耀。……对人性的一种巨大的轻视。”②“阳光下的狗”，一种现代奴役的产物，这是托克维尔的新专制主义概念所要反对的最大危险。有人把托克维尔的新专制主义视作对极权主义的一种预言，有人把它视作对社会主义的一种批评，更多的人把它视作对现代福利国家的一种宣告。这些观点都忽视了托克维尔的新专制主义概念的深层含义。它不是对暴力与屠杀的谴责，不是对全权国家的反对，更不是对现代道德的忧思，它最终关注的是“公民的精神之火”、“心灵之光”的熄灭，关注的是人类的灵魂在现代社会中的维护与提升。③

---

① [法] 托克维尔著，冯棠译：《旧制度与大革命》，商务印书馆 1992 年版，第 234 页。

② Erhart Käster, Der Hund in der sonne. Frankfurt a. M.: Insel, Suhrkamp-Taschenbuch, 1975, p. 5.

③ [法] 托克维尔著，董果良译：《论美国的民主》，商务印书馆 1988 年版，第 871 页。

托克维尔的现代专制主义版本犹如一座琳琅满目、丰富多彩的画廊，令人目不暇接、美不胜收。在他阐释的专制主义中，专制者或表现为个人，或表现为集体（社会），或表现为非人格的存在；专制手段或是硬的——赤裸裸的暴力，或是软的——精神的意识形态的霸权；压迫对象或是人的肉体或是人的灵魂，或是一个个人或是一个民族。他既吸收了古典的尤其是传统自由主义的专制主义理论，又提炼出了原创性的、完全属于自己的专制主义理论。他的专制主义理论既寓于对旧时代生活条件的反思之中，又体现了对现代社会的深刻的洞察，更是对未来世界的一种深邃的预见，是一种过去、现代与未来相衔接的思维结晶。托克维尔的自由主义中道性的深刻之处也就体现在对这些专制主义诸版本的平衡的、全方位的理论探索之中。

本章小结

托克维尔的学术与政治事业，一方面是对自由的热爱与追求；另一方面是对专制的恐惧与消解。像所有自由主义思想家一样，专制是托克维尔的中道自由主义政治思想的关注焦点之一。托克维尔所展示的现代专制主义画廊是他的政治思想中最富有魅力而又最具有理论争议的部分。

对托克维尔而言，现代专制起源于现代社会、文化、经济与政治领域的一系列新趋向。专制主义的社会特征表现为：社会的均质化带来了个人的平庸、思想的标准化；社会个体的疏离迎合了专制者的需求；个体的弱化削弱了公民的行动能力。专制主义的文化氛围表现为：平等之爱使人们宁愿在奴役之中享受平等；个人主义导致了对公共事务的冷漠，公共责任感的丧失；唯理主义激发了将人类作为政治试验品的野心，也有利于政治权力的集中；公共理性至上主义使创新的思想成为大众意见的奴隶。托克维尔的政治学的核心范畴——民情说使他格外关注专制的文化机制。专制主义的工业倾向表现为：工业阶级及其财富之爱会加速权力的集中，漠视公共福利；现代工业产生的贫困带来了一种新的奴役。专制主义的政治潜在性表现为：人民的绝对权威隐藏着专制的胚芽；立法机关的集权为多数暴政奠定了基础；行政或官僚专制也是民主政治的可能性前景之一。托克维尔对专制主义起源的分析立足于现代社会、政治、经济与文化的现状，他的专制主义完全是现代性的一种产物。

在托克维尔那里，主要出现了三种版本的现代专制。1. 僭主或个人专制。这种专制起源于民主时代对物质福利的爱好，具有现代性。托克维尔没有把个人专制作为现代专制的主要版本，但也承认了它在现代社会中出现的可能性。2. 多数专制。托克维尔出示了两种多数暴政版本。一是政府中的多数暴政，这是一种传统自由主义者所熟知和详尽探讨过的专制形式，表现为人民对于政府机关的排他性控制和对政府运作的直接干预。二是多数的思想专制，又被称为公共舆论的暴政，是一种非物质的专制，在此，托克维尔作出了原创性的贡献。托克维尔关于政府中的多数暴政的分析不太适用于现代民治政体，而他对精神专制的分析更接近现代大众民主的现实。托克维尔的多数暴政理论忽视了少数压迫的可能；他对多数一词的界定是抽象的、僵化的，不符合流动的、多元的现代政治体系；托克维尔还常常把多数混同于公共舆论。3. 监护性专制。这是托克维尔最具有前瞻性与预言性的一种专制版本，因此常常被后世学者加以附会与引申。它的基本特征表现为名义上的人民主权同实质上的行政专制的结合。这种专制的具体特征表现为：个体的疏离；公民政治行动与能力的缺乏；具有因选举而产生的自由的外貌；私人生活领域的消失；专制者不会恐吓而是取悦他的臣民；专制者具有非人格化的、匿名的特征；专制权力能够不受变革的影响，具有极大的适应性。这种专制实质上是一种自我暴政，是人类灵魂自甘堕落的暴政。托克维尔对此种专制后果的担忧远远超越了历史形态的传统自由主义与理论形态的古典自由主义的视野，可谓曲高和寡。

托克维尔的专制主义理论既有对过去政治实践的考察，对当时政治形势的分析，又有对未来政治趋势的预测；既继承了传统自由主义的专制主义理论，又将其融于自己的原创分析之中，是一种连接过去、现在与未来的思维结晶。

第七章

托克维尔对自由之维持的希望

托克维尔的自由观具有内涵的丰富性与包容性。托克维尔生活在一个个体与国家命运都无法确定的时代，① 这使他认为："任何才干也没有比保持自由的技巧可以收获更丰，任何事情也没有比学习运用自由更苦。"② 展望自由的未来，他"既感到恐惧又怀有希望"。③ 在1831年的时候，他认为："我们生活在一个转型的时代，但是我们是走向自由还是迈向专制，只有上帝才能精确地知道在这一点上我们怎么样会使自己得到满意。"④ 但到了1835年，他对于自由的获得与维持又获得了坚定的信念："我不相信，上帝在几个世纪中把两三百万人推向条件平等是为了让他们终结于提比留斯

① Alexis de Tocqueville, Selected Letters on Politics and Society, p. 216.

② ［法］托克维尔著，董果良译：《论美国的民主》，商务印书馆1988年版，第274页。

③ ［法］托克维尔著，董果良译：《论美国的民主》，商务印书馆1988年版，第885页。

④ Alexis de Tocqueville, Selected Letters on Politics and Society, p. 66.

(Tiberius) 和克劳迪斯 (Claudius) 的专制之中。"① 他从对神的理性的吁求中找到了对自由的希望的慰藉。

对于自由的对立面——专制主义，托克维尔并没有预言它是不可逃避的，他仅仅主张这是一种可能性。在这方面，他基本上持一种双重的态度，在希望与恐惧之间摇摆不定。一方面，他对于人类拯救自由的能力缺乏信心，偶尔会相信由他的分析所导致的悲观主义；另一方面，他谴责任何宣告欧洲衰败的宿命论，例如，他厌恶戈宾诺的种族理论，因为它强化了法国人的无能感。他认为，一个坚定不移的法国肯定能够掌握自己的命运。② 人们发现，在他的作品中零散地分布着关于民主可能性的既充满着信心和希望、又弥散着阴郁和告诫的语句。对于自由的谨慎的乐观主义或许构成了他写作《论美国的民主》时的中心信仰，所以他教导欧洲的领导人在利用"它（民主）可能提供的好处"时，或许应该知道怎样避免它的"害处"。③ 这表明了托克维尔的信心：在一个新的、变动的商业社会中，欧洲人或许能够以直接的和有意识的行动保卫自由。的确，我们在托克维尔的两卷《论美国的民主》中可以发现，托克维尔提供给打算制止通向专制倾向的政治行动者与立法者的一些建议。

第一节　反对专制主义的新战场

在如何维持自由与避免专制问题上，托克维尔并没有完全忽视传统自由主义者在法律与制度研究领域中所精研的一些理论成果。托克维尔认为："代议体系，现代的伟大发现，看起来注定要对人类命运施加这样大的影响。"④ 他持续地、坚定地主张，现代社会

① Alexis de Tocqueville, Selected Letters on Politics and Society, p. 94.

② Alexis de Tocqueville, Selected Letters on Politics and Society, pp. 302-305.

③ [法] 托克维尔著，董果良译：《论美国的民主》，商务印书馆 1988 年版，第 9 页。

④ Alexis de Tocqueville, Journey to America, p. 255.

必须保证陪审团的审判权利，免费的法律顾问，保释权，免于专断的逮捕，秘密投票，没有警察监视的集会，崇拜自由，公开的审判和私人财产权（英国人在印度的掠夺行为使他感到愤怒）。① 他从来没有提倡过妇女投票权，但却主张法国应缓慢、有意地向男性普选权迈进。他热烈地信仰孟德斯鸠的格言：司法过程中的"麻烦、浪费、延迟"实际上促进了自由，因为和每一次延迟、每一次随后的上诉相伴，诉讼就会又产生一种理性与正义的来源。② 所以，英国法律体系尽管迟缓、昂贵和复杂，但它至少保证了个人相对于国家的权利。同样，独立于政治权力与政治压力的司法机关有助于保证个人的自由权利，如果和独立的司法审查相伴，还能够反对任何可能的政治集会的暴政。③ 托克维尔也利用了萌生于波利比阿又流传给麦迪逊的孟德斯鸠的箴言："必须以权力约束权力。"政府的各个机关与分支之间应相互平衡以制约权力的滥用。④ 托克维尔写道，"甚至在美国"，人们也意识到，一个"完全的民主政府是这样危险"，以至于他们使一些措施制度化以延迟、复查和清除所有的非理性、激情和错误，例如，"两院制的建立，州长的否决权，首先是法官制度……"如果一个民族不能选举拥有某种独立判断的议员，也就是说如果一个民族寻求直接干预国家政治，它就会"跌回到古代共和国的混乱之中"。⑤ 尽管托克维尔对反对专制的制度设计的信仰并非全心全意，但他并没有忽视去寻求建立传统自由主义者所珍爱的保护个人自由、反对个人与集体专制的法律与制度措施。

---

① Roger Boesche, The Strange Liberalism of Alexis de Tocqueville, p. 180.

② [法] 孟德斯鸠著，张雁深译：《论法的精神》，商务印书馆 1997 年版，第 75 页。

③ Alexis de Tocqueville, Journeys to England and Ireland, p. 83; Alexis de Tocqueville, Journey to America, p. 303; 托克维尔著，董果良译：《论美国的民主》，商务印书馆 1997 年版，第 153 页。

④ [法] 孟德斯鸠著，张雁深译：《论法的精神》，商务印书馆 1988 年版，第 154 ~ 165 页。

⑤ Alexis de Tocqueville, Journey to America, p. 148, p. 175.

但是另一方面，托克维尔“不相信大规模的政治集会、议会的特权和人民主权的宣言”等体现在宪法与法律中的政治制度方面的措施“能够保证民主国家人民的人身自由”。①个人自由与权利的宪法与法律保障在现代世界是必要的，但托克维尔并不认为它们是充分的。在保障权利与自由方面，托克维尔使自己更关注于一种政治文化的来源问题而不是政府制度的运作问题。他认为，美国政府的温和，与其到“其法律中去”寻找，不如到它的“民情中去寻找”。②

从洛克到麦迪逊，自由主义思想家与政治活动中的领袖们的主要战场是如何把个人自由同多数统治原则结合起来，如何防止以个人名义或以集体名义出现的暴政。多数原则与个人自由的协调问题也是支配美国宪法的缔造者的主要思路。然而，传统自由主义对个人与多数暴政的恐惧主要集中于政府与政治，因此，阻止暴政的疗方也是政治和制度的，如两院制、制约与平衡、权力分离、司法独立、权利法案、联邦主义。所有这些制度性的保护措施都是用来保护个人免受潜在的个人专制与多数暴政的侵蚀；对暴政起因的理解很大程度上立足于对一种内在的、不可避免的社会或政治党派利益冲突的现实理解。如麦迪逊就尖刻而坦白地表达，引起暴政的“党争的最普遍而持久的原因，是财产分配的不同和不平等”。当党争中执政的一方是少数人时，就可能形成一人或寡头专制；当党争中的多数一方获得政权时，就形成了多数暴政的基础，因此，“道德和宗教”无法消除因客观利益之争所引起的暴政的根源。暴政只有通过共和国的幅员所导致的利益多元化、代议制和联邦制来控制。③

托克维尔完全意识到了政治与制度方面的潜在暴政，并且在

① ［法］托克维尔著，董果良译：《论美国的民主》，商务印书馆 1988 年版，第 876 页。

② ［法］托克维尔著，董果良译：《论美国的民主》，商务印书馆 1988 年版，第 291 页。

③ ［美］汉密尔顿等著，程逢如等译：《联邦党人文集》，商务印书馆 1997 年版，第 47、48～51 页。

《论美国的民主》中详尽地、彻底地讨论了这些方面，当然他所遵循的主要还是联邦党人的理路与措施。然而，他的主要兴趣在于社会中的民主专制而不是政府中的民主专制，即使在讨论政府专制之时，也认为它主要起源于社会。在他的广阔视野中，现代专制主义不是一种孤立的、单纯的政治现象，它是一种社会、文化与政治交互作用的结果，根源在于一种病态的社会与文化现象。这种专制来自于社会中关于基本道德的问题具有太多一致性的结果，而不是由于传统自由主义者所认为的太多的社会与政治利益冲突的结果，因此，现代专制主义的疗方比在政治暴政的情况下更难寻找。制度设置难以奏效，是由于现代专制主义主要具有社会根源而不只是政治现象，主要是心理暴政而不只是制度暴政，主要是通过微妙的社会压力而不是通过公开的政府行动实施的。而且在处理多数暴政时的一个主要困难是，现代奴役是人们自愿地、甚至是热烈地投入的暴政，是一种自我专制，由于人们（特别是社会中的多数）真诚地相信，这种暴政是一种正义的、自由的统治秩序。于是，托克维尔的反专制思路背离了联邦党人设计的政治轨道，开始转向其他途径。

对民情，特别是对作用于政治的民情——政治文化的强调或许是托克维尔的政治科学中惟一重要的理论选择。它的结果是惊人的，因为它使得托克维尔扭转了已经形成的关于民主的正统理论观点，使得他同几个世纪之久的政治观念——政治社会要作为被宪法所创造和构建的实体来理解——产生了决裂。民主不再是一种简单的民治政府形式，它是一种非物质的文化统治。因此，在《论美国的民主》第二卷中，托克维尔完全放弃了传统意义上对暴政的理解，把它转化为一种文化结构。这样，托克维尔发现了一个反对现代专制主义、捍卫自由的新战场，使得传统上反对专制主义的措施发生了转换：从麦迪逊式的宪法设计到文化形塑，从阻止多数联合的策略到塑造或抵消它的信仰与价值观。一种自由的政治文化——民情的塑造成为托克维尔维持自由、反对暴政的主要措施。而自由政治文化的塑造是通过公共道德的养成、政治教育的灌输、政治体制的参与和公民宗教的陶冶来完成的。

第二节 自由的公共道德

埃米尔·法盖把托克维尔列于与斯丹达尔、蒲鲁东、圣伯夫、泰纳、勒南同一类型的19世纪的道德家中,认为"他们把自己的思想和愿望集中在被他们所有人都认为是必要的一种精神力量的恢复和创造上。……都或者浸润着、或至少染有一种宗教感,所有人都相信对于道德倾向进行认真和严格组织的必要性,并且,所有人真正是或多或少生来的良心上的领袖"①。梅洛尼奥认为,在19世纪60年代,人们普遍把托克维尔置于道德哲学家的行列中。② 拉斯基对托克维尔作为一位道德家的地位界定得更为具体:"他一心想使政治学变成一门研究美德的科学,并认为从自由的土地上生长出来的美德才是持久的美德。"③ 在拉斯基看来,托克维尔的政治学是关于美德的科学,托克维尔是一位以自由为价值诉求的政治道德家。

一、道德与现代民主

托克维尔认为,个人的独立不是绝对与无限的,"不管到什么时候,在智力和道德世界都要有某种权威存在"④。道德不但是市民社会的黏合剂,而且在政治世界中,"任何国家的宪法,不管它的性质如何,都要求立法者必须依靠公民的良知与道行"⑤;"法律只要不建立在道德支持的基础上,它就总是不稳定的。"⑥

① Emile Faguet, Politicians & Moralists of the Nineteenth Century. London: Bouverie House, Ernest Benn Ltd., 1928, p. 7.

② Françoise Mélonio, Tocqueville and the French, p. 131.

③ [法]托克维尔著,董果良译:《论美国的民主·拉斯基的导言》,商务印书馆1988年版,第958页。

④ [法]托克维尔著,董果良译:《论美国的民主》,商务印书馆1988年版,第525页。

⑤ [法]托克维尔著,董果良译:《论美国的民主》,商务印书馆1988年版,第135页。

⑥ Alexis de Tocqueville, Journey to America, p. 287.

托克维尔把道德分为个人道德与公共道德。① 在托克维尔看来，道德，尤其是公共道德是政治生活运作的内在动力，是政治统治合法性的基础与标准。② 在民主时代，现实的利益对于保持自由政府是不充足的，只有美德才能抵消民主的平等之爱所释放出的怨恨与嫉妒，只有美德才能形成和民主的平等主义相适应的伴随自由的并非绝对平等的权利，也只有美德才能引导民主人正确地行使政治权利。因此，从托克维尔所描述的民主的社会与心理条件的角度考虑，“民主是通向奴役还是通向自由和对暴政的抵制，根据托克维尔的意思，依赖于美德是否盛行——这是任何自由政体的条件”③。可以说，没有美德就不可能建立民主原则与普遍自由原则之间的和谐。

托克维尔缅怀古典时代的公民美德，强调美德对于维护现代民主中自由的必要性，但19世纪资产阶级统治的商业社会却使他感到失望。由于资产阶级商业伦理在市民社会的流行，他感到：“一种公正与真诚……当除了他的自私之外一个人几乎找不到一种真正的激情时，这是稀有的优点。”④ 市民社会必然影响政治社会；私人道德必然会渗入公共道德；资产阶级的商业伦理必然会体现在统治阶级的政治道德中，所以托克维尔发现：“今天”，“政治道德废弛和伟人不多”；⑤“政治世界是一个肮脏的场所”；“我们时代的公共人物在一些我作为原则的严肃与神圣之物上根据暂时的最微小的利益而进行交易”⑥。他谴责七月王朝的统治阶级——资产阶级

① ［法］托克维尔著，董果良译：《论美国的民主·附录》，商务印书馆1988年版，第916页。

② ［法］托克维尔著，董果良译：《论美国的民主·附录》，商务印书馆1988年版，第924～925页。

③ Dalmacio Negro, “Virtue and Politics in Tocqueville”. Eduardo Nolla (eds), Liberty, Equality, Democracy, p. 73.

④ Alexis de Tocqueville, Recollections: The French Revolution of 1848, p. 21.

⑤ ［法］托克维尔著，董果良译：《论美国的民主》，商务印书馆1988年版，第154页。

⑥ Alexis de Tocqueville, Selected Letters on Politics and Society, pp. 80-129.

把政府视为贸易公司，作为发财的手段。“他们的公共道德变坏了……个人利益……逐渐取代了社会共同的观点、情感和思想。”①尤其是在民主时代盛行的意识形态——个人主义不但助长了社会中人与人之间的疏离、社会的原子化状态，它还使人们心安理得地追求私人利益，“使公德的源泉干涸”。托克维尔认为，现代社会中个人道德的消蚀、公共道德的腐败带来了共同体的破碎、个人的无力感、政治革命的频发，最终危及了公共自由。

但是，正如雷蒙·阿隆所言：“现代民主制度……从根本上说，它是一个商业和工业社会，因此在这个社会里，私利不能不成为主导思想。”② 那么，在这样一个社会中，个人道德与公共道德难道没有栖身之处吗？我们不能构建一种维持公共自由与安宁的道德观吗？如何为现代民主社会发现或制订一种和其自身社会与文化条件相容的保障自由的个人道德与公共道德观，即一种自由的现代社会与政治意识形态，就成为托克维尔要完成的一个艰巨的理论任务。于是，他把自己的眼光转向了他视为“新世界”的美国，试图在那里找到自己理论的出发点与验证物。

二、现代民主的道德原则

托克维尔承认，民主时代的身份平等使得“个人利益即使不是人的行动的惟一动力，至少也是现有的主要动力”③。美国当然也不例外，所以他坦率地向一位美国受访者波因西特说道：“我不能把你们看作是一个*有德的*（virtuous，斜体为原书所加——作者按）民族。”④ 初到美国，他发现美国是这样的一个社会：“没有根源，没有记忆，没有偏见，没有常规，没有共同理念，没有一种

① ［法］托克维尔著，董果良译：《论美国的民主》，商务印书馆 1988 年版，第 915 页。

② ［法］雷蒙·阿隆著，葛智强等译：《社会学主要思潮》，华夏出版社 2000 年版，第 157 页。

③ ［法］托克维尔著，董果良译：《论美国的民主》，商务印书馆 1988 年版，第 654 页。

④ Alexis de Tocqueville, Journey to America, p. 114.

国民性，然而比我们自己的民族要快乐一百倍；更有美德吗？我感到怀疑。”那么是什么东西把这样一个由世界公民构成的国家整合成为一个民族呢？“利益。”①“这里没有共同记忆，没有民族依恋。那么是什么把这个巨大机体的不同部分结合起来呢？利益。”②但是，美国人虽然缺少美德，却比欧洲社会更为繁荣，比欧洲国家更要自由，而且不会产生像在欧洲一样的“私人利益”同“普遍利益的对立”。③ 这样我们会想到，难道托克维尔认为的公共道德是自由社会的整合剂的观点是错误的吗？

在公共道德问题上，托克维尔最初深受孟德斯鸠的影响，接受的是一种古典时代的公民美德版本。公民美德（civic virtue），一般被定义为：“共和国的生存与繁荣所要求于公民的公共精神。它要求自愿地把公共利益置于一个人的私人利益之上。”④ 对公民美德重要性的强调是古典共和主义重要的理论偏好之一。孟德斯鸠一方面认为通过宪政体制的构建可以实现一个现代商业社会的自由；另一方面认为，在共和政体中，“政治的品德是舍弃自己”，“要求人们不断地把公共的利益置于个人利益之上”，私人品德源于公共品德。⑤ 托克维尔真正的意思是指，古典意义上的公共道德，即孟德斯鸠所说的公民美德已不适合现代民主国家；就古典公民美德而言，美国人是没有道德的。

---

① Alexis de Tocqueville, Selected Letters on Politics and Society, p. 38.

② Alexis de Tocqueville, Journey to America, p. 211.

③ Alexis de Tocqueville, Journey to America, p. 38.

④ Seymour Martin Lipset [ed. in chief], The Encyclopedia of Democracy. Washington, D. C.: Congressional Quarterly, 1995, p. 1341.

⑤ [法] 孟德斯鸠著，张雁深译：《论法的精神》，商务印书馆 1997 年版，第 340 页。近代自由主义者直到孟德斯鸠都没有能够弥合自由主义观念与古典公共道德观念之间的裂缝。自由主义的基本原则是个人独立，古典公共道德观的基本要求是公共至上，两者的冲突似乎是不可调和的。而只有通过托克维尔在新的社会条件下，对古典公民美德观念的修正与转向，才最终使自由主义理论体系内拥有了“德性”传统，建立了现代自由主义的公共道德观。至今，自由主义者还喜欢引用托克维尔的公共道德观来反驳反自由主义者的对自由主义导致公共道德败坏、个人利己主义横行的批判。

既然托克维尔认为仅有利益对于维持自由是不充分的，民情特别是其中的道德对于自由的幸存与繁荣是不可或缺的，那么现代民主的现实就迫使他构思出一种在民主时代适用的，同样也可解释美国道德生活的现代公共道德版本。托克维尔的理智努力首先是从修正或扩大古典公民美德的含义开始的。“古代共和国的原则是把私人利益牺牲于普遍利益。在这种意义上，一个人可以说它们是*有德的*（斜体为原书所加——作者按）。”但是，他认为这种原则的内在的实质含义是“使私人利益同普遍利益相和谐。一种高尚的、聪明的自私看起来是整台机器运转的中枢。”“那么，在何种程度上个人福利与普遍善这两个原则实际上能够合并起来呢?”① 他又在美国精神生活中提炼出了解决这个问题的思路。在美国，人们认为：“人为他人服务也是在为自己服务，个人的利益在于为善”；“他们只相信德行是有用的，而且每天都按此信念行事”；“他们决不反对每个人可以追求自己的利益，但又极力证明个人的利益应当来自诚实”；他们不会要求人们“每天装出一副非常具有献身精神的样子”，“只促使人们每天做出小小的牺牲。”② 所以，托克维尔才会认为美国人没有古典意义上的“美德”（vertu），他们只有“原则”。③ 而这就是指导美国人道德生活的“正确理解的自利”原则。这种原则要求人们除了关心自我利益之外，还需要相互帮助，并且为共同体和国家的利益而牺牲他们部分的时间和财富。这是一种开明的自利原则，是一种私利与公利、私德与公德、个性观念与公共观念相结合的典范，是一种民主时代的公共道德版本。

在托克维尔关于个人主义的分析中存在着一种困境。托克维尔虽然谴责个人主义，但热烈地支持个人独立的目标。“在我们时代，那些担心极端的个人主义的人是正确的，而那些恐惧个人的极

---

① Alexis de Tocqueville, Journey to America, pp. 210-211.

② ［法］托克维尔著，董果良译：《论美国的民主》，商务印书馆 1988 年版，第 651～653 页。

③ Alexis de Tocqueville, Journey to America, p. 180.

端依附的人也是正确的。"① 他相信，个人不应该使自己完全忙于私人事务而忽视整个社会的需要。然而他也相信，或许一个社会的最高目的是个体尊严与自由的最可能的完全发展。他谴责民主时代个人把自己的努力限定在一个狭窄的事务领域的倾向。然而，他也希望个人能够拥有一个安全与独立的行动领域，免受公共权力不必要的入侵。民主社会不能被允许蚕食个体的活动空间，然而每一个人必须同时被导向一个更高的公共责任感和一种忙于公共事务的健康的愿望。而美国的道德信条——"正确理解的自利"原则为托克维尔提供了调和个人利益与公共利益、个性独立与公共精神的手段。

"正确理解的自利"原则，在托克维尔看来，是最适合现代民主生活需要的道德信条。但他对这种信条的提倡是有限定的。② 他并没有为自利自身的缘故而证明自利追求的正当性，如一些庸俗的自由主义经济学家常做的那样，而是将它作为道德家可以诉诸的反对个人主义、鼓励联合的可行手段。其次，他强调这是一种民主的原则，由于它在所有人的能力所及之内；但是，他同样指出，这种原则不会激起伟大的美德甚至是真正的美德。最后，他从来没有认为这种信条是完全真实的，人人皆有恻隐之心，公民也会拥有"无私的激情"，它只是切合人性弱点的一种实用性原则，一种道德意识形态，而不是一种绝对的、完全的真理。"正确理解的自私"原则的提出体现了托克维尔的自由主义的中道精神：平衡、妥协、实用与灵活。

在民主时代，"正确理解的自私"原则不但可以用于市民社会，也可用于政治社会。托克维尔非常重视权利观念，认为"权利观念无非是道德观念在政界的应用"。权利观念可以区别出什么是自由，什么是放纵，或什么是义务，什么是奴役。"权利观念明

---

① Quoted in James T. Schleifer, The Making of Tocqueville's Democracy in America, p. 256.

② 我们在他的行文中也可感受到他偶然流露出的对这种信条的嘲弄的语气和无奈的态度。

确的人，可以独立地表现自己的意志而不傲慢，正直地表示服从而不奴颜婢膝”，因此，正确地行使权利是个人自由的要件。但是，在民主时代，由于传统的权利观念与宗教信仰的崩溃，权利观念的养成必须把“权利观念与在人心中生根的私人利益结合起来”，让权利观念立足于“正确理解的自利”原则基础之上。①

由于托克维尔的自由观不同于柏林、哈耶克的消极自由观，而含有民族自由的维度；民族主义、祖国之爱是他的自由观念的当然组成部分。托克维尔把爱国主义区分为两种历史形态：本能的爱国心——“不做任何推理，只凭信仰和感情行事”；理智的爱国主义——公民“之所以关心本国的繁荣，首先是因为这是一件对己有利的事情，其次是因为其中也有他的一份功劳”②。在民主时代，由于“无私的爱国心已经一去不复返了”，只有理智的爱国心才能有助于共同体自由。但是理智的爱国心的培养必须让公民“把个人利益同国家利益统一起来”，使公民“理解国家的福利对他个人的福利具有影响，应当知道法律要求他对国家的福利做出贡献”③。托克维尔从实际上也观察到了美国人自诩的爱国主义，实际上是“建立在利害关系之上的”④，所以，“正确理解的自利”原则有助于维护属于民族主义、爱国主义、公共精神的集体自由。总之，托克维尔认为，“正确理解的利益”原则是“最适合当代人的需要的”道德学说⑤，它有助于形成维护个人自由的权利观念，又是实现集体自由的现代爱国主义的道德基础。

---

① ［法］托克维尔著，董果良译：《论美国的民主》，商务印书馆 1988 年版，第 271～273 页。

② ［法］托克维尔著，董果良译：《论美国的民主》，商务印书馆 1988 年版，第 268～269 页。

③ ［法］托克维尔著，董果良译：《论美国的民主》，商务印书馆 1988 年版，第 270、269 页。

④ ［法］托克维尔著，董果良译：《论美国的民主》，商务印书馆 1988 年版，第 435 页。

⑤ ［法］托克维尔著，董果良译：《论美国的民主》，商务印书馆 1988 年版，第 653 页。

三、温和的现代公共道德版本

托克维尔的公共道德观既不同于传统自由主义甚至当代多元主义的利益政治观，也不能等同于古典的公民美德观。现代自由主义思想家，包括洛克、休谟、麦迪逊和密尔都认为，在利益平衡的情况下，人们可以不需要古代共和美德而拥有共和制度。当代多元主义者把托克维尔阐释为继承了这些传统自由主义者思想的立足于团体或个人利益基础之上的多元主义政治的倡导者。托克维尔从来不赞成曼德维尔或亚当·斯密的主张：普遍利益会产生于每个人追求自己的物质利益时的间接行动中。他也不会接受麦迪逊或现代多元主义者的理论基础：由于和稍许政府干预相伴的团体之间和利益之间的平衡，团体和个人的自利行为会带来普遍的善。相反，托克维尔主张，个人利益的追逐不会自动达成公共利益，个人利益同公共利益并非一路为友；个人必须为自己的同胞牺牲部分的时间与财富，他们才能为了自己的快乐而根据自己的利益而行动。

但托克维尔也并不是一个完全意义上的古典公民美德的倡导者，顶多只能说是一位修正者。他认为，美国没有提供例子说明一个共和国可以不需要公共美德；他从古典公民美德中提炼出了一种温和的现代版公民美德。“美国人没有构成一个有德的民族，然而他们是自由的。这并没有完全证明如孟德斯鸠所考虑的美德对于共和国的存在不是基本的。对孟德斯鸠的思想的狭义理解是不必要的……他通过美德所表达的含义是：每个人对自己行使的、阻止他侵犯其他人权利的道德权力……孟德斯鸠是正确的，尽管他谈的是古代的美德，并且他谈到的希腊人与罗马人的东西依旧适用于美国。”① 他认为，孟德斯鸠谈论的美德的含义是个人在行使权利之时要尊重他人的权利。托克维尔拒绝把美国民主看作是一个将自利伦理合理化的例子，而是把它看作展示了公共责任伦理对于自由之必要性的范例。美国公民“自鸣得意地说明他们的光明磊落的自

① Quoted in Roger Boesche, The Strange Liberalism of Alexis de Tocqueville, p. 195.

爱是怎样使他们互相援助和为国家的利益而情愿牺牲自己的一部分时间和财富的”。他强烈地谴责那些鼓励个人仅仅追逐对个人有用之物而置普遍利益于不顾的人。“既然我看到周围的人好像天天都想以自己的言行教导当代人相信追求功利决不是不正派的；那么，我就永远不能从中发现有人教导当代人相信正派的行为也可能是追求功利的吗？”① 这些语句表明托克维尔并不是利益政治的斗士，但也不是古典公民美德的全心全意的接受者。他从古典公民美德与现代公民道德中发现的共同之处是：两者都要求公民自我克制，服从公共道德与纪律。

作为一位中道自由主义者的托克维尔，一方面接受了传统自由主义者对于个人利益的关注，但又声称它对于维护现代自由是不充足的；另一方面认为古典共和主义者的公共利益至上论在现代社会是不可行的，但又同他们一样相信德行对于现代共和国是必不可少的。因此，托克维尔的公共道德观是融合了古典与现代、利益政治与道德政治的温和的公共道德版本。

第三节　自由的政治教育

古典政治学家认为，政治活动与教育活动是同一的，国家体系就是一个教育体系；政治教育是政治活动的目的，也是其手段。在古典政治学研究中，政治教育为政治学研究提供动力，政治学研究为政治教育提供手段，两者是一枚硬币的两面。卢梭是这样评价柏拉图的《理想国》的：如果想知道公众教育是怎么一回事，就请读一下柏拉图的《理想国》。“这本著作，并不像那些仅凭书名判断的人所想象的是一本讲政治的书籍；它是一篇最好的教育论文。”② 政治学古典传统的湮灭，同时也意味着政治学的政治教育功能的丧失。托克维尔的古典风格之一就表现在，他以自由的名义

① ［法］托克维尔著，董果良译：《论美国的民主》，商务印书馆 1988 年版，第 652～654 页。

② ［法］卢梭著，李平沤译：《爱弥尔》，商务印书馆 2002 年版，第 110 页。

关注了被近代传统自由主义者以政治立场的中立性和政治研究的客观性的名义所抛弃的政治教育——古典政治学研究的基本内容与目标之一。

托克维尔对教育的关注不是那么明显，以至于被许多读者所忽视。然而，他的1831年与1832年的旅行笔记记录了许多涉及各个州的公共教育体系的谈话，这些笔记还包括了几大段的美国人对教育之明确信仰的反思。他记录道：美国人将教育作为社会秩序、优良政府和个人发展的保障物。1835年在法国，当托克维尔计划《论美国的民主》的第二部分时，他构思了三个可能的关于美国教育的章节："(1) 论民主制下的学术机构；(2) 论学术团体的必要性；(3) 论在美国和在一般民主国家中的教育。""民主给予人们的教育，或确切地给予他们的教导的影响"，托克维尔在另一篇笔记中宣称，"是一个必要的章节"。他甚至准备了以"平等给予教育的影响"为标题的一章。① 但是托克维尔并没有对教育进行一次全面的分析，并将其收集在一个单一的主要章节中。教育"这个话题成为《论美国的民主》中被隐没的重大主题之一"②。教育作为一个主题被插入到《论美国的民主》草稿的许多地方，并贯穿在《论美国的民主》两部分正式文本分散的各页中。

"本世纪重大的、主要的利益，"他在一片没有使用的残稿中告诫自己的同胞，"是民主的组织与教育"③。在《论美国的民主》中，托克维尔在主张人民无论如何必须被启蒙后，又写道："自由、公共安宁和社会秩序本身通过启蒙和教育可以实现的时代即将来临。"④ 更具体而言，无论是在他的笔记、书信等手稿中，还是

① James T. Schleifer, The Making of Tocqueville's Democracy in America, p. 21.

② James T. Schleifer, "Jefferson and Tocqueville", Ken Masugi, Interpreting Tocqueville's Democracy in America, p. 193.

③ Quoted in James T. Schleifer, The Making of Tocqueville's Democracy in America, pp. 266-267.

④ [法] 托克维尔著，董果良译：《论美国的民主》，商务印书馆1988年版，第655页。

在他的正式出版物《论美国的民主》和《旧制度与大革命》中，还是在他的议会报告中，出现得更多的是"政治教育"(éducation politique)一词，表明了他对于教育的政治维度的特别关注。在托克维尔死后的19世纪60年代，在由法国知识界建立的由道德哲学家、道德家和历史哲学家构成的"先贤祠"中，"托克维尔的特殊角色是民主的教师爷"①。法盖这样评价托克维尔："他给予了现代民主的进步一些优秀的教导，和在这个伟大变革的过程中所要采取的预防措施的一些良好的建议。他是一位政治教授。"②

一、教育与现代民主

在当代西方，对民主教育感兴趣的人很少提到托克维尔，而杜威却常常被称为民主教育家；在旧中国，杜威也因为其在学校教育、公民教育方面对缺乏公共精神的中国人的教导而为中国知识分子所熟知。然而，可以被恰当地称作现代民主的第一位哲学家的托克维尔，不仅详细地讨论了民主教育的意义、模式、内容和目标，而且还在整个《论美国的民主》中强调了这样一种教育对于民主是必不可少的。

托克维尔的主张初看起来是矛盾的。他说道：民主的胜利不可避免；现代西方世界的基本事实是民主的不可抗拒的进展。在每个地方，社会平等都在取代不平等；实际上，没有人再相信贵族原则的合法性，相信不平等观念可以作为一种社会基本原则。但是，民主的胜利并不意味着专制政治的最终毁灭。在羽翼丰满的当代西方自由民主时代，杜威主张民主就是自由，自由与民主为孪生兄弟。相反，在现代民主刚刚破茧而出的地平线上，在现代民主远未驯化与完善之时，托克维尔发现，民主并非同自由不可分离，更不和自由同一，而是在其本性上有专制的倾向。如果现代民主未加教导，就会有产生现代专制的危险，而且这种专制比以前所知的世界上任何专制都更糟糕。不像旧式的专制，现代专制主义不仅威胁我们的

① Françoise Mélonio, Tocqueville and the French, p. 131.

② Emile Faguet, Politicians&Moralists of the Nineteenth Century, p. 109.

政治自由，它还最终威胁我们的人性。因此，民主领导人的首要职责是教育民主。① 托克维尔主张，只有通过一种适当类型的教育，民主才能保持自由，才能避免蜕变为专制，它的公民才能保留人性。

托克维尔不苟同于传统自由主义者的制度自给论，他认为现代民主需要教育，只有有意为之的教育才能保证民主的稳定、自由与繁荣。现代民主②意味着普通民众，特别是大量低层阶级参与政府工作，因此，"民主政府，就必须有非常开化和文明的社会"；"民主制度应当事先使人民达到一定的文明和教育水平"。③ 启蒙是民主政治运作的前提条件之一。俾此，民主政府才能摆脱多数盲目的冲动和短视的决策。托克维尔认为，民情是政治生活中最持久、最深层的动力；民情可以使一个民主国家保持自由。因此，为了使民主不致走向专制，为了培育自由的民情，必须"向全体公民灌输那些首先使他们懂得自由和随后享用自由的思想和感情"。④ 托克维尔觉察到，在现代民主社会中，个人形象日益暗淡，中间权利被摧毁，而国家日趋走向集权。公民为了保持个人的独立，维持次级权利，建立既体现自由又保证秩序的社团，必须通过教育具备丰富的学识和技能。所以，"如果说教育在任何时候都有助于人们维护自己的独立，那么，在民主时代这个说法尤其是真理"⑤。托克维尔的美国之行证明了，古典公民美德不是现代共和国的驱动力量，

---

① ［法］托克维尔著，董果良译：《论美国的民主》，商务印书馆 1988 年版，第 8 页。

② ［法］托克维尔特别指明，它指的是大型的民族的民主国家，而不是小型的部落或城邦的民主。参见托克维尔著，董果良译：《论美国的民主》，商务印书馆 1988 年版，第 237 页注释。

③ ［法］托克维尔著，董果良译：《论美国的民主》，商务印书馆 1988 年版，第 237、257 页。

④ ［法］托克维尔著，董果良译：《论美国的民主》，商务印书馆 1988 年版，第 366 ~ 367 页。

⑤ ［法］托克维尔著，董果良译：《论美国的民主》，商务印书馆 1988 年版，第 850 页。

只有“正确理解的利益”原则才是现代公共道德的基础。而该原则的传播“只要对人进行启发教育，人人都可以理解”，① 而不像古典公民美德一样，需要法律和舆论对公民的外在行为进行强制，甚至需要某种政治神话的支撑。所以，他指出：“美国证明了，美德不是像人们一直认为的是维持共和国的惟一东西，而是启蒙比任何其他事情使得这种社会条件更为容易。”② 托克维尔的意思是，现代公共道德的塑造，不是靠强制或迷信，而是靠启蒙与教育。

二、现代政治教育——政治参与

托克维尔认为，教育对于维持民主国家的自由是必需的，但只有一种特定类型的教育——政治教育才能最好地履行这种功能。在此，他反驳了欧洲人关于教育的两种错误观念：其一是关于教育的功能问题；其二是关于教育的目标问题。在美国，他发现所有阶层的美国人都相信“教育的价值”，“在不存在投票和候选的财产资格限制的地方，知识的扩散对所有民族都是有用的，对于像他们自己这样一个自由民族是绝对必需的；他们在这方面的想法都是一致的。”但是在欧洲，却存在着“反对知识的过度扩散的最强烈的主张”③。对于欧洲人而言，教育会唤起人们的物质欲望，会提高人们的期望值，从而引起社会的动荡。为什么会产生关于教育功能的两种截然不同的认识呢？倡导教育普及的欧洲人乐观地认为：“只要教会人们读书写字，人们就可立刻成为公民。”④ “在法国，人们对教育具有盲目的热爱。他们想象，只要教给某人读写和计算，他们就可以造就一个优秀的公民和几乎是一个有德的人。”⑤ 美国人所接受的教育不同于欧洲人，在那里，“人民的主体拥有对公共事

---

① ［法］托克维尔著，董果良译：《论美国的民主》，商务印书馆 1988 年版，第 654 页。

② Alexis de Tocqueville, Journey to America, p. 258.

③ Alexis de Tocqueville, Journey to America, p. 196.

④ ［法］托克维尔著，董果良译：《论美国的民主》，商务印书馆 1988 年版，第 353 页。

⑤ Alexis de Tocqueville, Journey to America, p. 47.

务的理解，对法律和判例的掌握，对正确理解的国家利益的情感和能力”①。因此，“在美国，对人们所进行的一切教育，都以政治为目的；在欧洲，教育的主要目的，是培养人们处理私人生活的能力”②。简而言之，正是由于两种不同类型的教育：政治教育与私人教育，才在美国和欧洲产生了不同的政治效果，所以，有人指出，“托克维尔比布克哈特或密尔更强调政治教育，即教育指向个人与社会之关系而不是个人修养”③。托克维尔高度强调政治教育的价值。“我坚定地相信，激起我的一种对于欧洲未来幸福的希望的那个真理”是，美国的大众不仅是世上启蒙程度最高的，而且更有价值的是，“它的实际政治教育是最先进的”。④

从美国的经验出发，托克维尔认为特定类型的教育——政治教育可以医治民主的问题；然而，这种类型的教育只有小部分可以在学校获得。尽管托克维尔常常强调教育，但他很少提到学校或课堂；即使他提到这些事情也几乎总是在讨论政治教育的语境之外。例如，当他谈到新英格兰的公立学校与义务教育制度时，是在清教信仰的世俗影响的背景中；⑤ 当他提到美国的学校、教堂的建立和道路的修筑时，是在行政分权所带来的利益的背景之中；⑥ 当他强调功利主义教育时，是在社会平等给予智力的效果的背景中；⑦ 当

---

① Alexis de Tocqueville, Journey to America, p. 258.

② ［法］托克维尔著，董果良译：《论美国的民主》，商务印书馆 1988 年版，第 354 页。

③ Alan S. Kahan, Aristocratic Liberalism: The Social and Political Thought of Jacob Burckhardt, John Stuart Mill, and Alexis de Tocqueville, p. 131.

④ Alexis de Tocqueville, Journey to America, p. 179.

⑤ ［法］托克维尔著，董果良译：《论美国的民主》，商务印书馆 1988 年版，第 46 页。

⑥ ［法］托克维尔著，董果良译：《论美国的民主》，商务印书馆 1988 年版，第 102 页。

⑦ ［法］托克维尔著，董果良译：《论美国的民主》，商务印书馆 1988 年版，第 58、563 页。

他谈到不平等教育时，是在美国的种族隔离的背景中。① 托克维尔是这样概括他关于课堂教学的观点的：他不想夸大国民教育体系对美国民主制度的益处，他不会“以为只要教会人们读书写字，人们就可立刻成为公民。真正的知识，主要来自于经验。假如美国人不是逐渐地习惯于自己治理自己，他们学到的书本知识今天也不会为他们的成功提供太大的帮助”②。因此，托克维尔的政治教育并不主要是课堂学习，更不是儿童教育。

杜威的民主教育关注的是学校教育、儿童的训练和经验的重构，而托克维尔的政治教育主要关注的是成人教育，这在很大程度上是由他们在政治与公共事务中的实际经验构成的。这种通过政治参与获得政治经验正是既作为手段也作为目的的公民教育。政治参与即政治教育，因为就托克维尔的观点而言，人民只有在一个自由的共同体中行动才能学会成为自由人。“只有自由”，即只有自由的行使，“才能教给我们自由”。③ 托克维尔关于政治教育的循环概念部分地来自这样的事实：在民主时代，人们相信自己的直接经验所得到的知识（“真正的知识，主要来自经验”④）。因此，有效地改变人们的最好方式是影响他们的经验。只有自由的政治生活才能获得自由的政治习惯。但是，这种概念循环也来自一种更一般和更深层的考虑，即托克维尔给予社会条件和政治文化而不是自然或法律在塑造人方面的中心角色。托克维尔认为，社会状态大部分是被它的民情所塑造的，被“一个民族的整个道德与精神面貌”所构

① ［法］托克维尔著，董果良译：《论美国的民主》，商务印书馆 1988 年版，第 385 页。

② ［法］托克维尔著，董果良译：《论美国的民主》，商务印书馆 1988 年版，第 353 页。

③ Alexis de Tocqueville and Guestave Beaumont, Tocqueville and Beaumont on Social Reform, p. 130.

④ ［法］托克维尔著，董果良译：《论美国的民主》，商务印书馆 1988 年版，第 353 页。

成的。① 这样，政治中的每样事务都应以双重的角度来看待。法律、制度、活动等不能仅仅以其自身在政治体系中的直接所为或所不为来对待，也应该，或特别地考虑它们怎样间接地影响了公民的习惯与民情。由于一般的文化或环境的正式权力，也由于在特别的民主国家中直接经验的优先性权力，在托克维尔看来，表面上次要的效果实际上证明了是首要的影响。

政治教育形成政治性格；它形成了有助于阻止民主的专制走向和在平等中维持自由的个性。托克维尔特别提到的陪审制度，可以说属于一般的政治参与："作为使人民实施统治的最有力手段的陪审制度，也是使人民学会统治的最有效手段。"② 它具有双重的政治功效，但托克维尔更看重的不是它的政治效果而是它的教育效果。然而，我们应该注意的是，托克维尔对民主政治（政治参与）与政治教育的等同很容易被误解。在爱米·古特曼备受争议的《民主教育》一书中，她通过引用托克维尔的评论"乡镇组织之于自由，犹如小学之于授课"③，而建议"托克维尔的主张可以延伸到学校"④。她的用意是公民应该通过共同的民主慎思做出教育决策和进行学校治理。托克维尔想把政治活动变为一个学校，而古特曼想要政治化学校，实际上把托克维尔的观点颠倒了过来。她想民主化学校；而他却想保持政治生活的自由。托克维尔想以教育来驯服民主，她却想以教育来充实民主，两者的努力方向截然相反。在托克维尔这里，民情和直接经验等非正式权力所塑造的通往自由的一种教育路径，成为了古特曼的通往教育的一种平等主义路径。在她这里，民主教育明显意味着对自由作为首选目标的排斥，因为自

---

① ［法］托克维尔著，董果良译：《论美国的民主》，商务印书馆 1988 年版，第 332 页。

② ［法］托克维尔著，董果良译：《论美国的民主》，商务印书馆 1988 年版，第 319 页。

③ ［法］托克维尔著，董果良译：《论美国的民主》，商务印书馆 1988 年版，第 67 页。

④ Amy Gutmann, Democratic Education. Princeton University Press, 1987, p. 284.

由不具有“充分的包容性”，这样实际上阻碍了托克维尔追求的目标。①

三、现代政治教育的目标

托克维尔主张，自由的维护依赖政治参与；自由的捍卫依靠活跃的公民生活。但是，正如我们已知的，自由的维护不要求古典共和美德。托克维尔完全意识到了人类的内在缺陷同民主之间的联系，把目标瞄向一种温和的公共精神。这种公共精神的基础不是古典共和国中的大公无私或对美德的关注，而是现代商业国中每个人对自我利益的关注。“世界上没有任何力量可以阻止日益发展的身份平等不去引导人们追求功利和不去使每个公民囿于自己的小天地。因此，必须承认，个人利益即使不是人的行动的惟一动力，至少也是现有的主要动力。”② 活跃的公民生活虽然意味着要把人们从狭隘的自我利益中撤离出来，但也必须根植于他们的自我利益，根植于他们的“正确理解的自利”。“‘正确理解的利益’原则不要求人们发挥伟大的献身精神，只促使人们每天作出小小的牺牲。只靠这个原则还不足以养成有德的人，但它可使大批公民循规蹈矩、自我克制、温和稳健、深谋远虑和严于律己。”③ 因此，托克维尔心目中的活跃的公民生活的含义，以卢梭的术语来表达，基本上是一种布尔乔亚的活动，或对这种活动的一种温和的修正，而不是古典意义上的公民（citoyen）的活动。

托克维尔的政治教育的特性与内容，和他的政治教育所要支持的公民生活类型，或许可以被他关于如何传授权利思想的建议更好地加以揭示。托克维尔说道，没有权利，民主时代的自由就无法生存。托克维尔的教育建议不由地使人想起卢梭对年幼的爱弥尔如何

① Amy Gutmann, Democratic Education, p. 38.

② ［法］托克维尔著，董果良译：《论美国的民主》，商务印书馆 1988 年版，第 654 页。

③ ［法］托克维尔著，董果良译：《论美国的民主》，商务印书馆 1988 年版，第 653 页。

习得权利思想的描述。爱弥尔在成人的引导下将种植豆子作为一种游戏。他把他人的瓜挖掉以便种植自己的豆子，但发现他人把自己的豆子连根拔掉以作为报复。这个孩子通过感受自身的损失而学会了尊重他人的权利。“每个人都尊重别人的劳动，以便他自己的劳动得到保障。”① 托克维尔承认卢梭的精神遗产对自己的影响，不停地问自己，在当代，怎样教以人们权利思想。他回答道，惟一的方式是“让所有的人都和平地行使一定的权利”。然后，托克维尔解释了还不具备成人的“能力与经验”的儿童怎样首先学会权利思想，以此来支持自己的建议。当一个孩子首先在他身外的事物间开始活动时，本能会使他抓取他能够触及的一切东西；由于孩子没有成人拥有的财产权利思想。但是，当他逐渐地了解了物品的价值，并发现他也会被别人所剥夺时，他就会变得慎重起来。最终，他会被自然而然地引导到这样的权利观念：要希望别人尊重自己的财物，自己也应该尊重别人的财物。因此，“儿童希望获得玩具的心理，后来发展成为大人希望获得财物的心理”②。这样，托克维尔像卢梭一样，把权利观念的塑造立足于财产权观念的形成之上。我们通过认识后者和保护后者而学会使用前者。正义的第一个理念不是来自我们欠别人什么，而是来自我们自己拥有什么。我们通过经验而不是箴言和书本获得这个理念。这样，权利思想被我们所感知，因为它来自这样的一种认识：一个人如果侵犯别人的权利，他就会丧失一些东西。③

尽管在托克维尔的权利观中有着卢梭的强烈回音，但托克维尔的教育学基本上不同于卢梭的教育学。在托克维尔对学习的描述中，不像卢梭一样，他不去努力避免同他人意志的冲突，不去努力把一个人保持在自我之中，不去努力避免由自我分裂或他人定向所

---

① ［法］卢梭著，李平沤译：《爱弥尔》，商务印书馆 2002 年版，第 106 页。

② ［法］托克维尔著，董果良译：《论美国的民主》，商务印书馆 1988 年版，第 272 页。

③ ［法］卢梭著，李平沤译：《爱弥尔》，商务印书馆 2002 年版，第 103 ~ 108 页。

造成的心理损害。卢梭的教育学，核心关注的是压制对个人依赖的认可，而托克维尔的目标则是使人们敏感地意识到他们相互间的个人依赖，从而撤离自己的私人生活。无疑，托克维尔赞同卢梭对现代民主中的骚动、不安的和忧郁的唯物主义的批判。但是，托克维尔的政治教育不同于卢梭的"自然教育"，它不是对资产阶级生活的抛弃，而是对它的驯化或缓和。正如他所言，宗教对于现代民主是必不可少的，虽然它不能完全医治人民的财富之嗜癖，却能够引导他们以诚实的手段自我致富。①

因此，托克维尔主张，政治教育虽然不能把人们从私人利益的束缚中解放出来，但能够教会他们"把权利观念与在人心中生根的私人利益结合起来"②。这种结合或联系就是他所谓的"正确理解的自我利益"。

对托克维尔而言，自由既是手段又是目的。只有自由才能把公民从平等自然导致的疏离之中撤离出来，迫使他们相互接近，促进一种鲜活的相互依赖感。③ 只有自由，或自由的行使才能赋予民主的公民以能力，并限制国家可怖的权力。虽然自由的行使是政治教育的主要手段或主要模式，对托克维尔而言，它也是政治教育所要产生和保护的目的。在托克维尔的观念中，和卢梭一样，自由是我们人性的核心；它是界定我们之所以为人类的主要之物；它给予我们的灵魂以深度，给予我们的生命以尊严，因此，自由是最伟大的人类善。然而，自由在平等时代却受到了寄生于民主肌体之上的形形色色的现代专制主义的威胁。最终，只有一件事情才能维护自由，这就是"对自由的爱好；自由的愿望"④。正是这种爱好——自由之

---

① ［法］托克维尔著，董果良译：《论美国的民主》，商务印书馆 1988 年版，第 545 页。

② ［法］托克维尔著，董果良译：《论美国的民主》，商务印书馆 1988 年版，第 273 页。

③ ［法］托克维尔著，冯棠译：《旧制度与大革命》，商务印书馆 1992 年版，第 35 页。

④ Alexis de Tocqueville, The European Revolution and Correspondence with Gobineau, pp. 166-167.

热爱及其高尚的享受是托克维尔的政治教育所要保存和保护的目标。

第四节 自由的公民宗教

在托克维尔研究中，很少有什么问题像托克维尔的宗教信仰一样激起如此热烈的争论。一些研究者把托克维尔视为一位天主教徒，其中有两派意见：一派认为他始终是一位宗教信仰者；另一派认为在他生命的最后几周甚至最后几天回到了基督教信仰。

我们从托克维尔的信件中得知，在他16岁时由于正统家庭生活氛围的变化和对启蒙思想家作品的阅读，发生了一场全面的包括政治与宗教信条的精神危机。基督在他的心目中成为了一种毫无神性的道德符号；他以18世纪自然神论者的观点感受这位遥远的毫无特征的上帝。我们肯定不会相信，托克维尔在他的全部生活历程中一直是一位信仰者。有可能他会偶尔短暂地回到儿时的信仰，但是，《托克维尔全集》中有非常多的证据表明，他没有可能维持自己以前的信仰。当然，他对此深表遗憾，由于他始终对童年时期的天主教信仰保有一种深情的依恋，他仍然坚持参加星期日弥撒，像那个时代许多失去信仰的贵族所为，因为他不想让神甫难过，也不想招致教区其他居民的反感。据说，在他父亲去世后的1856年，他对信仰问题产生了更加敏锐的灵魂不安感。此外，有大量证据表明，他的夫人在1835年放弃新教后成为一位热情的天主教徒。因此，对托克维尔而言，问题不是他是不是一位天主教徒，这一点毋庸赘言，而是他在1859年春生命的最后时光中是否拥有天主教信仰与信条。

博蒙的一段记载引起了争议。在他为1860年出版的《托克维尔作品与未发表书信》的序言中写道："托克维尔作为一位基督徒走完了自己的生命旅程。人们常常谈到他的皈依，但这是错误的；他没有必要皈依，由于在他身上从未有过些许的非信仰痕迹。"接着，博蒙又削弱了这项声明。博蒙说道，托克维尔总是被"许多怀疑所折磨"，而他的宗教信仰作为他的政治信仰的一部分，包括在这许多怀疑之内。

通过考察这篇序言的草稿，或许可以解决这种行文措辞上的矛盾。这篇序言留下一个博蒙没有毁掉的草稿，从中可以看出在托克维尔夫人请求他修改这个草稿之前他的真实想法。在托克维尔去世前，他的妻子温柔地把他引向忏悔的话题，但托克维尔的反应非常强烈："不要对我谈起忏悔——不！不！没有人可以让我对自己撒谎，当我没有信仰时假装有信仰。我要保持自我，不会屈身说谎。"他的妻子又几次向他提起忏悔的事。他说道："我不会反感忏悔自身；相反，我会发现它非常甜蜜；它是基督宗教中最迷人最可欲的事情之一——然而，天主教忏悔的首要条件是，必须相信天主教会的所有信条。正是这些信条，我的理性总是在挑战它们，当在现实中我还依旧不能接受它们时，我不想承认或同意它们。"托克维尔夫人指出，任何人都可以进行忏悔，而不必要求坦白对这些信条的信仰；神父不会向他问起超出真诚忏悔之外的任何事情。这样，他就叫来了一位神父，向神父敞开心扉，坦白了自己罪恶。但仅此而已，神父也没要求他说明自己的真正信仰。托克维尔承认同基督教的沟通使他快乐，并且创造了一条和他妻子之间的惟一尚缺的纽带，但并没有在信仰上改变他的初衷。博蒙同托克维尔的朋友西尼尔——一位英国经济学家的谈话中，明确地指出了托克维尔没有真正皈依的事实："他带着怀疑离开了人世，我知道这一点。"

紧随托克维尔去世出版的一些文本努力让公众相信他的皈依。但是，托克维尔的两位朋友，作为了解托克维尔临终前情况的最好渠道，却始终保持沉默。其中一位朋友是凯尔戈莱（Kergorlay），托克维尔经常向他吐露自己最隐秘的思想。托克维尔去世前的最后一周里，他就生活在托克维尔的身边。另一位朋友是科尔塞勒（Corcelle），是他为托克维尔选定的医疗护理员。这个护理员在托克维尔的最后一周中生活在他的身边。护理员在给科尔塞勒的一封信中详尽、精确地描述了托克维尔临终前最后几个小时的时光，也没有提到托克维尔的临终皈依。科尔塞勒非常了解托克维尔前往戛纳时的内心情感，但他从来没有提及托克维尔临终前是一位基督徒。

总之，想象托克维尔临终前同他一生钟爱却无法接受其信条的一种宗教进行一次情感的沟通，这是可能的；轻率地相信托克维尔在临终病床上的改宗或皈依，没有明确的证据可以依赖。托克维尔虽然没有接受基督宗教的信条，但他一直对它抱有爱恋与崇敬之情；他虽然自身没有皈依基督宗教，但他却认为宗教是人的天性的第一需要。在涉及托克维尔自身的信仰问题时，对于这样一位具有活跃、灵活、热情、隐秘头脑的思想家而言，确定他的最终思想是一件鲁莽的事情。

对宗教的政治维度的关注是托克维尔政治思想的重要组成部分；宗教问题在其自由政治观念的构建和自由政治事业的追求中占据了重要的空间。在其晚年，他这样表白自己："人的真正伟大仅仅在于自由情感与宗教情感的和谐……三十年来（我的）惟一政治激情是带来这种和谐。"① 在施莱弗尔引用的没有注明日期的托克维尔的一段笔记中表明，在酝酿写作《论美国的民主》期间，他计划将自己的这部作品分为三个组成部分：他将首先讨论政治社会，包括联邦政府和个别州之间的关系以及公民与联邦之间的关系；其次是市民社会，关于公民自己之间的关系；最后是宗教社会，包括公民和上帝的关系及宗教派别本身之间的关系。② 在法国的后革命理智与政治氛围中，托克维尔给予自己的特殊任务是：结合启蒙思想与宗教信仰，使教会与民主社会共存。托克维尔的公民宗教观就体现了托克维尔在这方面的理智努力。

一、公民宗教的现代发言人

公民宗教被人们定义为："公民宗教是政治思想史中的一个主题，它关注宗教的政治功能。根据这种观点，宗教被看作是为公民

---

① Alexis de Tocqueville, Selected Letters on Politics and society, p. 295.

② James T. Schleifer, The Making of Tocqueville's Democracy in America, p. 7.

关系和公民义务提供的一种基本的基础。"① 公民宗教涉及服务于世俗的而非超世或来世目的的宗教。这个术语被用来描述为了政治目的而有意设计的古典时代的宗教，以及从政治有用性而非真实性的角度来考虑的圣经宗教。西方学者一般认为，关于神的信仰是一件具有极端政治重要性的事物；某种形式的宗教对于秩序良好的民主政体是基本的；通过对公民宗教的传统与现状的研究，有助于获得处理西方当代政治危机的洞见。

或许，托克维尔是现代社会中宗教的政治功能的最伟大的发言人；他对公民宗教的研究成为其毕生作品的一个主要部分。他的特殊关注是基督教与民主的自由之间的政治关系，他从历史和理论的角度研究了这个问题。传统的基督教是来世的，并以神学为中心。它教导人们，人生的主要目的是通过认识上帝和服从圣经中所揭示的他的意志来获得拯救。拯救的追寻同世俗目的的追求——不管是物质财富还是政治伟业相比，具有无限的重要性。上帝是仁慈的，但也是一位易怒的神。对于以信仰为代价而对世俗事务的追求，在圣经的教规中被认为是偶像崇拜，首要的罪恶。托克维尔是现代政治哲学中的一种传统的继承人与修正者；这种传统相信公民宗教的必要性，但对基督教信仰具有深深的敌意。例如，马基雅弗利公开批判基督教原则使人们蒙受苦难而不是使人们获得伟大成就，并同时将古典时代的公民宗教作为促进共和美德的典范。霍布斯以《利维坦》的一个重要部分来捍卫基督教共和国，但他也将宗教完全置于世俗的控制之下，并且因为他对圣经的阐释而受到自己时代的指责。或许抨击基督教而倡导公民宗教的最著名的现代政治思想家是卢梭。他相信并公开教导，基督教和共和政府是不相容的。他说道："当我说一个基督教的共和国时，我已经是错了；因为这两个名词是相互排斥的。基督教只宣扬奴役与服从。它的精神是太有利于暴君制了，以至暴君制不能不是经常从中得到好处的。真正的基督徒被造就出来就是作奴隶的；他们知道这一点，可是对此却几

---

① Seymour Martin Lipset [ed. in chief], The Encyclopedia of Democracy, p. 1052.

乎是无动于衷；这短促的一生在他们的心目之中是太没有价值了。"① 托克维尔对公民宗教和自由关系的反思贯穿于他的作品中，这是对于民主时代自由的命运的一种持续关注的产物。他认为，宗教作为一种"政治设施"的存在对于民主社会中自由的保存至关重要。他声称："专制制度可以不要信仰而进行统治，而自由的国家却不能如此。宗教……在民主共和制度下，比在其他任何制度下尤为重要。"② 然而，不同于上述思想家，托克维尔在政治基础上不是排斥基督教而是捍卫基督教，因为他相信，基督教信仰是现代自由民主基本原则的源泉，是惟一适合在民主时代维持自由的宗教。③

二、公民宗教观的四个层次的分析

由于托克维尔政治思想表述方式的流动性特征，为了便于组织论证，我们人为地把他对宗教与现代政治关系的分析分为四个层次。首先，他认为基督教与政治在制度上的结盟导致了基督教与现代民主的对立；其次，他提出基督教与政治在精神上或原则上的结合可以获得同现代民主之间的和谐；再次，他分析了基督教通过克制民主的内在专制主义倾向可以维护自由事业；最后，他认为民主内在的反宗教精神最终会削弱基督教的影响，因此必须对基督教的信仰形式进行修正以适应民主精神并保存信仰。

首先，托克维尔关注宗教与政治的直接原因是存在于 19 世纪

① ［法］卢梭著，何兆武译：《社会契约论》，商务印书馆 1997 年版，第 183 页。

② ［法］托克维尔著，董果良译：《论美国的民主》，商务印书馆 1988 年版，第 341 页。

③ 尽管托克维尔对天主教与新教之间的差异及它们在民主时代的不同前途进行了一些重要的思考，但他的首要政治关注是他相信对于所有基督教教派都共有的基督教道德观的命运。托克维尔也曾探讨过伊斯兰教、印度教各自教义的政治含义以及它们对政治生活的具体影响。

法国的基督教与民主的朋友之间的相互对立;① 而托克维尔的目的是获得这两个群体之间的和谐。他认为，民主与基督教之间的分裂是由于某一“特殊的和偶然的原因”，而不是因为在民主与宗教之间存在着天然的敌意。② 这种对立的表面原因是启蒙运动和大革命中的反宗教热情。法国18世纪的哲人相信，基督教有害于自由，因此应该被摧毁。但哲人对宗教的反对不是因为他们的理论教条同基督教原则不一致，而是因为存在于法国政府与教会之间的非自然的结盟。“基督教之所以激起这样强烈的仇根，并非因为它是一种宗教教义，而是因为它是一种政治制度”③。托克维尔相信，宗教信仰的天然力量来自人类灵魂的永恒的、不变的关注。宗教信仰的基础是对死亡的恐惧和对永生的希望；这两者都是人性固有的。所以，宗教情感是内在于人性之中的一种根深蒂固的天然偏好。④ 而当一种宗教将自己同一个政府结盟时，它就会拥有它不配享有的世俗权力，而必然削弱它自己应得的精神权力。由于政府的主权是暂时的，以不断变化的公共舆论和世俗利益为基础，所以当一种宗教和一个政府在体制上联为一体时，或采取一致行动时，它就会被人民视为政府的一部分，并总是随着政权的垮台而分担政府的不幸命运。因此，基督教之所以受到猛烈的批判不是由于宗教本身的原因，而是由于它和自身之外的旧制度的结盟。托克维尔同时在美国观察到，基督教在这里的和平统治首先是来自于教会与国家的分离。美国的教士规避政治活动，允许自己的集会在公共事务方面完全无涉。为了信仰的缘故，他们主动放弃了政治而不是分担它的变动。因此，在托克维尔的第一个层次的分析中，当宗教脱离于政治

---

① [法] 托克维尔著,董果良译:《论美国的民主》,商务印书馆1988年版,第13页。

② [法] 托克维尔著,董果良译:《论美国的民主》,商务印书馆1988年版,第349页。

③ [法] 托克维尔著,冯棠译:《旧制度与大革命》,商务印书馆1988年版,第46页。

④ [法] 托克维尔著,董果良译:《论美国的民主》,商务印书馆1988年版,第344页。

之时，像在美国一样，民主氛围对基督教非常有利；而民主与宗教之间的分裂不是由于宗教与民主之间的内在对立，而是由于在旧制度和复辟政治下天主教会的政治化。所以，政教分离的原则可以化解基督教与民主之间的敌意。

在第二个层次的分析中，我们可以发现，除了政治与宗教之间的公开结盟，或一个特定的教会和一个特别的政府之间的结合，在政治与宗教之间还具有一种更有意义的必然联系。他写道："在每一种宗教旁边，都有一种因意见一致而与它结合的政治见解。"① 托克维尔描述了基督教和政治之间在不同历史阶段的关系。从耶稣诞生以来，西方文明就开始了一场将民主或平等作为世界事务之主导力量的天意革命。基督教首先应该为这场革命负责，因为它最先把基本的民主原则引入世界。这些原则包括：人类所有成员本性上是平等和相近的；所有人都拥有生而自由的权利，因此，基督教为民主提供了道德基础，成为"现代道德的伟大源泉"。② 在罗马帝国时代，基督教首先把平等原则引入世界，它所产生的效果不是立刻改变人们的条件，而是提升他们的希望。在帝国的政治结构和天主教会的组织结构之间具有强烈的相似性。托克维尔认为，"天主教就像一个专制君主国"，"在天主教的宗教社会里只有两种成分：神职人员和普通教徒。只有神职人员高于信徒，而全体信徒虽然居于神职人员之下，但都是平等的"。③ 这同罗马皇帝同他的臣民之间的政治关系具有相似性。中世纪的基本原则是等级制与不平等。尽管平等原则在基督教与中世纪世俗世界的结盟中被遗忘，但在教会内部，在信仰生活中从来没有被完全抛弃。教会通过把它的等级向所有阶级开放，而使平等原则产生了潜在的政治效力。当教士获得政治权力之时，它也把产生自身的平等资格带入了政府。所以，

① ［法］托克维尔著，董果良译：《论美国的民主》，商务印书馆 1988 年版，第 333 页。

② Alexis de Tocqueville, The European Revolution and Correspondence with Gobineau, p. 208, pp. 190-193.

③ ［法］托克维尔著，董果良译：《论美国的民主》，商务印书馆 1988 年版，第 334 页。

教会对于政治权力的获得标志着将贵族社会转变为民主社会的一场社会运动的肇始。① 后来的新教改革直接而明确地把平等引入思想界。新教所立足的原则是：所有人都能够平等地发现通向天国之路；每一个基督徒都拥有平等地参与教会政府的权利。新教的一个派别——清教，作为"民主的和共和的基督教"，移民到美国的荒原之上，建立了一个以平等为基础的政体。这是自基督诞生以后第一个真正地建立在基督教道德的基本教条之上的政体。在美国开国之初，政治与宗教之间签订了一个立足于民主原则的联盟。在美国，宗教没有丝毫表现出对民主的敌意，教士不去批判反而促进政体的基本原则。而在法国16、17、18世纪，教会却完全无知于通向民主方向的社会变迁。由于教会与旧制度一致地反对民主，最终被一起淹没于民主革命的大潮之中。因此，托克维尔的第二个层次的分析表明了，教会与君主专制的结盟尽管有害自身，但这只是一种症状，真正的病因在于教会和濒死的贵族原则的结合；而当基督教同民主原则结合起来之时，它就有希望获得一种广泛而持久的统治。在这个层次的分析中，我们可以发现托克维尔的更深含义：尽管政教形式上的分离是可以避免的，但政治与宗教在精神或原则上的联系不可分离，宗教通过和进步的时代精神的结合可以继续获得自己的影响。

我们现在转向对托克维尔的公民宗教观的第三个层次的分析。托克维尔相信，宗教对于自由的民主社会的福利是必需的。托克维尔的一个悖论是：民主是一种神意的运动，但神意并不能保证民主必然是自由的。托克维尔相信，宗教对于民主的自由是基本的，由于它可以保护自由免受身份平等所释放出的专制主义倾向的毒害。民主时代自由的最大敌人是个人主义；民主人还产生了一种对于物质福利的过分关注——唯物主义。个人主义和唯物主义会使人们为了私生活的安宁而高高兴兴地牺牲自己的自由。当专制者答应每个人可以追求私人物质福利之时，人们会匍匐于这样一位主人的脚

① ［法］托克维尔著，董果良译：《论美国的民主》，商务印书馆1988年版，第5页。

下。民主国家还可能会在保留共和形式的同时失去自己的自由。民主政体的自然倾向是把所有政治权力集中于一个集权政府的手中。政府变得越来越强大和至高无上，而个人的重要性却一步步地收缩。强调差异性的个人权利会被人们鄙弃，并牺牲于政治上的需要。此外，人们还依靠政府的帮助来追求福利。最终，人们会失去独立地思考、感受与行动的能力。托克维尔关于基督教对自由的重要性的理解建立于这样的前提之上：人们拥有的关于上帝和人性的一般思想构成了几乎每一种人类行动的基础。在全部的这些思想上获得确定性，在所有理智努力中是最困难的。只有通过宗教信仰，人们才能获得“清楚的、确切的、人人都可以理解的和永久性的”对于这些基本问题的答案。通过对一种宗教信仰的接受，人们获得一套现成的可以使他们以一种整合与理性方式而行动的具有权威性的首要原则。① 公道与道德权利的概念就包括在这些被所有宗教，包括被基督教所传授的首要原则之中。对于每个个体的自由和尊严的同等尊重是基督教道德观的核心。在隶属于基督教道德观的民主国家，这些原则可以转化为政治权利，从而作为反对民主政府的专制倾向的堡垒。在美国，基督教统治着道德世界，多数“经常要在一些不可逾越的障碍面前止步”。托克维尔注意到，“法律虽然允许美国人自行决定一切，但宗教却阻止他们想入非非，并阻止他们恣意妄为”②。在美国，基督教对于人民的日常习惯也有一种决定性的影响。基督教通过兄弟般友爱的训诫，使人们从自我中走出来，挑战个人主义的疏离倾向。此外，基督教通过对妇女头脑施加有力影响而有助于美国人行为的节制。在基督教道德观的支持下，妇女们建立起有序的、宁静的家庭。由于家庭安宁的快乐，男人们学会了在私人和公共生活中调和自己的爱好与意见。③ 或许基督教

① ［法］托克维尔著，董果良译：《论美国的民主》，商务印书馆 1988 年版，第 538 页。

② ［法］托克维尔著，董果良译：《论美国的民主》，商务印书馆 1988 年版，第 338、339 页。

③ ［法］托克维尔著，董果良译：《论美国的民主》，商务印书馆 1988 年版，第 337～338 页。

给予民主社会最重要的教谕是灵魂不朽的信仰。这种信仰抵制了暂时的自私激情，使人们发现，在私人与公共领域中如果没有毅力和劳累，就没有什么持久的事情可以完成。这样，他们就学会了管理生活的艺术。此外，对超个人的、永生的原则的信仰还把人们的愿望提升到精神的高度，给予他们一种对自由的本能的热爱。①

如果说民主人意识到信仰的必要性，他们也对宗教有一种强烈的反感情绪。因此，对托克维尔的公民宗教观的第四个层次的分析表现为：托克维尔意识到，民主时代威胁自由的倾向同样威胁到了宗教的生存，因此必须对基督教进行形式上的改革，以适应民主精神。托克维尔认为，个人独立精神是基督教的“最危险敌人”。②而个人独立精神导致人们反对理智事物上的所有传统权威，而只依赖自我的判断。没有共同信仰，社会就无法存在，于是，传统权威被对多数意见或“公共舆论”的信仰所取代。一种新的宗教，“一种以多数为先知的宗教”出现了，③ 并构成了一种新的暴政——精神专制的基础，从而分割了对原有宗教的信仰。民主公共舆论由于通常包含一般性思想，所以把许多不同现象化约为最少的共同特性；个性、多样性、细节丧失在民主人压倒性的获得整合与简化的愿望中，从而导致了民主时代基督教的有力对手——泛神论的信仰。民主时代另一种危险的疾病是唯物主义；唯物主义的教导之一就是否认上帝或神的存在，它成为身份平等所产生的对宗教最严重的威胁。④ 于是托克维尔以美国为典范，提出了基督教信仰在民主时代保持影响的一系列建议：1. 基督教应“承认多数对人们思想的支配作用”，“决不反对多数”，从而首先保存了自身以反对民主

---

① ［法］托克维尔著，董果良译：《论美国的民主》，商务印书馆 1988 年版，第 345 页。

② ［法］托克维尔著，董果良译：《论美国的民主》，商务印书馆 1988 年版，第 545 页。

③ ［法］托克维尔著，董果良译：《论美国的民主》，商务印书馆 1988 年版，第 527 页。

④ ［法］托克维尔著，董果良译：《论美国的民主》，商务印书馆 1988 年版，第 678 页。

的非宗教倾向。① 2. 牧师应该只把自己的主权限制在宗教事务上，而把世俗事务留给"人们的自主和独立"及人们的"本性和时代的要求"。② 3. 基督教的性质和形式应根据民主的思维模式进行修正。基督教的神应该被描绘为一个"单一的而且万能的存在的观念，认为这个存在能够平等地和以同样方式将法律施予每个人"③。其次，基督教应该清除掉所有那些对于信仰的维护不是绝对必需的外在仪式。4. 基督教只有通过对民主时代自利统治的接受，才能获得中和与调节这种激情的能力。在托克维尔的建议中，他认真地在基督教外在的、次要的形式和基本的信条之间进行了区分，但是托克维尔对传统基督教的修正清除的似乎不只是不必要的外在形式。根据福音书的教诲："财主进天国是难的。"④ 信徒如果执着于尘世财富的竞逐与积累，必将会削弱他对天国的向往与追求。圣经教谕他世的、禁欲的性质同容忍自私的、肉体的人类激情的道德观形成鲜明的对立。因此，在托克维尔的建议中，他似乎危及了传统信仰的某些基本成分；但是，他相信，基督教要想不被民主力量所摧毁，没有其他的选择。另外，他还提出："对于社会来说，最重要的不是全体公民信仰什么教派，而是全体公民信仰宗教。"⑤ 所以不管托克维尔个人的宗教信仰如何⑥，根据他的理论逻辑，从一种政治的观点来考虑，基督教最终的真实性或虚假性是一件无关紧要的事情。这样，他就在宗教的基本信条方面、宗教的真实信仰方面危及到了真正的基督教的生存。

---

① ［法］托克维尔著，董果良译：《论美国的民主》，商务印书馆 1988 年版，第 545 页。

② ［法］托克维尔著，董果良译：《论美国的民主》，商务印书馆 1988 年版，第 544 页。

③ ［法］托克维尔著，董果良译：《论美国的民主》，商务印书馆 1988 年版，第 542 页。

④ 《新旧约全书·马太福音》19:23。

⑤ ［法］托克维尔著，董果良译：《论美国的民主》，商务印书馆 1988 年版，第 337 页。

⑥ Cf. André Jardin, Tocqueville: A Biography, p. 63, p. 528-532.

三、公民宗教观的三个断裂之处

从托克维尔的公民宗教观中，我们还可以发现其学说的三个内在断裂之处，即宗教的政治性同政教分离原则之间的关系；信仰的真诚性与有用性之间的关系；基督道德观同公共道德之间的关系。

1. 托克维尔一方面提倡教会与国家的严格分离；另一方面又主张教会必须尊重公共舆论，政治领导人必须公开拥护宗教信仰。从美国的例子中他发现，尽管宗教对于民主政体是基本的，但教会与国家的分离对于保存宗教又是必需的；尽管政教分离对于保存宗教是必需的，但又是不充足的，由于宗教在民主时代时刻处于危险之中。为了保存宗教，在托克维尔提倡分离原则的同时，他也建立起了一种宗教领导人接受民主公共舆论和政治领导人表达宗教信仰的公民宗教。托克维尔的公民宗教似乎揭示了一种对于宗教而言远比严格的政教分离更有意义的东西。托克维尔要求宗教领袖限制宗教的活动领域，减少宗教的外部形式，不是摧毁而是中和人类的激情；而他为立法者所开的处方是，不要试图建立国教，政府的行动应该表现得好像相信灵魂不朽的信仰，在重大事务方面同宗教道德保持谨慎的一致。① 托克维尔为民主时代的公民宗教所提出的最终告诫是，教会与国家都应该接受这样的主张：一方面，宗教对于自由的保存是基本的，政教分离对于宗教的保存是基本的。一方面，当民主发展之时宗教很可能在衰败之中。宗教与政治领袖应相互合作以保证宗教在民主时代的幸存；尽管教会与国家必须保持分离，但这种分离应该采取每一方都必须相互让步的方式。我们似乎可以发现托克维尔关于公民宗教的中庸的主张：国家与教会在外在形式（体制、职位、津贴等）上的分离是必不可少的，但国家与教会在内在精神（时代精神、政体原则）上的合作对于双方都是可取的。

2. 托克维尔提倡一种策略性的宗教信仰理念：一个人不需要在信仰方面是真诚的，就可以通过公民宗教促进公共利益；但另一

① ［法］托克维尔著，董果良译：《论美国的民主》，商务印书馆 1988 年版，第 678～680 页。

方面他又把公民宗教的有效功能建立在真诚信仰的基础之上。尽管托克维尔在正式文本中描绘的公民宗教明显是策略性的而不是真诚的，但他却把自己的公民宗教立足于真诚信仰的例子之上。尽管他没有公开提倡真诚的信仰，而他对民主宗教的描述却依赖于真诚的宗教信仰。托克维尔为宗教与政治领导人所开的处方似乎看起来削弱了真诚信仰。虽然托克维尔促进了一种策略性信仰，但他的论证逻辑和使用的范例却表明了真诚信仰对于公民宗教而言是关键的。(1) 托克维尔认为，民情约束了个人行为并限制了民主的唯物主义与个人主义罪恶；托克维尔把民情的起源确定于家庭特别是塑造家庭的妇女中。① 而美国妇女是基督教最真诚的信仰者。尽管托克维尔没有明确加以表达，但我们可以得出这样的主张：真诚的信仰是保存自由的民情的源头。尽管并不是所有的公民都有真诚信仰，但他们的行为却被具有真诚信仰的人的教导所约束。(2) 托克维尔声称，由于人们恐惧死亡，自然会拥抱宗教以获得和来世有关的宁静。人类灵魂自然会抵制真诚信仰的丧失，而那些放弃信仰的人也会持续地渴望真诚信仰的回归。② 因此，真诚的信仰立足于人的内在本性。(3) 托克维尔发现，美国是一个充满真诚信仰者的国家，他们的言行影响了怀疑论者，因此，即使是非真诚的信仰者也会认为宗教是有用的。这样，由于非信仰者藏起了自己的怀疑，信仰者公开了自己的信仰，一种有利于宗教的公共舆论就得以形成，宗教受到热爱、支持和尊重。③ 我们很难准确地确定托克维尔的真实位置。在他的直接陈述中，他似乎提倡一种意味着非真诚信仰的卢梭式公民宗教的策略。但另一方面，他也似乎注意到并欣赏美国虔诚的宗教信仰的活力。他的逻辑看起来似乎为共和国中的真诚信仰安排了一种特别的角色。虽然他没有公开呼唤人们走向宗教信仰

① ［法］托克维尔著，董果良译：《论美国的民主》，商务印书馆 1988 年版，第 337～338 页。

② ［法］托克维尔著，董果良译：《论美国的民主》，商务印书馆 1988 年版，第 344 页。

③ ［法］托克维尔著，董果良译：《论美国的民主》，商务印书馆 1988 年版，第 338 页。

的神坛，但他确实希望许多人会走向那里并对自己的信仰保持真诚。的确，真正的信仰者的存在为他的策略性公民宗教提供了有效性。这样，虽然在托克维尔的公开建议中没有号召真诚的信仰，但他的建议只能在一个包括真诚信仰者在内的背景中才能运作。

3. 根据托克维尔的政治逻辑，他利用宗教维持自由的建议似乎是不充分的。托克维尔认为，对于保存自由所必需的道德体系包括：涉及日常生活事务的私人组成部分和关于"每个公民对于国家的义务"的公共组成部分，即私人道德与公共道德。① 在1843年致戈宾诺的一封信中，他写道，不同于"古典国家的道德体系"，基督教道德观主要涉及的是个人在私生活方面的道德义务，没有强调"公共美德"或积极的公民义务。② 托克维尔觉得，更传统的古典美德，如勇气、爱国主义、自我牺牲和对正当权威的尊重，对于良好的公民资格、对于正常的自由程序是必需的。但在大多数情况下，他并没有把这些特性同他关于公民宗教的教导联系在一起。相反，他试图将"正确理解的自利"原则作为现代民主的公共道德的基本根源。在托克维尔的确定性分析中，他相信民主公共精神的创造更依赖于"把权利观念与在人心中生根的私人利益结合起来"，而不是依赖于流行的宗教信仰。最初，托克维尔拒绝重新审视古代公民宗教，或许是由于他相信，"盲目的献身和本能的为善的时代已经成为遥远的过去"，他不想使宗教负担一种不可能完成的任务，从而使它进一步承担风险。③ 但是，到了晚年，他接近了对公民宗教的古典理解。在晚年的信件中，他写道："某种对宗教真理的专注而不完全达到沉溺于另世思想，因此在我看来是最符合各种形式的人类道德观的状态。"教人远离世俗生活，漠视"公共美德"，关注个人苦修的书是不健康的。④ 他甚至提出："我

① Alexis de Tocqueville, Memoir, Letters, and Remains, 2: 328.

② Alexis de Tocqueville, The European Revolution and Correspondence with Gobineau, p. 192.

③ ［法］托克维尔著，董果良译：《论美国的民主》，商务印书馆1988年版，第655页。

④ Alexis de Tocqueville, Selected Letters on Politics and Society, p. 357.

希望教士在他们的灵魂中灌输的是：每个人都更多地属于这个共同的存在（民族，nations）而不只属于自己，没有人应对这个存在漠不关心，更不应该通过把这种漠不关心作为一种软弱的美德而削弱了我们许多最高贵的本能；每个人都对这个共同的存在的命运负责，每个人都有义务致力于它的繁荣，并且警惕它不被除了可敬的、仁慈的、正当的权威以外的人所统治。"① 这样，托克维尔在晚年明确地建议，基督教应该致力于传授公共道德，"公共美德"应该成为基督教道德观的有机组成部分，从而填补基督教道德同公共道德之间的裂缝，最终完善自己的公民宗教思想。

托克维尔的公民宗教观显示了他的自由主义思想的平衡性、调和性与灵活性。他不愿意由于提倡公民宗教而重新导致政治愚昧和强迫，但又希望宗教与政治在自由精神上相互支援；他希望人们拥有真诚的信仰，但又不希望对公民宗教的提倡带来新的宗教不宽容；他既希望公民宗教通过影响人们的私德而最终有益于公德，也希望公民宗教能够避免私人化而直接作用于公德。总之，托克维尔提倡公民宗教的最终目的是为了捍卫他所珍爱的自由事业，他在这方面所表现出的模糊与断裂之处，同时也表现为平衡性与灵活性的根本原因是，他不愿看到由于对公民宗教的提倡而有助于专制，特别是精神专制的滋生。

第五节　自由的政治体制

托克维尔对自由主义政治思想的主要贡献和创新之处不在于他对一个国家基本的、宏观的政治制度如代议制、联邦制、分权与制衡、司法审查等的描述；在这些方面，他基本上遵循了传统自由主义者特别是联邦党人的教导。托克维尔的创新之处在于他对构成一个国家非主干的、微观的政治体制或政治设置的探讨。他之所以关注微观的政治体制，是因为他认为民主将使中央政府成为多数人的传声筒，或成为社会权力的代理人，靠基本的政治制度设计来反对

---

① Alexis de Tocqueville, Memoir, Letters, and Remains, 2: 333.

专制已不再那么有效。在国家日益具有至上性、全权性和渗透性的另一面，是个人权利日益被削夺、个人权利观念日益淡薄。因此，反对专制的思路必须颠倒过来，不是自上而下，而是自下而上。个人通过微观的政治设置，一方面可以增强自己的力量，保障个人自由，另一方面可以获得政治经验，增强权利意识，从物质力量与观念力量两个方面抵制民主时代的专制倾向。这些微观的政治设置被托克维尔时常称为中间权力或次级团体。它的特征是双重的：一方面它是位于国家与个人之间的中介物，形式上是具有“贵族性质的法人”，另一方面它是由公民自愿平等地“联合起来”的组织，本质上具有民主的性质。中间权力是贵族形式与民主精神的结合；通过它，人民“就可以获得贵族性质的重大政治好处，而又不会有贵族制度的不公正性与危险。”① 虽然孟德斯鸠也曾探讨过中间权力在阻止君主专制、保障自由方面的功能，但他显然是从它们作为制度、作为政治实体的功能方面着眼的。而托克维尔既关注到了这些组织的政治实体功能——它们从制度设计方面捍卫了自由；另一方面他更关注这些组织的政治教育或文化塑造功能——它们向公民灌输了自由的技巧与精神。因此，托克维尔认为这些组织在捍卫自由方面是制度与精神的统一体，它们在民主时代更体现为一种政治社会化设置。托克维尔主要关注的在民主时代的中间权力有：地方体系、社团、陪审制度、新闻出版业等。

一、地方自由

在政治世界，托克维尔首先是作为众议院议员和外交部长为人所知。然而，托克维尔最珍爱的或许是他作为拉芒什省议会议长的职位；他对地方政府的参与，如博蒙所言，“或许是比其他更接近他的心灵的政治活动”②。他承担了登记选民的责任，他出席陪审活动，即使这些活动妨碍了《论美国的民主》的写作。

---

① ［法］托克维尔著，董果良译：《论美国的民主》，商务印书馆 1988 年版，第 875-876 页。

② Alexis de Tocqueville, Memoir, Letters, and Remains, 1: 68-75.

在托克维尔看来，地方自由制度，至少在欧洲，是中世纪——一个权力分散、渗透着“地方精神”的时代的馈赠。① 因此，中世纪是一个专断权力与伟大自由共存的时代；中世纪君主制至少从理论上保证了自由。② 的确，托克维尔声称中世纪的共同体常常采取直接民主的形式，地方官员是由“全体居民选举”产生的；并且宣称在新英格兰的乡镇同中世纪的法国社区之间存在着相似性。“二者彼此相似，就像一个活人和一个死人相似一样。二者命运迥异，事实上却有同一起源。由于远离封建制度，完全自己管理自己，中世纪农村社区就变成了新英格兰的镇区。”③

在《论美国的民主》中，托克维尔将对乡镇——第一个“行动中心”——的处理置于美国宪法之前，由于它是“自己生成的”，而宪法则是人类理性设计的产物。托克维尔高度赞扬乡镇的自由价值：同自由的形式——政府相比，它是“自由的精神。”“乡镇组织之于自由，犹如小学之于授课。乡镇组织将自由带给人民，教导人民安享自由和学会让自由为他们服务。”④ 托克维尔认为，正是在地方层次，人民不但学会运用自由的政治制度，而且更重要的是形成了对公共事务的关注和自由精神。但是托克维尔注意到，在一些没有真正的地方政府的欧洲国家，每一个居民都“认为自己是外来的移民，毫不关心当地的命运”⑤。他遭受了一种精神上的疏离感，“一种心灵上的不在地主制”。⑥ 当重大的变革发生

---

① Alexis de Tocqueville, Journeys to England and Ireland, p. 197.

② Alexis de Tocqueville, The European Revolution and Correspondence with Gobineau, pp. 45-46.

③ [法] 托克维尔著，冯棠译：《旧制度与大革命》，商务印书馆 1992 年版，第 88～89 页。

④ [法] 托克维尔著，董果良译：《论美国的民主》，商务印书馆 1988 年版，第 67 页。

⑤ [法] 托克维尔著，董果良译：《论美国的民主》，商务印书馆 1988 年版，第 103 页。

⑥ [法] 托克维尔著，冯棠译：《旧制度与大革命》，商务印书馆 1992 年版，第 158 页。

在自己国家时，他不曾参与，不曾了解，甚至对自己村庄的命运也无动于衷；他认为，像学校的条件、公路的修理等事务和自己毫无关系，而是属于一个称作政府的强大的陌生人。就居民自身而言，他“只是作为拥有用益权的人来享用他们拥有的财产，对这些财产既无占有的思想，又无任何改善的念头”①。相比而言，在具有乡镇政府体系的地方，如新英格兰，人们依恋于共同体，把自己的利益认同于它的利益，承认相互合作的必要性。“新英格兰居民之爱慕乡镇，并不是因为他们生于那里，而是因为他们认为乡镇是一个自由而强大的集体。他们是乡镇的成员，而乡镇也值得他们经营管理。”② 他们依恋自己的共同体，关心它的利益，因为他们承担了它的管理，为了它的福利而承担了自己的一部分责任，把公共的福利作为自己福利的源泉。③ 通过参与共同体的事务，他们把它看做是自我的延伸。

托克维尔不愿承认对地方事务的控制必然没有集权控制有效率。他观察到，依赖中央政府资助教育的共同体“会对自己的学校漠不关心”，但是当使用自己的金钱时，“他们就采取了极大的关注”④。然而，不同于当代西方主张参与权力从中央向地方转移的学者，托克维尔特别关注的是地方控制对于民主的自由的效果，而不是这种控制的实际效率。对他而言，地方参与不但给予了公民对公共事务的关注，还减轻了民主社会的原子化效果。它使人们走出自我，使他们忙于共同事务，教会他们意识到相互之间的依赖。每一个人发现，不像当初自己所认为的，他并不独立于他人；并且认识到为了得到他人的帮助，自己必须给予他人帮助。因此，地方控制重新把民主状态下分离的人民整合起来；由于它不断地提醒公

---

① ［法］托克维尔著，董果良译：《论美国的民主》，商务印书馆 1988 年版，第 103 页。

② ［法］托克维尔著，董果良译：《论美国的民主》，商务印书馆 1988 年版，第 74 页。

③ ［法］托克维尔著，董果良译：《论美国的民主》，商务印书馆 1988 年版，第 76 页。

④ Alexis de Tocqueville, *Journey to America*, p. 220.

民生活在社会中，重新编织起了平等倾向于拆解的社会结构。地方自治因此扩展和强化了社会纽带。在这样做的同时，它还教给人们自助精神。当社会强大而个体虚弱之时，每个人都对自己独立作为之能力有很低的评价。但是，地方自治通过向人们表明他们能独立地为自己做些什么，既提供了个人自我信赖的信念，也给予了他们政治结社的经验。集权形成了对国家的依赖，而地方自治哺育了独立行动的习惯。人们在地方政府中习得的经验使他们不太依赖于集权行政而更依赖于私人结社与自我，从而使他们更愿意也更能够联合起来独立行动。通过对公民的社会化，地方政府自治反击了民主的双重危险倾向：个人主义与集权。它强化了个体，而减少了国家的权力，最终捍卫了自由。①

但是，托克维尔对地方自治、"地方精神"的强调也给自己带来了一个两难困境：一方面，他为民主专制推荐的主要解毒剂是行政分权，地方自治的主要效果就是抵制了中央集权；另一方面，他又似乎在几个场合承认多数专制如果爆发的话，更有可能在地方层次恶化。例如，他在一篇草稿中写到，地方激情一旦被引燃，只能产生可同血亲复仇相比的热度。② 他所举的几个多数专制的例子都发生在美国的乡镇与城市。正是在这里，持异议的个人或少数发现自己更容易受到民众机关如警察与陪审团的支配，更容易受到大众暴力的攻击，更容易承受地方多数的潜在的压力与恐吓。在《论美国的民主》的开端，他就有些惊讶地描述了马萨诸塞和康涅狄格清教徒的道德与宗教法规，认为：只有注意到这些措施是由人民

---

① 我们应该注意的是，托克维尔的通过地方自治政府行使政治自由的"参与"不应混淆于当代社会科学文献中的术语"参与"。对于当代使用这个术语的几乎所有学者而言，"参与"意味着一种使观点、决议与计划倾向于一致性的非常明显的权力集中过程。公民的"参与"被限制于把自己的意见、利益与愿望引入一个所有参与者获得一致性认识的过程。参与的目的不是多样化，而是一致性与集中性。这种参与显然不同于托克维尔的参与内涵。

② Quoted in James T. Schleifer, The Making of Tocqueville's Democracy in America, p. 214.

自己投票产生时，才能原谅“这些奇怪的或者专横的法律。”① 托克维尔在将大国与小国相对比时，也提到了城市国家的潜在威胁：“当小国出现暴政时，它将比其他任何地方都要施虐，因为在极小范围内实行的暴政会及于这个范围的一切事物。……它把它的统治从所谓的政治界渗入到私人生活。”② 最后，托克维尔对美国公共官员的专横权力的关注也部分反映出了他对地方压迫可能性的认可。在给贾里德·斯帕克斯的信中，他提到，地方选举的官员具有的“监视居民的道德”的义务使他感到不安。③ 因此，正是他称赞的作为行政集权的替代物和多数专制主要堡垒的地方控制，也有助于地方多数对于个人和少数的压迫。托克维尔现在遇到了其民主理论中的一个基本困境。一方面，他坚称，活跃的地方政府是民主的集权倾向的必要平衡物。但另一方面他又意识到，正是地方多数最具有潜在的压迫性。毕竟，地方正是多数物质的、道德的和心理的权力的核心。乡镇生活的鲜明特色就是规范的一致性与隐私的缺乏，这就使得差异性与多样性的保有更为困难和危险。而地方越独立，对于地方多数意志进行约束的可能性就越小。繁荣的地方精神意味着，一条通过行政集权通向民主专制的道路被堵塞了，但另一条通过地方多数暴政的民主专制之路又被打开了。然而，托克维尔从来没有明确地表述过地方自由的这种基本困境。那么，托克维尔为什么热情地赞扬地方自治政府但却没有充分地承认在地方层次暴政更大的可能性呢？或许，最重要的原因之一是，在美国，乡镇政府的好处而不是它的弊端给他留下了更明显的印象。理论上，一个由观念开明和政治成熟的公民组成的乡镇会大幅度减少地方暴虐的可能性。或许，托克维尔不去有意地对地方控制进行批评，是由于他在法国正在致力于行政分权计划，他没有必要授以自己政纲的反

---

① ［法］托克维尔著，董果良译：《论美国的民主》，商务印书馆 1988 年版，第 43 页。

② ［法］托克维尔著，董果良译：《论美国的民主》，商务印书馆 1988 年版，第 179 页。

③ Quoted in James T. Schleifer, The Making of Tocqueville's Democracy in America, p. 215.

对者以口实。或许，他在拉芒什省顺利的从政经历使他认为，地方上的人民可以被教育、被激发和被塑造，从而得出了对地方自治政府高度的评价。

美国此后历史上出现的多数对权力的滥用，特别是对种族和人种的少数的压迫确实证明了托克维尔在民主专政方面的洞察力；但托克维尔没有预料到，所谓的“多数暴政”常常发生在地方、州、地区层次，而不是联邦层次。相反，正是联邦政府主动采取了保证社会正义、少数权利和公民自由权的措施。他没有发现也不愿承认的是，行政分权由于把地方从联邦或州的限制中解放出来，不但传授了实际政治经验和激发了共同责任感，而且也把地方拱手交给了地方多数之手。地方越独立，地方多数越能够通过政府机关、公众压力、陪审团甚至暴力，毫无约束地施加它自己的价值与观点。因此，托克维尔关于地方政府的建议涉及了一个困难的抉择，一个他通常很快就会注意到的关于民主社会的微妙的平衡问题。他的疗方阻止了行政专制的崛起，也同时为可能是最绝对的地方多数专制打开了一扇更宽阔的门。因此，如果我们把托克维尔的中道自由主义完全理解为一种绝对平衡的或中庸调和的学说，似乎是不全面的，他的学说的中道性也体现在面对现实政治生活与实践时的灵活性，非教条性。

二、结社自由

如果说托克维尔探讨的地方自由带有太多传统烙印的话，那么他提到的在民主社会中具有民主特色的最重要的次级团体或中间权力就是自愿性社团。不但在美国，他在英国也发现，个人主义是民主社会的特性，但正是由于结社方法的运用，完成了个人无法独立完成之事，克服了个人主义的内在缺陷；正是由于两种相反的精神——“结社精神”和“排他精神”在英国民族中的高度发展与亲密结合才保证了英国人民的自由力量。① 他甚至认为，在贵族制已

---

① Alexis de Tocqueville, Journeys to England and Ireland, pp. 87-88.

经消亡、社会生活中充斥着平庸与庸俗、人民萎靡不振之时，结社艺术关乎人类文明的前途。①

类似于对地方自由的评价，托克维尔说道："可以把政治结社看做是开办一所免费的大学，每个公民都可以到那里去学习结社的一般原理。"② 政治结社和地方自由一样，有助于克服民主时代的个人主义与集权倾向。同样，非政治的和市民的结社（如职业组织、慈善协会、俱乐部、宗教团体、工会、商业协会等）也使孤立的个人走在一起，使他们参加公共生活。"人只有在相互作用之下，才能使自己的情感与思想焕然一新，才能开阔自己的胸怀，才能发挥自己的才智。……这样的相互作用，在民主国家几乎等于零。因此，民主国家要人为地创造这种作用，而能够创造这种作用的，正是结社。"③ 的确，托克维尔似乎认为市民结社甚至比正式的政治结社更为基本。他警告道："如果他们（民主国家的人）根本没有在日常生活中养成结社的习惯，则文明本身就要受到威胁。"④ 不管怎样，两种形式的结社都传授了"结社的学问"，⑤ 每一种通过相互促进与改善都强化了另一种。近代早期的政治作家们如卢梭、联邦党人等常常担心党派、宗派、社团会分裂社会，托克维尔则相反，他认为，社团对于维持一个自由的民主社会是必不可少的。它不会分裂民主社会的整合性，而是克服了民主的内在分裂倾向；它团结了而不是分裂了公民。"没有比社会情况民主的国家

---

① ［法］托克维尔著，董果良译：《论美国的民主》，商务印书馆 1988 年版，第 640 页。

② ［法］托克维尔著，董果良译：《论美国的民主》，商务印书馆 1988 年版，第 647 页。

③ ［法］托克维尔著，董果良译：《论美国的民主》，商务印书馆 1988 年版，第 638 页。

④ ［法］托克维尔著，董果良译：《论美国的民主》，商务印书馆 1988 年版，第 637 页。

⑤ ［法］托克维尔著，董果良译：《论美国的民主》，商务印书馆 1988 年版，第 640 页。

更需要用结社自由去防止……专制，"① 结社艺术在这样的国家中已成为公民行动之母。

结社不但可以阻止行政集权的暴政，还有助于阻止多数人的精神暴政。自由的结社既反对了个人主义的政治效果，也反对了它的文化效果。当社会条件平等之时，公众意见给个人带来了极大的压力。公共舆论"包围、指挥和控制每个个人的精神。……随着人们更加彼此相似，每个人也就越来越感到自己在大家面前是软弱的"。因此，当个人的观点同多数人的观点发生碰撞时，他就会失去自信心：他不仅失去自己的力量，而且"开始怀疑自己的（持有一种不同观点）的权利，而当绝大多数人说他错了的时候，他会几乎完全认错"②。大众意见成为惟一合法的观点。而结社则以团体的道义力量支持了在道德与理智事物方面观念的多样化。它以分散公共管理的同样方式分散了公共舆论。它打破了作为一个整体的民主社会的庄严的外貌，以一种多元性与多样化取代了一致性与同一性。正像自愿性社团有助于在个人与集权国家之间进行调解，它也有助于在个人与大众社会之间的调解。它不仅部分取代了更早时代产生的观念与信仰多样化的强大的团体和地方多样性，还有助于产生和维护被大型的但非压倒性的团体所拥有的观点的多样化。多样化的事实鼓励了这样的信仰：即使多数认为一个人是错的，他也有可能是正确的，而且由于社团带来了其他人对某个人的观点的共享，事实上也给予这个人抵制大众观点所必需的自信心。

托克维尔虽然盛赞结社自由促进了对公共事务的参与，产生了对公共利益的关注，团结了公民，增强了他们的力量，反对了行政集权，抵制了观念与价值的同质化，但他对于人们是否应该拥有没有限制的结社自由权的态度却是摇摆不定的。一方面，他怀疑，"在任何国家，在任何时代，不对结社自由加以限制是明智之举"。

---

① ［法］托克维尔著，董果良译：《论美国的民主》，商务印书馆 1988 年版，第 216～217 页。

② ［法］托克维尔著，董果良译：《论美国的民主》，商务印书馆 1988 年版，第 809 页。

但他马上又说道，不管谁主张对结社进行限制并认为这种限制有利于繁荣与安定，他必须知道“获得这些珍贵的东西是要付出代价的”。的确，“为了拯救一个人的生命，锯掉他一只胳臂，这是我可以理解的。但是，我决不敢担保他在断臂之后仍会像以前那样灵活。”① 这种犹豫不决反映了托克维尔灵活的、非教条性的、辩证的政治思维：政治世界不存在绝对的善和绝对的恶，善恶是可以相互转化的，甚至恶与恶也是可以相互抵消的。

当代学者往往给予托克维尔的结社思想以一种多元主义的阐释。这种阐释认为，社团是代表具有共同利益的个人的团体，在个体与国家之间构成了一种缓冲器；正是这些追求狭隘的自我利益的团体行动会产生一种“功能代表制”；最终，这些竞争性利益所导致的平衡会大致地反映出普遍福利。通过游说、妥协、传播信息和选举，社团成为“产生和维持民主社会所必需之共识的途径”②。托克维尔的确主张社团可以成为个人与国家之间的、能够取代贵族社会传统团体的中间性权力。“政治的、工业的和商业的社团，甚至科学和文艺的社团……在维护自己的权益而反对政府的无理要求的时候，也保护了公民全体的自由。”③ 此外，他也的确说道，社团总是使用法律机制和立法过程，寻求说服多数投向它的利益，认同它的思想，“他们总希望把多数拉进自己的阵营”④。然而，这只是托克维尔的表面或浅层意图。

有时，在词语使用中常常会出现这种现象：当词语的外表形式仍在保留时，它的原本意义却被抽空了。我们可以发现，多元主义者只是排他性地使用名词“社团”（association），而无视托克维尔

① ［法］托克维尔著，董果良译：《论美国的民主》，商务印书馆 1988 年版，第 650 页。

② ［美］西摩·马丁·李普赛特著，张绍宗译：《政治人：政治的社会基础》，上海人民出版社 1997 年版，第 6 页。

③ ［法］托克维尔著，董果良译：《论美国的民主》，商务印书馆 1988 年版，第 875 页。

④ ［法］托克维尔著，董果良译：《论美国的民主》，商务印书馆 1988 年版，第 218 页。

对动词“联合”（s'associer）的经常性使用。在多元主义者对托克维尔的结社思想的阐释中，名词“社团”是作为一个已经建构了的在我们之上的一样东西，作为一种超出我们控制的具体化的存在。而当托克维尔使用动词“联合”时，他传达的是位于他的结社思想核心的有目的的行动感与能力感。托克维尔当时的法国作者之所以赞美社团，是因为社团通过把个人在共同努力中联合起来而克服了个体的原子化与疏离感。① 中世纪对动词“联合”的使用表达的是一种朋友间的共同行动感。而这些作者常常把这些社团比作博丹与孟德斯鸠所珍爱的置于国王与臣民之间的中间性社团。托克维尔对结社自由的提倡主要是因为他要解决当时他的同代人所关心的疏离、私人化、社会的破碎、无能为力等问题，而不是在变动不居的民主社会中维持私人物质利益的安全与获取。所以托克维尔会声称，工人和老板，仅仅相互间靠自利联系在一起，只有“经常的关系，但是没有真正的联合（association véritable）”②。他坚称，一个社团是一种指向“靠分离的努力无法完成”的事情的共同努力。③ 社团的功能主要不是利益的获取与一致的达成，而是能力的培育与多样化的实现。

托克维尔不是把一个社团作为被动的公民利益的代表，而是把“结社的技巧”称作是“共同行动的技巧”。所有的个人，而不只是少数，必须活跃起来，因为“他们如不学会自动地互助，就将全都陷入无能为力的状态”④。在一个被托克维尔的社团所主导的想象的政治图画中，人们不仅仅希望获得权力以保证自己的利益，他们还积极地行动以执行自己的目标。“在美国，结社的能力达到了它的最高程度……一个人从来不会求助于一个更高的权威来寻求成功，而是诉诸于在和谐一致中运作的个人们的能力。”⑤ 如果社

① Roger Boesche, The Strange Liberalism of Alexis de Tocqueville, p. 126.

② Cf. Alexis de Tocqueville, De la démocratie en Amérique, 2: 142.

③ Alexis de Tocqueville, Journeys to England and Ireland, p. 88.

④ ［法］托克维尔著，董果良译：《论美国的民主》，商务印书馆 1988 年版，第 646、637 页。

⑤ Alexis de Tocqueville, Journey to America, p. 219.

团的成员不能直接见面，他们就得在“选举团”中联合起来，并“选出代表到中央立法机构去代表本社团”，通过代表统治自己。而这样的组织就上升为更高层次而不再是社团了。① 社团不是全然排他性的，它主要追求的是公共目的；即人们在社团中追求关于共同善的理念，而不只是私人利益。托克维尔热情地赞扬美国人民为共同利益所作出的努力。同美国相比，“世界上没有一个国家能够使它的人民最终对社会福利做出如此大的贡献。”② 而这一切系于人民的结社能力。当他探讨社团时，他强调的不是那些为了物质自利而游说的社团，而是那些为了共同利益而合作行动的社团。这解释了为什么他会把“乡镇、市、县”作为首要的、甚至是原型的社团的原因。③ 下面一段话揭示了托克维尔心目中的社团具有主导性的公共性质。“美国人不论年龄多大，不论处于什么地位，不论志趣是什么，无不时时在组织社团。……为了举行庆典，创办神学院，开设旅店，建立教堂，销售图书，向边远地区派遣教士，美国人都要组织一个团体。他们也会用这种方法设立医院、监狱和学校。在想传播某一真理或以示范的办法感化人的时候，他们也要组织一个团体。”④ 我们可以看出，托克维尔的结社思想不是对自利政治的一种多元主义捍卫；如果我们把他的结社思想置于他所界定的民主社会的主导文化氛围中的话，甚至可以理解为是对利益集团政治的一种批判。多元主义阐释是对托克维尔的结社思想的一种庸俗化与简单化。

① ［法］托克维尔著，董果良译：《论美国的民主》，商务印书馆 1988 年版，第 214 页。

② ［法］托克维尔著，董果良译：《论美国的民主》，商务印书馆 1988 年版，第 102 页。

③ ［法］托克维尔著，董果良译：《论美国的民主》，商务印书馆 1988 年版，第 213 页。

④ ［法］托克维尔著，董果良译：《论美国的民主》，商务印书馆 1988 年版，第 635 页。

三、陪审制度

托克维尔高度评价陪审制度维护自由的功能。“一个人不可能想象到，一个民族，其陪审制度已被牢固地建立，但却不是一个自由的民族。”① 在正式文本中，托克维尔认为陪审制度主要是政治制度而不是司法制度，他更关注它的文化功能而不是它的制度功能。他这样说道：“我不知道陪审团是否对诉讼的人有利，但我确信它对主审的法官有利。我把陪审团视为社会能够用以教育人民的最有效手段之一。”像对地方自由、结社自由的评价一样，他把陪审制度看做是“一座常设的免费学校”②。所以，在正式文本中，他主要称赞了陪审制度的教育功能，而非它的司法效率或司法分权功能。他是这样称赞陪审制度在培养自由技巧与自由精神方面的文化功能的：（1）它把法官对法律的强调、法治精神灌输给普通公民；（2）它使公民意识到只有维护了对他人的公正判决，才能得到自己的公正判决，从而养成了权利观念；（3）它培养公民维持自由所必需的独立判断和自我负责的精神；（4）它使公民参与公共事物，养成公共精神，克服了自利思想；（5）最终，它传授公民参与政治与司法活动的知识，培养了他们参与政治与司法活动的技巧。③ 而托克维尔的观点“陪审制度首先是一种政治制度”④，显然来自他旅美期间宾夕法尼亚一位非常机敏的年轻法官吉尔平的陈述。吉尔平对陪审制度是这样评价的：“1. 它使判决得到尊重；2. 陪审制度给予人们一种现实中公道的重大经验；3. 它反对了社会毁坏所造成的个人自利主义；4. 它令人可信地形成判决和提高了人民的智慧，是一所学校”。总之，“甚至在民事诉讼中，在陪

---

① Alexis de Tocqueville, Journey to America, p. 297.

② ［法］托克维尔著，董果良译：《论美国的民主》，商务印书馆 1988 年版，第 316～317 页。

③ ［法］托克维尔著，董果良译：《论美国的民主》，商务印书馆 1988 年版，第 316 页。

④ ［法］托克维尔著，董果良译：《论美国的民主》，商务印书馆 1988 年版，第 313 页。

审制度建立的地方，专制主义就变得不切实际了"①。可见，托克维尔在正式文本中对陪审制度的主要功能和主要观点几乎照搬了吉尔平的评价。

根据托克维尔的正式文本的观点，人们认为："正像他主要关注分权的政治效果而非行政管理效果，他更关注陪审体系的政治效果而非司法效果。"② 甚至还有人认为："托克维尔赞美这些机构主要不是因为它们限制法官权力的能力，而是因为它们灌输法律之爱和防止公共精神消蚀的能力。"③ 托克维尔确实突破了传统自由主义对陪审制度的狭隘认识，但他并没有完全忽视陪审制度的制度功能。比如在旅美期间的笔记中，他在赞美陪审制度的文化功能之前，首先明确地写道："此外，我不会相信，如果陪审制度不存在，一个人可以安全地把判决法律合宪性的权利托付给一个常任的司法团体。现在，法官的这种权力是治疗民主错误的最大疗方之一。构成了一个绝对分离的团体的法官对自由会是危险的，或许会很快失去他们的权力。"④可见，托克维尔在这里共享了传统自由主义对陪审制度防止制度性暴政，包括少数与多数专断权力的关注。托克维尔之所以在正式文本中没有强调陪审制度或司法功能，一方面是为了突出自己观点的新颖性，另一方面是为了显示出自己作为一个"新型自由主义者"的独特身份，但并没有丧失自己的政治思维一向所保持的平衡性。

就像对待地方自由的暧昧态度一样，托克维尔对陪审制度的消极功能似乎也表现出了一定程度的不安，尽管这种态度并没有在正式文本中得到明确的表达。托克维尔将陪审制度作为多数专制的重大障碍之一。他赞美它传授了对法律的尊重、权利意识、公民责任感，并形成了人民的判断和提高了他们的实践知识。然而，在不止

① Alexis de Tocqueville, Journey to America, pp. 277, 286-287.

② Jan H. Blits, "Tocqueville on Democratic Education: The Problem of Public Passivity".

③ Bruce James Smith, "A Liberal of a New Kind". Ken Masugi, Interpreting Tocqueville's Democracy in America, p. 68.

④ Alexis de Tocqueville, Journey to America, p. 296.

一个场合，他被告知，陪审制度有时会被作为批准地方过激行为与偏见的合法印章，而不是作为对它们的制约。他曾经宣称："陪审制度只不过是对被允许所作之事和禁止所作的反对社会之事作出判决的人民。"①

克鲁斯先生——巴尔的摩一份主要报纸的编辑，向托克维尔讲述了1812年战争期间的一个陪审团的事例。该陪审团曾宣布追逐和殴打一个反战记者及其朋友的一伙暴众无罪，这伙人甚至还杀害了一位战争的反对者。② 1832年1月，托克维尔又听到一位律师所讲的事例。阿拉巴马人以暴力行为而著称，经常求助于刀子与枪来解决争吵。"但是，"托克维尔问道："当一个人像这样被杀死后，他的谋杀行为不会受到惩罚吗？""除非在非常严重的情况下，他总是被送来审判，并总是被陪审团宣告无罪……暴力行为已被接受。每位陪审员都觉得，在离开法庭后，他可能会发现自己处于和被控者同样的情况中，他就宣布无罪……因此，正是人民在审判自己，它在这方面的偏见妨碍了它的良知。"在听到这种惊人的评论后，托克维尔禁不住问他的受访者对于一般的陪审体系的看法。"我们的陪审制的不利之一，"这位美国人回答，"是他们来自太小的地区（县），陪审员在讨论之前就了解了事件。案件在审问之前就被判决了，并且是在酒馆中被判决的。"③ 因此，克鲁斯和来自阿拉巴马的律师已经暗示了陪审制度的一个关键缺陷：对于那些因为受到地方多数赞成而不管有多么可憎的行为，陪审团不会判决有罪。此外，律师还声称，陪审员经常仅仅反映地区偏见，并把在此之前已经到达附近酒吧的公众判决合法化。

博蒙在其小说《玛丽，或美国的奴隶制》中讲述了一个混血儿因为殴打了一个白人，在群众的喝彩声中未经陪审团的任何考虑就被宣告有罪。"或许他有罪；但是如果他是无辜的，难道不会遭

① Alexis de Tocqueville, Journey to America, p. 153.

② Alexis de Tocqueville, Journey to America, pp. 159-160.

③ Alexis de Tocqueville, Journey to America, pp. 107-109.

受同样的命运吗?"① 博蒙的故事回应了两个美国批评者的评论,并且又一次暴露了陪审体系的一个基本缺陷。这种机构同提供陪审员的公众相比,可能会更不冷静,更不公正和更有偏见。无论如何,它只是公众舆论的一面镜子,所以成为暴政的潜在工具。

因此,托克维尔对陪审制度极端积极的态度令人有点困惑。尽管他在讨论可能导致多数暴政的人民的无限权威时曾观察到,"陪审团就是拥有宣判权的多数"②,但很大程度上,他没有在他的著作中认识到或警告他的读者:陪审制度也可能是一个压迫性多数的更可怕的工具之一。相反,1835 年出版的《论美国的民主》在将陪审制度作为对多数至上主义专制的一种主要的制衡手段时,基本上表现出了一种片面的观点。托克维尔对也可作为一项主要的地方体制的陪审制度的评价仅仅是他的一个更大的困境:对地方精神价值强调的组成部分之一。托克维尔在陪审制度上的失察之处也许表现了他的政治思维的特征:感受能力胜于理性思维能力,洞察能力胜于推理能力,这也许是他为了使事实更符合自己的思想而有意导致的疏忽。

四、新闻自由

在正式文本中,托克维尔高度评价了新闻自由在维护自由中的具体表现。新闻自由可以克服民主社会个体的疏离与无力感。"平等使人孤立和失去力量",报刊是"被最软弱和最孤立的人利用的强大武器……报刊可以使他们向本国的公民和全人类求援。"③ 出版自由不仅产生了使分散的个人得以沟通与交流的直接效果,它还具有维护那些被多数所排斥的非主流观点的间接效果。它有助于人

---

① Quoted in James T. Schleifer, The Making of Tocqueville's Democracy in America, pp. 213-214.

② [法] 托克维尔著,董果良译:《论美国的民主》,商务印书馆 1988 年版,第 290 页。

③ [法] 托克维尔著,董果良译:《论美国的民主》,商务印书馆 1988 年版,第 876 页。

们维持独立于公共舆论甚至和公共舆论相反的观点。① 因此，新闻自由促进了观点的多样化，反对了思想专制。报纸不仅提供了多样化的信息，它还代表着一个社团。它为社团的联合提供了手段，为社团提供了活动的能量。报纸还通过公民之间信息的沟通，有助于公民对地方事务的了解，为行政分权与地方自治提供了手段。报刊不仅“维护自由”，“还能维护文明”②。它可以向许多人提出共同行动的计划，以及执行计划的办法，从而增强人民联合行动的能力，推动了人类文明的进步。在正式文本中，托克维尔反对出版审查制度，认为它违背了人民主权原则。虽然他认为：“在出版问题上，屈从与许可之间没有中庸之道。”③ 但是他也坦言，他对出版自由并没有“完全坚定的爱好”；他“之所以爱好出版自由，主要是因为它能防止弊端，其次才是因为它本身好”④，表现出他对新闻与出版自由一定的保留态度。

如果我们结合托克维尔的正式与非正式文本中对新闻自由的论述，我们可以发现他并没有把新闻自由本身作为一种绝对的善，而是又一次体现了他的中道立场，希望“在思想的完全自由和俯首听命之间指出一个可使我相信的中间立场”⑤，在自由与秩序之间寻找一个平衡点。只要社会能够保证出版物广泛的多样性，只要它能够阻止少数几个信息来源主宰公共舆论，托克维尔就会在完全的新闻自由中找不到危险，而是发现许多优点。“我越深入研究出版自由的主要成果，便越深信它在现代世界里是自由的主要成分，也

① ［法］托克维尔著，董果良译：《论美国的民主》，商务印书馆 1988 年版，第 204 页。

② ［法］托克维尔著，董果良译：《论美国的民主》，商务印书馆 1988 年版，第 640 页。

③ ［法］托克维尔著，董果良译：《论美国的民主》，商务印书馆 1988 年版，第 207 页。

④ ［法］托克维尔著，董果良译：《论美国的民主》，商务印书馆 1988 年版，第 202 页。

⑤ ［法］托克维尔著，董果良译：《论美国的民主》，商务印书馆 1988 年版，第 203 页。

可以说是自由的基本组成部分。因此，一个决心保卫自由的国家，有权要求人们全力尊重出版自由。”① 但是，真正的新闻自由具有明确客观的标准。一旦信息的“集权”被确立起来，一旦国家依靠两三个信息来源或一个城市依靠一份主要的报纸，那么信息自由就成为幻想，因为观点不再是由大众构成的，而是通过等级制形成的。② 由于集权化的信息来源往往给予每个人同一的观点，地道的新闻自由同新闻来源的数目与多样性直接成正比。虚假的新闻自由也会成为专制者的得力帮凶。“只有报纸，才能在同一时间将同一思想灌输于无数人的脑海。”③ 政府的集权总是会带来新闻来源的集中；前者限制自由，后者给予自由的幻觉。

托克维尔并未给予新闻自由以一种无条件的、绝对的认可。他在《旧制度与大革命》一个删掉的边记中写道：“在政治科学的所有部分中，没有什么比和新闻有关的这些事情更多地被讨论和更难以判断，由于指导政府这部分的规则不仅是不同的，而且是绝对对立的，应依赖于时代。”④ 新闻自由的规则应依时代与形势来制定。所以托克维尔赞成因为三种不同的、宽泛的原因可以限制新闻。首先，限制有时在公共危机时刻是合理的，如战争期间。在骚动的1848年8月的日子，他赞成对一些出版物进行审查的措施，尽管当这些限制涉及他认为无害的期刊时，他感到有正当的理由发怒。⑤ 他解释为什么他会提出中止巴黎俱乐部活动和限制新闻的立法：“就我而言，我相信：对国家的恐惧和正当的怨恨作出重大的

---

① ［法］托克维尔著，董果良译：《论美国的民主》，商务印书馆1988年版，第215页。

② ［法］托克维尔著，董果良译：《论美国的民主》，商务印书馆1988年版，第207～209页。

③ ［法］托克维尔著，董果良译：《论美国的民主》，商务印书馆1988年版，第641页。

④ Alexis de Tocqueville, The Old Regime and the Revolution, Notes and Variants: p. 391.

⑤ Alexis de Tocqueville, Oeuvres complètes d'Alexis de Tocqueville, Ⅷ, pt. 2, p. 39.

让步是明智和必要的；在这样的一场暴力革命后，拯救自由的惟一方式是限制它。"① 其次，托克维尔赞成对于缺乏政治成熟的国家或地区的新闻限制。因此，阿尔及利亚就不应允许一种新闻自由，由于这样的机构"对于一个刚刚进入幼年期的社会是不必要的"②。他曾两次建议，一种"在坚定、开明的指导下的暂时的独裁"或许有助于爱尔兰，并且谨慎地提出，在南美，他更偏爱一种专制而不是他所描述的悲惨与罪恶之事。③ 新闻自由对托克维尔而言，不是一种应该运用于所有时代与地点的绝对的善。最后，托克维尔也明显地赞成为了公共道德目的而进行的审查。在加入了一场关于对巴黎的剧院进行限制的争论后，他针对那些提倡限制的人写道："从公共道德的观点，我相信他们是对的。"④ 在另一个事例中，他发现，如果多数暴政能够禁止任何人出版"淫秽书刊"，它"无疑是好的"，尽管专断权力的这种正确行使"只是偶然的现象"⑤。但托克维尔也知道，这将会留给他一个问题：谁会决定什么是"淫秽"的。在关于对新闻自由的态度上，托克维尔也表现出了他的中道自由主义政治思维的特色：平衡性与灵活性的结合，即在政治理论上全面考虑并尽量调和对立的政治主张，但在政治实践中灵活地根据具体的政治形势决定采用其中一种政治主张。

托克维尔对微观的政治机构在维持自由、反对专制中的功能评价，尽管不无暧昧甚至有保留之处，但确实体现出他突破了传统自由主义维持自由的政治思维路向，开拓了传统自由主义所忽视甚至反对的维持自由的政治领域。像传统自由主义者一样，托克维尔没有忽视把维持自由的希望寄予制度设计之上。但和传统自由主义不

---

① Alexis de Tocqueville, Recollections: The French Revolution of 1848, p. 272.

② Alexis de Tocqueville, Oeuvres complètes d'Alexis de Tocqueville, Ⅲ, pp. 275-277.

③ Alexis de Tocqueville, Journeys to England and Ireland, pp. 149,143；托克维尔著，董果良译：《论美国的民主》，商务印书馆1988年版，第258页。

④ Alexis de Tocqueville, Journeys to England and Ireland, p. 49.

⑤ [法] 托克维尔著，董果良译：《论美国的民主》，商务印书馆1988年版，第295页。

同的是，他也把维持自由的希望寄托于特别是通过公共道德、政治教育、公民宗教与微观的政治活动这些被传统自由主义所忽视甚至敌对的领域，而对公民进行的政治文化的灌输。尽管有人强烈地批评托克维尔的这种理论创新是“非自由主义的”,① 但是我们还是应该认定他是一位结合了传统自由主义的基本政治主张并在新的政治形势下发展了自由主义的一位“新型自由主义者”。

虽然托克维尔的政治思想总体上是一个无休止地探索、不断呈现地开拓的过程，他的思想探索很难凝固于一个原点，他的思想体系向不断的修正与变化而敞开，但在涉及现代自由这个他一生致力探索的问题上，他所处理的基本主题都是相互关联的，以至于我们把握住了其中一个主题，就能够把其他主题不可避免地整合在一起。例如，在他看来，民主的文化趋向是个人主义，民主的制度走向是集权；民主所蕴含的一种可能前途是文化政治与制度政治相纠结的专制主义，而民主的另一种可能前途则是文化上的个人独立，制度上的分权，和文化政治与制度政治相合作的自由。基督教的理论主干——三位一体学说视圣父上帝、圣子耶稣及圣灵为一体。如果托克维尔具有某种可以认定的“教义”的话，那么它的三个位格是个人主义、集权与专制，对立面则分别是个人独立、分权与自由，而它的“一体”则为民主。②

本章小结

如何防止专制、实现自由是自由主义者一切理论论证的逻辑终点与现实结论。如何实现自由政治理念是托克维尔分析现实政治、解构现代政治理论与批判专制主义的不言自明的最终目的，也是我

① Cf. Edward C. Banfield, “The Illiberal Tocqueville”. Ken Masugi, Interpreting Tocqueville’s Democracy in America, pp. 239-254.

② 当然，托克维尔的本意拒绝别人奉他的学说为教义，我们这样做只是为了便于归纳与总结而做出的一种形象比喻；另一方面，通过归纳与总结得出一般性结论，也并不总是托克维尔喜欢的思维方式，我们这样做只是出于表述与阐释的便利而已。

们考察托克维尔的中道自由主义政治思想的最后一个环节。对于自由政治的前景，托克维尔抱一种谨慎的乐观态度，并且提出了自己的独特的、有悖于自由主义一般观念与认知的疗方。

在如何避免专制、维持自由的问题上，托克维尔并没有忽视自由主义所积累的在法律与制度方面的智慧与成就。但他认为，现代专制不但具有政治根源，还具有社会根源；不但是一种制度暴政，还是一种心理、文化暴政。据此，他开辟了反对专制的新战场，将反对专制的重点从制度设计移向文化形塑。在托克维尔的论证中，自由的政治文化塑造是通过公共道德培养，政治教育的灌输，公民宗教的陶冶，政治体制的参与等途径来实现的。

托克维尔的民情说使他认为，道德是政治生活运作的内在动力，是维持民主政治自由的基本手段。如何为现代民主社会制订出一种和其自身生活条件相容的公共道德观就成为托克维尔的理论任务之一。托克维尔认为，古典意义上的公共道德——古典公民美德已不适合现代民主社会，于是，他从修正或扩大古典公民美德的含义开始，构思出适合民主时代的公共道德原则。“正确理解的自利”原则是一种私利与公益、个性观点与公共观念相结合的现代公共道德原则。但托克维尔认为它只是一种实用性原则，而非真实性原则。托克维尔的公共道德观既不同于传统自由主义乃至当代多元主义的利益政治观，也不同于古典的公民美德观，它融合了古典与现代、利益政治与道德政治，是一种温和的现代公共道德版本。

托克维尔重视被一般自由主义者以中立性和政治学研究者以客观性的名义所抛弃的政治教育在维持自由中的必要性。托克维尔不苟同于传统自由主义的制度自给论，认为现代民主需要教育才能维持自由；“正确理解的自利”原则通过启蒙教育才能为公民所接受。托克维尔的政治教育不是单纯的学校教育或知识灌输，而是一种政治参与，它是通过公民在政治与公共事务中形成实际政治经验来完成的。托克维尔的政治教育所要养成的是一种温和的公共道德，是一种布尔乔亚的公共生活；政治教育是要调节或驯服资产阶级生活，而不是对它的抛弃。如何行使自由是其政治教育的最终目的。

宗教与政治的关系问题是托克维尔政治理论与政治事业的中心问题。托克维尔是现代公民宗教观的继承者，但他是在基督教的基础上倡导公民宗教，认为基督教信仰是惟一适合在民主时代维持自由的宗教。托克维尔的公民宗教分析可分为四个层次：政教分离可以化解基督教与自由政治之间的敌意；宗教与政治在精神上的融合可以使宗教继续获得自己的影响；宗教可以保护自由免受民主社会条件下专制的毒害；威胁自由的民主精神同样危及到了宗教的生存，因此，必须对基督教进行形式上的改革。托克维尔的公民宗教观存在着三个断裂之处：他一方面提倡教会与政府的严格分离，另一方面又提倡宗教与政治领导人的合作；他的公民宗教显然是一种策略性信仰，而他又把它的功效建立于真诚性信仰的基础之上；他一方面认为，自由需要公共道德，但另一方面又认为基督教没有提供公共道德与公民义务。托克维尔在公民宗教观上的模棱两可的可能原因是，他不愿看到由于对公民宗教的倡导而导致新的专制，特别是精神专制的滋生。

托克维尔看到，由于民主时代政府已成为人民的代理人，靠基本政治制度的设计来反对专制已不再奏效，因此他把目光转向微观的、非国家层面的政治体制以完成自由的政治制度设计与自由的政治文化塑造的双重功能。他显然更倾向后一种功能：1. 地方自由。它有利于人民的政治参与与公共关注，反对了中央集权。但托克维尔的困境是，地方自由阻止了行政专制，但它却有助于更绝对的多数专制的滋生。2. 结社自由。它克服了个人主义与集权倾向，阻止了精神专制。托克维尔心目中的社团主要追求的是一种公共目的，而不是私人利益。将托克维尔的结社思想赋予一种多元主义的阐释是对它的庸俗化。3. 陪审制度。托克维尔没有意识到，他在盛赞陪审制度在法治精神、权利观念与公共意识的灌输上的积极功能时，却忽视了它同样是多数的一种专制工具。4. 新闻自由。托克维尔认为新闻自由反对了精神专制，增强了共同行动能力，但并没有将它视为一种绝对的善，而是提出，在一些宽泛的条件下限制它。

托克维尔的自由主义思想的独特性，他的不同于传统自由主义，甚至一般的自由主义的地方的起始点在于他的基本的自由观念，接着的独特表现是他以其基本自由观念为工具对现代政治现象的分析和对现代政治理论的解构，然后的表现是他对现代专制主义谱系的感知，最后的表现是在本章中他对专制主义疗方的推荐。这些疗方有些是为一般自由主义者所不齿的，它们的有些功能是被一般自由主义者所忽视的，以至于有人怀疑托克维尔的自由主义者身份。但是，托克维尔的这些独特表现最终可以追溯到他对最基本的自由观念的认知，他的自由观念是其自由主义身份的最后护照。托克维尔的自由主义政治思想的中道性表现为他的平衡性与开放性，而这种中道性可以在他所处时代的政治与理智氛围、其独特的身份、还有复杂的人生与知识品性中得到解释。我们对托克维尔的中道自由主义政治思想的研究在本章基本上画上了一个首尾一致与前后衔接的句号。

结　语

中道自由主义的基色与限度

托克维尔在一个突飞猛进、急剧变革的时代中构思他的政治思想。在这个时代，19 世纪工业化的后果已经开始展示出来；社会阶级、国家甚至整个人类都在一个巨大的熔炉中被重新塑造。一个新世界正在美国诞生，改革的号角已在英国吹响，法兰西在进步与保守的交战中步履蹒跚。在逐步地了解托克维尔的思想时，我们觉得好像在同一位敏感而深刻的思想家同行，他的深邃目光穿透了正在成型中的崭新的社会政治结构，向我们娓娓道来我们将要面临的希望与恐惧。我们现在知道，在全球化的今日，我们自己的现实世界已经在逐渐转变为托克维尔的思想世界，我们在其中感觉宾至如归。我们觉得，托克维尔就生活在今天的世界中，不是因为我们重新发现了他，而是因为他的独特问题已经变成了我们这个时代的共同议题。

托克维尔的作品遭遇了一种惊人的命运。在作者去世之时，他在法国、英国、美国、甚至德国名噪一时。从 1880 ~ 1930 年，他的声名遭受了极大的消蚀。但是从此以后，他被列入不同文化背景的国家中广受探讨的现代重要的政治思想家的行列。我们不必追随其亡后声名的兴衰，我们只需注意到，当现代社会的重大社会疾病，如极权主义、消费社会中的人格异化、自适性官僚政治的全权性等已经展示出来时，托克维尔得到了一个越来越大的听众群。由于他预感到或谴责了这些罪恶，他就成为了我们的当代思想家，成为了我们的同路人。他的作品内涵丰富，以至于在希特勒时代他的阐释者所强调的问题已不同于我们今日的阐释者的关注点。在民主社会依然年轻的一个时代，他就已经列出藏身于其中的危险——一些注定将来要发芽、成长和结实的种子。他在恐惧与颤抖之中对这些危险进行了谴责，有时还具有一种强烈的悲观语气。但是，他也有足够的信心相信，人类通过行使使它区别于所有其他物种的自由意志，或许会赢得自我命运的胜利。尽管人有时会屈服和投降，但他也保有自我崛起和重新投入战斗的能力。对托克维尔的思想进行寻章摘句般的注解，或以他的思想要素作为设计未来社会政治大厦的原料，也许不太符合他的本意，他的真实愿望也许是为我们提供一种政治思维风格，一种在面对我们时代独特的社会政治问题时的灵感。在对托克维尔思想进行探索的旅程结束之际，我们也许应该概括一下他的中道自由主义政治思想的基本色彩以及从这种基色中必然会产生的任何思想家都不能避免的面临某种特定思想风格选择时的限度。

一、观念的对立性

托克维尔是一位思想界的骑士，一位理智探索的冒险家。他喜欢在相互矛盾甚至对立的观念之间游走，或对这些观念进行某种艰难的调和与平衡，或放弃这种调和而索性留给变幻不定的政治世界来裁决。① 他通过对比获得理解和作出区别的爱好有时会把他引向甚至越过矛盾的边缘。但是，他的心理偏好常常只会使他把概念看做是位于紧张之中的成双成对之物。我们可以在《论美国的民主》

---

① 这种对对立范畴的爱好也在他其后的另一位现代性思想家马克斯·韦伯的身上得到了体现，如韦伯对传统与现代、事实与价值、政客与学者这些对立范畴的分析彰显了同托克维尔一样的知识趣味。

中发现几个属于这种理智特性的例子。比如，他在不同时间写道，“民主”展示了对立的倾向：通向独立思考和通向毫无思想；通向对权威的怀疑和通向权力的集中；通向个人独立和通向同质性及对大众的服从；通向强烈的以至会溢入理智与文化事业的一种社会与政治活动，和导致对主导性思想与价值观进行迎合的头脑与灵魂。对于尽责与勤思的人而言，他们在民主时代的主要任务是挑战这些成双成对的事物之限度，以供人民进行反思与抉择。这种不可避免的紧张甚至困境不仅是行进中的平等时代的标志，也是托克维尔的政治思维自身的品质。

托克维尔在他的思想与作品中提供了矛盾与不确定性，因为他认为，这正是政治世界所一直提供的事物，这正是政治世界的真实存在。在他的概念世界中，我们发现不了柏拉图式的古典秩序感和马克思式的现代和谐感。这两种思路都假设，世界上的美好事物——快乐、正义、自由、和平、优秀、活力——最终是相容的。托克维尔没有这样的信心。例如，他主张，民主由于向更多的人散布了快乐和安全，虽然实际上有助于正义但却无助于优秀、崇高或艺术。与此相似，人们厌恶战争是正确的，它是所有罪恶中最大的罪恶，但它也会产生高贵的美德与牺牲；人们珍爱和平，但它会诱使民族陷入昏睡之中，为奴役铺就道路；丰裕会滋生专制主义，贫困会培养高贵情操；秩序会毁灭自由，骚动会增加自由；物质财富和享乐的激情会削弱自由，但人们如果没有激情就不能捍卫自由；自由促进物质繁荣，但物质繁荣会消灭自由；快乐的人常常具有奴性，但自由的人又常常是焦虑的。总之，托克维尔拒绝提供一种宿命论哲学，以作为人类逃脱选择与参与的避难所，他的理论的目的是唤醒人类的自由意志，通过自我抉择获得自由。

二、思想的流动性

托克维尔的写作风格与思想探索的特色增加了我们阐释其最终或确定思想的难度，更逃脱了我们试图将其思想体系化的努力。托克维尔在写作过程中从不把目标系于一个原点之上，以构建一个完美无瑕的体系为目的。他曾为自己的“机智和谨慎”而感到骄傲，他让自己的思想“逐步地自我展开，而不是成堆地扔在公众的头脑中”①。在致密尔的信中，他承认在写作之时他毫无系统地追随发生在他头脑中的思想的流动。“你知道，我不会带着追随一个体系、通向一个（固定）目标的决心写作。相反，我让自己投入到自己思想的自然运动……我不知道我确切地要到哪里，或是否我会到达。”②

托克维尔的思想的灵活性、流动性既体现在他具体写作的过程中，也体现在他毕生的思想探索之中。在他的理论与政治世界中，他不断地根据政治实践调整自己的观点，不断根据政治时代与形势的变迁改变或发展自己的理论，而不求助于先验的或固定的法则。托克维尔似乎很不喜欢书，他曾反复表示要把书烧掉。在他身体健康之时，他常常会阅读带有地图的旅行作品。当他忙于重大的写作计划时，他会拒绝阅读和研究问题有关的已出版的文献。在这些书里面，他最不喜欢读的书是哲学作品，尤其是政治哲学作品。因为对他而言，政治哲学的存在只是产生于一种政治生活的失败。政治实践的缺乏，政治生活的丧失正是政治哲学存在的原因。所以他认为，真正的启蒙主要来自经验，而不是书本。现实是变化的、流动的，而理论是静止的、停滞的。书作为优秀理论的容器，总是保持不变，永远地重复自己。因此，在政治王国中，真正的哲学家，不能只生活在书本中，他必须身处于世界中，从经验、运动中学习。对于托克维尔而言，没有停滞的思想，没有稳定的理论，没有脱离于行动与历史的真正的政治理论。换句话说，思维的目标必须致力于创造怀疑，在不确定性中维护人类，使他们远离抽象体系和绝对真理，精确地说，远离于书本和理论生活。托克维尔写道：“我相信，使人们深思、对人们的观点和行为影响最大的书是这样的书：它的作者不是教条般地努力规定什么是应当思考的，而是为人们指

---

① Alexis de Tocqueville, Memoir, Letters, and Remains, 1: 381.

② Alexis de Tocqueville, Oeuvres complètes d' Alexis de Tocqueville, Ⅵ, 1: 309, 314.

出要寻找的真理，好像是他们自己的真理的方向。”① 为什么托克维尔喜欢读旅行记，因为对他而言，像旅行一样，他的政治科学处于不停的变革与修正之中，被置于不停的运动之中。如果说托克维尔有一种政治哲学的话，那么它可以说是一种海洋政治哲学。托克维尔在一篇《论美国的民主》的草稿中写道：“民主！你不能看到这是泛滥的潮水吗？……你后退时，潮水会继续前进。你逃跑时，它会追在你后面。……因此，让我们以坚定的目光凝视未来。不要试图在潮水面前建立无能为力的堤坝，而是让我们建造一座神圣的（变体：保护性的）方舟，在这个没有岸的海洋上运载人类。”② 民主，像大海一样，迫使公民们在共同旅行中相互照看、交流和生活。要安然地渡过瞬息万变、奔腾不息的大海，立法者没有固定的航行路径，没有可以墨守的航海规则，他必须不时地改变自己的观念、政策、计划与行动。

例如，对于托克维尔而言，“所有的政府形式在我的眼中仅仅或多或少是满足人的这种神圣而正当的激情（自由）的方式而已。”③ 在1835年的一篇笔记中，他表示不反对经过人民同意（不见得是通过法定程序）的、尊重人民权利的波旁王朝的复辟。④ 到了1836年，他又希望一种世袭君主制而不是共和制。但这种君主制必须是权力有限的，从属于立法权与公共舆论，具有自由主义性质，人民拥有广泛的政治权利。这实质上是一种立宪君主制度版本。⑤ 而到了1848年革命期间，他又为一个温和的、尊重个人权利的共和国而奔走。托克维尔的海洋政治思维风格告诉我们，我们不能从一本书、包括他的书中寻找解决我们当前问题的完美答案，他只是给予了我们要寻找的可能路径之一。为了在现代民主社会中维持自由，我们必须处于永远的智力探索和理智努力之中。

---

① Alexis de Tocqueville, Oeuvres complètes d' Alexis de Tocqueville, XV, 2: 80.

② Alexis de Tocqueville, De la démocratie en Amérique, 1: 7, note r..

③ Alexis de Tocqueville, Selected Letters on Politics and Society, p. 115.

④ André Jardin, Tocqueville: a biography, p. 193.

⑤ Alexis de Tocqueville, Selected Letters on Politics and Society, pp. 113-114.

三、风格的美学性

托克维尔虽然在理性上接受了民主，但他往往会以一种贵族般的具有高雅审美情趣的眼光透视民主社会。他感慨，民主社会在带来开明与繁荣之时，却失去了惊人的天才、伟大的人格和生活的辉煌。① 他认为，在英国，“在它（贵族制）倒台后，英国会更快乐吗？我相信是这样。会同样伟大吗？我对此怀疑”②。他甚至认为，民主政府会带来福利与平庸，而专制政府会带来荣誉与伟大。③ 以他的审美标准看待民主制与贵族制，前者意味着正义、幸福，但带来了单调与划一，他为此而感到“悲怆和心寒”；而后者却本能地“使他看起来喜欢”，因为它意味着崇高、伟大与高雅。④ 托克维尔虽然基本上以现实理性的眼光考察政治社会，但他的审美情感却强烈地渗透到他的政治观察之中，并时时和他的理性——上帝的正义发生冲突。

托克维尔的主要作品虽然以贵族时代传统的古典主义文风为整体艺术风格，但却充满了具有文学意象的一系列形象描绘，所以他非常自然地将《论美国的民主》称为“一本文学书”（a literary book）。⑤ 他在准备《旧制度与大革命》的写作时这样说，“我必须在某处为我的思想找到坚实的和连续的基础”。要满足这种要求，他必须选择“一个历史阶段，对于它的描述可以作为一个机

---

① Alexis de Tocqueville, Journey to America, p. 86. 有人认为，由于托克维尔对于民主社会的深刻洞察力，他的思想中充满了冷峻的现实感，而排斥了空虚的、华而不实的审美性。但是，无论是在托克维尔的正式文本还是在他的非正式文本中，在字里行间，我们都会明显地感触到他的偏好、情感与情趣的自然流露。否认托克维尔思想的审美性，等于否认了他思想中的内在冲突、他对自己的多重认同、及他所处时代的过渡性。

② Alexis de Tocqueville, Journeys to England and Ireland, p. 50.

③ ［法］托克维尔著，董果良译：《论美国的民主》，商务印书馆 1988 年版，第 281 页。

④ ［法］托克维尔著，董果良译：《论美国的民主》，商务印书馆 1988 年版，第 883～884 页。

⑤ Alexis de Tocqueville, Selected Letters on Politics and Society, p. 116.

会描绘（paint）我们世纪的人和事物，允许我从所有这些分散的颜料（paintings）中构成一幅图画（picture）"①。对于托克维尔而言，政治科学必须既拥抱社会科学的事实要求又必须运用文学或艺术的沟通技巧。他的政治写作方式可以说是事实描述与文学或艺术形式的结合。

四、立场的中立性

无论是在政治生活还是在理论生活中，托克维尔都刻意地保持着自己的独立认同，并为这种独立而骄傲。在议会活动中，他宣称："我坚定地依附于某些原则，但我不会被系于一个政党。"② 甚至在他宣称要建立一个为下层阶级的道德与物质福利而工作的政党之时，也不忘提醒自己"不要沉溺于他们的偏见或燃起他们的激情"③。他缅怀贵族时代的伟大与辉煌却又为其日落西山而哀惋；他认为民主制是理性的必然，但又对其充满惊惧与不安。他鄙视资产阶级的粗俗与贪得无厌，他惊恐于无产阶级的暴力激情和空洞幻想，他哀叹小农处境的衰败却又无能为力。他的惟一认同目标只有自由。但如果说他的自由观是一种有机的、包容性的，那么另一方面它也是一种在外观上模糊的、在逻辑上自相矛盾的自由观，因此饱受后人诟病。他明确地宣称自己不是一个党人，对民主制与贵族制都不抱任何幻想，他能够在过去与未来之间保持彻底的平衡，而他惟一的激情是对"自由与人类尊严的热爱"④。正如托克维尔研究专家迈耶尔所言："他从来不服务于一个阶级，他总是支持人类灵魂的神圣性。"⑤不管他的学说、他的政纲对哪一个阶级、哪一个党派有利，被哪一个阶级、哪个党派所利用，但托克维尔自身所努力追求的中立性、他的学说的公正性不容置疑。

---

① Alexis de Tocqueville, Selected Letters on Politics and Society, p. 254.

② Quoted in André Jardin, Tocqueville: A Biography, p. 296.

③ Quoted in André Jardin, Tocqueville: A Biography, p. 399.

④ Alexis de Tocqueville, Selected Letters on Politics and Society, pp. 115-116.

⑤ Alexis de Tocqueville, Journeys to England and lreland, introduction: p. 19.

人们把托克维尔列入现代西方政治思想传统中的仅有的几位著名的思想家之一。但由于他不依附任何一个阶级，不阿谀任何一个政治党派，也不寄身于任何一种政治思潮，所以虽然他常常成为别人的论证工具，但却极少被人们完全认同或接受；他成为学者、政客们无穷无尽的引用来源，但却没有一个人被他的独特的、执拗的理性与激情相混合的自由观所折服、所拥抱；在他的身后既没有留下一个由忠诚的信徒所构成的学派，也没有激发一场在他的精神感召之下的社会与政治运动。

五、实践的无力性

托克维尔在政治生活与理论研究中所刻意保持的中立性是一把双刃剑。这种中立性一方面增强了他的学说及自我身份的公正性与可接受性，另一方面也使他不能找到现实的政治团体或政治运动来实现自己的广泛的自由疗方和独特的社会改革。如果他了解了马克思的作品，他会羡慕马克思在工人阶级——一个毫不掩饰地提出了改变世界要求的阶级身上找到历史中的英雄。托克维尔对现实政治具有深刻的洞察力，对政治未来具有惊人的预见力，但他的中立性却导致了他的分析有力却实现乏术。简而言之，他想从一个点走到另一个点，但却找不到沟通两点的交通工具。

托克维尔的穿透性的、但却流露着悲观情绪的分析有时看起来似乎超出了他温和的乐观主义。如何才能使冷漠的人民形成社团以反对工业与政治权力的集中呢？如何才能使一个迷恋于物质积聚的民族注意到该种活动的危险呢？如何才能使冷漠、自私与畏缩的人民获得政治变革所需要的伟大的政治激情和政治忠诚呢？托克维尔看起来像是现代民主社会中的伽桑德拉——一个恶兆预言家，虽然清晰地预见到了它内在的危险倾向，但又对命定的厄运无能为力。托克维尔建议的改革常常成为空洞的劝诫，由于他在现实政治生活中找不到可能的团体、阶级或运动把他的政治观点从理想变为现实。他非常像马克斯·韦伯，韦伯努力寻找一个能够挑战官僚制的政党，最后却发现所有成功的政党都会被官僚化。托克维尔设计了各种反对现代专制主义的手段与途径，但最终却发现，所有这些手段、途径都内蕴着催生专制主义的种子，如地方自治，如公民宗教，如新闻自由、陪审制度。他对密尔写道：“你知道，我不会夸大这场此刻正在世界上发生的伟大的民主革命的最后结果；我不会像以色列人看待命定土地的眼光看待它。但总体而言，我相信它是有用的和必要的，而我决定为它而工作。”① 实质上，他提供了一种低度悲观又加些许希望的政治；这种政治具有有限的行动可能性，但又不至于麻痹行动。对于那些既看到了未来的潜在政治危险但又承认其仅仅只有有限的改进可能性的人，托克维尔为他们提供了一种政治行动的可能性，而没有提供一幅关于未来理想世界及其实现路径的全景图。

六、研究的道义性

就像“为了生活而生活”对他毫无意义而言，写作自身在托克维尔看来从来不是人生的目的。他生活在旧的贵族世界已土崩瓦解的时代，却想保存他在该阶级遗产中发现的责任而不是特权，以便将其整合进新的社会。致力于这种社会责任的实现促成了他的道德观的某种同一性，并融入他的思想与行动中。然而，托克维尔并非今古之完人。这种高尚的伦理感并没有阻止他性格上的些微矛盾与缺陷（如有时过于渺小的野心，和赢得声名的过分愿望）。本性上，他作为政治作家和政治家双重身份的才能是不均衡的。他被赋予一种精确地探寻真理的敏锐洞察力，但尽管他具有优越的良知，也常常被犹豫与怀疑麻痹行动。

我们可以说，使他区别于他的同时代人的是对人类敏感、真诚的关怀。托克维尔说道，他肯定会在上帝的眼中得到赦免，因为他真正热爱人们。但是，他的这种感情不同于那些所谓抽象的人类热爱者；对于这些人，所谓的人类之爱总是作为掩藏他们对人类厌恶、将人类作为工具的面具；所谓的人类之爱，只是一种空洞、抽象的意识形态表白。托克维尔热爱的是和他联系在一起的具体实在的人们，他的这种情感以传统等级的顺序排列：首先是他的家庭，

① Alexis de Tocqueville, Selected Letters on Politics and Society, p. 102.

然后是诺曼人，接着是法国人，最后是世界上的其他人。他的人类之爱渗透着贵族品性与保守性，这正是我们时代的理论家与政治家所缺少的品质。

正是这种对公共福利的献身精神使得托克维尔的作品包括了非常多的主题，从议会委员会的报告到对未来基督教世界的反思，托克维尔的作品既不是抽象的体系，也非冰冷的说教。由于在西方学术专业化之前写作，托克维尔不愿建立一个学派——这本质上不符合他的性情，也不愿界定某种科学方法——这不符合他的思想与写作风格，而是面向一个更大范围的受教育公众讲道。但他不仅仅想引起公众的兴趣，他还想努力地使公众行动起来。因此，尽管他对贵族的过去与民主的未来充满了推理兴趣，他所写的每一种作品都具有强烈的现实与应用意图。实质上，他的主要作品最终体现为政治行动，一位公民的政治行动。他的作品尽管受到了一种古典的思想与文风的约束，但却饱含了激活人类的热情。这种激情是一种道德活力，正是古代人与孟德斯鸠所理解的公民的“美德”。但托克维尔对公民角色的理解寄予了最高的可能性：通过对造物主赋予人类的自由意志的行使，贡献于造物主的天意工程。

托克维尔，一个 19 世纪的公共评论人，其思想、形象依然鲜活地生存于 21 世纪的思想文化土壤中。我们研究托克维尔，从根本上讲，不是为了获得他对现代社会政治问题的具体论断，更不是以他的政治思想来关照、评价与指导当代社会政治生活，而是为了通过对他的中道自由主义政治思想的研究，在了解了自由主义思想中的一种特定理论形态时，重新评价与反思对作为一个思想整体的自由主义思潮的认识，在理解政治世界与解析政治理论时，掌握他的平衡、开放的政治思维方式，在作为一个学者献身于学术研究时，牢记自己作为一个公民、一个公共知识分子的道义责任，庶几获得托克维尔政治思想研究中的真谛。

参考文献

一、外文参考文献

著作：

1. Tocqueville, Alexis de. Democracy in America. Beijing: China Social Sciences Publishing House, 1945.

2. Tocqueville, Alexis de. Democracy in America, translated by Henry Reeve, Edited with an introd. by Henry Steele Commager. New York; London: Oxford University Press, 1947.

3. Tocqueville, Alexis de. Democracy in America, edited and translated by Harvey C. Mansfield and Delba Winthrop. Chicago: Chicago University Press, 2000.

4. Tocqueville, Alexis de. Oeuvres complètes d'Alexis de Tocqueville, edited by J. P. Mayer and François Furet. Bagneux: Galllimard, 1951-1964.

5. Tocqueville, Alexis de. Memoir, letters, and remains. No. trans. Given. 2 vols. Boston: Ticknor and Fields, 1862.

6. Tocqueville, Alexis de. Journeys to England and Ireland, trans. by George Lawrence and K. P. Mayer, ed. by J. P. Mayer. New Haven: Yale University Press, 1958.

7. Tocqueville, Alexis de. Journey to America, trans. by George Lawrence, ed. by J. P. Mayer. London: Faber and Faber, 1959.

8. Tocqueville, Alexis de. Ecrits et discours politiques. Paris: Gallimard, 1962.

9. Tocqueville, Alexis de. The european revolution and correspondence with Gobineau. Trans. and ed. by John Lukacs. Gloucester, Mass.: Peter Smith, 1968.

10. Tocqueville, Alexis de. and Guestave Beaumont. Tocqueville and Beaumont on social reform. Essays selected, ed. and trans. by Seymour Drescher. New York: Harper & Row, 1968.

11. Tocqueville, Alexis de. Égalité sociale et liberté politique: une introduction à l' œuvre de Tocqueville. Textes choisis et présentés par Pierre Gibert; préface de René Rémond. Paris: Aubier-Montaigne, 1977.

12. Tocqueville, Alexis de. Selected letters on politics and society, ed. by Roger Boesche, trans. by James Toupin and Roger Boesche. Berkeley: University of California Press, 1985.

13. Tocqueville, Alexis de. Recollections: the French Revolution of 1848, ed. by J. P. Mayer and A. P. Kerr, introduction by J. P. Mayer, with a new introduction by Fernand Braudel, translation of the de Tocqueville manuscript by George Lawrence, translation of the Braudel essay by Danielle Salti. New Brunswick, U. S. A.: Transaction Books, 1987.

14. Tocqueville, Alexis de. De la démocratie en amérique. Paris: Librairie Philosophique J. Vrin, 1990.

15. Tocqueville, Alexis de. Memoir on pauperism, trans. by Sey-

mour Drescher, with an introduction by Gertrude Himmelfarb. West Sussex: Hartington Fine Arts Ltd., 1997.

16. Tocqueville, Alexis de. The Old Regime and the Revolution, ed. and with an introduction and critical apparatus by François Furet and Françoise Mélonio, trans. by Alan S. Kahan. Chicago: University of Chicago Press, 2001.

17. Tocqueville, Alexis de. Writings on empire and slavery, ed. and trans. by Jennifer Pitts. Baltimore: Johns Hopkins University Press, 2001.

18. Tocqueville, Alexis de. The Tocqueville reader: a life in letters and politics, ed. by Olivier Zunz and Alan S. Kahan. Oxford; Malden, MA: Blackwell, 2002.

19. Boesche, Roger. The strange liberalism of Alexis de Tocqueville. Ithaca, N. Y.: Cornell University Press, 1987.

20. Brunius, Teddy. Alexis de Tocqueville: The Sociological Asthetician. Uppsala: Svensk Distribution, 1960.

21. Bryce, James. The American Commonwealth. 2vols. New York: Macmillian, 1894.

22. Cahn, Steven M. [ed.] Classics of modern political theory: Machiavelli to Mill. Oxford, New York: Oxford University Press, 1997.

23. Clark, C. M. H. The ideal of Alexis de Tocqueville. Carlton South, Victoria: Melbourne University Press, 2000.

24. Clinton, W. David. Tocqueville, Lieber, and Bagehot: liberalism confronts the world. New York: Palgrave Macmillan, 2003.

25. Close, David and Carl Bridge. [ed.] Revolution: a history of the idea. London: Croom Helm, 1985.

26. Cohen, David. Chasing the red, white, and blue: a journey in Tocqueville's footsteps through contemporary America. New York: Picador USA, 2001.

27. Commager, Henry Steele. Commager on Tocqueville. Columbia: University of Missouri Press, 1993.

28. Delue, Sleven M. [ed.] Political thinking, political theory, and civil society. New rork: Longman, 2002.

29. Drescher, Seymour. Tocqueville and England. Cambridge: Harvard University Press, 1964.

30. Drolet, Michael. Tocqueville, democracy and social reform. Basingstoke, Hampshire; New York: Palgrave Macmillan, 2003.

31. Edwards, Bob, Michael W. Foley, and Mario I. Dian. [eds.] Beyond Tocqueville: civil society and the social capital debate in comparative perspective. Hanover, NH: University Press of New England, 2001.

32. Elster, Jon. Political psychology. Cambridge: Cambridge Umversity Press, 1993.

33. Faguet, Emile. Politicians & moralists of the nineteenth century. London: Bouverie House, Ernest Benn Ltd. , 1928.

34. Frohnen, Bruce. Virtue and the promise of conservatism: the legacy of Burke and Tocqueville. Lawrence, Kan. : University Press of Kansas, 1993.

35. Furet, François. Interpreting the French Revolution, translated by Elborg Forster. Cambridge; New York: Cambridge University Press; Paris: ditions de la Maison des sciences de l'homme, 1981.

36. Gannett, Robert T. Tocqueville unveiled: the historian and his sources for The Old Regime and the Revolution. Chicago: University of Chicago Press, 2003.

37. Gargan, Edward T. Alexis de Tocqueville: The Critical Years, 1848-1851. Washingtion D. C. : The Catholic University of America Press, 1955.

38. Goldstein, Doris S. Trial of faith: religion and politics in Tocqueville's thought. New York: Elsevier, 1975.

39. Goodin, Robert E. and Philip Pettit. [ed.] A companion to contemporary political philosophy. Oxford, UK; Cambridge, Mass. : Blackwell, 1993.

40. Grudzinska Gross, Irena. The scar of revolution: Custine, Tocqueville, and the romantic imagination. Berkeley: University of California Press, 1991.

41. Gutmann, Amy. Democratic education. Princeton University Press, 1987.

42. Hadari, Saguiv A. Theory in practice: Tocqueville's new science of politics. Stanford, Calif.: Stanford University Press, 1989.

43. Horowitz, Irving Louis. Behemoth: main currents in the history and theory of political sociology. New Brunswick, N. J.: Transaction Publishers, 1999.

44. Janara, Laura. Democracy growing up: authority, autonomy, and passion in Tocqueville's Democracy in America. Albany: State University of New York Press, 2002.

45. Jardin, André. Tocqueville: a biography, translated from the French by Lydia Davis with Robert Hemenway. New York: Farrar Straus Giroux, 1988.

46. Lilla, Mark. [ed.] New French thought: political philosophy. Princeton, NJ: Princeton University Press, 1994.

47. Lipset, Seymour Martin. [ed. in chief] The encyclopedia of democracy. Washington, D. C.: Congressional Quarterly, 1995.

48. Lukacs, John. "Alexis de Tocqueville". European Writers, Vol. 6 Pages 893-912. Charles Scribner's Sons, 1985.

49. Kahan, Alan S. Aristocratic liberalism: the social and political thought of Jacob Burckhardt, John Stuart Mill, and Alexis de Tocqueville. New York: Oxford University Press, 1992.

50. Käster, Erhart. Der hund in der sonne. Frankfurt a. M.: Insel, Suhrkamp-Taschenbuch, 1975.

51. Kelly, George Armstrong. The human comedy: Constant, Tocqueville, and French liberalism, with a foreword by Stephen R. Graubard. Cambridge [England]; New York: Cambridge University Press, 1992.

52. Kessler, Sanford. Tocqueville's civil religion: American Christianity and the prospects for freedom. Albany: State University of New York Press, 1994.

53. Kirk, Russell. The conservative mind: from Burke to Eliot. South Bend, Indiana: Qateway Editions Ltd., 1978.

54. Koritansky, John C. Alexis de Tocqueville and the new science of politics: an interpretation of Democracy in America. Durham, N. C.: Carolina Academic Press, 1986.

55. La Capra, Dominick. History and reading: Tocqueville, Foucault, and French studies. Toronto: University of Toronto Press, 2000.

56. La Fournière, Xavier de. Alexis de Tocqueville: un monarchiste indépendant. [S. l.]: Librairie Académique Perrin, 1981.

57. Lamberti, Jean-Claude. Tocqueville and the democracies, trans. by Arthur Goldhammer. Cambridge, Mass.: Harvard University Press, 1989.

58. Siedentop, Larry. Tocqueville. Oxford [England]: Oxford University Press, 1994.

59. Laval, Christian. L'ambition sociologique: Saint-Simon, Comte, Tocqueville, Marx, Durkheim, and Weber. Paris: Découverte, 2002.

60. Lawler, Peter Augustine. [eds.] Tocqueville's political science: classic essays. New York: Garland Pub, 1992.

61. Lawler, Peter Augustine. The restless mind: Alexis de Tocqueville on the origin and perpetuation of human liberty. Lanham, Md.: Rowman & Littlefield, 1993.

62. Lawler, Peter Augustine and Joseph Alulis. [eds.] Tocqueville's defense of human liberty: current essays. New York: Garland Pub, 1993.

63. Leca, Antoine. Lecture critique d'Alexis de Tocqueville. Aix-Marseille: Presses Universitaires d'Aix-Marseille, 1988.

64. Ledeen, Michael Arthur. Tocqueville on American character:

why Tocqueville's brilliant exploration of the American spirit is as vital and important today as it was nearly two hundred years ago. New York: St. Martin's Press, 2000.

65. Lerner, Max. Tocqueville and American civilization. New Brunswick: Transaction Pub, 1994.

66. Lerner, Max. Magisterial imagination: six masters of the human sciences, edited and with an introduction by Robert Schmuhl. New Brunswick: Transaction Publishers, 1994.

67. Levy, Jonah D. Tocqueville's revenge: state, society, and economy in contemporary France. Cambridge, Mass.: Harvard University Press, 1999.

68. Manent, Pierre. Tocqueville and the nature of democracy, translated by John Waggoner; foreword by Harvey C. Mansfield. Lanham, Md.: Rowman & Littlefield, 1996.

69. Masugi, Ken. Interpreting Tocqueville's Democracy in America. Savage, Md.: Rowman & Littlefield Publishers, 1991.

70. McCarthy, Eugene J. America revisited: 150 years after Tocqueville. Garden City, N. Y.: Doubleday, 1978.

71. Mélonio, Françoise. Tocqueville and the French, translated by Beth G. Raps. Charlottesville: University Press of Virginia, 1998.

72. Mitchell, Joshua. The fragility of freedom: Tocqueville on religion, democracy, and the American future. Chicago: University of Chicago Press, 1995.

73. Mitchell, Harvey. America after Tocqueville: democracy against difference. Cambridge; New York: Cambridge University Press, 2002.

74. Mitchell, Harvey. Individual choice and the structures of history: Alexis de Tocqueville as historian reappraised. Cambridge; New York, N. Y.: Cambridge University Press, 1996.

75. Nimtz, August H. Marx. Tocqueville, and race in America: the "absolute democracy" or "defiled republic". Lanham, Md.: Row-

man & Littlefield Pub. Group, 2003.

76. Nolla, Eduardo. [eds] Liberty, equality, democracy. New York and London: New York University Press, 1992.

77. Ossewaarde, M. R. R. Tocqueville's moral and political thought: new liberalism. London; New York: Routledge, 2004.

78. Pierson, George Wilson. Tocqueville in America, abridged by Dudley C. Lunt from "Tocqueville and Beaumont in America." Garden City, N. Y.: Doubleday, 1959.

79. Pitts, Jesse R. and Henri Mendras. The Tocquerille review / La revue Tocqueville, vol. 8, 1986-1987. Charlottesville: Virginia University Press, 1987.

80. Pope, Whitney. Alexis de Tocqueville: his social and political theory, in collaboration with Lucetta Pope. Beverly Hills, Calif.: Sage Pub., 1986.

81. Pope, Whitney. The search for freedom. Columbus: Ohio State University Press, 1999.

82. Reinhardt, Mark. The art of being free: taking liberties with Tocqueville, Marx, and Arendt. Ithaca: Cornell University Press, 1997.

83. Schleifer, James T. The making of Tocqueville's Democracy in America. Chapel Hill: University of North Carolina Press, 1980.

84. Skocpol, T.. State and social revolution: a comparative analysis of France, Russia, and China. Combridge: Cambridge University Press, 1979.

85. Smith, Dennis. Capitalist democracy on trial: the transatlantic debate from Tocqueville to the present. London; New York: Routledge, 1990.

86. Strausz-Hupae, Robert. Democracy and American foreign policy: reflections on the legacy of Alexis de Tocqueville. New Brunswick, N. J.: Transaction Publishers, 1995.

87. Welch, Cheryl B. De Tocqueville. Oxford; New York: Oxford University Press, 2001.

88. Wolin, Sheldon S. Tocqueville between two worlds: the making of a political and theoretical life. Princeton, N. J.: Princeton University Press, 2001.

89. Zetterbaum, Marvin. Tocqueville and the problem of Democracy. Stanford, Calif.: Stanford University Press, 1967.

90. Zub, Alexandru. Reflections on the impact of the French Revolution: 1789, de Tocqueville, and Romanian culture. Iasi; Portland: Center for Romanian Studies, 2000.

论文:

1. Tocqueville, Alexis de. "The art and science of politics". Encounter. 1971, 26: 28.

2. Allen, Barbara. "Alexis de Tocqueville on the covenantal tradition of American federal democracy". Publius. 1998, 28: 2.

3. Alulis, Joseph. "The price of freedom". Perspectives on Political Science. 1998, 27: 2.

4. Anonymous. "De Tocqueville sentiments in montana". All Things Considered. Jul 4, 1992.

5. Anonymous. "Alexis de Tocqueville institute". Human Events. May 6 1994, 50: 17.

6. Anonymous. "De Tocqueville vs. Blair". The Spectator. May 20, 1995, 274: 8706.

7. Anonymous. "Tocqueville and the Mullah". The New Republic. Feb 2, 1998 (218: 5).

8. Anonymous. "Democratic despotism". New Criterion. 1998, 16: 8.

9. Anonymous. "Tocqueville in the 21st century". Wilson Quarterly. 2000, 24: 2.

10. Anonymous. "Tocqueville and democracy: preserving films; poetry today". Chronicle of Higher Education. Jul 20, 2001.

11. Bailey, Michael E. and Kristin Lindholm. "Tocqueville and the

rhetoric of civil religion in the presidential inaugural addresses". Christian Scholar's Review. 2003, 32: 3.

12. Barone, Michael. "Clinton vs. Tocqueville". U.S. News & World Report, Nov 27, 1995, 119:21.

13. Beilharz, Peter. "The ideal of Alexis de Tocqueville". Australian Historical Studies. 2001, 32: 116.

14. Bellah, Robert N, Richard Madsen, William M Sullivan, Ann Swidler, Steven M Tipton. "Individualism and the crisis of civic membership". The Christian Century. May 8, 1996, 113: 16.

15. Berkowitz, Peter. "The art of association". The New Republic. Jun. 24, 1996, 214; 26.

16. Bertsch, Jason W. A. "Tocqueville's antagonist". The American Enterprise. 1997, 8: 2.

17. Biagini, E. F. "Neo-roman liberalism: republican values and British liberalism, ca. 1860-1875". History of European Ideas. 2003, 29: 1.

18. Blits, Jan H. "Tocqueville on democratic education: the problem of public passivity". Educational Theory. 1997, 47: 1.

19. Boucher, David. "Tocqueville, Collingwood, history and extending the moral community". British Journal of Politics and International Relation. Oct. 2000, 2: 3.

20. Boyd, Richard. Tocqueville's Algeria. Society. 2001, 38: 6.

21. Brogan, Hugh. "The end of history". History Today, Dec. 1991.

22. Brown, Irene Coltman. "The historian as philosopher: Tocqueville, democracy & revolution". History Today. 1981, 31: 9.

23. Campbell, Stuart L. "The Tocquevillian liberalism and political sociology of Raymond Aron". Historian. 1991, 53: 2.

24. Cantor, Paul A. "Postmodern prophet: Tocqueville visits Vegas". Journal of Democracy. 2000, 11: 1.

25. Carey, George W. "The moral center and America's future".

Modern Age. 1999, 41: 4.

26. Carrese, Paul O. "Judicial, statesmanship, the jurisprudence of individualism, and Tocqueville's common law spirit". Review of Politics. 1998, 60: 3.

27. Clive, John. "Why read the great 19th-centary history?" The American Scholar. Winter78-79, 48: 1.

28. Cohen, David. "In search of a forgotten dream". New Statesman. Nov. 26, 2001,14:684.

29. Craiutu, Aurelian. "New politics for a new epoch". The Review of Politics. 2002, 64: 3.

30. Dalton, Lisle and Phillip E. Hammond etc. "Bringing Tocqueville in: remedying a neglect in the sociogy of religion". Journal for the Scientific Study of Religion. 1992, 31: 4.

31. Denning, S. Lance and T. Ramakrishna Reddy. "Finding virtue's Place: examining America's civic Life". Perspectives on Political Science. 2001, 30: 4.

32. Diamond, Martin. "The problem of reading in an age of mass democracy". Public Interest. Jun. 1, 2001 (iss. 144).

33. Drescher, Seymour. "'Why great revolutions will become raer': Tocqueville's most neglected prognosis". The Journal of Modern History. 1992, 31: 4.

34. Drolet, Michael. "Democracy and political economy: Tcqueville's thoughts on J.-B. Say and T. R. Malthus". History of European Ideas, 2003, 29: 2.

35. Elazar, Daniel J. "Tocqueville and the cultural basis of American democracy". PS. Political Science & Politics. 1999, 32: 2.

36. Elshtain, Jean Bethke. "Authority figures". The New Republic. Dec. 22, 1997,217: 25.

37. Emery, Noemie. "Restless virtue". National Review. Nov. 20, 2000,52: 22.

38. Encarnacion, Omar G. "Tocqueville's missionaries: civil soci-

ety advocacy and the promotion of democracy". World Policy Journal. 2000, 17: 1.

39. Foley, Michael and Bob Edwards. "Beyond Tocqueville: civil society and social capital in comparative perspective". The American Behavioral Scientist. 1998, 42: 1.

40. Fott, David. "Dewey and the threat of tyranny of the majority". Perspectives on Political Science. 1998, 27: 4.

41. Frantzich, Stephen. "Teaching through Tocqueville". PS. Political Science & Politics. 1999, 32: 2.

42. Fukuyama, Francis. "Political and legal-democracy and American foreign policy: reflections on the legacy of Alexis de Tocqueville". Foreign Affairs. 1995, 74: 3.

43. Galdieri, Christopher J. "Alexis de Tocqueville's Democracy in America and the American enterprise". Extrapolation. 2001, 42: 1.

44. George, Robert. "A liberal with depth". TLS. Jun. 15, 2001 (iss. 5124).

45. Gewen, Barry. "The man behind the quotes". The New Leader. Dec. 26, 1988, 72: 22.

46. Glazer, Nathan. "Tocqueville and Riesman". Society. 2000, 37: 4.

47. Goldberg, Chad Alan. "Social citizenship and a reconstructed Tocqueville". American Sociological Review. 2001, 66: 4.

48. Goldford, Dennis J. "Theory and methodology". Perspectives on Political science. 1990, 19: 4.

49. Goode, Stephen. "The highly quotable Tocqueville". Insight on the News. Mar. 20, 2000, 16: 11.

50. Goode, Stephen. "Tocqueville tapped". Insight on the News. Washington: Oct. 29, 2001, 17: 40.

51. Gould, John. "Stealing Tocqueville?" The American Prospect. Sep. 24-Oct. 8, 2001, 12: 17.

52. Green, S. J. D. "The closing of the American mind, revisi-

ted". Antioch Review. 2001. 59: 2.

53. Gregg, Samuel. "In the shadow of the reign of terror". Policy. 2000, 16: 1.

54. Hadari, Saguiv A. "Unintended consequences in periods of transition: Tocqueville's 'Recollection' revited". American Journal of Political Science. 1989, 33: 1.

55. Hall, John A. "After the fall: an analysis of post-communism". The British Journal of Sociology. 1994, 45: 4.

56. Hancock, Ralph. "Tocqueville's practical reason". Perspectives on Political Science. 1998, 27: 4.

57. Hancock, Ralph C. "The modern revolution and the collapse of moral analogy: Tocqueville and Guizot". Perspectives on Political Science. 2001, 30: 4.

58. Hancock, Ralph C. "Tocqueville: democratic politics and the modern soul: introduction". Perspectives on Political Science. 2001, 30: 4.

59. Herf, Jeffrey. "Democracy's False friend". Wall Street Journal (Estern Edition). May 11, 1999.

60. Heterick Jr., Robert C. "The old regime and the new order". Educom Review. 1996, 30: 5.

61. Hinckley, Cynthia J. "Tocqueville on religious truth & political Necessity". Polity, Fall 1990.

62. Hinckley, Cynthia J. "Tocqueville on religion and modernization: making catholicism safe for liberal democracy". Journal of Church &State. 1990, 32: 2.

63. Hughes, Vern. "Between individual and state". IPA Review. 1995, 48: 2.

64. Ladd, Everett Carll. "Tocqueville had it right: American is 'exceptional'". Christian Science Monitor. Apr. 7, 1995, 87: 92.

65. Johnston, Jr., William E. "Finding the common good amidst democracy's strange melancholy: Tocqueville on religion and the Ameri-

can's 'disguist with life'". The Journal of Religion. 1995, 75: 1.

66. Kateb, George. "Democratic individualism and its critics". Annual Review of Political Science. 2003, 6: 1.

67. Keohane, Nannerl O. "Remembering Tocqueville: reflections on the American condition". The Presidency. 2000, 3: 3.

68. Kessler, Sanford. "Tocqueville's Puritans: christianity and the American founding". The Journal of Politic. 1992, 54: 3.

69. Kelly, Christopher. "Civil and uncivil religion: Tocqueville on Hinduism and Islam". History of European Ideas. 1995, 20: 4-6.

70. Kessler, Sanford. "Tocqueville on civil religion and liberal democracy". The Journal of Politics. 1977, 39: 1.

71. Kimball, Roger. "Tocqueville today". New Criterion. 2000, 19: 3.

72. Kincaid, John. "Federal democracy and liberty". PS. Political Science & Politics. 1999, 32: 2.

73. Kövecses, Zoltan. "Tocqueville's passionate 'beast': a linguistic analysis of the concept of American democracy". Metaphor and Symbolic Activity. 1994, 9: 2.

74. Lagon, Mark P. "Tocqueville on American character". Perspectives on Political Science. 2001, 30: 1.

75. Lakoff, Sanford. "Tocqueville, Burke, and the origins of liberal conservatism". The Review of Politics. 1998, 60: 3.

76. Larson, Ronald. "Democratic inevitability and its consequences: a sketch of Alexis de Tocqueville's sociology". The Midwest Quarterly. 1993, 34: 2.

77. Lawler, Peter Augustine. "Tocqueville on human misery and human liberty". Social Science Journal. 1991, 28: 2.

78. Lawler, Peter Augustine. "Tocqueville and the end of history". Perspectives on Political Science. 1992, 21: 4.

79. Lawler, Peter Augustine. "Tocqueville on pantheism, materialism, and catholicism". Perspectives on Political Science. 2001, 30: 4.

80. Lenzner, Robert and Stephen S. Johnson. "Seeing things as they really are". Forbes. Mar. 10, 1997. 159: 5.

81. Lewis, Anne C. "Preserving our democracy through literacy". Phi Delta Kappan. 2002, 84: 2.

82. Liebersohn, Harry. "Discovering indigenous nobility: Tocqueville, Chamisso, and romantic travel writing". American Historical Review. 1999, 99: 3.

83. Lieske, Joel. "Tocqueville and democracy in America". PS. Political Science & Politics. 1999, 32: 2.

84. Lieske, Joel. "Race and democracy". PS. Political Science & Politics. 1999, 32: 2.

85. Lloyd, Margie. "In Tocqueville's shadow: Hannah Arendt's liberal republicanism". Review of Politics. 1995, 57: 1.

86. Mahoney, Daniel J. "The art of liberty". Public Interest. Summer 1996, iss. 124.

87. Mahoney, Daniel J. "Liberty, equality, nobility: Kolnai, Tocqueville, and the moral foundations of democracy". Perspectives on Political Science. 2001, 30: 4.

88. Maio, Gerald de. "Tocqueville's civil religion: American christianity and the prospects for freedom". Journal of Interdisciplinary Studies. 1998, 10: 1/2.

89. Maletz, Donald J. "Tocqueville on the society of liberties". Review of Politics. 2001, 63: 3.

90. Maletz, Donald J. "Tocqueville's tyranny of the majority reconsidered". The Journal of Politics. 2002, 64: 3.

91. Maletz, Donald J. "Making non-citizens: consequences of administrative centralization in Tocqueville's Old Regime". Publius. 2003, 33: 2.

92. Maleuvre, Didier. "Tocqueville and the challenge of American philosophy". Philosophy Today. 2000, 44: 4.

93. Malia, Martin. "Did Tocqueville foresee totalitarianism?"

Journal of Democracy. 2000, 11: 1.

94. Manent, Pierre, Daniel J. Mahoney and Paul Seaton. "Democratic man, aristocratic man, and man simply". Perspectives on Political Science. 1998, 27: 2.

95. Mansfield, Harvey C. "Look, no Tocqueville!". The National Interest. 1995 Fall, no. 41.

96. Mansfield, Harvey and Delba Winthrop. "What Tocqueville says to liberals and conservatives today". Perspective on Political Science. 2001, 30: 4.

97. Masugi, Ken. "Did Tocqueville understand America?" Human Events. Dec. 1, 2000 (56: 44).

98. Mathie, William . "Real democracy". The Review of Politics. 1997, 59: 2.

99. Mathie, William. "God, woman, and morality: the democratic family in the new political science of Alexis de Tocqueville". Review of Politics. 1995, 57: 1.

100. Maza, Sarah. "Politics, culture and the origins of French Revolution". The Journal of Modern History. 1989, 61: 4.

101. Mc Clintock, Tom. "Religion: a threat to, or foundation of, liberty". Christian Science Monitor, Feb.19,1997,90: 18.

102. Murchison, William. "Preserving our liberties with less government". Insight on the News. Sep. 4, 2000,16: 33.

103. Nisbet, Robert. "Many Tocqueville". The American Scholar. Winter76-77, 46: 3.

104. O'sullivan, John. "Nationhood: an American activity". National Review. 1994, 46: 3.

105. Paul, Angus. "Tocqueville's reputation". The Chronicle of Higher Education. Jan. 18, 1998,39: 19.

106. Pavel, Thomas. "A country and its character-and its politics". Wall Street Journal (Eastern edition). 2001, 238: 61.

107. Pease, Donald E. "After the Tocqueville revival; or, the re-

turns of the political". Oundary. 1999, 2 (26: 30).

108. Pitney, John J. "Alexis de America". Christian Science Monitor, May 22, 1997, 89: 124.

109. Pitts, Jennifer. "Empire and democracy: Tocqueville and the Algeria question". Journal of Political Philosophy. 2000, 8: 3.

110. Richer, Melvin. "Toccqueville and Guizot on democracy: from a type of society to a political regime". History of European Ideas. 2004, 29: 2.

111. Richter, M.. "Comparative political analysis in Montesquieu and Tocqueville". Comparative Politics. 1969, (iss. 1).

112. Riemer, Neal. "Alexis de Tocqueville and the American character: the problem of reconciling excellence and consent". Publius. 2001, 31: 1.

113. Roazen, P. "Tocqueville studies". Virginia Quarterly Review. 1991, 67: 2.

114. Schaefer, David Levis. "Montaigne, Tocqueville, and the politics of Skepticism". Perspectives on Political Science. 2002, 31: 4.

115. Seaton, Paul. "Reading Tocqueville today". Perspectives on Political Science. 2001, 30: 4.

116. Shapiro, Michael J. "Literary geography and sovereign violence: resisting Tocqueville's family romance". Social Transformation & Humane Governance. 2000, 25: 1.

117. Shiner, Larry. "Writing and political carnival in Tocqueville's Recollection". History & Theory. 1982, 21: 3.

118. Shinn, Terry. "Science, Tocqueville, and the state: the organization of knowledge in modern France". Social Research. 1992, 59: 3.

119. Siedentop, Larry. "Tocqueville's challenge to liberalism". TLS, Oct. 11, 1991 (iss. 4619).

120. Skocpol, Theda. "The Tocqueville Problem: civic engagement in democracy". Social Science History. 1997, 21: 4.

121. Slater, Robert. "Commentary democracy in American and education at the end of the American centary: a note on de Tocqueville, cultural literacy and other things". International Journal of Leadership in Education. 2001, 4: 2.

122. Sloat, James M. "The subtle significance of sincere belief: Tocqueville's account of religious belief and democratic stability". Journal of Church and State. 2000, 42: 4.

123. Splaine, John. "Tocqueville's journey on C-SPAN". PS. Political Science & Politics. 1999, 32: 2.

124. Stark, Rodney. "Secularization, R. I. P.". Sociology of Religion. 1999, 60: 3.

125. Stevens, Jacqueline and Rogers M. Smith. "Beyond Tocqueville, please". The American Political Science Review. 1995, 89: 24.

126. Strout, Cushing. "The aristocratic democrat". Arts and Letters. 2003, 111: 2.

127. Tessitore, A. "Alexis de Tocqueville on the Natural State of Religion in the Age of Democracy". Journal of Politics. 2002, 64: 4.

128. Teti, Dennis. "Alexis de Tocqueville". The World & I. 1998, 13: 10.

129. Watson, P. J. and Ronald D. J. Morris. "Individualist and collectivist values: hypotheses suggested by Alexis de Tocqueville". The Journal of Psychology. 2002, 136: 3.

130. Welch, Cheryl B. "Colonial violence and the rhetoric of evasion: Tocqueville on Algeria". Political Theory. 2003, 31: 2.

131. Welch, Cheryl B. "Tocqueville's resistance to the social". History of European Ideas. 2004, 30: 1.

132. Wells, Ronald A. "Alistair Cooke: A Tocqueville for our time?". Journal of American Culture. 1994, 17: 2.

133. Whedbee, Karen. "Authority, freedom and liberal judgment: the presumptions and premptuousness of Whately, Mill and Tocqueville".

Qarterly Journal of Speech. May,1998, 84.

134. Whitfield, Stephen J. "A century and a half of French views of the United States". 1994, 56: 3.

135. Whittington, Keith E. "Revisiting Tocqueville's America". The American Behavioral Scientist. 1998, 42: 1.

136. Woldring, Henk E. S. "State and civil society in the political philosophy of Alexis de Tocqueville". International Journal of Voluntary and Non-profit Organizations. 1998, 9: 4.

137. Wolfson, Dorothea Israel. "Tocqueville on liberalism's liberation of women". Perspectives on Political Science. 1996, 25: 4.

138. Wood, Peter. "The ultimate Tocqueville". Partisan Review. 2001, 68: 2.

139. Worsthorne, Peregrine. "The triumph of bourgeois complacency". The Spectator. Oct. 30, 1999,283: 8934.

140. Zeitlin, Irving M. "Dilemmas of democracy: Tocqueville and modernization". American Sociological Review. 1969, 34: 2.

141. Zuckerman, Michael. "Tocqueville, Turner, and Turds: four stories of manners in early America". The Journal of American History. 1998, 85: 1.

142. Zuckert, Catherine. "On reading classic American novelist as political thinker". The Journal of Politics. 1981, 43: 3.

二、中文参考文献

著作:

1. [法] 托克维尔 (Tocqueville, Alexis de) 著, 董果良译,《论美国的民主》, 北京: 商务印书馆, 1988。

2. [法] 托克维尔 (Tocqueville, Alexis de) 著, 冯棠译,《旧制度与大革命》, 北京: 商务印书馆, 1992。

3. [法] 托克维尔 (Tocqueville, A. de) 著, 秦修明译,《美

国的民主》（上卷），香港：今日世界社，1966。

4. [法] 托克维尔（Tocqueville, A. de）著，李宜培、汤新楣合译，《美国的民主》（下卷），香港：今日世界社，1968。

5. [法] 托克维尔著，董果良译，《托克维尔回忆录》，北京：商务印书馆，2004。

6. [古希腊] 柏拉图著，郭斌和等译，《理想国》，北京：商务印书馆，1997。

7. [古希腊] 柏拉图著，黄克剑译，《政治家——论君王的技艺》，北京：中国人民出版社，2002。

8. [古希腊] 柏拉图著，张智仁、何勤华译，《法律篇》，上海：人民出版社，2001。

9. [古希腊] 亚里士多德著，吴寿彭译，《政治学》，北京：商务印书馆，1997。

10. [古希腊] 亚里士多德著，廖申白译，《尼各马可伦理学》，北京：商务印书馆，2003。

11. [古罗马] 马可·奥勒留著，何怀宏译，《沉思录》，北京：生活·读书·新知三联书店，2002。

12. [古罗马] 西塞罗著，王焕生译，《论共和国 论法律》，北京：中国政法大学出版社，1997。

13. [意] 尼科洛·马基雅维里著，潘汉典译，《君主论》，北京：商务印书馆，1985。

14. [意] 尼科洛·马基雅维里著，李活译，《佛罗伦萨史——从最早时期到豪华者洛伦佐逝世》，北京：商务印书馆，1982。

15. [法] 帕斯卡尔著，何兆武译，《思想录》，北京：商务印书馆，1985。

16. [法] 帕斯卡尔著，何兆武译，《帕斯卡尔思想录》，西安：陕西师范大学出版社，2002。

17. [英] 霍布斯著，黎思复、黎廷弼译，《利维坦》，北京：商务印书馆，1985。

18. [英] 洛克著，叶启芳、瞿菊农译，《政府论——论政府的真正起源、范围和目的》，北京：商务印书馆，1964。

19. [法] 孟德斯鸠著，张雁深译，《论法的精神》，北京：商务印书馆，1997。

20. [荷兰] 斯宾诺莎著，温锡增译，《神学政治论》，北京：商务印书馆，1963。

21. [法] 卢梭著，何兆武译，《社会契约论》，北京：商务印书馆，1997。

22. [法] 卢梭著，李平沤译，《爱弥尔——论教育》，北京：商务印书馆，2002。

23. [法] 卢梭著，李常山译，《论人类不平等的起源和基础》，北京：商务印书馆，1962。

24. [法] 邦雅曼·贡斯当著，阎克文等译，《古代人的自由与现代人的自由》，北京：商务印书馆，1999。

25. [美] 汉密尔顿等著，程逢如等译，《联邦党人文集》，北京：商务印书馆，1997。

26. [美] 托马斯·杰斐逊著，朱曾汶译，《杰斐逊选集》，北京：商务印书馆，1999。

27. [法] 孔多塞著，何兆武、何冰译，《人类精神进步史表纲要》，北京：生活·读书·新知三联书店，1998。

28. [英] 柏克著，何兆武等译，《法国革命论》，北京：商务印书馆，1998。

29. [英] 埃德蒙·柏克著，蒋庆等译，《自由与传统——柏克政治论文选》，北京：商务印书馆，2001。

30. [英] 爱德蒙·柏克著，缪哲选译，《美洲三书》，北京：商务印书馆，2003。

31. [法] 基佐著，沅芷、伊信译，《法国文明史——自罗马帝国败落起》，第四卷，北京：商务印书馆，1998。

32. [英] 卡莱尔著，宁小银译，《文明的忧思》，北京：中国档案出版社，1999。

33. [英] 卡莱尔著，张峰、吕霞译，《英雄和英雄崇拜——卡莱尔讲演集》，上海：生活·读书·新知上海三联书店，1988。

34. [英] 马修·阿诺德著，韩敏中译，《文化与无政府状态：

政治与社会批评》，北京：生活·读书·新知三联书店，2002。

35. [英] 密尔著，张友谊等译，《论自由》，北京：外文出版社，1998。

36. [英] 密尔著，汪瑄译，《代议制政府》，北京：商务印书馆，1982。

37. [英] 约翰·穆勒著，吴良健，吴衡康译，《约翰·穆勒自传》，北京：商务印书馆，1987。

38. [英] 霍布豪斯著，朱曾汶译，《自由主义》，北京：商务印书馆，1996。

39. [法] 乔治·索雷尔著，吕文江译，《进步的幻象》，上海：上海人民出版社，2003。

40. [英] 阿克顿著，侯健，范亚峰译，《自由与权力——阿克顿勋爵论说文集》，北京：商务印书馆，2001。

41. [德] 舍勒著，罗悌伦等译，《资本主义的未来》，北京：生活·读书·新知三联书店，1997。

42. [英] 拉斯基著，张振成，王亦兵译，《思想的阐释》，贵阳：贵州人民出版社，2001。

43. [英] 詹姆斯·布赖斯著，张慰慈等译，《现代民治政体》，长春：吉林人民出版社，2001。

44. [英] 塞西尔著，杜汝辑译，《保守主义》，北京：商务印书馆，1986。

45. [法] 乔治·索雷尔著，吕文江译，《进步的幻象》，上海人民出版社，2003。

46. [英] F·A·冯·哈耶克著，邓正来译，《个人主义与经济秩序》，北京：生活·读书·新知三联书店，2003。

47. [英] 弗里德利希·冯·哈耶克著，邓正来译，《自由秩序原理》，北京：生活·读书·新知三联书店，1997。

48. [英] 以赛亚·柏林著，胡传胜译，《自由论》（《自由四论》扩充版），南京：译林出版社，2003。

49. [美] 约翰·罗尔斯著，何怀宏等译，《正义论》，北京：中国社会科学出版社，1988。

50. [美] 罗伯特·诺齐克著，何怀宏等译，《无政府、国家与乌托邦》，北京：中国社会科学出版社，1991。

51. [法] 雷蒙·阿隆著，葛智强等译，《社会学主要思潮》，北京：华夏出版社，2000。

52. [美] 列奥·施特劳斯、约瑟夫·克罗波西主编，李天然等译，《政治哲学史》，石家庄：河北人民出版社，1993。

53. [美] 史蒂文·卢克斯著，阎克文译，《个人主义》，南京：江苏人民出版社，2001。

54. [美] 西摩·马丁·李普赛特著，张绍宗译，《政治人：政治的社会基础》，上海：上海人民出版社，1997。

55. [法] 皮埃尔·莫内著，曹海军译，《自由主义思想文化史》，长春：吉林人民出版社，2004。

56. [英] 阿兰·斯威伍德著，冯建三译，《大众文化的神话》，北京：生活·读书·新知三联书店，1995。

57. [英] 阿伦·布洛克著，董乐山译，《西方人文主义传统》，北京：三联书店，1997。

58. [美] 拉齐恩·萨丽等著，秋风译，《哈耶克与古典自由主义》，贵阳：贵州人民出版社，2003。

59. [美] 詹姆斯·W·西瑟著，竺乾威译，《自由民主与政治学》，上海人民出版社，1998。

60. [美] 贝拉等著，翟宏彪等译，《心灵的心性：美国人生活中的个人主义和公共责任》，北京：生活·读书·新知三联书店，1991。

61. [苏联] Л. С. 格拉齐安斯基等著，颜品忠等译，《世界著名思想家评传》，北京：商务印书馆，1993。

62. [美] 尼尔·J·斯梅尔塞著，王宏周等译，《社会科学的比较方法》，北京：社会科学文献出版社，1992。

63. [美] 尼斯贝著，徐良智译，《西方社会思想史》，台湾桂冠图书公司，1987。

64. [俄] 尼古拉·别尔嘉耶夫著，张百春译，《论人的奴役与自由》，北京：中国城市出版社，2002。

65. [英] 罗素著，马元德译，《西方哲学史》，北京：商务印书馆，1976。

66. [意] 圭多·德·拉吉罗著，杨军译，《欧洲自由主义史》，长春：吉林人民出版社，2001。

67. [英] 约翰·邓恩编，林猛等译，《民主的历程》，长春：吉林人民出版社，1999。

68. [英] 杰弗里·巴勒克拉夫著，张广勇、张宇宏译，《当代史导论》，上海：上海社会科学院出版社，1996。

69. [德] 哈贝马斯著，曹卫东等译，《公共领域的结构转型》，上海：学林出版社，1999。

70. [意] 萨尔沃·马斯泰罗内著，黄华光译，《欧洲民主史——从孟德斯鸠到凯尔森》，北京：社会科学文献出版社，1998。

71. [以] 塔尔蒙著，孙传钊译，《极权主义民主的起源》，长春：吉林人民出版社，2004。

72. [美] 斯塔夫里阿诺斯著，吴象婴、梁赤民译，《全球通史——1500年以后的世界》，上海：上海社会科学院出版社，1999。

73. [美] 斯蒂芬·霍尔姆斯著，曦中等译，《反自由主义剖析》，北京：中国社会科学出版社，2002。

74. [美] 乔治·霍兰·萨拜因著，刘山等译，《政治学说史》，北京：商务印书馆，1986。

75. [英] 约翰·麦克里兰著，彭淮栋译，《西方政治思想史》，海口：海南出版社，2003。

76. [英] 迈克尔·欧克肖特著，张汝伦译，《政治中的理性主义》，上海：上海译文出版社，2003。

77. [美] 约翰·凯克斯著，应奇译，《反对自由主义》，南京：江苏人民出版社，2003。

78. [美] 乔·萨托利著，冯克利、阎克文译，《民主新论》，北京：东方出版社，1998。

79. [美] 列奥·施特劳斯著，彭刚译，《自然权利与历史》，北京：生活·读书·新知三联书店，2003。

80. [美] 贾恩弗兰科·波齐著，沈汉译，《近代国家的发展——社会学导论》，北京：商务印书馆，1997。

81. [美] 道格拉斯·格鲁秀斯著，江绪林译，《帕斯卡尔》，北京：中华书局，2003。

82. [美] 弗里德里希·沃特金斯著，黄辉、杨健译，《西方政治传统——现代自由主义发展研究》，长春：吉林人民出版社，2001。

83. [美] 布鲁姆著，秦露等译，《巨人与侏儒》，北京：华夏出版社，2003。

84. [英] 戴维·米勒 韦农·波格丹农编，中国问题研究所等组织翻译，邓正来等编，《布莱克维尔政治学百科全书》，北京：中国政法大学出版社，1992。

85. [挪威] G. 希尔贝克 N. 伊耶著，童世骏等译，《西方哲学史——从古希腊到二十世纪》，上海：上海译文出版社，2004。

86. [美] 艾伦·布鲁姆著，缪春、宋丽娜等译，《走向封闭的美国精神》，北京：中国社会科学出版社，1994。

87. 顾昕，“以社会制约权力：托克维尔、达尔的理论与公民社会”，刘军宁、王焱、贺卫方编《市场逻辑与国家观念》，北京：三联书店，1995。

88. [美] 保罗·海纳，“权利·自由·乡镇自治——重温托克维尔”，刘军宁、王焱编《自由与社群》，北京：生活·读书·新知三联书店，1998。

89. 刘小枫著，《现代性社会理论绪论》，上海：上海三联书店，1998。

90. 启良等著，《西方自由主义传统——西方反自由主义至新自由主义学说追索》，广州：广东人民出版社，2003。

91. 李惠斌、杨雪冬编《社会资本与社会发展》，北京：社会科学文献出版社，2000。

92. 江宜桦，“托克维尔论自由、平等与民主生活”，贺照田主编《东亚现代性的曲折与展开》，长春：吉林人民出版社，2001。

93. 江宜桦，“贡斯当论自由、平等与民主政治”，贺照田主编

《东亚现代性的曲折与展开》，长春：吉林人民出版社，2001。

94. 朱学勤著，《道德理想国的覆灭》，北京：生活·读书·新知三联书店，1994。

95. 高毅著，《法兰西风格：大革命的政治文化》，杭州：浙江人民出版社，1991。

96. 刘军宁著，《保守主义》，北京：中国社会科学出版社，1998。

97. 梅益等编，《中国大百科全书·政治学》，北京：中国大百科全书出版社，1992。

98. 徐大同等编，《西方政治思想史》，天津：天津人民出版社，1985。

99. 应奇著，《从自由主义到后自由主义》，北京：生活·读书·新知三联书店，2003。

100. 李强著，《自由主义》，北京：中国社会科学出版社，1998。

101. 顾肃著，《自由主义基本理念》，北京：中央编译出版社，2003。

102. 刘建军等编，《制度建设与国家成长》，上海：上海辞书出版社，2003。

论文：

1. 许振洲，“法国的地方分权改革——理论动因与托克维尔”，欧洲，1995，1。

2. 张新光，“社会如何制约权力——多元主义民主的解析及其困境”，学术论坛，2003，5。

3. ［英］密利本德，“社会主义的似合理性”，鲁人译，世界哲学，1995，51。

4. 胡平仁，“社会制约权力的理论基础和现实途径”，湘潭大学社会科学学报，1999，4。

5. 龚咏梅，“联合的艺术：社团组织与政府的关系”，探索，2002，2。

6. 杨伯溆，“社会秩序与公正及社会自由”，华中科技大学学报（社会科学版），2003，1。

7. 王雪琴，“托克维尔论美国的民主”，青海师范大学学报（社会科学版），1994，3。

8. 文礼朋，“19世纪上半叶的法国自由主义”，湖南师范大学社会科学报，2000，3。

9. 葛洪义，“民主政治下的法律与自由——略论托克维尔社会理论中的法律思想”，法制与社会发展，2000，1。

10. 刘北成，“托克维尔关于法国大革命起因的解释”，北京师范大学学报（人文社会科学报），2001，2。

11. 艾克文，“民主的后果与自由的条件——托克维尔的政治社会学思想述评”，武汉教育学院学报，2001，1。

12. 张屹峰，“论托克维尔‘多数的暴政’理论”，雁北师范学院学报，2001，4。

13. 王小章，“托克维尔论民主、自由与宗教”，浙江大学学报（人文社会科学版），2002，4。

14. 甘阳，“托克维尔与民主”，中国图书商报，2/15/2001。

15. 詹兆平，“试论托克维尔的历史观”，史林，1997，3。

16. 林国基，“托克维尔平等与宗教思想的现代意义”，人文杂志，1999，6。

17. 林国基，“试论托克维尔的宗教观与平等观”，社会科学战线，1999，4。

18. 张成岗，“‘科学文化’的人文向度——文艺复兴以来西方人文主义精神的考察与反思”，科学技术与辩证法，2001，3。

19. 李宏图，“孤独的自由——论托克维尔的自由主义思想”，华东师范大学学报（哲学社会科学版），1997，6。

20. 李宏图，“自由的失却与重建——论托克维尔的自由主义思想”，华东师范大学学报（哲学社会科学版），2000，2。

21. 李宏图，“从贵族的自由到民主的自由——论托克维尔的自由主义思想”，华东师范大学学报（哲学社会科学版），2002，2。

22. 甘阳，“自由主义：贵族的还是平民的”，读书，1999，1。

三、托克维尔研究网址

http://www.tocqueville.org/

http://www.wiapp.org/tocqueville.html

http://www.sinoliberal.net/

附录1

《托克维尔全集》目录

《托克维尔全集》法文版(两种法文版本,当前尚无英文及其他语种版本)

Oeuvres completes. Edited by Gustave de Beaumont. Paris: Michel Levy Frères, 1864-1878.(这是托克维尔全部作品的第一个版本,由他的挚友古斯塔夫·德·博蒙编辑)

Ⅰ-Ⅲ. *De la Démocratie en Amérique.*

Ⅳ. *L'Ancien Régime et la Révolution.*

Ⅴ. *Correspondance et ceuvres posthumes.*

Ⅵ. *Correspondance d'Alexis de Tocqueville.*

Ⅶ. *Nouvelle correspondance.*

Ⅷ. *Mélanges, fragments historiques et notes sur l'Ancien Régime et la Révolution.*

Ⅸ. *Etudes économiques, politiques et littéraires.*

Oeuvres completes. Paris: Gallimard, 1950- .(最新的托克维尔全部作品的版本。)

Ⅰ. *De la Démocratic en Amérique.* Introduction by Harold J. Laski. Preliminary note by J. -P. Mayer. 2 v. (1951)

Ⅱ: 1. *L'Ancien Régime et la Révolution.* Introduction by Georges Lefebvre, preliminary note by J. -P. Mayer. (1952)

Ⅱ: 2. *L'Ancien Régime et la Révolution. Fragments et notes inédites sur la Révolution.* Edited and annotated by André Jardin. (1953)

Ⅲ: 1. *Ecrits et discours politiques.* Edited and annotated by André Jardin. Introduction by J. -J. Chevallier and André Jardin. (1962)

Ⅲ: 2. *Ecrits et discours politiques.* Edited and annotated by André Jardin. Introduction by André Jardin. (1985)

Ⅲ: 3. *Ecrits et discours politiques.* Edited and annotated by André Jardin. Introduction by André Jardin. (1990)

Ⅳ. *Ecrits sur Ie système pénitentiaire en France et à I' étranger.* Edited by Michelle Perrot. 2v. (1985)

Ⅴ: l. *Voyages en Sicile et aux Etats-Unis.* Edited and prefaced by J. -P. Mayer. (1957)

Ⅴ: 2. *Voyages en Angleterre, Irlande, Suisse et Algérie.* Edited and annotated by J. -P. Mayer and André Jardin. (1958)

Ⅵ: 1. *Correspondance anglaise. Correspondance d'Alexis de Tocqueville avec Henry Reeve et John Stuart Mill.* Introduction by J. -P. Mayer. Edited and annotated by J. -P. Mayer and Gustave Rudler. (1954)

Ⅵ: 2. *Correspondance anglaise. Correspondance et conversations d'Alexis de Tocqueville et Nassau William Senior.* Edited and annotated by H. Brogan and A. P. Kerr. Notes by J. -P. Mayer. Preface by Lord Roll. Introduction by H. Brogan. (1991)

Ⅶ. *Correspondances étrangère d'Alexis de Tocqueville.* Edited by Francoise Mélonio, Lise Queffélec and Anthony Pleasance. (1986)

Ⅷ. *Correspondance d'Alexis de Tocqueville et de Gustave de Beaumont.* Edited, annotated and introduced by André Jardin. 3 v. (1967)

Ⅸ. *Correspondance d'Alexis de Tocqueville et d'Arthur de Gobineau.* Edited and annotated by M. Degros. Introduction by J. -J. Chevallier. (1959)

Ⅺ. *Correspondance d' Alexis de Tocqueville et de Pierre-Paul Roycr-Collard. Correspondance d' Alexis de Tocqueville et de Jean-Jacques Ampère.* Introduced, edited, and annotated by André Jardin. (1970)

Ⅻ. *Souvenirs.* Introduced, edited, and annotated by Luc Monnier. (1964)

ⅫⅠ. *Correspondence d' Alexis de Tocqueville et de Louis de Kergorlay.* Edited by André Jardin. Introduction and notes by Jean-Alain Lesourd. 2 v. (1977)

XV. *Correspondance d' Alexis de Tocqueville et de Francisque de Corcelle. Correspondance d' Alexis de Tocqueville et de Madame Swetchine.* Edited by Pierre Gibert. 2 vols. (1983)

XVI. *Mélanges.* Edited by Francoise Mélonio. (1989)

XVII. *Correspondance d' Alexis de Tocqueville avec Adolphe de Circourt et Madame de Circourt.* Edited by A. P. Kerr. Revised by Louis Girard and Douglas Johnson. (1984)

另外,在 *The Yale Tocqueville Collection at the Beinecke Rare Book and Manuscript Library of Yale University* 收藏有托克维尔的部分手稿,也是对研究者颇有价值的参考文献。

附录 2
托克维尔生平与著作年表

1804～1814	拿破仑一世作为法兰西皇帝统治法国。
1805	7月29日出生于巴黎，是埃尔韦·德·托克维尔夫妇的第三个儿子。母亲洛桑博，其祖父马尔泽布为18世纪著名的政治家，狄德罗主编百科全书时任图书馆馆长，大革命时期为路易十六的辩护人。父亲埃尔韦·托克维尔在波旁王朝复辟时期做过摩泽尔、塞纳——瓦兹等几个省的省长，在地方上重建农业协会，设立法国第三个储蓄银行，建立全国第二个师范学校。
1814～1830	流亡的波旁王朝回到法国建立复辟统治。
1817～1820	同母亲生活在巴黎，接受父亲的前家庭教师詹森主义者勒絮尔神甫的教导，对他一生产生了重要的道德与宗教影响。
1820	8月，随做省长的父亲来到梅斯。
1821	11月，进入梅斯的中学——皇家学校的修辞班，次年学习哲学课程。该年在父亲的图书馆阅读了伏尔

泰、孟德斯鸠、布丰、卢梭、马布利等启蒙思想家的著作，导致其精神危机，失去正统观点与天主教信仰。

1823～1826 在巴黎研习法律。

1826 12月，同其兄爱德华前往意大利与西西里游行，写下《西西里游记》。

1827 4月6日，离开西西里，担任皇室为他特设的凡尔赛助理法官。

1828 1月，开始认识将来成为终生好友的代理公共检察官古斯塔夫·德·博蒙。

1828 开始参加早年向导与老师基佐的欧洲史与历史哲学讲座。同年结识来自英国的一多子女中产阶级家庭的玛丽·摩特利，并同其订婚。

1830 7月26～30日，所谓“光荣三日”革命爆发。查理十世被流放，波旁王朝被推翻。拉法耶特拒绝共和国总统的职位，迎接路易·菲利普（奥尔良公爵）为新的立宪君主。

8月16日，根据新王朝对凡尔赛法官的要求，向路易·菲利普宣誓效忠，他在给未婚妻的信中写道：“我的良知不会责备我，但我深受伤痛，我把这一天作为我生命中最不快乐的日子。”

1831～1832 蒙司法部长的准许，同博蒙前往美国旅行，表面上的和官方的目的是研究美国的监狱制度，实际上是观察美国的民主，也是为了缓解因宣誓而给两个人所带来的亲属与社会压力。从1831年5月到1833年2月，他们的足迹向北至魁北克，西至密歇根湖，南至新奥尔良。

1832 博蒙拒绝作为公共检察官出席一次被不公正起诉的案件审判而被撤职。5月21日，托克维尔为了声援博蒙，向检察长辞去法官职务。

1833 1月，托克维尔同博蒙共同出版《论美国的监狱体系及其在法国的应用》。

8月3日～9月7日，第一次前往英国访问，意识到英国正在从贵族社会向民主社会转变，结识经济学家纳索·威廉·西尼尔。

1835 1月23日，出版《论美国的民主》第一部分，立刻成为文学沙龙与政治圈中的知名人物。

同年，大概1～4月间，在《瑟堡科学协会评论》上发表《论贫困》，本来是作为一部更大篇幅著作的第一部分；第二部分从未完成，一些分散的文章写于1837年2月《储蓄银行法》颁布之后。在续篇中，提出了小块土地所有制与工人协会思想。

同年4月21日同博蒙离开巴黎再次出访英国及爱尔兰，到过伦敦、伯明翰、曼彻斯特、利物浦和都柏林，会见了托利党及辉格党一些知名人物，如亨利·里夫（正在翻译《论美国的民主》，后来不仅成为托克维尔的正式翻译者，还成为其朋友）、约翰·斯图尔特·密尔（他请求托克维尔为他开办的《伦敦评论》撰稿），还有休谟、格罗脱等，发现了英国社会的新面貌：集权、金钱贵族。8月23日返回法国。

10月26日，同玛丽·摩特利结婚，成为终生伴侣。

1836 应密尔所请，写就《1789年前后法国社会与政治状况》，打算作为《法国的政治与社会状况》系列文章的先行部分，由密尔翻译，于4月1日发表于《伦敦和威斯敏斯特评论》（即《伦敦评论》）上，该文主题成为《旧制度与大革命》的先声。

同年瑞士之旅。

1837 分别于6月23日和8月22日发表关于殖民地问题的《阿尔及利亚两书》。

11月4日，在国民议会议员竞选中拒绝接受官方与党派支持而落败。

1838 1月6日，入选道德与政治科学院院士，而托克维尔的真正目标是法兰西学院。

1839　3月2日，以独立候选人身份选举为托克维尔城堡附近的沃洛涅（诺曼底）选区的国民议会议员，将在7月王朝期间连任此职务。

6月6日，议会任命了以托克维尔为报告人的一个委员会，研究殖民地奴隶解放问题。该报告于7月23日被法国废权协会（托克维尔从1834年起即参与该协会工作）出版，并随后在美国被废奴主义团体重印。

1840　4月，出版《论美国的民主》第二部分。该书的写作持续了四年，从1835年11月中旬至1839年11月中旬，中间颇多停顿，但出版后未获得预想的欢呼。

5月，议会任命了一个由议员与专家组成的委员会研究监狱改革问题，包括博蒙。托克维尔作为报告人于6月20日提交了报告。

同年，第一次对英帝国殖民地——印度发生兴趣，留下了关于英国殖民成就的一些草稿，但后来被放弃，因为他不能亲自来到这个地方考察。

1841　5月4日，由博蒙和哥哥伊波利特相伴，前往法国殖民地阿尔及利亚进行考察。在该地三个月的停留，使他在来年写出了两篇议会报告，引起了不小的反响。从1837年至1849年，他写作了大量关于征服、殖民化与殖民地土著人的文本。

同年入选法兰西学院院士。

1842　11月，选为拉芒什省议会议员。后来在1849年、1850年与1851年成为该议会主席，这是一个他所珍视的地方政府职位。

同年，向国民议会发表演说，批评法国政治生活中日益增长的自私自利与公共参与的缺乏。

1843　国民议会又建立一个关于监狱改革的委员会，托克维尔又一次代表该委员会在议会中做报告。

1844	6月，作为股东之一后来作为编委收购了一份报纸《商业报》，不敌基佐开办的《世纪报》，大约停刊于1845年。该报为当时议会左派反对派的喉舌，责备对手基佐的失策，捍卫新闻自由和天主教会的学校开办权，提出缓和城市新生贫困的计划，推动选举权的扩展，并批判日益增长的社会原子化与冷漠。
1846	9月底，在妻子陪伴下第二次访问阿尔及利亚。 同年，写作城市史《瑟堡简介》。
1847	2月，国民议会建立一个18人委员会，托克维尔为主席与报告人，考察关于阿尔及利亚的特别拨款、在当地建立军营等政府法案中的内容。5月27日提交报告，建议对土著人采取强硬措施，但同其进行诚实交易，并鼓励向当地移民。 同年，他为建立一个反对基佐内阁的新左派政党而努力，但无果而终，并直接参与了议会改革与选举改革的讨论。
1847～1848	席卷全国的宴会运动爆发，反对基佐政府，主张扩展选举权，终止政府腐败，托克维尔拒绝参与。
1847	10月，答应为笛福尔打算在1848年议会年会发表的声明写一个序言，留下了两篇未公开的草稿，标题分别为“金融问题”和“中产阶级与人民”，认识到中产阶级如果不去执行有利大众的系列改革，工人阶级在政治上的觉醒将会挑战最后的特权——财产权。提出免费学校、工厂立法、慈善工厂、济贫税等救助贫困的措施。
1848	1月27日，向议会发表著名的演说：“我认为我们在一座火山上沉睡”，预言一场具有社会主义色彩的反叛已经迫在眉睫。 2月22日，1848年革命开始。从2月22日至24日，游行示威首先导致了基佐的辞职，然后是路易·菲利普的退位，最后是以拉马丁为首的临时政府建立。

	4月23日，被选入第二共和国立宪议会。
	5月17日，托克维尔和博蒙同被选入立宪议会的立法委员会，起草一部新宪法。在向议会解释宪法草案时，托克维尔与笛福尔起主导作用。
	6月23~26日，"六月日"，在巴黎工人阶级与支持有产阶级的军队之间发生血腥巷战。托克维尔走上街上抵抗工人阶级反叛，六月起义后态度转向保守政策。
	9月12日，在议会发表关于工作权利的演说，认为在立法上认可工作权利将会导致社会主义化，从而会否定1789年理念。
	12月10日，在总统普选中，托克维尔支持卡芬雅克，但拿破仑的侄子路易——拿破仑·波拿巴胜出。
1849	5月13日，在立法议会选举中大获全胜。
	6月2日，被路易·波拿巴任命为巴罗内阁中的外交部长，于是他挑选戈宾诺为办公厅主任，博蒙为驻维也纳大使。
	10月31日，跟随巴罗内阁总辞职而辞去外交部长。
1850~1851	写作对1848至1851年时段进行描述与分析的《回忆录》，声称仅是为了个人精神愉悦。
1851	12月2日，路易·拿破仑发动军事政变，托克维尔和其他立法议会成员被逮捕，于4日清晨被释放。托克维尔平静地接受了这次逮捕，称其为"一个人所尽的义务"。政变结束了他在13年前就已开始的公共生活。
	同日，第二帝国建立，拿破仑三世成为皇帝。
	12月11日，托克维尔冒险将一封谴责政变的书信托人偷运至《伦敦时报》匿名发表。
1852	4月12日，作为道德与政治科学院的主席，发表演说《论政治科学与艺术》。
	7月，因不愿向新政权宣誓效忠，退出芒什省议会

选举。

1853 在图尔定居，开始查阅图尔档案所的文献，为写作《旧制度与大革命》作准备。

同年，路易·波拿巴的私人朋友维埃亚尔应皇帝的授意，希望他重任外交部长，被拒绝。

1854 6~9月，由妻子相伴前往德国研究封建制度和大革命在法国而不是其他欧洲国家爆发的原因。

1856 6月16日出版《旧制度与大革命》，这是他将来想要完成的对大革命进行全面研究的第一部分。他称这本书及其续篇在其心头“萦绕了15年之久”，深层意图是解释法国走向专制的原因。

同年，其父埃尔韦伯爵去世。

从1856年6月至1858年9月，托克维尔及妻子一直定居于家乡的托克维尔城堡。

1857 6月至7月，前往英国研究关于法国大革命的文献，认识到法国思想与革命为整个欧洲的组成部分，会见了帕默斯顿勋爵、亨利·里夫、格罗脱，还有阿尔伯特王子等人。7月25日，英国海军特意提供一艘军舰将其送回法国，以表敬意。从英国返回后，继续关于大革命的写作，留下了九章残稿：七章关于大革命的直接起源，两章关于波拿巴的就职，还有一些关于大革命开端、国民议会和公安委员会的阅读笔记与零散思考，而没有最终完成。

1858 10月28日，受胃病折磨并被诊断为支气管炎后，在医生的建议下前往戛纳疗养。

1859 4月16日，由于病情进一步恶化，病逝于戛纳。5年后，托克维尔夫人也去世。

1860 12月9日，博蒙在托克维尔夫人的帮助下编辑出版两卷本《托克维尔作品与未发表书信》，博蒙为其作了一个长长的序言。

1864~1866 博蒙编辑出版了九卷本《托克维尔全集》。

1950 ~ J. P. 梅耶尔——一位德国马克思主义专家在法国政府的赞助下重新编撰《托克维尔全集》，1979 ~ 1983 年期间，由阿隆主持，后由费朗索瓦·法盖主持。

后　　记

这本书是对我的博士论文稍加修改而完成的。由于博士毕业一年多以来，身体状况时好时坏，心境也飘忽不定，很难坐下来平心静气地在结构与观点上对论文进行一些全局性修改与深化，也没来得及对论文内在的“硬伤”来一次彻底的治愈，只是在文字表达上作了一些润色。想到它马上就要成为铅字，从此变为凝固的存在，深恐贻误读者。但一转念，想到哲人的深邃见解：完美无缺的状态只存在于神，而人只能无限地接近它却不能到达它，想我等凡夫俗子自然不敢过多奢望，请读者见谅。

我之所以最初选择托克维尔的政治思想作为研究对象，的确不是学者们所称颂的理性思维方式的结果。这缘起于我第一次阅读《论美国的民主》。它那优美流畅的语言、隽永深邃的语句，它那博大恢宏、斑斓多彩的布局，这些都让我为之倾倒、折服。读腻了学院派的大作，第一次接触到这类风格的作品，才知道，原来高深的学术著作也是可以这样写的。爱屋及乌，由对书的兴趣又延及对作者的好奇。作者的古典政治风格的人生轨迹对于将做学问预想为焚膏继晷、穷首皓经的我，确实是一种宽慰，或一种精神压力的舒解。但是，感性体验最终要上升为理性抽象。在试图阐释托克维尔的政治思想之时，却感到“剪不断，理还乱”，看的越多，思路越乱，这很大程度上来自研究者对托克维尔的不同、甚至对立的解读。经过无数次在思想的海洋中沉浮、挣扎，我感到好像侥幸抓到了一条救命舢板。于是，我不揣冒昧，将托克维尔政治思想的基本属性界定为——“一种中道自由主义”，不当之处还望方家指正。希望以对他的思想属性的界定为突破点，将该界定作为一条线索，系统地解读他的思想。

托克维尔生于18世纪初的西方社会。他对当时变幻莫测、突飞猛进的社会政治现象全方面的、多角度的史诗般的描述与分析，使他成为民主时代的一位“荷马”，成为我们永远的理智向导与灵感之源。在他的作品中，不但对我们近日学者所反思的现代性现象有诸多的披露与针砭，还对我们近日尚未完全破壳而出、在其时也仅初露端倪的后现代性的兆头有所语及。他的确是我们时代的一位精神导师，但不是以一本圣经式的作品传世的导师，而是以其持中的理智观念与灵活的思维方式，面对过去的慎思态度与面向未来的开放心态，而留给我们无限启示、无限遐想的导师。他的真正价值与精神遗产不是他的思想，而是他的方法。这是我在研读托克维尔的人生经历与思想观念时的感触。

我之所以将政治思想史作为自己一个时段内的关注对象，最终目的不是纯粹地解读政治思想，不是简单地为人们提供在政治思想史与政治思想家方面获得的知识积累，而是希望通过对时代、对思想的理解与感悟，能够为自己将来的研究找到出发点，能够获得较普遍的思想生成范式与特定问题意识，训练哲人们所熟稔的思维方式，沐浴大家的精神风范。我想，从事这种研究，对于我这样一个选择将学术作为一种志业的，仅仅登堂入室、尚未窥其堂奥的青年学子而言，是一种学术方面的基本功训练。我在心里默念，希望能够沿着这条坎坎坷坷的路途安然地走下去，希望能够观赏到一路上的好风景，最终能有一个不算缺憾的人生归宿。这时，想起博士论文刚刚完成时的疲惫心态与苍凉心境，当时收笔之际真有一种恐惧与希望交织的情感充溢全身。现将博士论文后记收录如下，算是对我一个特定时段生活的一种纪念吧。

随着这篇论文最后一个字的完成，许多往事又不禁涌上心头。七年前，一个不谙世事的农村毛头小伙子闯入这座现代大都市，又就读于这所知名的大学，可谓世界为他开了一扇天窗；其间一年的身世飘零，居无定所，又是武大给了他一个心灵栖息的场所，让他重新开始了自己的人生与思索之旅。回首近六年的珞珈生活，我不禁感慨万千。在这个世事变幻无常、个人命运难以逆料的年代，是武大给了我心灵片刻的宁静，给了我尺寸安身的净土。她将成为我精神上永远的故乡。

在读博之时，我有幸成为本专业知名的年轻学者施雪华教授的学生，并蒙他不弃受到了无数的厚爱。他的博学多才，他的潇洒风度，使我油生高山仰止之感。能够聆听他的教诲，接受他的耳提面命，对我一生的学术追求既是一种压力，也是一种动力。他将成为我学术研究与个性塑造上永远也难以达到的标尺。在即将毕业之际，真诚地感谢他对我的淳淳教诲与循循诱导。

在此，我也不会忘却硕士时期的导师虞崇胜教授。正是在他那里，我学到了成为一个学术研究者所必需的“三字经”，确立了毕生从事学术研究的志向。感谢他为我发蒙的一生也难以穷尽的学术与人生之路。

感谢我的诸位恩师刘德厚教授、张星久教授与谭君久教授。他们的挟名校大家之风的鲜明的学术智慧与人生气度，将成为我永远的精神财富。

感谢我的妻子。对她的情意岂是感谢两个字可以道尽。她总是在我人生困顿之际尽心地安慰我，在我面临险境之时无畏地支持我。如果我能够有所成就的话，我都会将其化作鲜花奉送给她。

感谢故乡的亲人。他们是我人生之路上最后的依托，永远的港湾。

在即将收笔之际，又想起帕斯卡尔的一句话：思想，这是人的全部尊严。也许命里注定我要与书本终生相伴，也许我的思想之旅将贫瘠而无华，但我会沿着这条道路默默地走下去，以尽人生的天职。

重读这段博士论文后记，只是感到人事已变，心态依旧。当博士论文完成之时，第一个念头是要把这篇论文扔到垃圾堆中，永远不再翻动它。现在不得已把它重新拣起，重加润饰，感觉好像是在咀嚼已经多次嚼过的甘蔗皮。希望该书的出版能够让我把这件曾经束缚过我多时的旧衣彻底挣脱，永远不再穿上它。不望春蚕脱茧新生后的喜悦，只望老牛卸鞍脱套后的片刻轻松。我的眼光不会长久地停留于过去，不会舔舐干结的伤疤，不会喋喋不休于陈事。因为我知道，前面有更旖旎的风光在等着我去观赏，前面有更空灵的圣山在等着我去朝拜。

胡勇

2007 年新春于武昌珞珈山

武汉大学学术丛书 书目

中国当代哲学问题探索
中国辩证法史稿（第一卷）
德国古典哲学逻辑进程（修订版）
毛泽东哲学分支学科研究
哲学研究方法论
改革开放的社会学研究
邓小平哲学研究
社会认识方法论
康德黑格尔哲学研究
人文社会科学哲学
中国共产党解放和发展生产力思想研究
思想政治教育有效性研究
政治文明论
中国现代价值观的初生历程
精神动力论
广义政治论
中西文化分野的历史反思
第二次世界大战与战后欧洲一体化起源研究
哲学与美学问题
行为主义政治学方法论研究
政治现代化比较研究
调和与制衡
“跨越论”与落后国家经济发展道路
村民自治与宗族关系研究
中国特色社会主义基本问题研究
一种中道自由主义：托克维尔政治思想研究

国际经济法概论
国际私法
国际组织法
国际条约法
国际强行法与国际公共政策
比较外资法
比较民法学
犯罪通论
刑罚通论
中国刑事政策学
中国冲突法研究
中国与国际私法统一化进程（修订版）
比较宪法学
人民代表大会制度的理论与实践
国际民商新秩序的理论建构
中国涉外经济法律问题新探
良法论
国际私法（冲突法篇）（修订版）
比较刑法原理
担保物权法比较研究
澳门有组织犯罪研究
行政法基本原则研究
国际刑法学
遗传资源获取与惠益分享的法律问题研究
欧洲联盟法总论
民事诉讼辩论原则研究

当代西方经济学说（上、下）
唐代人口问题研究
非农化及城镇化理论与实践
马克思经济学手稿研究
西方利润理论研究
西方经济发展思想史
宏观市场营销研究
经济运行机制与宏观调控体系
三峡工程移民与库区发展研究
２１世纪长江三峡库区的协调与可持续发展
经济全球化条件下的世界金融危机研究
中国跨世纪的改革与发展
中国特色的社会保障道路探索
发展经济学的新发展
跨国公司海外直接投资研究
利益冲突与制度变迁
市场营销审计研究
以人为本的企业文化
路径依赖、管理哲理与第三种调节方式研究
中国劳动力流动与“三农”问题
“封建”考论（第二版）
新开放经济宏观经济学理论研究
关系结合方式与中间商自发行为的关系研究

武汉大学学术丛书 书目

中日战争史（1931～1945）（修订版）
中苏外交关系研究（1931～1945）
汗简注释
国民军史
中国俸禄制度史
斯坦因所获吐鲁番文书研究
敦煌吐鲁番文书初探（二编）
十五十六世纪东西方历史初学集（续编）
清代军费研究
魏晋南北朝隋唐史三论
湖北考古发现与研究
德国资本主义发展史
法国文明史
李鸿章思想体系研究
唐长孺社会文化史论丛
殷墟文化研究
战时美国大战略与中国抗日战场（1941～1945年）
古代荆楚地理新探·续集
汉水中下游河道变迁与堤防
吐鲁番文书总目（日本收藏卷）
用典研究
《四库全书总目》编纂考
元代教育研究
中国实录体史学研究
分歧与协调

随机分析学基础
流形的拓扑学
环论
近代鞅论
鞅与banach空间几何学
现代偏微分方程引论
算子函数论
随机分形引论
随机过程论
平面弹性复变方法（第二版）
光纤孤子理论基础
Banach空间结构理论
电磁波传播原理
计算固体物理学
电磁理论中的并矢格林函数
穆斯堡尔效应与晶格动力学
植物进化生物学
广义遗传学的探索
水稻雄性不育生物学
植物逆境细胞及生理学
输卵管生殖生理与临床
Agent和多Agent系统的设计与应用
因特网信息资源深层开发与利用研究
并行计算机程序设计导论
并行分布计算中的调度算法理论与设计
水文非线性系统理论与方法
拱坝CADC的理论与实践
河流水沙灾害及其防治
地球重力场逼近理论与中国2000似大地水准面的确定
碾压混凝土材料、结构与性能
喷射技术理论及应用
Dirichlet级数与随机Dirichlet级数的值分布
地下水的体视化研究
病毒分子生态学
解析函数边值问题（第二版）
工业测量
日本血吸虫超微结构
能动构造及其时间标度
基于内容的视频编码与传输控制技术
机载激光雷达测量技术理论与方法

文言小说高峰的回归
文坛是非辩
评康殷文字学
中国戏曲文化概论（修订版）
法国小说论
宋代女性文学
《古尊宿语要》代词助词研究
社会主义文艺学
文言小说审美发展史
海外汉学研究
《文心雕龙》义疏
选择·接受·转化
中国早期文化意识的嬗变（第一卷）
中国早期文化意识的嬗变（第二卷）
中国文学流派意识的发生和发展
汉语语义结构研究
明清词研究史
新文学的版本批评
中国古代文论诗性特征研究
唐五代逐臣与贬谪文学研究

中国印刷术的起源
现代情报学理论
信息经济学
中国古籍编撰史
大众媒介的政治社会化功能
现代信息管理机制研究
科学信息交流研究
比较出版学